HAYMON verlag

Sprachwitze haben all das, was einen guten Witz ausmacht, aber sie glänzen mit einer zusätzlichen Komponente: Sie schöpfen ihre Lachkraft nicht nur mit der Sprache, sondern auch aus der Sprache. Wörter, die gleich klingen, aber nicht dasselbe bezeichnen, unabsichtliche und absichtliche Missverständnisse, explizite und implizite Botschaften, Zweideutigkeiten und Schüttelreime – die Sprache bietet einen Tummelplatz rutschiger Bananenschalen, jederzeit bereit, das nächste Opfer ihrer launigen Kapriolen einzufordern. Rund um Graf Bobby, Graf Mikosch und die Frau Pollak von Parnegg tauchen besonders viele Sprachwitze auf.

Vom jüdischen Humor bis zu modernen Flachwitzen veranschaulicht Österreichs Sprachexperte und Wörterbuchpapst Robert Sedlaczek anhand von über 500 Beispielen, warum uns Sprachwitze zum Lachen bringen. Er verfolgt ihre Entwicklungslinie bis zum Ende des 19. Jahrhunderts, wo aus Schwänken, Anekdoten und Aphorismen jene Witze mit prononcierten Pointen entstanden, über die wir heute noch lachen.

Robert Sedlaczek
Sprachwitze

Die Formen. Die Techniken. Die jüdischen Wurzeln
Mit mehr als 500 Beispielen

Gedruckt mit freundlicher Unterstützung durch die Stadt Wien, MA 7 – Kultur, Wissenschafts- und Forschungsförderung.

Auflage:
4   3   2
2023   2022   2021   2020

© 2020
HAYMON verlag
Innsbruck-Wien
www.haymonverlag.at

Alle Rechte vorbehalten. Kein Teil des Werkes darf in irgendeiner Form (Druck, Fotokopie, Mikrofilm oder in einem anderen Verfahren) ohne schriftliche Genehmigung des Verlages reproduziert oder unter Verwendung elektronischer Systeme verarbeitet, vervielfältigt oder verbreitet werden.

ISBN 978-3-7099-3494-4

Buchinnengestaltung nach Entwürfen von himmel. Studio für Design und Kommunikation, Innsbruck / Scheffau – www.himmel.co.at
Satz: Da-TeX Gerd Blumenstein, Leipzig
Umschlag, Umschlagabbildung: Eisele Grafik · Design, München
Autorenfoto: Stefan Joham – www.stefanjoham.com

Gedruckt auf umweltfreundlichem,
chlor- und säurefrei gebleichtem Papier.

Inhalt

- 7 **Der Kalauer ist tot, es lebe der Flachwitz!** – Sprachwitze sind in Mode
- 26 „Nein, der Witz geht ganz anders!" – Ein Witz und viele Versionen
- 37 **Sprachwitze in den verschiedenen Witzetypen**
- 38 Rückständig, dumm oder hinterhältig – Witze über Burgenländer, Polen, Türken und andere
- 44 Kampf der Geschlechter – Blondinenwitze und die „Rache der Blondinen"
- 52 Der soziale Abstieg des niederen Adels – Graf-Bobby-Witze
- 59 Eine Neureiche blamiert sich – Frau-Pollak-von-Parnegg-Witze
- 73 Von Mittler über Herz-Kestranek zu Slupetzky – Schüttelreime
- 79 Dumme Feststellungen werden gespiegelt – No-na-Witze
- 84 Die Mutter aller Sprachwitze – *Die Klabriaspartie*
- 98 Die jüdischen Wurzeln der Sprachwitze
- 104 **Eine Typologie der Sprachwitze**
- 105 „Einer ist der Gscheite, der andere ist der Blöde" – Dialoge mit Missverständnissen
- 112 „Wo sich die Katze einen Muskelkater holt" – Unabsichtlich missverstanden
- 122 „Two to Tolouse!" – Absichtlich missverstanden
- 124 „Bring die Veranda einfach mit!" – Unverstandene Lehnwörter
- 127 „Passts auf, es kumman no' drei Bsoffene!" – Die Faszination der Dreizahlwitze
- 130 „Ich hätte gern einen Verlängerten!" – Ein Wort, zwei Bedeutungen
- 147 „Gott ist kein Löffel!" – Kinder nehmen alles wörtlich
- 153 „Der Rehbock rennt schon zum Notar!" – Die Sprachspiele der Erwachsenen
- 163 „Was sind Levkojen?" – Auffrischung einer verblassten Bedeutung
- 170 „Leere Flaschen und Flaschen, die Lehrer sind!" – Verschiedene Wörter, gleicher Klang
- 172 „Mit Fair Trade hat sie mir den Kopf verdreht!" – Verschiedene Wörter mit Klangähnlichkeit
- 179 „Kkkommt gggleich!" – Stottererwitze
- 183 „Hätte ich Strawinski sagen sollen?" – Tierwitze
- 192 „Darf ich Ihnen mein Liebstöckel zeigen?" – Assoziationswitze

203	„Ein Nickerchen bei offenem Nenster!" – Buchstabenspiele
209	„Trauring, aber wahr!" – Wortmischung
214	„O na, nie!" – Zerlegungswitz
218	„Im Hundekuchen ist kein Hund!" – Falsche Wortbildung
221	„Heute so, morgen so!" – Betonungswechsel
227	„Blumento-Pferde" und „Alpeno-Strand" – Falsche Abtrennung
229	„Seeschlacht. Ich seeschlacht! Du seestschlacht! Er seetschlacht!" – Auch Substantive werden konjugiert
231	„Eine Leidenschaft, die Leiden schafft" – Mehrfachverwendung desselben Materials
235	„Sankt Eiermark" – Ortsnamenwitze
238	„Was hat das ‚w' gekostet?" – Personennamenwitze
260	„O Greta, nun a tergo!" – Palindrome
264	„Kein Problem, Alan!" – Anagramme
266	„Güllehülle", „Langfingfang" und „Mahatmakindigt!" – Sprachparodiewitze
268	„Gut, dass du das einmal ansprichst!" – Verschiedene Sprachregister
274	„Für meine Gesundheit ist mir nichts zu teuer!" – Verschiebungswitze
282	„Redscht oanfoch so wia r i!" – Dialektwitze
285	„Bayerischer Mistwagen" und „Fehler in allen Teilen" – Abkürzungswitze
287	„Und die Lappen? Gscherte im Pelz!" – Vergleiche und Gleichnisse
291	„Der Pathologe weiß alles, aber zu spät" – Unterschiedswitze
295	„Was, es gibt keine Kontos mehr?" – Witzige Regelverstöße
298	„Der ist von der Griminal-Bolizei!" – Knackpunkt Aussprache
300	„Tagsüber heißt es ‚der Weizen', abends ‚das Weizen'!" – Die Artikelfalle und andere Tücken der deutschen Sprache
303	„Bitte eine Salzstreuerin!" – Witze über den Sprachwandel
306	„Das Passwort Penis ist zu kurz!" – Aus der schönen neuen Computerwelt
309	**Nachwort und Zusammenfassung**
313	**Quellen und Anmerkungen**
330	**Literaturverzeichnis**
337	**Sachregister**
341	**Personenregister**
343	**Dank**

Der Kalauer ist tot, es lebe der Flachwitz! – Sprachwitze sind in Mode

Der Zeit ihre Witze! Kurze Witze mit einem Doppelklang als Pointe entsprechen unserer schnelllebigen Zeit. Sie werden nicht nur erzählt, sondern auch getextet, gemailt und gepostet. Nicht jeder kann über sie lachen, aber offensichtlich haben sie eine große Anhängerschaft.

Egal wie viel Curry du isst – Freddy ist Mercury.
◊
Wie nennt man einen Arbeiter, der morgen frei hat? – Morgan Freeman.
◊
Was passiert, wenn man Cola und Bier mischt? – Es kollabiert.

Es könnte sein, dass Sie jetzt „Auweh!" schreien. Vielleicht fragen Sie sich auch: „Wo ist denn da der Witz?"

Ein Wesenselement aller Witze ist der Überraschungseffekt. Wenn die Pointe kommt, sind wir zunächst verblüfft. Dann entlädt sich die Verblüffung in einem Lachen, Lächeln oder Schmunzeln. Und dass diese Witze mit ihrer Pointe Verblüffung auslösen, wird niemand bestreiten.

Wir haben es hier mit einer neuen Art von Sprachwitzen zu tun. „Mehr Curry" klingt genauso wie der Name des Sängers der Popgruppe Queen. Und der Name des Schauspielers Morgan Freeman wird wörtlich genommen und ins Deutsche übertragen. Das dritte Beispiel funktioniert ein wenig anders: Die Wörter Cola und Bier werden zusammengehängt, aus der **Wortmischung** entsteht ein Verb: kollabieren. Wer hätte gedacht, dass darin zwei Getränke stecken?

Inzwischen gibt es zahllose Witze dieser Art. Auf den Witzeseiten im Internet werden sie als Flachwitze kategorisiert, und die entsprechenden Sites werden häufiger besucht als so manche Seite mit alten, herkömmlichen Witzen.

Viele Flachwitze sind **Scherzfragen**. Dabei handelt es sich um ein unerratbares Rätsel, das auf Witzigkeit angelegt ist. Der Witzeerzähler stellt eine Frage, der Witzezuhörer sagt: „Weiß ich nicht." Dann folgt die Pointe.

Wie heißt das Reh mit dem Vornamen? – Erdäpfelpü!

Was ergibt drei mal sieben? – Feinen Sand.

◊

Warum werden Eskimos so alt? – Weil sie nicht ins Gras beißen können.

Manchmal werden ganze Ketten von Flachwitzen gebildet. In diesem Fall sollte der letzte dieser **Einzeiler** besonders schräg sein.

Wie heißt ein brauner Bär? – Braunbär.
Wie heißt ein Bär mit einem Becher Eis in der Hand? – Eisbär.
Wie heißt ein roter Bär? – Himbär.
Und wie heißt ein Bär, der fliegen kann? – Hubschraubär.

Vermutlich werden Sie jetzt einwenden: Sind das nicht Kalauer? Die wissenschaftliche Witzeforschung ist sich darüber nicht einig. Ist Flachwitz ein anderes Wort für **Kalauer** oder der Ausdruck für etwas Neues? Die Kalauer-Experten in Kalau (= alte Bezeichnung für Calau), einem Ort in Brandenburg, wo diese Witze entstanden sein sollen, sind der Meinung, dass es seit Jahrzehnten keine neuen, echten Kalauer mehr gibt. Wenn man in Kalau den Kalauer für tot erklärt, dann muss schon etwas Wahres dran sein.

Außerdem ist Kalauer in Wirklichkeit eine Verballhornung des französischen Begriffs *calembour(g)* (= Wortspiel). Ein Zusammenhang zwischen dem Kalauer und dem Ort Kalau wurde erst in den 1860er Jahren hergestellt. Die Zeitschrift *Kladderadatsch* hat dabei kräftig mitgeholfen. Sie druckte Kalauer unter dem Titel *Aus Kalau wird berichtet* ab.

Unter *calembour(g)* versteht man in Frankreich ein Wortspiel, das sich auf die unterschiedliche Bedeutung zweier Wörter gründet, die gleich ausgesprochen werden – so definiert es beispielsweise das Wörterbuch *Petite Larousse*. Ein Beispiel sind die Ausdrücke „Veilchen" und „Feilchen" (= kleine Feile).

Der Häftling öffnet das Päckchen, das ihm seine Frau geschickt hat.
„Ach, wie schön", sagt er, „die ersten Feilchen!"

Nach dieser Definition wären alle anderen Witze keine klassischen Kalauer.

Viele Flachwitze leben einzig und allein vom Wortspiel. Ein zusätzlicher Sinn, eine **Tendenz** (siehe S. 24), lässt sich nur in ganz seltenen

Fällen erkennen. Der Text dient lediglich dazu, mit der Sprache zu spielen.

Ich bin der Auffassung, dass die Flachwitze in die Fußstapfen der Kalauer getreten sind, und kann das auch belegen. Seit es das Internet gibt, wird die Häufigkeit von Wörtern im Rahmen des *Digitalen Wörterbuchs der deutschen Sprache* (DWDS) erhoben. Das Projekt der Berlin-Brandenburgischen Akademie der Wissenschaften stützt sich auf gigantische Textkorpora und ist beispielhaft. Ein paar Klicks – und auf der DWDS-Website sieht man, wann der Terminus Flachwitz entstanden ist: Ende der 1990er Jahre. Zwei Jahrzehnte später sind die Belege in die Höhe geschnellt. Gleichzeitig ist der Kalauer in der Statistik abgestürzt.

Für mich ist der Flachwitz eine neue Kategorie, und in diese fallen nicht nur die klassischen Kalauer. Viele Flachwitze haben einen anderen Bauplan, sie bedienen sich einer komplizierteren Technik.

Wie heißt der Bruder von Elvis? – Zwölvis.
◊
Warum wurde der Dimmer festgenommen? – Es bestand Verdunkelungsgefahr.
◊
Was ist die Lieblingsspeise von Piraten? – Kapern.
◊
Wie nennt man eine Demonstration von Veganern? – Gemüseauflauf!
◊
Was trinken Firmenchefs? – Leitungswasser.

Daneben gibt es auch noch die Methode, Wörter zu zerlegen und neu zusammenzusetzen:

Was ist das Gegenteil von Reformhaus? – Reh hinterm Haus.
◊
Kommt ein Pferd in das Blumengeschäft und fragt: „Ham-Sie-Mageritten?"
◊
Was sagt ein Gen, wenn es ein anderes trifft? – Halogen.

Manche Witze sind surrealistisch, es werden Geschichten erzählt, die zur Realität in krassem Widerspruch stehen.

Gehen zwei Penisse ins Kino. Sagt der eine zum anderen: „Hoffentlich ist es kein Porno, sonst müssen wir wieder stehen."
◊
Kommt ein Neutron zur Disco. Sagt der Türsteher: „Tut mir leid, nur für geladene Gäste!"

Vielleicht schmunzeln wir in diesem Fall deshalb, weil Penisse und Neutronen eben nicht sprechen können und im Witz so reagieren, wie wenn sie Menschen wären.

Ein Vampir auf dem Fahrrad kommt in eine Polizeikontrolle. Polizist: „Haben Sie etwas getrunken?" Vampir: „Nur zwei Radler."

Flachwitze können die Wirklichkeit auch völlig auf den Kopf stellen.

Treffen sich zwei Bakterien. Fragt die eine: „Ich habe dich seit Wochen nicht gesehen, warst du krank?" – „Ja", antwortet die andere, „ich hatte Penizillin."

Früher wurden Witze in Printmedien veröffentlicht und mündlich verbreitet. Heute werden Witze auch ins Netz gestellt und verlinkt. Einige funktionieren nur schriftlich, man kann sie ohne anschließende Erklärung nicht erzählen.

Wie heißt eine Schlange, die genau 3,14 Meter lang ist? – πton.
◊
Was macht ein Mathematiker auf dem Pissoir? – ππ.
◊
Welches Tier schreibt man mit nur einem Buchstaben? – Die Q.
◊
Achtung vor Twitter! – Warum? – Bei Gwitter darf man sich nicht unter Bäume stellen.

Hier geht es nicht nur darum, dass das englische Wort *twitter* – deutsch übrigens „Gezwitscher" – und das deutsche Wort „G(e)witter" ähnlich klingen – oder anders betrachtet, dass bei *twitter* eine verkürzte Form der Vorsilbe Ge- vorangestellt wird. Der Witz schöpft seine Kraft auch aus dem Umstand, dass wir mit der Pointe zu den datenschutzrechtlichen und gesellschaftspolitischen Problemen der sozialen Medien geleitet werden. Twitter wird mit einem Unwetter verglichen, vor dem man sich adäquat schützen sollte. Es hilft nicht, sich schnell unter einen Baum zu stellen.

Kalauer haben den Ruf, „wenig geistreiche" Witze zu sein. Das sagt man auch den Flachwitzen nach. Eigentlich haben wir es mit „Aphorismen ohne Sinn" zu tun. Wer Aphorismen liebt und in Flachwitzen einen Sinn sucht, muss zwangsläufig enttäuscht sein. Und manche Flachwitze sind wirklich schlecht.

Was ist braun und fährt die Piste herunter? – Ein Snowbrot.

Die Wörter „Brot" und „Board" sind klanglich weit voneinander entfernt, sodass eine gedankliche Verbindung schwer herzustellen ist. Aber vielleicht ist es ein **Unsinnswitz**, und es könnte sein, dass Sie gerade deshalb über diesen **Einzeiler** lachen.

Sigmund Freud bezeichnet in seinem Buch *Der Witz und seine Beziehung zum Unbewussten* die Kalauer als die „billigsten" Witze, weil sie mit leichtester Mühe gemacht werden können (Freud, S. 60). Dies gilt auch für die Flachwitze. Sie haben einen Mitmacheffekt. Man fühlt sich animiert, neue Flachwitze zu erfinden und zu verbreiten.

Aber etwas anderes faszinierte Sigmund Freud ganz besonders: Der Erzähler eines Flachwitzes – und in gewisser Weise auch der Zuhörer – fühlt sich durch **Regression** in seine Kindheit zurückversetzt, in eine Zeit, in der noch keine Denk- und Realitätszwänge herrschten (Freud, S. 139–140). Es gebe eine „Lust am befreiten Unsinn". Freud sah in diesen Witzen „eine große Erleichterung der psychischen Arbeit", weil es ursprünglich jedem Menschen näherliegt, „sich an den Klang, statt an den Sinn zu halten".

Interessant ist, dass Freud in großer Zahl Aphorismen analysiert und daneben nur einige Sprachwitze in Dialogform. Dies hängt damit zusammen, dass Anfang des 20. Jahrhunderts Witze mit prononcierten Pointen, wie wir sie heute kennen, erst im Entstehen waren. Auch **Situationswitze** gab es damals noch nicht. Das sind Witze mit einem Handlungsablauf, aus dem heraus sich die Pointe entwickelt. Aus diesen Witzen könnte man ein Video machen und auf YouTube publizieren.

Ein Radfahrer fährt Schlangenlinien genau vor der Straßenbahn. Der Straßenbahnfahrer flucht in sich hinein, schließlich lehnt er sich aus dem Seitenfenster und brüllt: „Du hirnloser Depp! Kannst du nicht woanders fahren?" Darauf der Radfahrer grinsend: „Ich schon!"

Wortspiele und Sprachwitze auseinanderzuhalten, ist schwierig. Das von Freud zitierte Kunstwort *famillionär* – eine **Wortmischung** aus „familiär" und „Millionär" – ist auf sich allein gestellt ein schwer verständliches Wortspiel. Taucht *famillionär* aber in einem Kontext auf – in diesem Fall in einem Text Heinrich Heines, der den Besuch bei einem Rothschild darstellt – wird es zu einem Sprachwitz. Wir werden uns später damit ausführlich befassen (siehe S. 209).

Einfacher ist die Unterscheidung zwischen Witz und Humor. **Witze** sind Dialoge oder kurze Erzählungen, die den Zuhörer oder Leser mit einem überraschenden Ausgang zum Lachen bringen sollen – in einer abschließenden Pointe. Manche Witze haben überdies eine **Zwischenpointe**, bei der die Geschichte schon zu Ende sein könnte. **Humor** ist die Begabung eines Menschen, den Unzulänglichkeiten der Welt zu begegnen, die alltäglichen Schwierigkeiten und Missgeschicke mit heiterer Gelassenheit zu ertragen: Humor ist, wenn man trotzdem lacht.

Josef Joffe, Herausgeber der Wochenzeitung *Die Zeit* und Autor des Buches *Mach dich nicht so klein, du bist nicht so groß,* meinte einmal: „Der jüdische Witz ist gekennzeichnet durch Selbstironie, durch die Fähigkeit, über sich selber zu lachen, aber auch durch **Galgenhumor**." In diesen seltenen Fällen treten also Witz und Humor gepaart in Erscheinung. Im Verlauf des Buches werden Sie auf einige Beispiele stoßen (siehe S. 79 ff., 117 ff., 167 ff.).

Zurück zu den Flachwitzen, die heute omnipräsent sind. **Einzeiler**, bestehend aus Frage und Antwort oder aus einer Feststellung, werden oft auch in ein dazu passendes Foto oder Video gestellt und dann im Internet verbreitet. Diese Form von Flachwitz wird **Meme** genannt. Die originellsten von ihnen werden unzählige Male geteilt. Sie haben oftmals einen Bezug zu einem aktuellen Ereignis oder zu einem Film beziehungsweise einer TV-Serie.

Im Internet habe ich ein Porträt von Eddard „Ned" Stark gefunden, dem Lord von Winterfell aus der TV-Serie *Game of Thrones*. In das Foto wurde ein mundartlicher Text montiert.

Ma foahrt neid oafoch ohne Keittn aufn Pötschn.

Das klingt wie die Warnung eines Steirers, den Pötschenpass an der oberösterreichisch-steirischen Grenze nicht ohne Ketten in Angriff zu nehmen, und ist zweifellos witzig – wenn es aus dem Mund des Lords von Winterfell kommt und gleichzeitig sein Bild zu sehen ist. Aufgrund des beschränkten Platzangebots sind die Texte immer **Einzeiler** – sie bestehen oft nur aus ein paar Wörtern.

Die Herkunft des Begriffs **Meme** (das Meme, Mehrzahl: die Memes) oder **Mem** (das Mem, Mehrzahl: die Meme) ist strittig. Oft wird der britische Evolutionsbiologe Clinton Richard Dawkins als Erfinder des Ausdrucks genannt. Zwar hat er 1976 analog zum englischen *gene* den Begriff *meme* verwendet, aber er war nicht der erste. Der Ausdruck Mem findet sich bereits in einem 1948 erschienenen Buch des österreichischen Physikers und Kybernetikers Heinz von Foerster. Jedenfalls wurde das Wort von der Online-Community aufgegriffen und dazu verwendet, eine neue Art von Bild-Text-Botschaft zu benennen.

Früher hat ein Mensch anderen Menschen einen Witz erzählt. Heute kann diese Form der Kommunikation auch im Dialog mit einer Maschine stattfinden. Der digitale Assistent von Amazon, genannt Alexa, ist zuhause ein Helferlein von frühmorgens bis spätabends. Gleiches leistet der Google Assistant, wenn man unterwegs ist. Mit beiden kann man Wetterberichte abhören, Abfahrts- und Ankunftszeiten von Zügen erfahren, sich mit jeder Art von Musik unterhalten lassen und vieles mehr. Das Gleiche leistet das Apple-Programm Siri. Man könnte diese Angebote mit dem Slogan „Sie suchen, wir finden!" umschreiben.

Alexa, Google und Siri reagieren auch auf die Aufforderung: „Erzähle mir einen Witz!" Nicht überraschend sind es kurze Witze, und viele davon weisen eine sprachliche Komponente auf.

Fragt die Lehrerin: „Franzi, warum heißt unsere Sprache auch Muttersprache?" – „Weil Vati in ihr nicht zu Wort kommt."

Einmal wollte ich den Assistenten von Google aufs Glatteis führen. Ich fragte ihn: „Bist du verliebt?" Die Antwort war ein Sprachwitz mit **Doppelsinn**.

Ich glaube, ich werde für immer suchen. Das ist wahrscheinlich vorprogrammiert.

Ruud Klein, der Illustrator des wöchentlichen Leitartikels im *Profil*, verwendet Sprachwitze in seinen Zeichnungen. Einmal legte er einem Koch, der einen riesigen dampfenden Topf in seinen schon glühenden Händen hielt, folgenden Satz in den Mund:

*Seit dem blöden **T**opftuchverbot verbrenn ich mir dauernd die Pfoten.*

Ein andermal kommentiert er die Diskussion über die Zukunft der EU. Wir sehen einen alten Mann mit Bart, der in einem Fauteuil sitzt und sagt:

Europa? Ach so. Ich dachte die ganze Zeit, ihr wollt alle zu Opa …

Auch auf *Hitradio Ö3* wird immer wieder sprachspielerisch gewitzelt. Im Sommer 2019 lief auf diesem Sender die Comedyserie *Casa Chaos* mit witzigen Dialogen aus einer Wohngemeinschaft. Einige Male wurde in *Casa Chaos* auch auf tagesaktuelle Ereignisse Bezug genommen, so auf den Dopingskandal unter Skilangläufern im Februar 2019.

Reini: *Also diese Langlauf-Dopingskandale im ÖSV sind eh dauernd. Da kriegt der Name Schröcks**nadel** eine völlig neue Bedeutung.*
Sarah: *Geh Reini, der Skisport ist für Österreich ungemein wichtig. So was kannst echt ned sagen. Des is Spitzensport.*
Reini: *Ja, **Spritzen**sport.*

Auch manche Dialoge des Ö3-Callboys sind Sprachwitze. Als Beispiel möchte ich zwei Anrufe von Gernot Kulis verkürzt wiedergeben, einen bei der Wiener Städtischen Versicherung, einen bei einer Trafikantin.

Ö3-Callboy: *Do is' Mirko, Grieß Gott. Ich hobe Party. Wos kostet fier a Wochenende dreißig Stuck Stehtische.*
Wiener Städtische: *Ich weiß nicht, was Sie wollen.*
Ö3-Callboy: *Dreißig Stuck Stehtische. Ich habe schon alles eingekauft, Getränke, alles. Barhocker habe ich. Jetzt braucht er Stehtische.*
Wiener Städtische: *Stehtische?*
Ö3-Callboy: *Ich habe angerufen in Linz. Aber jetzt braucht er Wiener Stehtische.*
Wiener Städtische: *Ich kann Ihnen eine Versicherung anbieten für eine Veranstaltung.*

Ö3-Callboy: *Versicherung? Bitte ned! I' pass auf ... Auf Stehtische. Verspricht er.*
Wiener Städtische: *Wir haben aber keine Stehtische. Wo soi ma die hernehma?*
Ö3-Callboy: *Wieso? Ist dort nicht die „Wiener Stehtische"?*
Wiener Städtische: *Der Name: „Wiener Städtische Versicherung"! Aber Stehtische bekommen Sie bei uns keine!*
(Kulis, Wiener Stehtische, CD, Track 10)

◊

Ö3-Callboy: *Könnts ös ma zwanzig Rubbellose auf die Seit'n leg'n? Und zwoa ganz bestimmte. Mei' Bua hat gsagt, es gibt's neue Lose da im Herbst. Was habts da?*
Trafikantin: *Hennen-Rennen, Double Win, Fünfundzwanzig fette Jahre.*
Ö3-Callboy: *Herbstzeit-Lose hat ihm die Lehrerin gsagt.*
Trafikantin: *Herbstzeit-Lose? Des sagt ma goa nix.*
Ö3-Callboy: *Die soll's jetzt geben – mit der Jahreszeit.*
Trafikantin: *Ich stehe grad vor die Lose ...*
Ö3-Callboy: *Habts ös Brieflose?*
Trafikantin: *Ja, die hamma scho'.*
Ö3-Callboy: *Vielleicht liegen daneben die Herbstzeit-Lose ...*
Trafikantin: *Na.*
Ö3-Callboy: *Habts ös Arbeits-Lose?*
Trafikantin: *Na, hamma aa ned ... Wollen S' mich jetzt verarschen?*
Ö3-Callboy: *Habts ös Tuberku?*
Trafikantin: *Was is' das?*
Ö3-Callboy: *Tuberku-Lose. Aber mei' Bua hat gsagt, er möcht' unbedingt Herbstzeit-Lose.*
Trafikantin: *Was is' mit Ihna? Wissen Sie was? Sie und Ihna Bua san Ahnungs-Lose!*
(Kulis, Herbstzeit-Lose, gesendet auf Hitradio Ö3 am 19. 9. 2019)

Es ist erstaunlich, dass es Gernot Kulis immer wieder gelingt, bei anonymen Anrufen Dialoge zu produzieren, die reif fürs Kabarett wären. Dass er auf Verwechslungen wie „Stehtische" und „Städtische" baut oder zusammengesetzte Wörter wie „Herbstzeitlose" falsch zerlegt, erweist ihn als Kenner der Witzetechniken.

Vielleicht wird es Ihnen beim Lesen dieses Buches so wie mir ergehen. Anfänglich konnte ich mit Flachwitzen nicht viel anfangen.

Aber je länger ich mich damit beschäftigte, desto mehr faszinierten sie mich.

Daneben gibt es auch noch längere Sprachwitze, die ein Wortspiel enthalten oder durch Verwendung sprachlicher Mittel zustande kommen. Das halte ich übrigens für eine recht brauchbare Definition für den Terminus „Sprachwitz".

Geht eine Katze ins Fitnessstudio. Fragt die Trainerin: „Was machst du denn hier?" Darauf die Katze: „Mein Frauerl hat mir erzählt, dass man sich hier einen prima Muskelkater holen kann."

Auf diesen intelligent konstruierten Dialog werde ich später zurückkommen (siehe S. 116), genauso auf den folgenden Witz, der von einem regionalen Sprachunterschied handelt (siehe S. 283 f.).

In Tirol. Ein Förster führt Urlauber aus dem hohen Norden durch den Wald. „Sagen Sie mal, Herr Förster, wie nennen Sie denn die Blaubeeren da?" – „Schwarzbeeren." – „Die sind aber doch rot!" – „Ja, weil s' noch grün san."

Sprachwitze und Wortspiele existieren in so gut wie allen Kulturen. Den Begriff *calembour(g)* im Französischen habe ich bereits erwähnt, im Englischen wird ein Wortspiel *pun* genannt. In den Theaterstücken und Sonetten von William Shakespeare finden sich viele *puns*, es sollen mehr als dreitausend sein. Hier ein oft zitiertes Beispiel aus *Richard III.*:

Now is the winter of our discontent made glorious summer by this son/sun of York.

Richard, der hier von sich spricht, ist ein Sohn des Hauses York. Shakespeare verwendet das Wortspiel zwischen den gleichklingenden Wörtern *son* (= Sohn) und *sun* (= Sonne), um einen Gegensatz zwischen Winter und Sommer herzustellen.

Vor allem die intelligenten Figuren in den Shakespeare'schen Stücken sind regelrechte *punster*:

Auf einem Friedhof fragt Hamlet einen Arbeiter, für wen er gerade ein Grab gräbt. Der Arbeiter, der in dem Grab steht, sagt: „Mine, Sir." Darauf Hamlet: „I think it be thine indeed, for thou liest in it."

Hamlet nimmt die Neckerei des Friedhofsarbeiters auf und beschuldigt ihn, dass er lüge – wobei „liegen" und „lügen" im Englischen gleich klingen.

Von Shakespeare stammt auch ein Satz, der gerne fälschlich als Hinweis verstanden wird, dass unsere heutigen Witze kurz sein müssen. Es sagt nämlich der Schwätzer Polonius in Shakespeares *Hamlet* (II. Akt, 2. Szene):

Weil Kürze dann des Witzes Seele ist, / Weitschweifigkeit der Leib und äußre Zierat, / Fass' ich mich kurz.

Puns waren nicht immer und nicht bei allen so beliebt. Für den Schriftsteller Samuel Johnson, Herausgeber einer epochalen Shakespeare-Ausgabe, stellten sie „the lowest form of humor" dar. Die gegensätzlichen Beurteilungen reichen bis in die Gegenwart. So war beispielsweise Alfred Hitchcock ein begeisterter Anhänger von Wortspielen: „Puns are the highest form of literature." Andere haben ihm heftig widersprochen.

Friedrich Schiller lässt in *Wallensteins Lager* (8. Auftritt) den Kapuziner, der Abraham a Sancta Clara nachgebildet ist, in **Klangwitzen** und Wortspielen schwelgen.

*Lässt sich nennen den **Wallenstein**, / Ja freilich ist er uns **allen** ein **Stein** / Des Anstoßes und Ärgernisses. / Kümmert sich mehr um den **Krug** als den **Krieg**, / Wetzt lieber den **Schnabel** als den **Sabel**, / Frisst den **Ochsen** lieber als den **Oxenstirn**' / Der **Rheinstrom** ist geworden zu einem **Peinstrom** / Die **Klöster** sind ausgenommene **Nester** / Die **Bistümer** sind verwandelt in **Wüsttümer**, / Die **Abteien** und die **Stifter** / Sind nun **Raubteien** und **Diebesklüfter** / Und all die gesegneten deutschen **Länder** / Sind verkehrt worden in **Elender**.*

Heinrich Böll legt in *Die verlorene Ehre der Katharina Blum* seiner Hauptfigur am Ende der Erzählung folgenden Satz in den Mund:

*Dieser Kerl wollte **bumsen** – und ich dachte: Gut, jetzt **bumst's**.*

Dann fällt der sexuell aufdringliche Zeitungsschreiberling tödlich getroffen zu Boden. Böll hat also in die Schlüsselszene seiner Erzählung einen Sprachwitz eingebaut. Einige Kritiker meinten, ein

derartiges Wortspiel wäre eines angesehenen Schriftstellers nicht würdig gewesen.
Wortspiele polarisieren, und sie sind so alt wie die Sprache selbst. Belege aus der Antike stammen aus Mesopotamien, aus Ägypten und aus China. Auch in den Hieroglyphen der Mayas sind Wortspiele zu finden.
Den ältesten belegten Witz verdanken wir der sumerischen Kultur Mesopotamiens. Er datiert aus der Zeit von etwa 1900 bis 1600 v. Chr., könnte aber bereits 2300 v. Chr. erzählt worden sein.

Was ist seit Urzeiten noch nie geschehen? – Eine junge Frau, die auf dem Schoß ihres Mannes nicht furzt.

Der zweitälteste Witz ist auf einer ägyptischen Papyrusrolle verzeichnet, diese wird mit 1600 v. Chr. datiert.

Wie kannst du einen gelangweilten Pharao aufheitern? – Du schickst ein Boot mit jungen Frauen, die nichts weiter als Fischernetze am Leib tragen, den Nil stromabwärts und drängst den Pharao, fischen zu gehen.

Der drittälteste Witz stammt aus der Zeit 1200 v. Chr., er wurde in Adab, Mesopotamien, aufgezeichnet. Der Ort liegt heute im Irak.

Drei Ochsentreiber streiten darüber, wem ein neugeborenes Kalb gehört. Der König soll schlichten, er bittet eine Priesterin um Hilfe. Diese will auch die Ehefrauen der drei Männer in die Entscheidung einbeziehen ...

Der Text ist leider nicht vollständig lesbar, die Pointe kann nur erraten werden, sie dürfte obszön gewesen sein. Paul McDonald, Professsor für kreatives Schreiben an der Universität Wolverhampton, der 2008 die zehn ältesten Witze für einen TV-Sender eruiert hat, konstatiert: „Allen gemeinsam ist ihr Bruch mit Tabus und eine gewisse Rebellion."
Die älteste erhaltene Witzesammlung ist der *Philogelos* (Lachfreund), die darin enthaltenen Witze, 265 an der Zahl, sind in griechischer Sprache verfasst. Als Autoren werden zwei ansonst unbekannte Griechen namens Hierokles und Philagrios genannt. Die Zusammenstellung wird wohl erst nach der römischen Kaiserzeit abgeschlossen

worden sein, weil die Tausendjahrfeier Roms im Jahr 248 n. Chr. erwähnt wird. Andere Witzsammlungen aus der Antike werden in diversen Quellen erwähnt, sind aber nicht erhalten.

Der *Philogelos* ist thematisch gegliedert. Es gibt Witze über unfähige Wahrsager und dümmliche Gelehrte, über Säufer, Witzbolde, Frauenhasser und Menschen mit starkem Mundgeruch. Einige Witze sind obszön, andere frauenfeindlich. Witze über Homosexualität sind in der Sammlung nicht enthalten, obwohl Geschlechtsverkehr unter Männern üblich war.

In zahlreichen Witzen ist die Hauptfigur eine dumme Person: ein Abderit, Kymenier oder Sidonier. Die Einwohner der griechischen Städte Abdera und Kymene sowie der hellenisierten ehemaligen Phönizierstadt Sidon waren die Ostfriesen der Antike. Oft wird der Dumme auch als Scholastikos bezeichnet, das entspricht nach dem heutigen Verständnis am ehesten einem zerstreuten Professor. Aber einen Scholastikos hat es in so gut wie jedem Beruf gegeben, und er konnte jung oder alt sein. „Er ist der Typ des Erz-Dummkopfs, des pedantischen, gar nicht unsympathischen ‚Denkers', der mit messerscharfer Logik schlussfolgert – nur eben völlig falsch, weil er in seiner Zerstreutheit, Beflissenheit oder vermeintlichen Geistesschärfe von allem Gebrauch macht, nur nicht vom gesunden Menschenverstand." (Weeber, S. 46)

Die dümmlichen Hauptfiguren im *Philogelos* sind austauschbar. Ein Witz, der als Abderiten-Witz gebracht wird, kommt später als Scholastikos-Witz noch einmal daher oder umgekehrt.

Kommt ein Mann zu einem Scholastikos und sagt: „Der Sklave, den du mir verkauft hast, ist gestorben." – „Bei den Göttern", antwortet der, „solange er bei mir war, hat er nichts dergleichen getan." (Nr. 18)

◊

*Ein Mann hänselt einen Witzbold: „Ich habe deine Frau umsonst gehabt." Darauf der Witzbold: „Es ist meine eheliche Pflicht, dieses Übel zu ertragen. Aber du? Wer zwingt **dich**?" (Nr. 263)*

◊

Ein junger Mann sagt zu seiner Frau: „Herrin, was tun wir? Wollen wir essen oder haben wir Sex?". Darauf die Frau: „Wie du willst. Brot ist keins da." (Nr. 244)

◊

Ein Scholastikos will seinem Esel lehren, nicht zu fressen, und wirft ihm kein Futter vor. Als der Esel des Hungers stirbt, sagt der Scho-

lastikos: „Wie schade! Als er gelernt hatte, nicht zu fressen, da ist er gestorben." (Nr. 9)

◊

Ein Scholastikos hat geträumt, er sei in einen Nagel getreten. Er verbindet sich deshalb den Fuß. Ein anderer Scholastikos fragt ihn, warum er das getan habe, und als er den Grund erfährt, sagt er: „Mit Recht werden wir für dumm gehalten. Warum gehst du auch ohne Schuhe ins Bett?" (Nr. 15)

In diesem Witz wird die Dummheit des einen durch die Dummheit des anderen überboten. Wir werden auf diese Technik später zurückkommen (S. 79 ff.).

Ein Scholastikos hat eine Sklavin geschwängert. Nach der Geburt rät ihm sein Vater, er solle das Kind töten. Darauf der Scholastikos: „Begrab du erst deine Kinder, und dann rate mir, meines umzubringen!" (Nr. 57)

Manchmal entpuppt sich der dumme Scholastikus als der Gescheite. Väter hatten das Recht, ihre Kinder zu töten. Der Scholastikos rebelliert gegen dieses Prinzip und gleichzeitig gegen seinen Vater.

Unfähige Wahrsager haben große Probleme, die Zukunft vorherzusagen. Aber sie können sich auf eine neue Sachlage prompt einstellen. Dadurch nehmen Witze eine überraschende Wendung.

Ein unfähiger Wahrsager stellt ein Horoskop für einen kleinen Buben auf. „Der wird einmal ein Rechtsanwalt", sagt er, „dann Präfekt, dann Statthalter." Als das Kind wenig später stirbt, beschwert sich die Mutter beim Astrologen: „Er ist tot! Dabei sollte er doch Rechtsanwalt, Präfekt und Statthalter werden!" – „Ich schwöre es bei seinem Andenken", antwortet der Wahrsager, „wäre er am Leben geblieben, wäre alles genau so eingetreten!" (Nr. 202)

◊

Ein Mann kommt von einer langen Auslandsreise heim und fragt einen unfähigen Wahrsager, wie es seiner Familie geht. Da antwortet der Wahrsager: „Allen geht es gut, nur deinem Vater nicht." – „Aber mein Vater ist doch vor zehn Jahren verstorben!" – Darauf der Wahrsager: „Du kannst doch gar nicht wissen, wer dein Vater ist." (Nr. 201)

Im Mittelpunkt des folgenden **Selbstmörderwitzes** steht wieder einmal ein Abderit und sein unlogisches Handeln:

Ein Abderit will sich erhängen, aber der Strick reißt und er schlägt sich ein Loch in den Kopf. Da lässt er sich ein Pflaster geben und legt es auf die Wunde. Dann geht er wieder hin und erhängt sich.

Ich habe den *Philogelos* nach Sprachwitzen durchsucht und einige gefunden. Meist basieren sie auf dem **Doppelsinn** eines Wortes oder einer Wendung.

*Ein Abderit hat gehört, dass Zwiebeln und Bohnen **Winde machen**. Als auf einer Seefahrt eine Flaute eintritt, hängt er einen Sack mit Zwiebeln und Bohnen **am Hinterteil** des Schiffes auf.* (Nr. 73)

◊

Ein Witzbold wird von einem geschwätzigen Friseur gefragt: „Wie darf ich die Haare schneiden?" Darauf der Witzbold: „Schweigend!" (Nr. 148)

◊

Kommt ein Mann zu einem schlecht gelaunten Arzt: „Herr Doktor, ich kann weder liegen noch stehen und auch nicht sitzen." Darauf der Arzt: „Dann bleibt Ihnen nichts anderes übrig: Hängen Sie sich auf!" (Nr. 183)

◊

*Ein Witzbold trifft einen Zuhälter, der eine schwarze Prostituierte anbietet, und fragt ihn: „Was kostet **die Nacht**?"* (Nr. 151)

Hier wird der Gedanke „schwarz wie die Nacht" weitergesponnen, wodurch ein Doppelsinn entsteht: Gemeint ist einerseits die Frau, andererseits die Dauer des Liebesdienstes.

*Ein Mann mit stinkendem Atem fragt seine Frau: „Herrin, warum hasst du mich?" Sie antwortet: „Weil du mich **liebst**."* (Nr. 234)

Das in der Pointe auftauchende Verb hat neben „lieben" noch einen zweiten Sinn: „küssen".

*Ein Abderit ist einem Mann **einen Esel** schuldig. Da er keinen hat, bittet er, stattdessen **zwei Halbesel** geben zu dürfen.* (Nr. 127)

Der Maulesel ist das Kreuzungsprodukt eines Pferdehengstes und einer Eselsstute. Daher lag es nahe, einen Maulesel als „Halbesel" zu bezeichnen und die einfache Gleichung aufzustellen: 2 Maulesel = 1 Esel.

*Ein Witzbold besucht ein Badehaus, da wollen sich zwei Männer von ihm den bronzenen Schaber leihen, der zum Entfernen des Öls vom Körper dient. Den einen kennt er **nicht**, den anderen kennt er **als Dieb**. Da sagt er: „Dir leihe ich ihn nicht, weil ich dich **nicht kenne**, und dir leihe ich ihn nicht, **weil ich dich kenne**." (Nr. 150)*

In diesem Fall wird in der Pointe eine Wendung wiederholt und modifiziert.

Eine spezielle Kategorie sind Witze über Männer mit Mundgeruch. Einen davon haben Sie bereits gelesen, andere haben einen fäkalen Hintergrund.

Ein Mann mit stinkendem Atem begegnete einem Tauben und sagt: „Guten Tag!" Der darauf: „Pfui!" Da sagt der erste: „Was habe ich denn gesagt?" Der Taube: „Du hast gefurzt!" (Nr. 233)

◊

Ein Mann mit stinkendem Atem kommt zu einem Arzt und sagt: „Sieh, Herr! Mein Zäpfchen hat sich gesenkt!" Dabei macht er den Mund weit auf. Der Arzt wendet sich ab und sagt: „Nicht dein Zäpfchen hat sich gesenkt, dein Arschloch hat sich gehoben." (Nr. 235)

Derartige **Ekelwitze** sind **Tabubrüche**: Über Fäkales redet man nicht gern. Das muss auch damals so gewesen sein, sonst wären diese Dialoge keine Witze. Nach Freud besteht in der frühkindlichen Entwicklung eine Lust an den Vorgängen der Verdauung. Die normale Reaktion von Erwachsenen gegenüber den Exkrementen ist hingegen die des Ekels.

Womit ich das Buch *Philogelos* zumache und das Thema abschließe. Einige Witze erinnern mich an die Geschichten aus **Schilda**, also an die Schildbürgerstreiche, oder an die jüdischen Witze über die Einwohner von **Chelm**. Manche sind eher schwach, andere wirken modern und zeitlos, haben sogar ein Pendant in der Gegenwart.

Hirsch wird erzählt, dass seine Frau ihn mit seinem Teilhaber betrügt. Er will es nicht glauben. Dann beschließt er aber, eines Tages unerwartet heimzukommen – und findet tatsächlich seinen Kompagnon bei seiner Frau. Ungläubig schüttelt er den Kopf und sagt schließlich: „Ich muss – aber du?" (Goldscheider, S. 28)

Ich habe aus dem *Philogelos* die besten Witze ausgesucht, das mag ein verzerrtes Bild bei der Beurteilung ihrer Qualität ergeben. Viele sind äußerst kurz, so kurz wie die heutigen Flachwitze. Die meisten Witze sind Dialoge „und die Pointe besteht (meist) in einem Ausspruch, viel weniger oft in einem Tun", konstatiert der Altphilologe Andreas Thierfelder, der die Witze des *Philogelos* übersetzt und kommentiert hat (Thierfelder, S. 22). Gemeint ist: **Situationswitze** kommen im *Philogelos* nicht vor.

Zwar keine Sprachwitze, aber interessante Wortspiele sind in der Bibel zu finden, sowohl im Alten als auch im Neuen Testament. Hier ein oft zitiertes Beispiel aus Matthäus 16,18:

Du bist Petrus, und auf diesen Felsen will ich meine Kirche bauen.

Dass ein Wortspiel vorliegt, zeigt nicht nur der griechische Urtext, sondern auch der lateinische: „*tu es Petrus, et super hanc petram aedificabo ecclesiam meam* ..." Petrus hieß mit einem Übernamen *Kephas*, und daraus wurde, ins Lateinische übersetzt, Petrus, was auf *petra* (= Felsen) deutet. (Gauger, 2006, S. 26–27)

In diesem Buch über Sprachwitze geht es schwerpunktmäßig um jene Witzekultur, die für Österreich typisch ist und zu einem Teil jüdische Wurzeln hat. Ein ähnliches Buch über die Sprachwitze bei Christian Morgenstern, Heinz Erhardt, Otto Waalkes und bei einigen anderen müsste noch geschrieben werden.

Vielleicht sollte ich hier gleich das Problem streifen, dass man Witze nicht erklären darf. Wenn jemand in einer Gesellschaft einen Witz erzählt und anschließend die Pointe erläutert, dann hat er sich als Witzeerzähler disqualifiziert. Wer ein Buch über Sprachwitze schreibt und die dahinterstehende Technik erläutert, muss also zwangsläufig gegen dieses eherne Gesetz des Witzeerzählens verstoßen. Anders geht es leider nicht. Die eine oder andere Erläuterung habe ich in den Anhang verschoben, dort finden Sie auch Quellenangaben und zusätzliche Informationen, die den Lesefluss stören würden.

Genauso unmöglich ist es, die Regeln der Political Correctness bei der Auswahl der Witze einzuhalten. Freud hat festgestellt, dass in Witzen häufig das zum Vorschein kommt, was üblicherweise unterdrückt wird, zum Beispiel infolge einer Hemmung, sexuelle oder aggressive Triebe auszuleben. Der Witz baut diese Hemmung kurzzeitig ab, dadurch entsteht ein **Lustgewinn aus erspartem psychischem Aufwand** (Freud, S. 132 ff.). Diese Auffassung wird auch als **Entladungstheorie** bezeichnet.

Freuds Buch *Der Witz und seine Beziehung zum Unbewussten* gilt nicht nur als Schlüsselwerk der Psychoanalyse, sondern auch der Witzeforschung. Für mich waren vor allem jene Kategorisierungen hilfreich, die den ersten Teil seines Buches ausmachen. Fachbegriffe wie **Wortmischung, Mehrfachverwendung desselben Materials, Modifikation, Verschiebung, Unifizierung, Darstellung durchs Gegenteil** und **Aufsitzer** gehen auf ihn zurück oder wurden von ihm popularisiert.

Freud unterscheidet zwischen **Technik** und **Tendenz** eines Witzes. Die Technik ist das Hauptthema meines Buches, aber die Tendenz spielt oft eine zusätzliche Rolle.

Freud stellt bei den Tendenzwitzen vier Kategorien auf:
obszöne, entblößende Witze,
aggressive (feindselige) Witze,
zynische Witze (kritische, blasphemische),
skeptische Witze.

Die Tendenz weckt Gefühle beim Zuhörer, sie ist „das Körnchen Salz" oder „das Tröpfchen Adrenalin", wie es Arthur Koestler formuliert (Koestler, S. 52). In **obszönen Witzen** geht es um Sexuelles, das gesellschaftlich tabuisiert ist, im Witz hingegen angesprochen wird – oft verklausuliert, verhüllend. **Aggressive Witze** richten sich gegen das Fremde oder gegen politische Gegner. **Zynische Witze** attackieren Grundsätze, die allgemein anerkannt sind. Zu dieser Gruppe gehören auch blasphemische Witze. In diesen werden religiöse Dogmen oder der Gottesglaube selbst angegriffen. **Skeptische Witze** zweifeln jede Form der Erkenntnis an, in Tierwitzen und Kinderwitzen lösen sie beim Zuhörer ein Gefühl der Rührung aus. Die meisten Flachwitze haben keine Tendenz.

Wieso können Seeräuber keinen Kreis fahren? – Weil sie π-raten.

Hier werden keine Gefühle angesprochen. Es geht einzig und allein darum, das Zeichen π zu verbalisieren und die Lösung „Piraten" zu finden. Dass Seeräuber und Piraten ein und dasselbe sind, ergibt sich sofort. Wir lächeln über derartige Witze einzig und allein deshalb, weil sie uns überraschen, und der Zuhörer darf ein wenig stolz sein, dass er das Rätsel entschlüsselt hat.

Ich habe einen Hipster ins Bein geschossen – jetzt hopster.

Als Hipster bezeichnet man eine Person mit starkem Szenebewusstsein, womit eine Abgrenzung vom Mainstream signalisiert wird. Dies äußert sich in der Bekleidung: Flanellhemden, Hornbrillen, Schlauchschals, Röhrenjeans, Converse-Schuhe, Tätowierungen und Piercings, aber auch im Getränkekonsum: Hipster trinken Szenegetränke wie Club-Mate-Limonade. Sie verwenden Smartphones, Tablets und MacBooks. Der Hipster ist in diesem Witz im wörtlichen Sinn eine Zielscheibe: Auf ihn wird geschossen. Nach der analytischen Methode Sigmund Freuds ist er auch im übertragenen Sinn eine Zielscheibe: Er ist neben dem Erzähler und dem Zuhörer jene dritte Person, gegen die sich die aggressive Tendenz des Witzes richtet. Wer vom Mainstream abweicht, wird bestraft.

„Nein, der Witz geht ganz anders!" – Ein Witz und viele Versionen

Ich habe für dieses Buch sowohl alte als auch neue Witze ausgewählt, wobei die alten Witze meist Klassiker sind und bereits viele Jahre auf dem Buckel haben. Aber: Es gibt Witze, die muss man einfach kennen. Besonders die älteren existieren oft in verschiedenen Versionen, und dann taucht die Frage auf: „Welche ist die bessere?" Leidenschaftliche Witzeerzähler lassen in dieser Hinsicht keine Kompromisse gelten. Sie warten, bis die Pointe fertig ist, und sagen dann: „Nein, der Witz geht ganz anders!" – und beginnen ihn neu zu erzählen.

Wenn man die äußerst umfangreiche wissenschaftliche Literatur über Witze und die Witzesammlungen durchsieht, fällt auf, dass einzelne Witze immer wieder in verschiedenen Abwandlungen auftauchen. Aber schon kleine Änderungen können einen Witz beschädigen oder völlig zerstören. In diesem Buch werden Sie einige Beispiele dafür finden.

Oft ist auch das subjektive Empfinden ganz entscheidend. Ich meine, dass sich Witze durch Kürze und Zielstrebigkeit auszeichnen sollen. Hans-Martin Gauger, ein langjähriger Professor für Romanistik an der Universität Freiburg im Breisgau und der einzige Wissenschafter, der sich in den letzten Jahrzehnten mit Sprachwitzen befasst hat, verlangt in seinem Buch *Das ist bei uns nicht Ouzo* von einem Witz folgende Eigenschaften: „Ein Witz sollte um des Hörers oder Lesers willen schnell sein Ziel erreichen. Andererseits muss alles – dann aber wiederum nur das – gesagt werden, was zur Realisierung der Pointe nötig ist. Es ist der Witz selbst, der Kürze will. Genauer: Nicht er selbst, sondern unser Bewusstsein von ihm. Metaphorisch aber ist es in der Tat ‚er selbst'. Er will also möglichst schnell zur Pointe und – mit ihr und durch sie – zu der kleinen Explosion kommen, die das Lachen oder das Lächeln des Hörers sind." Gauger vertritt daher das Prinzip: „so lang wie nötig, so kurz wie möglich", schränkt jedoch anschließend ein: „Zur nötigen Länge gehört aber auch (rien n'est simple) eine gewisse Farbigkeit, eine gewisse andeutend situierende Ausgestaltung, also durchaus nicht nur das rein logisch oder intellektuell Notwendige." (Gauger, 2006, S. 14–15)

„Witze, sind die kürzeste und präziseste Form erzählter Literatur", meinte einmal Hellmuth Karasek, er war einer der vier Diskussionsteilnehmer des *Literarischen Quartetts*. Gute Witze unter Literatur einzureihen, wird nicht falsch sein – in einem gut erzählten Witz muss jedes Wort „sitzen". Und manche Sprachwitze, die sich der Dialogform bedienen, sind eigentlich allerkürzeste Minidramen. **Situationswitze sind allerkürzeste Kurzgeschichten.**

Mit dem Satz „Nein, der Witz geht ganz anders" könnte man auch die viel beachtete Polemik Friedrich Torbergs gegen Salcia Landmann und ihr 1960 im Schweizer Walter Verlag erschienenes Buch *Der jüdische Witz* überschreiben. Salcia Landmann, geboren in Żółkiew, damals Galizien, heute Ukraine, war die Tochter des Ehepaares Israel Passweg und Regina Passweg, geborene Gottesmann. Während des Ersten Weltkriegs übersiedelte sie mit ihrer Familie in die Schweiz nach St. Gallen. Sie promovierte in Philosophie und heiratete den Philosophen Michael Landmann. Ihre schriftstellerische Arbeit verstand sie als „stilles Requiem auf die untergegangene ostjüdische Kulturwelt".

Das erinnert ein wenig an Friedrich Torbergs Bestreben, der jüdischen Kultur, die durch die Schoah vernichtet wurde, ein Denkmal zu setzen. Sein erfolgreichstes Buch, *Die Tante Jolesch*, trägt den Untertitel „Der Untergang des Abendlandes in Anekdoten".

Im Oktober 1961 erschien in der Zeitschrift *Der Monat* jene Polemik Torbergs, die in der Folge hohe Wellen schlagen sollte. Ihr Titel: *„Wai geschrien!" oder Salcia Landmann ermordet den jüdischen Witz. Anmerkungen zu einem beunruhigenden Bestseller.* Torbergs Aufsatz wurde seither oft in Auszügen zitiert, ich wollte den gesamten Artikel lesen. Also bestellte ich in der Nationalbibliothek den 14. Jahrgang der Berliner Zeitschrift und las in Heft 157 den durchaus vergnüglichen Beitrag. Anhand einiger Beispiele zeigt Torberg, wie Salcia Landmann die Witze ruiniert hat. Der folgende Witz über das Witzeerzählen selbst war bereits in den 1930er Jahren publiziert worden, in einem Buch, das im Titel nicht das Wort „Witze", sondern den Ausdruck „Schwänke" stehen hatte.

Ein Bauer lacht dreimal über einen Witz: das erste Mal, wenn man ihn erzählt, das zweite Mal, wenn man ihn erklärt, und das dritte Mal, wenn er ihn verstanden hat.
Ein Pachtherr lacht zweimal: das erste Mal, wenn man ihm den Witz erzählt, das zweite Mal, wenn man ihn erklärt. Verstehen wird er ihn nie.

Ein Büttel (= Polizist) lacht nur einmal: wenn man ihm den Witz erzählt; denn er verbietet dir, den Witz zu erklären, und verstehen wird er ihn deshalb nie. Erzählst du den Witz einem Juden, so unterbricht er dich: „Ach, was, ein alter Witz!" und er kann ihn dir besser erzählen.
(Joffe, S. 37, basierend auf Olsvanger, S. 3)

Das ist ein schöner **Metawitz**, ein Witz über den Witz beziehungsweise über das Witzeerzählen, und er hat einen subtilen Inhalt. Die beste Interpretation dieses Witzes habe ich in Josef Joffes empfehlenswertem Buch über den jüdischen Humor mit dem Titel *Mach dich nicht so klein ...* gefunden. „Die Gojim, also die Christen, sind aus Sicht des Erzählers grundsätzlich nicht besonders helle", schreibt der angesehene Herausgeber der Wochenzeitung *Die Zeit*, „aber der Landbesitzer und der Polizist, die Mächtigen, sind noch blöder als der Bauer, der in der Hierarchie nur knapp über dem Juden steht und deshalb schon fast ‚einer von uns' ist." Auf diese Weise „erhebt sich der Jude über seine Umwelt". Für den osteuropäischen Schtetlbewohner, der selber fast nie Land besitzen durfte, „ist der Verpächter eine wirtschaftliche und der Polizist eine existenzielle Bedrohung, weil er eine willkürliche Staatsmacht vertritt. (...) Diesen Typen ihren geistigen Rückstand zu bescheinigen, bietet seelischen Trost in auswegloser Lage." Eine andere Interpretation könnte lauten: „Bleib auf dem Teppich. Du hast zwar die besseren Pointen, aber die haben die Macht." (Joffe, S. 37–38)

Landmann kannte die Quelle, aber sie veränderte den Schluss.

Erzählt man aber einem Juden einen Witz, so sagt er: „Den kenn' ich schon!" – und erzählt einen noch besseren. (Landmann, 1960, S. 510)

Dass Torberg diese Veränderungen sauer aufstießen, ist verständlich. „Nein! Nein! Erstens *sagt* er nichts, denn das würde bedeuten, dass er den Witz bis zum Ende anhört – er *unterbricht* ihn. Zweitens erzählt er nicht einen *noch* besseren, denn das würde bedeuten, dass er den ersten für gut hält – er hält ihn aber für schlecht. Und drittens erzählt er überhaupt keinen *besseren*, denn das würde bedeuten, dass er einen *anderen* erzählt – er erzählt aber den *gleichen Witz anders*, weil er überzeugt ist, ihn *besser* erzählen zu können." (Torberg, Wai, S. 49)

Ein Geschäftsmann kehrt von einer längeren Reise zurück und erfährt, dass in der Zwischenzeit einer seiner besten Freunde gestorben ist. Sogleich begibt er sich auf den Friedhof, um am Grab des Verstorbenen das Totengebet zu verrichten.

Hier ruht Samuel Kohn
Ein ehrlicher Mensch
Ein guter Kaufmann

lautet die Inschrift, die er auf dem Grabstein liest. „Armer Sami", murmelt er. „Mit zwei wildfremde Leut' haben sie dich ins Grab gelegt." (Torberg, Wai, S. 49)

Ein großartiger Witz. Was hat Salcia Landmann daraus gemacht?

Eine Jüdin spaziert auf dem Friedhof umher und liest die Aufschriften auf den Grabsteinen. Sie liest unter anderem

Hier ruht Jossel Rosenblum, Kantor
Ein frommer Mann
Ein tugendhafter Mann

„Gott über die Welt", ruft die Jüdin entsetzt, „drei Juden unter einem einzigen Stein." (Landmann, 1960, S. 214)

Torbergs Kommentar liest sich auch in diesem Fall amüsant: „... was soll damit gewonnen sein, dass Jossel Rosenblum Kantor ist? Seit wann werden auf den Grabsteinen die Ruf- oder Kosenamen der Beerdigten angegeben (Jossel statt Josef)? Seit wann ‚spazieren' Jüdinnen auf Friedhöfen? Und wer, vor allem, hat jemals von jüdischen Lippen den Ausruf ‚Gott über die Welt' gehört?" (Torberg, Wai, S. 50)

Weil die von Torberg inkriminierten Witze im Original so großartig sind, noch ein drittes Beispiel, auf das ich in einem späteren Kapitel zurückkommen werde (siehe S. 245 f.).

„Ornstein, was ist los mit Ihnen?", ruft aufgeregt ein Passant, der im Straßengewühl auf einen anderen zugetreten ist. Früher waren Sie groß – jetzt sind Sie klein. Früher waren Sie dick, jetzt sind Sie mager. Früher hatten Sie eine Glatze, jetzt haben Sie Haare. Früher ..." – „Aber ich heiße ja gar nicht Ornstein", kann der Angeredete endlich unterbrechen. „Was?! Ornstein heißen Sie auch nicht mehr?" (Torberg, Wai, S. 50)

Salcia Landmann lässt den Rufer seinen Text abspulen, *nachdem* er über den Irrtum informiert wurde.

„Hallo Ornstein!" – „Ich heiße doch gar nicht Ornstein." – „Herr des Himmels! Wie kann sich ein Mensch nur so verändern. Die Figur ist verwandelt, die Haarfarbe, die Nase auch – und sogar der Name ist ein anderer geworden." (Landmann, 1960, S. 237)

Torberg kritisiert außerdem Fehler in Landmanns Buch, „über die sich nicht streiten lässt": Falsche Sterbedate von Arthur Schnitzler und Henri Bergson, ein falsches Geburtsdatum von Sigmund Freud, der noch dazu, „man fasst es nicht (und nicht einmal Alfred Adler wird sich darüber freuen", als „Individualpsychologe" bezeichnet wird. (Torberg, Wai, S. 52) Hier der Landmann'sche Lapsus:

„Der Großteil wirklich guter Witze, die wir kennen, lässt sich leicht auf jüdischen Ursprung zurückverfolgen. Der Individualpsychologe Freud hat sich um diese Seite der Frage wenig gekümmert. Doch sind die meisten von ihm zitierten Witzbeispiele dem jüdischen Bereich entnommen. Auch dass er selber, der Analytiker des Witzes, Jude war, empfand er bestimmt nicht als Zufall." (Landmann, 1960, S. 33–34)

Dem streitbaren und brillant formulierenden Autor ist in vielen Punkten zuzustimmen: Salcia Landmann gibt Witze als jüdisch aus, die keine jüdischen Witze sind. „Einfach dadurch, dass man einen Popen oder einen Dorfpfarrer zum Rabbiner macht, werden russische, polnische oder böhmische Geschichten noch nicht jüdisch." (Torberg, Wai, S. 60) Salcia Landmann habe mit ihrer Sammlung den jüdischen Witz als solchen zur Unkenntlichkeit verstümmelt. „Sie hat ihn, wai geschrien, ermordet." (Torberg, Wai, S. 65) Torberg vermutet, dass „dieses schnöde Machwerk" deshalb zu einem Bestseller werden konnte, weil es den Lesern „das Gefühl gibt, sie haben die Vergangenheit bewältigt und haben sich dabei auch noch gut unterhalten". Obwohl es nicht ihre Absicht gewesen sei, habe sie dem Antisemitismus Vorschub geleistet. „Diese Unempfindlichkeit, die fundamentale Gefühl- und Instinktlosigkeit gegenüber allem, aber auch wirklich allem, was das Wesen des jüdischen Witzes ausmacht, musste zwangsläufig zum antisemitischen Effekt des Buches führen." (Torberg, Wai, S. 56)

Im Jahr 1971 erschien im Berliner Colloquium Verlag das Buch *Der echte jüdische Witz*. Der Autor, Jan Meyerowitz, geboren in Breslau, war in die USA emigriert und hatte sich als Komponist, Dirigent, Pianist einen Namen erworben. Meyerowitz teilte Torbergs Kritik, ja er verschärfte sie sogar. Die „Soziologie und Sammlung" jüdischer Witze – so der Untertitel von Landmanns Buch – sei „der Aufgabe so ziemlich alles schuldig geblieben, und die weite Verbreitung des Buches ist ein großes, vielleicht unreparierbares Missgeschick. Wir würden gar nicht darüber reden, wenn es nicht eine solche *historische Entgleisung* wäre." Die einzige protestierende Stimme, jene Friedrich Torbergs, dürfte wirkungslos verhallt sein. „Auf viele Juden hat die ‚Soziologie und Sammlung' jedenfalls fast so abstoßend und schmerzlich gewirkt wie so manches in der Nazizeit Geschriebene ..." Salcia Landmann habe bei der Auswahl der Witze wenig Takt bewiesen. „Ihre besondere Vorliebe gehört anscheinend dem oft sehr unglücklich wirkenden Witz über die verschmutzten Gettos und der Einwohner und über jüdische Gaunereien." Viele dieser hässlich wirkenden Witze seien „echt", also weder antisemitischer Herkunft noch unjüdisch, doch dürfen sie heute „keinesfalls ohne sorgfältige historische und psychologische Erklärung im Druck erscheinen". (Meyerowitz, S. 13–15)

Meyerowitz spricht damit das Hauptproblem des Buches an. Der erste Teil mit dem Titel *Einleitung* enthält die historischen und psychologischen Erklärungen, der zweite Teil ist die Witzesammlung. Wer in dieser blättert, ohne die Einleitung gelesen zu haben, erfährt nichts über den Hintergrund. Meyerowitz hingegen hat einen durchgeschriebenen Text abgeliefert, in den die Witze als Belege eingebaut sind.

Salcia Landmann hat als Reaktion auf ihr Buch unzählige Witze von Juden aus aller Welt geschickt bekommen. Im Jahr 1972 veröffentlichte sie einen Ergänzungsband. Im Vorwort wies sie darauf hin, dass ihr erstes Buch über den jüdischen Witz mit Begeisterung aufgenommen worden sei. „Mit dem wachsenden Erfolg des Buches, es liegt heute in verschiedenen Ausgaben in über 500.000 Exemplaren vor, kamen natürlich auch Angriffe. Etliche aus den ehemaligen jüdischen ‚Witzezentren' – also Wien, Berlin etc. – aus der Feder jüdischer Kollegen. Sie übersahen unter anderm, dass es hierfür ziemlich solider Kenntnisse der jüdischen Geistestradition bedarf." Was Torberg als Problem des Buches ansah, definiert sie als seine Stärke. „Man empfand es als einen Schritt zur Normalisierung der Beziehungen zwischen Deutschen und Juden. Man war erleichtert, nach den fürchterlichen Vorgängen der

Nazizeit endlich auch wieder anders als nur mit Schreck und Gram an die Juden Europas denken zu dürfen." (Landmann, 1972, S. 7) Ihr ging es darum, möglichst viele Witze zu sammeln und für die Nachwelt zu dokumentieren; sie veröffentlichte im Anhang ihrer späteren Bücher Listen der „Spender von Witzen".

In einem entscheidenden Punkt geht Torbergs Kritik ins Leere. Er klassifiziert die kurzen Sprachwitze in der Landmann'schen Sammlung als „die ödesten Kalauer" (Torberg, Wai, S. 56). Auch die „Schirm-Scharm"-Witze, auf die ich später zurückkommen werde (siehe S. 98, S. 203), missfallen ihm.

Torberg hat diese Sprachwitze nicht gemocht und als witzlos abgetan, das ist sein gutes Recht. Aber er hat übersehen, dass sie spezifisch jüdisch sind und in einem Buch über den jüdischen Witz nicht fehlen dürfen. Armin Berg, den Torberg geschätzt und immer wieder lobend erwähnt hat, trug genau solche Witze unter dem Jubel des Publikums vor.

Torberg hatte sich schon Mitte der 1970er Jahre einem verwandten Thema gewidmet, den Anekdoten aus dem jüdischen Milieu. Sein Buch *Die Tante Jolesch oder Der Untergang des Abendlandes in Anekdoten* sollte ein ebenso großer Bestseller wie Salcia Landmanns Witzesammlung werden, wobei sich auch Torberg einige Schlampigkeitsfehler zuschulden kommen ließ.

Für mein Buch *Die Tante Jolesch und ihre Zeit* studierte ich in der Handschriftensammlung der Nationalbibliothek den Briefwechsel Torbergs mit Zeitgenossen. Gewissenhafte Leser seines Anekdotenbandes wiesen ihn auf zahlreiche Irrtümer hin (Sedlaczek/Mayr, S. 161). Verglichen mit jenen Böcken, die Salcia Landmann geschossen hat – wir erinnern uns: sie verwechselte Sigmund Freud mit Alfred Adler –, waren Torbergs Fehler grosso modo weniger gravierend. Schlimm ist jedoch ein falsch wiedergegebenes Karl-Kraus-Zitat, das eigentlich ein Sprachwitz ist. Zu finden in der *Fackel*, Nr. 381–383, 19. 9. 1913, S. 71. Im Original lautet es:

*Einen Brief **absenden** heißt in Österreich einen Brief aufgeben.*

Friedrich Torberg macht daraus:

*Einen Brief **befördern**, heißt in Österreich einen Brief aufgeben.* (Torberg, Tante Jolesch, S. 172)

Nicht *die Post* gibt Briefe auf, sondern *der Absender*. „Ich beknirsche mich ganz besonders wegen des falschen Kraus-Zitats; das hätte mir nicht passieren dürfen", antwortete Torberg dem Leserbriefschreiber. (Torberg, zitiert in Sedlaczek/Mayr, S. 163) – und versäumte es in der Folge, das Zitat in den Nachauflagen zu korrigieren. Auch in der heutigen Taschenbuchausgabe findet sich das entstellte Kraus-Zitat – und der 2. Wiener Gemeindebezirk, „der fast ausschließlich von Juden bewohnt war", wird in dem Buch fälschlich „Leopoldstraße" genannt – statt richtig: „Leopoldstadt". (Torberg, Tante Jolesch, S. 40) Das ändert aber nichts an meiner Einschätzung, dass *Die Tante Jolesch* ein geniales und zugleich vergnügliches Buch ist.

Für unser Thema nicht uninteressant ist der Einwand eines Leserbriefschreibers gegen die Pointe der folgenden Anekdote. Ich reduziere sie auf den Kern.

In Wien gab es vor 1938 zwei beliebte koschere Restaurants, das Neugröschl und das Tonello. Eines Tages bestellt ein Gast im Tonello zu früher Stunde ein Scholet. Als der Kellner aus der Küche kommt und bedauert, dass das Scholet noch nicht fertig sei, ruft der enttäuschte Gast: „Was? Halb eins und noch kein Scholet? Bei Neugröschl wird schon gerülpst!" (Torberg, Tante Jolesch, S. 69)

Der Leserbriefschreiber wandte ein, dass der Gast im Tonello nicht das Wort rülpsen verwendet habe. Der Ausspruch sei anders verbürgt: „Bei Neugröschl prallen sie schon." Torberg rechtfertigte sich in seiner Antwort an den Leserbriefschreiber damit, dass er aus Gründen der sogenannten „guten Manieren" den Ausspruch des Gastes absichtlich falsch zitiert habe, „weil in diesem Zusammenhang der von mir verwendete Ausdruck die gleichen Dienste tut wie der originale. Hier wird keine Korrektur erfolgen." (Torberg, zitiert in Sedlaczek/Mayr, S. 157)

Schon Jahre vor dem Erscheinen der *Tante Jolesch* erzählte Fritz Muliar die Geschichte als Witz – sie ist zu finden auf Preiser Records und im Buch *Das Beste aus meiner jüdischen Witze- und Anekdotensammlung*.

(...) Dort beim Tonello kommt herein um dreiviertel zwelf ein Mensch. Elegant, große Erscheinung, schmeißt den Hut auf dem Haken und schreit: „Kellner! Eine Bohnensuppe!" – „Verzeihen Se, es is dreiviertel

zwelf, die Bohnensuppe is nich fertig." – „Wos", sogt er, „nich fertig!? Beim Neugröschl prallen se schon!" (Muliar, S. 20)

Salcia Landmann bringt den Witz ebenfalls, aber sie siedelt ihn nicht in Wien an, sondern „in zwei koscheren Restaurants, Ascher und Milowicz". Ihre Pointe lautet: „Bei Ascher grebezzn (= aufstoßen) sie schon." (Landmann, 2007, S. 222–223) Ohne die Einwände gegen Torbergs Version zu kennen, ist sie also in diesem einen Punkt einer Meinung mit ihm.

In einer Neuausgabe ihrer jüdischen Witzesammlung verzichtet Salcia Landmann bei einem anderen „Tscholent"-Witz hingegen nicht auf die Pointe mit dem volkstümlichen Ausdruck für Flatulenz.

Schmul musste sich einer Magenoperation unterziehen. Nachher schreibt ihm der Professor eine strenge Diät auf. Schmul möchte aber auf den herrlichen, fetten Tscholent nur ungern verzichten. Der Professor bleibt jedoch unerbittlich.
Schmul geht zu einem zweiten Arzt. Der lässt sich genau beschreiben, was Tscholent ist – und er verbietet ihn ebenfalls.
Da geht Schmul zu seinem jüdischen Hausarzt und klagt ihm sein Leid. Ein Jude wird doch Verständnis haben für seinen Kummer? „Iss Tscholent so viel du willst!", sagt der Hausarzt. „Bloß: prallen wirst du schon im Himmel."
(Landmann, 2010, S. 425–426; 2007, S. 220–221)

Witze haben üblicherweise keinen Urheber, keinen Autor. Im Reich der Witze gibt es kein Privateigentum. Witze werden in Umlauf gebracht und weitergereicht, sie kursieren und zirkulieren. Dabei werden sie adaptiert, verbessert, manchmal auch verschlechtert. Auch die erstmalige schriftliche Fixierung ist in der Regel nicht die Geburtsstunde eines Witzes. Außerdem werden Witze oft von einem Genre in ein anderes verschoben: Aus einem **Burgenländerwitz** wird ein **Blondinenwitz**, aus einem **Frau-Pollak-von-Parnegg-Witz** ein **Graf-Bobby-Witz** usw. Wenn ich in der Folge aus einer Sammlung zitiere, werde ich mir daher dann und wann das Recht herausnehmen, den Text geringfügig zu verändern.

Des Öfteren werde ich aus Salcia Landmanns Büchern zitieren. Diese liegen aktuell in zwei Ausgaben vor: einer Hardcoverausgabe *Der jüdische Witz. Soziologie und Sammlung*, lieferbar bei Patmos, und einer dtv-Taschenbuchausgabe *Jüdische Witze. Der Klassiker von Salcia Landmann*. In der neuen Hardcoverausgabe, erstmals 2010 erschienen, wurden die von Torberg aufgezeigten Fehler ausgebessert.

Die Taschenbuchausgabe, erschienen 2007, enthält eine Kurzfassung der Einleitung und die besten Witze aus der ursprünglichen Hardcoverausgabe. Die Witze sind weiterhin nach Themenschwerpunkten geordnet, beim Kapitel *Medizin und Hygiene* gibt es zu Beginn den Hinweis: „Über den Wert der Hygienewitze vgl. Einleitung S. 60." Dort liest man unter anderem: „Ohne Zweifel sind die Badewitze nicht jüdischen, sondern antisemitischen Ursprungs. Aber die Bereitschaft der Juden zur Selbstkritik bringt es leicht mit sich, dass sie auch den unberechtigten Spott der Feinde in ihre Selbstverspottung einbauen."

Die seinerzeit berechtigten Einwände von Torberg und Meyerowitz sind somit für den heutigen Buchkäufer nicht relevant. Beiden Witzebüchern von Salcia Landmann, dem Hardcover wie dem Taschenbuch, ist der große Erfolg zu gönnen. Das Buch von Jan Meyerowitz ist leider vergriffen. In Internetantiquariaten, zum Beispiel bei eurobuch.com, ist es aber erhältlich.

Andere wichtige Quellen waren für mich fünf kleine Bücher mit jüdischen Witzen. Sie sind unter dem Namen Avrom Reitzer um 1900 zunächst in Preßburg bei A. Akalay und dann bei J. Deubler's in Wien erschienen. Im Titel findet sich oft das Wort „Lozelech", im Untertitel „... für ünsere Leut". Es waren also Witze, die von Juden gesammelt wurden und für Juden bestimmt waren. Damals sprach man noch nicht von „Witzen", erst in späteren Auflagen taucht das Wort am Cover auf. Diese „Lozelech-Bücher" waren hart gebunden und hatten jeweils hundertzwölf Seiten Umfang. Sie dürften reißenden Absatz gefunden haben. In der Buchhandelswerbung von J. Deubler's wird der Bestsellercharakter der Titel hervorgestrichen. Den Buchhändlern wird empfohlen, sie in den Auslagen zu platzieren, um gute Umsätze zu machen.

Nicht weniger wichtig waren für mich *Heinrich Eisenbach's Anekdoten, gesammelt und vorgetragen in der Budapester Orpheumsgesellschaft in Wien* – so lautete der Titel von vierundzwanzig kleinen Büchern, die ab dem Jahr 1905 innerhalb kurzer Abstände in der k. k. Universitätsbuchhandlung Georg Szelinski erschienen. Eisenbach war Schauspieler, Sänger, Komiker, Filmschauspieler und zwanzig Jahre lang Direktor der Budapester Orpheumgesellschaft in Wien. Jedes Büchlein mit kartoniertem Umschlag hatte sechzehn Seiten Umfang und kostete vierzig Heller – nach heutiger Währung wären das

2,60 Euro. Es waren nicht Anekdoten, sondern Witze mit Pointen. Da der Begriff „Witze" noch nicht populär war, entschloss man sich, den Inhalt der Bücher als „Anekdoten" zu bezeichnen. Die kleinen Bücher fanden reißenden Absatz. Als sie in zweiter Auflage erschienen, wurden sie sogar in die kaiserlich-königliche Hofbibliothek aufgenommen.

In den Büchern von Avrom Reitzer, vermutlich ein Pseudonym, und von Heinrich Eisenbach habe ich viele ursprüngliche und urtümliche Fassungen von Witzen entdeckt, die später bei Sigmund Freud, bei Salcia Landmann und anderen Autoren auftauchten – und noch heute erzählt werden. Die über hundert Jahre alten Bücher wurden bisher kaum beachtet, obwohl sie authentisch sind und einen Blick auf die Frühphase der Witzekultur freigeben.

Da Salcia Landmanns Bücher so erfolgreich waren, entschloss sich der Schweizer Walter-Verlag ein ähnliches Projekt mit dem Titel „Der klerikale Witz" in Angriff zu nehmen. Das Buch erschien 1970, Herausgeber war Hans Bemmann, ein in der Nähe von Leipzig geborener Sohn eines evangelischen Pfarrers. In den 1950er Jahren arbeitete er als Lektor beim Österreichischen Borromäuswerk, mit dem Roman *Stein und Flöte* gelang ihm später auch ein literarischer Durchbruch. Der österreichische Kulturhistoriker und Linkskatholik Friedrich Heer stellte eine essayistische Einleitung zur Verfügung. Das Buch enthält jene Witze, „die sich häufig entzünden an den Auseinandersetzungen und Zwangslagen eines im Widerspruch zur übrigen Welt stehenden Berufes und Standes, an der Diskrepanz zwischen den Forderungen des Glaubens und der Unzulänglichkeit des Menschen", so der Klappentext. Das Buch erzielte mehrere Auflagen, auch im Taschenbuch, ist heute allerdings vergriffen.

Im Nachlass Friedrich Heers, das im Literaturarchiv der Nationalbibliothek aufbewahrt wird, findet sich eine Erstausgabe von Salcia Landmanns Buch. Friedrich Heer hat vor Abfassung des Esssays sowohl die Einleitung als auch die Witzesammlung gewissenhaft studiert und einzelnen Zeilen unterstrichen, um sie später leichter zu finden.

Es ist erstaunlich, wie sich manche Witze im Laufe der Zeit verändert haben. Deshalb finden Sie da und dort die Fundstellen vermerkt. Dies dient dazu, Entwicklungsstränge sichtbar zu machen und historische Witze aus ihrem Kontext heraus zu verstehen.

Sprachwitze in den verschiedenen Witzetypen

Gleich zu Beginn meiner Sammeltätigkeit hat sich herausgestellt, dass Sprachwitze in bestimmten Witzetypen besonders häufig vorkommen. Es sind dies **Burgenländerwitze, Blondinenwitze, Graf-Bobby-Witze** und **Frau-Pollak-von-Parnegg-Witze**. Sie haben auch noch etwas anderes gemeinsam: Es sind Witze mit einem interessanten historischen Hintergrund – und im Mittelpunkt steht jeweils eine dümmliche Figur.

Beschäftigt man sich dann noch mit dem jüdischen Einfluss auf die Entwicklung von Sprachwitzen, gelangt man unversehens zu den No-na-Witzen und zu den Schüttelreimen. Letztere sind zwar nicht von Juden erfunden, aber von diesen begeistert aufgenommen und kultiviert worden.

Unter „Witz" verstehen wir „eine (prägnant formulierte) kurze Geschichte, die mit einer unerwarteten Wendung, einem überraschenden Effekt, einer Pointe am Ende zum Lachen reizt." So lautet die Definition im *Deutschen Universalwörterbuch* des *Duden* (7. Auflage). Der „Sprachwitz" ist offensichtlich so alt wie die Sprache selbst, aber Witze mit prononcierten Pointen als ein Massenphänomen gibt es erst seit der zweiten Hälfte des 19. Jahrhunderts.

Das Wort „Witz" ist eine Abstraktbildung zu „wissen" und bedeutete ursprünglich „Wissen, Verstand, Klugheit", wie noch im Wort „Mutterwitz" erkennbar ist. Seit dem 17. Jahrhunder nahm das Wort unter Einfluss des französischen *esprit* die Bedeutung „Geist, geistvolle Art, Scharfsinn" an. Erst zu Beginn des 20. Jahrhunderts verstand man unter Witz auch eine kurze Geschichte oder einen Dialog mit einer überraschenden Pointe, die zum Lachen anregt.

Das deutsche Wort „Witz" hat also zwei Bedeutungen. Im Englischen werden diese durch das Wortpaar *wit* und *joke* abgedeckt. Nur wenn wir im Deutschen die Mehrzahl verwenden und von „Witzen" sprechen, ist klar, dass *jokes* gemeint sind.

Bei der Übersetzung des Titels von Sigmund Freuds *Der Witz und seine Beziehung zum Unbewussten* ins Englische wird manchmal *jokes* und manchmal *wit* verwendet. Freud analysiert viele Aphorismen, die man nicht unter *jokes* im klassischen Sinn einordnen kann, aber wie Witze funktionieren.

Rückständig, dumm oder hinterhältig – Witze über Burgenländer, Polen, Türken und andere

Jeder hat sie schon gehört und vielleicht nur verstohlen darüber gelacht; die Burgenländerwitze sind ein Teil der **Ethnowitze**, in denen eine Gruppe von Menschen – in diesem Fall die Einwohner eines Bundeslandes – auf die Schaufel genommen wird. Burgenländerwitze sind, wie weithin bekannt ist, ein Import aus Deutschland und eine Analogie zu den **Ostfriesenwitzen**.

Warum nehmen Ostfriesen ein Messer mit ans Meer? – Um damit in See zu stechen.

Da es im Burgenland kein Meer gibt, wird dieser Witz kurzerhand an den Neusiedler See verlegt. Aus „die See" wird „der See".

Ähnliche Witze gibt es auch über die Einwohner anderer Bundesländer. Oft werden Burgenländerwitze einfach auf andere Bundesländer übertragen. Nur wenige Witze sind spezifisch für ein bestimmtes Bundesland und nicht austauschbar.

Wie bringen die Kärntner ihren Kindern Deutsch bei? – Sie werfen sie in den Wörthersee.

◊

Was ist der Unterschied zwischen einem intelligenten Tiroler und dem Ötzi? – Den Ötzi hat man schon gefunden.

Der Typus des Ostfriesenwitzes entstand nach einer Lesart gegen Ende der 1960er Jahre in Deutschland. Das Gymnasium in Westerstede im Ammerland, einer Nachbarregion Ostfrieslands, wurde und wird auch von ostfriesischen Schülern besucht. Wie bei vielen benachbarten Regionen gibt es zwischen den Bevölkerungen Ostfrieslands und des Ammerlands häufig Sticheleien und Neckereien. Die Schüler des besagten Gymnasiums veröffentlichten in ihrer Schülerzeitung eine Serie namens *Aus Forschung und Lehre*. In dieser wurde der sogenannte „Homo ostfrisiensis" als unbeholfen und dumm karikiert.

Lutz Röhrich, ein langjähriger Professor für deutsche Philologie und Volkskunde an der Universität Freiburg im Breisgau und Autor des *Lexikons der sprichwörtlichen Redensarten*, hielt hingegen die Ostfriesenwitze für einen Import aus den Vereinigten Staaten. In seinem 1977 erschienenen Buch *Der Witz* schreibt er: „Mit einer gewissen Kulturverspätung ahmt heute Europa die amerikanischen Witzmoden nach. Die Mode begann in den frühen 1960er Jahren. Doch waren die amerikanischen *Polack Jokes* schon in der mündlichen Überlieferung, bevor sie gedruckt wurden und bevor das Fernsehen sie aufnahm. Der **Polackenwitz** ist ein antipolnischer Witz, weil die Polen in einigen Gebieten der USA zur *lower middle class* gehören." (Röhrich, S. 273) Was den Ostfriesen im Witz vorgeworfen werde, sei zivilisatorische Rückständigkeit, Dummheit und Unsauberkeit. „Der Witz will uns glauben machen, dass Ostfriesen alles auffressen, was grün ist (...), sie hängen das Toilettenpapier zum Trocknen auf die Wäscheleine, oder sie streuen Pfeffer auf den Fernseher, damit das Bild schärfer wird." (Röhrich, S. 270)

Ostfriesenwitze sind der Form nach meist ein **Frage-Antwort-Spiel**. Schon die Fragestellung ist provozierend und soll die Aufmerksamkeit des Zuhörers wecken, weil sie auf etwas Absurdes abzielt. Wenn der Zuhörer den Witz noch nicht gekannt hat, kann er die Antwort nicht erraten.

Warum nehmen die Ostfriesen eine Schachtel Streichhölzer und einen Stein mit ins Bett? – Mit dem Stein werfen sie das Licht aus, und mit den Streichhölzern schauen sie nach, ob das Licht auch wirklich aus ist.

Nur wenige Ostfriesenwitze folgen nicht dem Schema eines angedeuteten Dialogs zwischen Erzähler und Zuhörer.

Die Dame an der Kinokasse fragt: „Haben Sie nicht schon dreimal eine Karte gekauft?" Antwortet der Ostfriese: „Ja, aber der Mann am Eingang zerreißt sie mir immer."

Ob diese Witze aus den USA nach Deutschland kamen oder in Deutschland ihren Anfang nahmen, ist ungewiss und im Grunde irrelevant. Wir haben ja gesehen, dass es ähnliche Witze schon in der Antike gab. Jedenfalls gelangte der Typus Ostfriesenwitz von Deutschland nach Österreich, wo die Burgenländer zur Zielscheibe wurden.

Das Burgenland ist das jüngste Bundesland, es galt lange Zeit als rückständig und war auch rückständig. Viele Burgenländer emigrierten im 19. Jahrhundert als Wirtschaftsflüchtlinge in die USA, um den ärmlichen Verhältnissen zu entfliehen. Heute ist das Burgenland eine prosperierende Region – dank des Fleißes der Burgenländer und der großzügigen EU-Grenzlandförderung. Die Rückständigkeit des Burgenlandes ist passé, die Burgenländerwitze sterben allmählich aus. Vielleicht kennen Sie den folgenden Sprachwitz, der wie gewohnt als Frage formuliert ist. Ich werde ihn später ausführlich analysieren. (Siehe S. 158)

Warum stehen im Burgenland um Mitternacht immer Männer auf dem Dach der Wirtshäuser? – Weil der Wirt sagt: Die letzte Runde geht aufs Haus.

In diesem Fall könnte man die Ortsbezeichnung „im Burgenland" auch weglassen. Damit würden sich der Charakter des Witzes und seine Zielrichtung ändern. Wir hätten es dann mit einem **Antimännerwitz** zu tun: So dumm sind sie, die Männer! (Siehe S. 49 ff.)

Ein **Metawitz** zu den Burgenländerwitzen geht so:

„Kennen Sie den neuesten Burgenländerwitz?" – „Vorsicht! Ich bin ein Burgenländer!" – „Dann erzähl' ich ihn auch ganz langsam."
(vgl. Koch, S. 37)

In **Ethnowitzen** wird meist ein Bevölkerungsteil an der Peripherie oder die Bevölkerung eines benachbarten Staates aufs Korn genommen. Die Australier erzählen sich Witze über die Tasmanier, die Griechen über die griechischen Pontier an der Küste des Schwarzen Meeres und die Dänen über die Bevölkerung von Aarhus – die Stadt liegt am Kattegat zwischen Jütland (Dänemark) und der schwedischen Westküste. Die Schweden witzeln über die Finnen und die Norweger, die Finnen wiederum über die Karelier. (Davies, S. 164 ff.)

In unseren Ethnowitzen werden häufig „die Polen" pauschal zu Dieben erklärt.

Welchen Vornamen geben Polen ihrem Erstgeborenen? – Klaus!

Wer kein Pole ist, kann vielleicht darüber lachen – der Vorname Klaus kann als Imperativ des Verbs „klauen" ausgelegt werden: „Klau es!" Ethnowitze haben eine aggressive **Tendenz**, sie richten sich gegen das Fremde allgemein. Aber im Ausland sind auch wir Fremde, und so kursieren auf den Witzeplattformen auch etliche Ethnowitze über

Österreicher. Diese „Ösi"-Witze funktionieren meist ähnlich wie **Burgenländerwitze** beziehungsweise wie **Ostfriesenwitze**.

Ein Österreicher bei McDonald's. „Ich hätte gern was vom Huhn." – Der Angestellte: „Ah, Sie meinen Chicken?" – „Nein, ned schicken! Ich ess es gleich."

◊

In letzter Zeit haben sich die österreichischen Jäger gegenseitig auf der Jagd erschossen. Mittlerweile hat man auch festgestellt warum. – Die Jäger hatten auf den Schuhen Reebok stehen.

◊

Zwei Österreicher unterhalten sich über ihren Beruf. „Wos bist'n du von Beruf?" – „I bin a Diplominschenör. Und wos bist du?" – „I bin a Kraafiker." – „Aha, a Kraafiker ... Owa wos mochst im Winta wanns weggflogn san?"

◊

Warum ist die österreichische Flagge oben und unten rot? – Damit man sie auf jeden Fall richtig aufhängt.

Das ist immerhin einer der wenigen maßgeschneiderten „Ösi"-Witze. Er ist nicht auf andere Nationen in unserem geografischen Umfeld übertragbar.

„Bilder" von Volksgruppen und Nationen sind „Kondensate von sehr unterschiedlicher Herkunft und Motivation für unterschiedliche Zweckbestimmungen", schreibt die Jenaer Universitätsprofessorin Gabriella Schubert in einem Aufsatz über die „Ungarnbilder" in den **Baron-Mikosch-Witzen**. „Je nach Ausmaß der in ihnen enthaltenen Brechungen und Verfälschungen kann man sie als Klischees, Stereotype, Vorurteile oder sogar Feindbilder bezeichnen." Bei den Vorstellungen von „den Italienern", „den Türken", „den Polen" oder „den Österreichern" wird davon ausgegangen, dass es so etwas wie einen „Nationalcharakter" gibt, was natürlich nicht stimmt und nicht beweisbar ist. Zweifellos besteht aber in jeder Gesellschaft ein von Zeit und Ort abhängiger typischer Habitus beziehungsweise Lebensstil, „der sich auf die Denk- und Verhaltensweisen seiner Mitglieder auswirkt".

Inzwischen sind die **Polenwitze** von den **Türkenwitzen** weitgehend abgelöst worden.

Ein junger Türke kommt ins Sozialamt, geht zum Schalter und sagt zu dem Beamten: „Challo, isch wolle nix lebe mehr von die Stütze, isch wolle gehe arbeite." Der Beamte des Sozialamtes strahlt den Mann an: „Sie haben irrsinniges Glück. Wir haben hier das Stellenangebot eines reichen Herrn, der einen Chauffeur und Leibwächter für seine nymphomanische Tochter sucht. Sie müssen mit einem riesigen schwarzen Mercedes fahren und ein- bis zweimal täglich Sex mit dem Mädchen haben. Ihnen werden Anzüge, Hemden, Krawatten und Freizeitkleidung gestellt. Weil Sie viele Überstunden leisten, werden Ihnen sämtliche Mahlzeiten bezahlt. Da die junge Dame oft verreist, werden Sie diese auf ihren Reisen begleiten. Das Grundgehalt liegt bei hunderttausend Euro jährlich." Darauf der junge Türke zum Beamten: „Du Idiot, willsu mich verarschen?!" Antwortet der Beamte: „Wer hat denn damit angefangen?"

Die Aussage des Türken enthält Fehler in der Aussprache („Challo" statt „Hallo!", „Willsdu?" statt „Willst du?"), in der Konjugation („von die Stütze" statt „von der"), in der Wortstellung („Isch wolle nix lebe mehr von die Stütze!" statt „Ich will nicht mehr von der Unterstützung leben!") und in der Lexik („Stütze" statt „Arbeitslosenunterstützung"). Dies ist in derartigen Witzen üblich, es soll damit ein komischer Effekt erzielt werden, wobei nicht bestritten werden soll, dass Türken, die die deutsche Sprache nicht gut beherrschen, so reden.

Aus inhaltlicher Sicht werden in diesem Witz die Türken pauschal als arbeitsunwillig dargestellt, und es wird ihnen vorgeworfen, dass sie unser Sozialsystem missbrauchen. Soziolinguisten weisen darauf hin, dass derartige Witze auch einen Rückkoppelungseffekt haben. Die Türken sind in diesem Fall die **Outgroup**, der Witzeerzähler und seine, nennen wir es: Lachgemeinschaft sind die Ingroup. Das Klischee über die Outgroup besteht darin, dass alle Türken faule Sozialschmarotzer sind. Für die Lachgemeinschaft ist hingegen ein fleißiger Arbeitseinsatz selbstverständlich und ein allgemein anerkannter Wert, dessen Verbindlichkeit mit dem Erzählen des Witzes unterstrichen wird. (Baur, Wiegeler) Außerdem dient eine Outgroup oft als Sündenbock bei Verteilungsfragen, sie wird beispielsweise zum alleinigen Verursacher für aus dem Ruder laufende Kosten im Gesundheitswesen oder bei der Arbeitslosenversicherung erklärt.

Manche **Türkenwitze** sind Nachahmungen der bösesten antisemitischen Judenwitze oder mit diesen gedanklich verknüpft. Es ist gut, dass diese menschenverachtenden Witze sozial geächtet sind, und schlimm, dass sie trotzdem im Internet in großer Zahl kursieren und abgerufen werden können.

Es gibt aber auch mildere Türkenwitze, und diese werden oft sogar von türkischen Comedians in voll besetzten Stadthallen vorgetragen.

Ein Krokodil fragt: Wer bin ich? Antwort: Großes Maul, kurze Beine, Lederjacke – ein Türke!

Die Witze sind teilweise selbstironisch, wobei offensichtlich gezeigt werden soll: Selbst die Türkenwitze können wir besser als ihr! „Neu ist, dass die Witzeerzähler sich selbst in eine Opferhaltung begeben. Als würde ihnen irgendjemand die Witze verbieten wollen. Als gehörte der Türkenwitz neuerdings zum Widerstand", sagt der türkischstämmige Bühnenkünstler Murat Kayi. „Im besten Fall wird der Witz zum Zeichen von Unbefangenheit, Toleranz und Gleichberechtigung. Ich glaube, dass jeder das Recht hat, in einem Witz verarscht zu werden. Ich bin in den Siebzigern in Deutschland aufgewachsen, mit dem Begriff Kümmeltürke. Meine Mutter hat noch still darunter gelitten. Meine Generation hat angefangen, selbst Türkenwitze zu erzählen. Und damit das Machtgefüge geändert." (Der Spiegel, 13/2017)

In vielen der milderen Türkenwitze geht es um die Unterschiede zwischen der türkischen und der deutschen Sprache oder um Verständigungsprobleme zwischen Türken und Deutschen beziehungsweise Österreichern. Im zweiten Teil des Buches werden Sie einige davon finden: den „Döner ohne Dativ"-Witz (siehe S. 107 ff.), den „Weißt du?"-Witz (siehe S. 110) und den „Aldi"-Witz (siehe S. 115). Es sind durchwegs Dialoge.

Franzi und Ali sitzen in der Schule. Lehrerin: „Bitte alle die Hand heben, die Österreicher sind." Alle außer Ali heben die Hand. Franzi: „Ali, du bist doch hier in Österreich geboren und aufgewachsen, also bist du Österreicher. Melde dich." Ali meldet sich.

Als Ali dann nach der Schule nachhause kommt und dem Vater davon erzählt, holt dieser aus und haut dem kleinen Ali eine runter. Ali dreht sich um und sagt: „Oh Mann, kaum ist man Österreicher, schon hat man Stress mit den Türken."

Dieser Witz illustriert einen Generationenkonflikt in Alis Familie. Ali findet nichts dabei, als Österreicher zu gelten, wenn er dazu aufgefordert wird, er möchte zur Ingroup der Österreicher gehören. Für den Vater sind die Österreicher hingegen eine Outgroup und werden es vermutlich auch bleiben.

Kampf der Geschlechter – Blondinenwitze und die „Rache der Blondinen"

Die **Blondinenwitze**, deren Popularität langsam im Abklingen ist, basieren auf dem Vorurteil, dass blonde Frauen strohdumm sind. Sie verstehen alles falsch und finden sich im Alltagsleben nicht zurecht. Die Witze, die ich hier zitiere, gehören noch zu den besseren und intelligenteren, weil sie eine sprachliche Komponente aufweisen. Gemeinsam ist ihnen jedoch, dass sie reaktionär und anti-emanzipatorisch sind.

Warum trinken Blondinen die Joghurts immer gleich im Supermarkt? – Weil auf dem Packerl steht: „Hier öffnen!"
◊
Warum freut sich eine Blondine so, wenn sie ein Puzzle nach sechs Monaten fertig hat? – Weil auf der Schachtel steht: „2–4 Jahre".
◊
Eine Blondine sitzt mit ihrer Oma im Auto. Oma: „Stell mir bitte den Sitz vor!" Blondine: „Oma – Sitz! Sitz – Oma!"
◊
Was ist eine Blondine zwischen einer Brünetten und einer Rothaarigen? – Eine Bildungslücke.

Manche dieser Witze bauen auf dem Vorurteil auf, dass sich Frauen in der Welt der Computer, angeblich eine Domäne der Männer, nicht zurechtfinden.

Was macht die Blondine, wenn der Computer brennt? – Sie drückt die Löschtaste.
◊
Warum gießt eine Blondine ihren Computer? – Weil sie im Internet surfen will.
◊
Warum stellt eine Blondine ihren Computer auf den Boden? – Damit er nicht abstürzen kann.
◊
„Der Computerriese IBM ist pleite!" – „Wieso?" – „Die haben zehn Blondinen eingestellt, und die haben die ganzen Chips gefuttert."

Die angebliche Dummheit der Blondinen ist die eine Seite dieser stereotypen Vorstellung. Hinzu tritt die Behauptung, dass Blondinen jederzeit für jede Art von Sex zu haben sind.

Zwei Blondinen unterhalten sich, sagt die eine: „Von neuen teuren Schuhen bekomme ich immer Blasen." Die andere: „Komisch, bei mir ist es gerade umgekehrt."

◊

Eine Blondine fährt mit ihrem Auto an die Tankstelle, steigt aus, tankt und läuft schnurstracks zum Tankwart. Sie kniet sich vor ihm nieder, öffnet seine Hose und bläst ihm einen. Nach vollendetem Werk steht die Blondine auf und der Tankwart fragt verwundert: „Womit habe ich das verdient?" Die Blondine zeigt Richtung Tanksäule: „Da draußen steht doch: Blasen – frei zapfen!"

Sigmund Freud unterscheidet zwischen dem **obszönen Witz** und der **Zote** (Freud, S. 111). Der „Tanksäulen"-Witz ist eine Zote, das Sexuelle wird unverhüllt ausgesprochen, außerdem wird die Frau herabwürdigend dargestellt. Da hilft auch nicht das sprachspielerische Element, dass die Aufschrift an der Tanksäule in ihre Bestandteile zerlegt und neu zusammengesetzt wird (siehe S. 214).

Der erste Witz hat dieselbe sexuelle Praxis zum Thema, aber sie wird verhüllt dargestellt, in Form einer **Anspielung**. Es ist Aufgabe des Zuhörers, den Umkehrschluss zu ziehen. Bei vielen **Umkehrwitzen** kann der Erzähler zum Zuhörer sagen: *Ich* habe es nicht ausgesprochen – *du* hast es so interpretiert.

Was ist das einzige Fremdwort, das eine Blondine kennt? – Fiktiv.

Auf den Witzeseiten im Internet wird häufig das -t- im Wortinneren großgeschrieben – damit auch jeder Mann den Witz versteht.
   Laut Freud sind **Zoten** „beim gemeinen Volk" beliebt. In „feiner gebildeter Gesellschaft" werde hingegen das Mittel der Anspielung eingesetzt. Der Zuhörer müsse „ein im entfernten Zusammenhang Befindliches" in seiner Vorstellung zur vollen und direkten Obszönität rekonstruieren. „Je größer das Missverhältnis zwischen dem in der Zote direkt Gegebenen und dem von ihr im Hörer mit Notwendigkeit Angeregten ist, desto feiner wird der Witz, desto höher darf er sich dann auch in die gute Gesellschaft hinaufwagen." (Freud, S. 114–115)

Auf die höchste Stufe stellt Freud einen Witz, der später von Witzetheoretikern immer wieder zitiert werden sollte.

Eine Frau ist wie ein Regenschirm – man nimmt sich dann doch einen Komfortabel. (Freud S. 93 und S. 125)

Salcia Landmann bringt den Witz so:

Wiener Ausspruch: *Eine **Ehe**frau ist wie ein Regenschirm – man nimmt sich dann doch einen Komfortabel.* (Landmann, 1960, S. 391 und 1988, S. 386)

Die Erweiterung von „Frau" zu „Ehefrau" ist zwar sachlich nicht falsch, aber unnötig; die Quelle nicht zu erwähnen, ist merkwürdig. „Komfortabel" war ein einspänniges öffentliches Fuhrwerk, also eines, das von jedermann benutzt werden konnte, es war überdacht, wodurch der Fahrgast nicht nur vor Regen, sondern auch vor den Blicken neugieriger Passanten geschützt war. Den „verblüffenden, anscheinend unmöglichen Vergleich" zwischen einer Ehefrau und einem Regenschirm erklärt Freud so: „Man heiratet, um sich gegen die Anfechtungen der Sinnlichkeit zu sichern, und dann stellt sich doch heraus, dass die Ehe keine Befriedigung eines etwas stärkeren Bedürfnisses gestattet, geradeso wie man einen Regenschirm mitnimmt, um sich gegen den Regen zu schützen, und dann im Regen doch nass wird. In beiden Fällen muss man sich um stärkeren Schutz umsehen, hier öffentliches Fuhrwerk, dort für Geld zugängliche Frauen nehmen. (...) Dass die Ehe nicht die Veranstaltung ist, die Sexualität des Mannes zu befriedigen, getraut man sich nicht laut und öffentlich zu sagen (...) Die Stärke dieses Witzes liegt nun darin, dass er es doch – auf allerlei Umwegen – gesagt hat." (Freud, S. 125–126) Er bezeichnet diesen **Vergleichswitz** als Beispiel für einen **zynischen Witz**.

Freud argumentiert sehr vorsichtig, er redet von „Frauen, die für Geld zugänglich sind". Theodor Reik ist wesentlich direkter: „Komfortabel bedeutet hier so viel wie ein für die Benützung durch jedermann dienendes öffentliches Fuhrwerk – eine Prostituierte. Diese Symbolik aber wird für die Frau überhaupt gebraucht. Der zynische Witz bringt sie oft mit einem Fuhrwerk zusammen." Als Beispiel zitiert er einen Vergleichswitz.

Laufe nie einer Elektrischen (Straßenbahn) oder Frau nach! In ein oder zwei Minuten kommt eine andere. (Reik, 1929, S. 22)

Zurück zu den Blondinenwitzen, die zu Sigmund Freuds Zeiten noch nicht existierten. Herabwürdigende Witze über Frauen gab es aber sehr wohl, noch dazu in großer Zahl. Sie waren äußerst beliebt und wurden auch in den Kabarettprogrammen häufig erzählt. Manche Kabarettszenen aus der Zwischenkriegszeit sowie aus der Nachkriegszeit sind deswegen kaum noch spielbar.

Die Blondinenwitze weisen Gemeinsamkeiten mit den **Valley-Girl-Witzen** auf. Gemeint sind die Frauen des San Fernando Valley, eines Talkessels an der südkalifornischen Pazifikküste, der zu Los Angeles gehört, aber nicht so attraktiv wie die schönen Viertel von Los Angeles ist. In den frühen 1980er Jahren hat sich das Stereotyp verbreitet, dass in dieser Region ungebildete junge und blonde Frauen der oberen Mittelklasse einen für die Region typischen Slang sprechen und ihren Lebenssinn in Shopping und Mode sehen.

I walked into a Valley hotel and asked the receptionist: „Excuse me, do you have a Jacuzzi, spa, or a sauna?" She started looking through the guest list.

Menschen in den hochentwickelten Regionen machen sich über jene lustig, die nicht das Privileg haben, unter derart günstigen Verhältnissen zu leben. Wenn dann die Aufsteiger auch noch einen Lebensstandard beanspruchen, der ihnen aufgrund ihres Bildungsniveaus nicht zusteht, werden sie zur Zielscheibe von Witzen.

Hinzu kommt, dass Schauspielerinnen wie Goldie Hawn wiederholt kichernde, naive Blondinen spielten, die dem Stereotyp der *Valley Girls* entsprachen. Das war ein zusätzliches Motiv, über diesen Frauentyp Witze zu machen.

Valley girls are big fans of the philosopher Descartes. Their life philosophy is „I shop, therefore I am."

◊

„I'm into the Valley car culture. I have a telephone and television in my car, and in the back seat an emergency manicurist."

Frank Zappa nahm mit seiner Tochter das Lied *Valley girl* auf: „She's a valley girl / In a clothing store / Okay, fine / Fer sure." Das Lied enthält auch Anspielungen auf eine Sprachgewohnheit, die man den Valley Girls nachsagte: Sie sollen an jeder passenden und unpassenden Stelle „like" sagen, ein ähnlicher **Diskursmarker** wie „so" oder „weißt du" im Deutschen. Diese sprachliche Eigenart der *Valley Girls* wird allerdings auch anderen amerikanischen Frauen nachgesagt.

Nach einem ähnlichen Konzept funktionieren in Großbritannien die **Essex-Girl-Witze**. Sie kamen ebenfalls in den 1980er Jahren auf. Den Frauen in Essex, nordöstlich von London, wird laut einer stereotypen Vorstellung nachgesagt, sie seien dumm, ungebildet und promisk. *Essex Girls* tragen knappe Minikleider und Schuhe mit hohen Absätzen, färben sich die Haare blond und verwenden künstliche Bräunungsmittel, was zu einer merkwürdigen, orangefarbenen Hauttönung führt. Sie lassen sich ihre Brüste künstlich vergrößern, außerdem sind sie laut und vulgär, wobei sie einen Slang sprechen, der dem Cockney ähnlich ist.

> *Why do Essex Girls wear slip-on shoes? – You need an IQ of at least 4 to tie a shoelace.*
>
> ◊
>
> *What does an Essex Girl say after Sex? – „Wow, do you really all play for the same football team?"*
>
> ◊
>
> *Why do Essex Girls laugh three times when they hear a joke? – Once when it is told, once when it is explained to them, and once when they understand it.*

Das klingt wie eine Kurzfassung des alten jüdischen **Metawitzes** am Eingang des Buches (siehe S. 27–28). Natürlich ließe sich ausgiebig darüber streiten, ob die Blondinenwitze, die etwas später im deutschen Sprachraum aufkamen, Epigonen der Valley-Girl-Witze oder der Essex-Girl-Witze sind. Jedenfalls sind viele Blondinenwitze wortident mit Witzen über die Girls im San Fernando Valley oder in Essex.

> *How do you know, that an Essex Girl has been using your laptop? – There's Tipp Ex on the screen.*

Andererseits entstehen in Ländern mit einem ähnlichen gesellschaftspolitischen und kulturellen Hintergrund zwangsläufig ähnliche Witze. Aber nicht nur das: Unabhängig von der jeweiligen Kultur gibt es überall Witze, die auf **Archetypen** – also auf Urbilder, die im Menschen verwurzelt sind – zurückgehen.

Bemerkenswert ist, dass im Deutschen die Blondinenwitze nicht auf eine bestimmte Gesellschaftsschicht in einer bestimmten Region zugeschnitten sind. Nur aufgrund der Haarfarbe werden den Frauen die Attribute „ungebildet", „dumm" und „promisk" umgehängt. Damit sind sie ein müder Abklatsch ihrer amerikanischen und englischen Pendants.

Inzwischen haben die Frauen mit **Antimännerwitzen** zurückgeschlagen. Während Sigmund Freud meinte, „dass die Ehe nicht die Veranstaltung ist, die Sexualität des Mannes zu befriedigen" (Freud, S. 126), geht es in diesen Witzen explizit darum, dass Männer die sexuellen Bedürfnisse der Frau nicht befriedigen. Ein zu kurzer Penis und mangelnde sexuelle Leistungsfähigkeit sind die Grundthemen vieler Antimännerwitze, die ein Wortspiel enthalten.

Auf einer Party wird eng getanzt. Er: „Puppe, du hast aber wenig Holz vor der Hütt'n." Sie: „Um dieses kleine Würstchen zu braten, wird es schon reichen."

◊

Zwei Nachbarinnen unterhalten sich: „Mein Mann ist heute zum Zeugen geladen worden." – „Ach, das ist eine gute Idee. Meinen sollte ich auch einmal laden lassen." (Hirsch, S. 79)

◊

Eine Frau kommt euphorisiert vom Gynäkologen und erzählt ihrem Mann: „Liebling, stell dir vor, der Gynäkologe hat zu mir gesagt: Sie haben Beine wie eine Zwanzigjährige." Er brummt Unverständliches. – „Der Gynäkologe hat gesagt: Sie haben eine Brust wie eine Dreißigjährige." – „Und über deinen fünfzigjährigen Arsch habt ihr nicht geredet?" – „Nein Liebling – kein Wort über dich." (Fritsch, S. 22)

Dieser Witz stammt aus dem Buch *Wenn Frauen herzhaft lachen. Die besten Witze über Männer*. Das Buch der Journalistin Sibylle Fritsch ist 1998 erschienen. Aus sprachlicher Sicht geht es um einen **Doppelsinn** des Wortes Arsch.

Auch in einigen anderen Witzen steht das umgangssprachliche Wort für Gesäß im Mittelpunkt.

Warum gibt es die Pille für den Mann noch nicht? – Weil man für Ärsche normalerweise Zäpfchen nimmt.

◊

Die Männer schauen den Frauen auf den Hintern und denken: „Boah, was für ein Arsch!" Das tun Frauen auch, nur dass sie den Männern dabei ins Gesicht schauen.

Bei diesem Witz erlaubt die Pointe zwei Interpretationen: Hat der Mann „ein Arschgesicht" oder „verhält er sich wie ein Arsch"? Ein milderes Exemplar dieses Witzetypus geht so:

Ein Paar sitzt im Restaurant beim Essen. Der Mann patzt sich an und sagt: „Na geh, jetzt schau ich aus wie ein Schwein!" Darauf seine Frau: „Ja, und angepatzt hast du dich auch noch!"

Bleiben wir noch bei den Antimännerwitzen, aber gehen wir kurz noch in eine andere Richtung.

Ein Ehepaar hat zwei wunderschöne Töchter und jetzt einen abgrundtief hässlichen Sohn bekommen. Da sagt der Ehemann: „Hast du mich etwa betrogen?" Die Ehefrau: „Nein, dieses Mal nicht!"

Der Witz spielt darauf an, dass Männer kein gesichertes Wissen über die Vaterschaft besitzen. Das war auch schon in der Antike Thema von Witzen (siehe S. 20).

Die Witzekultur war zu Freuds Zeiten männlich dominiert. Dies hängt damit zusammen, dass ein aggressives verbales Verhalten bei Männern akzeptiert wurde, bei Frauen jedoch verpönt war. Relevant ist auch, dass der Witzeerzähler während des Erzählens im Mittelpunkt der Gesellschaft steht – auch das wurde den Frauen damals noch nicht zugestanden. Außerdem entwickeln Männer eher jenes Gefühl der Selbstsicherheit, das beim Erzählen eines Witzes notwendig ist. Wenn ich mit einem einleitenden Rahmen „Kennst du den?" zu erzählen beginne, dann muss ich darauf vertrauen, dass ich die Anwesenden zum Lachen oder zumindest zum Schmunzeln bringe. „Insgesamt können sich Mädchen und Frauen zwar noch immer nicht uneingeschränkt in allen Formen von Humor den Jungen und Männern ähnlich sanktionsfrei betätigen", schreibt die Freiburger Linguistin Helga Kotthoff, „ihr Handlungsspielraum hat sich aber erweitert" (Kotthoff, S. 164). Sibylle Fritsch sieht es ähnlich: „Langsam, aber konsequent sind Frauen in die Imperien der Männer eingedrungen. (...) In Frauenwitzen werden Männer gnadenlos betrogen und als impotent hingestellt, oder sie sind überhaupt das Letzte. Eine Kostprobe gefällig? *Was macht eine Frau morgens mit ihrem Arsch? Sie schmiert ihm Brote und schickt ihn zur Arbeit.* Die Schärfe der Frauenwitze mag eine Antwort sein auf mehrere 1000 Jahre Patriarchat." (Fritsch, S. 94)

Die folgende **Scherzfrage**, mit der ich dieses Kapitel abschließe, ist eine Reaktion der Frauen auf die Blondinenwitze und gleichzeitig auch ein **Metawitz**:

Weshalb sind Blondinenwitze immer so kurz? – Damit sie auch die Männer verstehen!

Wahrscheinlich ist in diesem Fall jener Burgenländerwitz Pate gestanden, den Sie auf Seite 40 gelesen haben. Kurz sind sie allesamt: die Ostfriesenwitze, die Burgenländerwitze und die Blondinenwitze – wenn sie in Form einer Scherzfrage daherkommen.

Der soziale Abstieg des niederen Adels – Graf-Bobby-Witze

Nun zu einem ganz anderen Typus, auch er ist historisch. Dumm, begriffsstützig und naiv ist in diesem Fall ein Mann. Die Rede ist von Graf Bobby. Viele Witze rund um diese fiktive Person haben eine sprachliche Komponente. Graf Bobby war eine Wiener Witzefigur, die um 1900 in der Spätphase der k. u. k. Monarchie entstanden ist und bis in die frühen 1990er Jahre populär war. Ich beginne mit einem gelungenen Witz. Es ist zwar kein Sprachwitz, aber für mich ist es der Archetypus eines Graf-Bobby-Witzes.

Graf Bobby steigt in Salzburg in den Zug und trifft dort seinen Freund, einen Esterházy. Beide unterhalten sich angeregt über dies und das. Schließlich meint Graf Bobby: „Siehst den Fortschritt der Technik? I fahr' nach Innsbruck, du fahrst nach Eisenstadt, und beide hock'n wir im selben Zug!" (vgl. Landmann 1960, S. 269)

Häufig fungieren in diesen Witzen Bobbys Freunde als Stichwortgeber: Graf Rudi, Baron Mucki, Graf Poldi und Baron Schmeidl. Die Kunstfigur wurde so populär, dass derartige Witze nicht nur in Anthologien und Sammlungen erschienen, sondern auch Filme mit Graf Bobby produziert wurden. In dem Film *Die Abenteuer des Grafen Bobby* (1961) spielte Peter Alexander die Hauptrolle, Gunther Philipp stellte den Grafen Mucki dar.

In einer Art Eingangscouplet charakterisieren sich die Grafen Bobby und Mucki selbst.

„Wir sind zwei Witzfiguren, sind überall bekannt."
„Der Bobby und der Mucki, so werden wir genannt."
„Man sagt, dass wir zwei blöd sind, doch scher'n wir uns nicht drum."
„Von blöd ist keine Rede, wir sind nur bisserl dumm." (…)
(beide) „Na bitte sehr, man sagt ja nix, man red't ja nur davon."

In der nächsten Strophe wird ein Graf-Bobby-Witz in Reimform wiedergegeben.

„Ich habe gehört im Jockey Club den Grafen Rudi sag'n, / du hättest einen Unfall gehabt mit deinem Wag'n."

„Es war nur a Missverständnis, wir fuhren quer durch Wien / mit 100 Kilometer, ich und Contess Pauline. / Da stoppt ein Polizist mich und sagt: ‚Mein Herr, / man fahrt durch eine Stadt doch mit 50 und nicht mehr!' / ‚Das war a Missverständnis, ich dachte pro Person.'" (beide) „Na bitte sehr, man sagt ja nix ..."

Der Jockeyclub am Schubertring in Wien zählt zusammen mit dem Rennverein und dem St. Johanns Club zu den drei exklusiven Wiener Freizeitclubs. Im Jockeyclub trifft sich vor allem der Adel.

Auch Schallplatten mit Graf-Bobby-Witzen erschienen in den 1960er und 1970er Jahren. Hier waren unter anderem Peter Igelhoff als Bobby und Fred Rauch als Rudi bekannte Darsteller.

Die Klassiker unter den Graf-Bobby-Witzen sind landauf und landab erzählt worden, sie wirken heute abgedroschen.

Bobby trifft beim Spaziergang im Park die Gräfin Ariadne. „Meine Verehrung, Gnädigste. Wie geht's denn dem werten Töchterlein?" „Danke der Nachfrage. Es läuft schon seit 14 Tagen." „Oh", staunt Bobby, „da muss es ja schon fast in Venedig sein." (Böhm, S. 10)

◊

Graf Bobby kommt zu Besuch. In der Wohnung schreit dauernd ein kleines Kind. „Was hat denn das Kind?", erkundigt sich Bobby höflich. Sagt die Mutter: „Es bekommt Zähne." – Darauf Bobby: „Ja will's denn keine?" (Böhm, S. 19)

Die Witzefigur Graf Bobby ist ideal für **Unbildungswitze**. Manche von ihnen können richtig wehtun.

Graf Bobby steht vor der Abendkassa der Staatsoper: „Was wird denn heute gegeben?" – „Tannhäuser oder der Sängerkrieg auf der Wartburg" – „Schlamperei", sagt Graf Bobby, „jetzt könnte das Programm eigentlich schon feststehen." Verärgert geht er die Ringstraße entlang zum Burgtheater: „Was steht heute auf dem Programm?" – „Was ihr wollt." – „Gut, dann spielen Sie die Klabriaspartie!" (bei Muliar, S. 24–25, als Teil einer längeren jüdischen Anekdote; bei Böhm, S. 174, bis zur Zwischenpointe)

◊

Graf Bobby wird vom Heiligen Vater in Privataudienz empfangen. Er begrüßt ihn ehrfürchtig. Der Kardinalkammerherr deutet ihm hin-

ter dem Rücken des Heiligen Vaters mit der ringbewehrten Rechten mehrmals den Handkuss. Bobby reagiert vorerst nicht. Dann aber geht es wie ein Leuchten über seine Züge: „Und fast hätt' ich vergessen, Eure Heiligkeit – einen Handkuss an die gnädige Frau Gemahlin!" (Bemmann, 1970, S. 130–132, 1973, S. 168–170)

In der ungarischen Reichshälfte spielte der Baron Mikosch eine vergleichbare Rolle. Da diese Figur nicht nur dumm war, sondern auch Deutsch mit ungarischem Einschlag sprach, hatten die Witze einen fremdenfeindlichen Anstrich, wenn sie in Österreich oder Deutschland erzählt wurden – wobei das Ungarische vom Deutschen so weit entfernt ist wie das Türkische. Die Sprachprobleme sind also verständlich.

Mɪᴋᴏsᴄʜ: *Is sich dumme Sproch, dos Daitsch; gibt's do Worte, wo man konn dovor setzen jedden Artikel und haßt sich donn immer onders.*
Dᴇᴜᴛsᴄʜᴇʀ: *Lieber Baron, da werden Sie mir wohl den Beweis schuldig bleiben, das gibt es nicht.*
Mɪᴋᴏsᴄʜ: *Ober, bitt' ich Ihnen, zum Baispül, sog' ich:* **der Regent***, is sich dos Monorch; sog' ich ober:* **die Regent***, is dos Monn mit Taktstock; und wenn ich soge:* **das Regent***, werd' ich noss und muss Regenschirm aufsponnen.* (Arnheim, S. 19)

Baron-Mikosch-Witze wurden erstmals unter dem Titel *Baron Mikosch, der ungarische Witzbold* 1889 in Berlin publiziert. Die hier zitierten Witze sind einer Sammlung von J. C. Arnheim aus dem Jahr 1913 entnommen.

Mikosch ist angetrunken und erkundigt sich nachts um 1 Uhr auf der Straße nach der Zeit. Der Gefragte gibt ihm eine Ohrfeige und sagt: „Es hat eins geschlagen." „Teremtete", sagt der Baron, sich die Wange reibend, „hob' ich Glück gehobt in Unglück; wenn hätt' ich ihn gefrogt vor einer Stund', hätt' er mir zwölf gegeben." (Arnheim, S. 12)

Der Baron Mikosch verwendet gerne das Fluchwort *teremtete*. Es ist gleichbedeutend mit „Zum Teufel!". Morphologisch ist es ein Participium Passivum vom Verbum *teremteni* (= schaffen, herbeischaffen, hervorbringen), mit dem es aber den Zusammenhang schon verloren hat. Dagegen hat die ungarische Sprache von *teremteni* ein anderes Wort abgeleitet: *teremtettezni* (= fluchen). Dieser Baron-Mikosch-Witz ist die Abwandlung eines alten jüdischen Witzes mit der Pointe: „No, wenn er mich hätt' um ä Stund früher gefragt, hätt' ich zwölf Pätsch gekriegt." (Eisenbach, VI, S. 8–9)

Man spricht über Musiker und Mikosch sagt: „Geb' ich nit viel auf olle haitige Pianisten, seit ich hob' gehört Zweischock auf Klafünf." – „Sie irren sich, lieber Baron, Sie meinen wohl Dreyschock auf dem Klavier." – „Konn sich dos auch so sein; hob ich mir gemerkt, dass's mocht zusommen sieben." (Arnheim, S. 18)

Alexander Dreyschock (1818–1869) war ein böhmischer Klaviervirtuose, der zu seiner Zeit als einer der bedeutendsten Pianisten galt. Im Übrigen gehört der Witz auch in die Kategorie der **Mnemotechnikwitze** (siehe S. 66).

Aber vielleicht war auch das ursprünglich gar kein Baron-Mikosch-Witz, sondern ein jüdischer Witz. Jan Meyerowitz hält diesen Witz sogar für „das erste große ‚Sujet' des jüdischen Witzes wie wir ihn kennen". Als im 18. Jahrhundert die aufklärerische Bewegung Haskala entstand, die sich für eine kulturelle Annäherung in die christliche Mehrheitsgesellschaft einsetzte, wurde sie „von Gegnern wie auch von wohlwollend ironischen Anhängern in unzähligen Witzen lächerlich gemacht". (Meyerowitz, S. 49)

Ein Jude kehrt von einer Reise nach Budapest, wo er den damals berühmten Pianisten Dreyschock gehört hat, in seine Kleinstadt zurück und erzählt stolz: „Ich bin gegangen ins Konzert – hab' ich gehört Zweischock auf Klafünf." – „Du meinst Dreyschock auf Klavier." – „Ach, hab' ich mir nur gemerkt: Macht zusammen siebene!" (Meyerowitz, S. 49)

Weil wir gerade bei den **Mnemotechnikwitzen** sind, gleich noch einer mit dem Baron Mikosch als Hauptfigur:

Baron Mikosch kommt nach Wien und fragt einen Wiener: „Wo ist bittaschän Kupferplotz?" Der Wiener überlegt: „Kupferplatz, nie gehört. Wir haben einen Stephansplatz, einen Michaelerplatz, einen Goetheplatz ..." – „Igen! Goetheplatz! Hob ich verwächselt Goethä mit Schillär, Schillär mit Lässing, Lässing mit Mässing und Mässing mit Kupfär." (vgl. Ott, S. 89)

Mikosch rückt ein war der Titel eines Kinofilms unter der Regie von Johann Alexander Hübler-Kahla. Die Besetzung der deutsch-ungarischen Produktion aus dem Jahr 1952 stand dem zuvor erwähnten Graf-Bobby-Kinofilm um nichts nach.

Die Graf-Bobby-Witze und die Baron-Mikosch-Witze hatten ein Pendant im deutschen Kaiserreich.

Major von Zitzewitz und Major von Bülow treffen sich im Casino.
VON BÜLOW: Wo waren Sie denn jestern Abend?
VON ZITZEWITZ: Jestern Abend ... Theater jewesen!
VON BÜLOW: Und, was haben Sie jesehen?
VON ZITZEWITZ: Seltsame Sache! Stück von Schiller. Zivilist schießt auf Obst.

◊

Ein Offizierskollege zu Graf Zitzewitz: „Heute im Casino jewesen, Beethoven gespielt." Darauf Zizewitz: „Und, jewonnen?"

◊

Graf Zitzewitz zum Ober: „Bin heut Abend im Kasino, könnense mir nichen Witz erzählen?" – „Sehr wohl Herr Graf." Der Ober nimmt drei Bohnen, legt sie auf den Tisch, nimmt dann eine Bohne und legt sie etwas zur Seite auf den Tisch. „Was ist das, Herr Graf?" Zeigt auf die Bohne. – „Na, was solln des sein? Ne Bohne natürlich!" – „Schauen Sie, Herr Graf ..." Er legt die Bohne zu den zwei anderen und dann wieder zur Seite: „Bohn apart, Bonapart." – „Famos, muss ich sofort im Casino erzählen, famos."
Am Abend im Kasino. „Hören Se ma, Leutnant, hab' da nen großartigen Witz jehört – Ober, nu bringense ma ne Handvoll Bohnen her." Der Ober bringt die Bohnen. Graf Zitzewitz legt den Großteil der Bohnen in die Tischmitte und einige wenige an den Rand. „Na, Leutnant, was is das?" – „Das ist ein Teil der Bohnen." Zitzewitz: „Nee, mein Lieber, das ist Napoleon!"

Version 2

Der Ober bringt Erbsen, weil keine Bohnen vorhanden sind. (...) „Na, Leutnant, was is das?" – „Ja, Herr Graf, würde sagen Erbsen." – „Aber nein, nein, is doch janz einfach: Napoleon!"

Das ist ein **Zerlegungswitz**, der Name Bonaparte wird zerteilt, wodurch ein annähernder Gleichklang mit „Bohne" und „apart" entsteht – Letzteres hier allerdings nicht mit der heute gängigen Hauptbedeutung: von eigenartigem Reiz, besonders reizvoll, geschmackvoll. Gemeint ist im Witz eine alte Bedeutung, die schon verblasst ist: einzeln, gesondert – im Wort Apartheid (= Politik der Rassentrennung) ist sie noch sichtbar.

Nur so nebenbei sei gesagt, dass auch ein Baron-Mikosch-Witz, den Hans Weigel – und nicht nur er – erzählt hat, ähnlich strukturiert ist.

Baron Mikosch ließ sich gerne vom Portier des Hotels Bristol Witze erzählen. Einmal fragte ihn der Portier des Hotels Bristol: „Wer ist das, Herr Baron? Es ist nicht mein Bruder und nicht meine Schwester und ist doch das Kind meiner Eltern?" – „Weiß ich, bitte, nicht." – „Das bin ich." – „Großartig, muss ich zuhause gleich erzählen." Mikosch kommt nachhause und fragt alsbald die Runde seiner Freunde: „Wer ist das? Ist nicht mein Bruder und nicht meine Schwester und ist doch das Kind meiner Eltern ... Wisst ihr nicht? Das ist der Portier vom Hotel Bristol." (Ott, S. 17–18, Weigel, S. 11)

Diese Witze waren ursprünglich eine mit **Schadenfreude** durchwachsene Reaktion der Bildungsbürger auf den Niedergang des Adels. Dieser begann 1848, führte 1907 zur endgültigen Abschaffung des Kurienwahlrechts und Einführung des allgemeinen Wahlrechts für Männer über 24 Jahre und endete 1919 mit der Verabschiedung des Adelsaufhebungsgesetzes. Nach dem Ende der Monarchie Österreich-Ungarn stand fest, „dass eine demokratische Republik unmöglich einen neuen Adel schaffen kann", schrieb die *Neue Freie Presse* am 4. April 1919. „Denn das ganze Wesen eines solchen Freistaates beruht auf der Gleichberechtigung. Wird von der Demokratie die Gleichberechtigung abgezogen, dann bleibt eine Regierungsform zurück, von der alle Schichten des Volkes bedrückt werden, die nicht zu den herrschenden Klassen gehören." Fortan war es verboten, Adelszeichen wie „von", „Edler", „Erlauchter", „Durchlaucht" oder „Hoheit" zu verwenden. Abgeschafft wurde auch das Recht zur Führung von Standesbezeichnungen wie Freiherr, Fürst, Graf oder Ritter – ebenso wie das Führen von Familienwappen. Bei Zuwiderhandeln drohten Strafen von bis zu zwanzigtausend Kronen oder Arreststrafen bis zu einem halben Jahr. Adalbert Graf Sternberg, Abkömmling eines böhmischen Adelsgeschlechts, ließ sich auf seine Visitenkarte einen Text drucken, der eigentlich ein Sprachwitz ist:

Adalbert Sternberg
Geadelt von Karl dem Großen, entadelt von Karl dem Renner

Ihre Hochblüte erlebten die Witze rund um den Grafen Bobby und den Baron Mikosch allerdings erst nach dem Zweiten Weltkrieg, also eine Generation später. Wer dann noch immer seine (niedrige) adelige Herkunft demonstrativ vor sich hertrug, rückwärtsgewandt und gleichzeitig ungebildet oder begriffsstützig war, verdiente sich den Spott der **Lachgemeinschaft**.

Eine Neureiche blamiert sich – Frau-Pollak-von-Parnegg-Witze

Eine österreichische Herkunft weisen auch die Frau-Pollak-von-Parnegg-Witze auf. Salcia Landmann negiert sie in ihrer ersten Sammlung aus dem Jahr 1960, erst in der Taschenbuchausgabe 1962 tauchen diese Witze auf – in einem eigenen Kapitel, das sie mit folgender Einleitung versieht: „Frau Pollak von Parnegg, die Gattin eines getauften und geadelten Wiener Industriellen, hat wirklich gelebt. Sie war eine populäre Figur. Man behauptet, ihre Söhne hätten alle Aussprüche, die man ihr jeweils unterschob, gesammelt und ihr unter dem Titel ‚Ausflüsse aus dem Muttermund' dargebracht." (Landmann, 1962, S. 202) In der erweiterten Ausgabe 1988 fügt sie einen Satz hinzu: „Beim Einmarsch Hitlers in Wien stürzte sie sich aus dem Fenster." (Landmann, 1988, S. 439)

Während die Tante Jolesch eine von Friedrich Torberg erfundene literarische Figur ist, hat die Frau Pollak wirklich gelebt. Jene biografischen Angaben, die über sie kursieren, sind allerdings zum größten Teil falsch, wie der Genealoge Georg Gaugusch herausfand. Im zweiten Band seines epochalen Werkes *Wer einmal war. Das jüdische Großbürgertum Wiens 1800–1938* stellt der Eigentümer und Geschäftsführer eines noblen Tuchgeschäfts am Michaelerplatz klar: Gemeint ist Mathilde von Pollack Parnegg, geboren am 25. Oktober 1845 in Prag. Am 7. April 1867 heiratete sie als Einundzwanzigjährige den aus Nikolsburg (Mähren) stammenden und um sechs Jahre älteren Leopold Pollack, ebenfalls aus einer jüdischen Familie. (Gaugusch, Bd. 2, S. 2593–2597) Dieser übernahm von seinem Vater ein kleines Kurrentwarengeschäft – als Kurrentwaren bezeichnete das damalige Handelsrecht Baumwolltextilien. Aus dem kleinen Geschäft entwickelte er gemeinsam mit seinem Bruder Bernhard ein europaweit agierendes Textilimperium mit rund fünftausend Beschäftigten. Er war einer der erfolgreichsten Großindustriellen seiner Zeit und galt als Wortführer der damaligen Textilindustrie. (Gaugusch, Bd. 2, S. 2594) Im Jahr 1894 wurde ihm der Adelsstand verliehen – unter Hinweis auf seine langjährige Tätigkeit als Präsident der Wiener Kaufmannschaft. Fortan ist er „Freiherr von Parnegg", in den Witzen wird er meist zum Baron erhoben. Die Schreibung des Familiennamens wird in den Witzen von „Pollack" auf „Pollak" geändert, damit die erste Silbe betont wird. Ohne -c- schrieben sich übrigens die Vorfahren des Industriellen – ein -ck gibt es im Tschechischen nicht. Leopold Pollack wechselte nicht vom Judentum zum Christentum. Dass sich seine Frau Mathilde, eine Jüdin, taufen ließ, ist ebenfalls eine Legende. Auch sie blieb ihrer Religion treu. Und sie sprang nicht im Jahr 1938 beim Einmarsch der Nazitruppen aus dem Fenster, wie in einigen Witzesammlungen zu lesen ist, sondern starb am 26. November 1923 an einem Herzschlag, nachdem sie vorher entmündigt worden war. Sie überlebte ihren Mann nur um eineinhalb Jahre. Die Gefühlskälte, die ihr im folgenden Witz angedichtet wird, ist wohl frei erfunden. Oder ist es vielleicht ein **surrealistischer Witz**?

*Man sucht überall nach Herrn Pollak von Parnegg, ruft im Büro, im Klub bei Freunden an – er ist nirgends zu finden. Frau Pollak geht ins Schlafzimmer, da liegt er tot unter dem Bett. Sie läutet dem Stubenmädchen und sagt streng: „Sehen Sie, **so** räumen Sie auf!"* (Landmann, 1962, S. 202–203)

Die Tageszeitung *Die Stunde* schrieb am 13. März 1923 unter dem Titel „,Frau von Pollack' – entmündigt": „Das ist leider kein ‚Frau von Pollack-Witz'. Wie wir erfahren, ist die bejahrte Dame – Frau Mathilde Pollack-Parnegg steht im 78. Lebensjahre – wegen Geistesschwäche voll entmündigt und zu ihrem Kurator ihr Sohn, Herr Felix Pollack-Parnegg, der leitende Chef der großen Textilfirma Hermann Pollacks Söhne, bestellt worden. Neben der Metternich war ‚Frau von Pollack' wohl die populärste Frau in Wien. Nicht so sehr wegen ihrer gesellschaftlichen Stellung, denn sie führte ein zurückgezogenes, ja, für ihre materiellen Verhältnisse recht bescheidenes Leben, sondern wegen ihrer auf wenig Kenntnissen, einem entzückenden Missverstehen aller Fremdworte und einer beispiellosen Misshandlung der deutschen und französischen Sprache beruhenden Aussprüche, die man ihr in den Mund legte. Natürlich hat sie die Ungereimtheiten, über die man sich so köstlich unterhielt, nie gesagt, und es spricht nur für ihr gütiges, unbefangenes Wesen, dass sie selbst über all die vielen Witze herzlich lachen konnte und auch ihrem Sohn, dem Herrn Dr. Otto Pollack-Parnegg nicht gram war, von dem angeblich die meisten und besten ‚Frau von Pollack-Witze' stammen sollen."

Freundin von Frau Pollak auf dem Hausball. „Ein eleganter Mann, der Legationsrat. Er tanzt mit einer gewissen Nonchalance." Frau Pollak: „Was fällt ihnen ein! Das ist doch die Siddi Braun!" (Landmann, 1988, S. 447)

Frau Pollak besucht mit ihrem Mann eine Galerie. Sie stehen vor einem Bild, auf dem ein ruhendes Mädchen zu sehen ist. „Was stellt dieses Bild dar?", will sie wissen. „Siesta." – „Was heißt sie esst da? Sie schloft da!" (Landmann, 1962, S. 203)

◊

*Frau Pollak hat einen Teppich annonciert. „Gnädige Frau, der Herr Rappaport ist unten, er **reflektiert** auf ihren Teppich." – „Wischen Sie's weg und machen Sie kein Aufsehen!"* (Weigel, S. 16; vgl. Landmann, 1988, S. 440)

◊

Bei einer Ballveranstaltung trifft Frau Pollak den General von François und sagt zu ihm: „Herr Frankoa, tanzen Sie denn gar nicht?" – „Von François bitte!" In dem Augenblick kommt etwas dazwischen. Später sieht Frau Pollak wieder den General und wiederholt ihre Frage: „Aber Herr Frankoa, tanzen Sie überhaupt nicht?" „Von François bitte! Ich habe eine Cédille unterm c!" Darauf Frau Pollak: „Ach so, wenn Sie etwas am Fuß haben, können Sie natürlich nicht tanzen." (vgl. Koch, S. 87–88, vgl. Landmann, 1972, S. 165)

Frau Pollack von Parnegg war nicht eine Jüdin aus ärmlichen Verhältnissen, die in eine reiche Industriellenfamilie eingeheiratet hat. Sie erlebte den Aufstieg Leopold Pollacks zum Großindustriellen von Beginn an als Ehefrau mit. Aber natürlich war sie ein Emporkömmling, allerdings – wenn man dem Zeitungsbericht Glauben schenkt – nicht mit einem protzenden Lebensstil. In den Salons der Stadt, wo man die über sie gemachten Witze erzählte, waren diese Fakten sicherlich bekannt.

Die Witze hatten damals auch einen bitteren Beigeschmack. In einer Phase des aggressiven Antisemitismus unter Bürgermeister Karl Lueger entsprachen Witze über eine reiche Jüdin, die sich fortwährend blamiert, dem Zeitgeist. Die Witze hatten also eine antisemitische Wirkung, wenngleich sie von Juden erzählt, wenn nicht sogar erfunden wurden. Offensichtlich hat man deshalb irgendwann nach ihrem Tod zwei fiktive Elemente in die biografischen Angaben eingefügt: Sie sei zum Christentum konvertiert und sie habe sich im März 1938 nach dem Einmarsch der Nazitruppen aus dem Fenster gestürzt.

Herr und Frau Pollak kommen nach Paris, steigen in einem noblen Hotel ab, und Frau Pollak trägt sich ins Gästebuch ein: Le Baron et la Baronne Pollak de Parnegg, **parvenus de Vienne.** (franz. venu = gekommen, parvenu = aufgekommen) (Landmann, 1988, S. 443)

Die Frau Pollack stammte offenbar aus einem bildungsfernen Prager Elternhaus, die Geschichten, die über sie erzählt wurden, waren Übertreibungen, aber man kann davon ausgehen, dass sie einen wahren Kern hatten. Gewitzelt wurde über sie, weil sie nicht ein Bildungsniveau anstrebte, das dem sozialen Status ihres zum Großindustriellen aufgestiegenen und geadelten Mannes entsprach.

Frau Pollak besucht eine Ausstellung: „Ich wusste gar nicht, dass der Prinz Eugen ermordet wurde!" – „Wie kommen Sie drauf?" – „Lesen Sie selber. Hier steht: Prinz Eugen **nach einem Stich von Bernard Picart.**" (Landmann, 2010, S. 578–579 und Ott, S. 175, beide mit „Friedrich der Große" und „Adolf Menzel")

◊

Für ihre nächste Soirée möchte Frau Pollak etwas Besonderes haben. Eine Freundin rät ihr zum Roséquartett. Nach der Soirée fragt sie, wie der Erfolg war. Darauf Frau Pollak: „Komischer Mensch, der Roséquartett. Ich habe ihn engagiert – und er hat sich gleich noch drei andere mitgebracht." (Landmann, 2010, S. 582; 2007, S. 281)

◊

Frau Pollak hat ihre Freunde eingeladen und erzählt ihnen: „Wie wir jetzt in Venedig waren, habe ich einen fabelhaften Tizian gekauft. Aber weil die Behörden die Ausfuhr verboten haben, habe ich mir von einem Maler einen Mussolini drübermalen lassen. Wie ich das Bild hab' abwaschen lassen, hat mir der Trottel auch den Tizian weggewaschen." – „Großer Gott", sagt einer der Gäste, da haben Sie doch einen großen Schaden erlitten!" Darauf sagt Frau Pollak: „Zum Glück war der Schaden nicht groß, denn stellen Sie sich vor: Unter dem Tizian war noch ein Bild von unserem seligen Kaiser Franz Joseph." (vgl. Landmann, 1988, S. 448–449)

◊

Frau Pollak ruft ihren alten, schwerhörigen Buchhändler an: „Ich möchte ‚Die Fackel' abonnieren." Der Buchhändler: „Ich höre schlecht, wollen Frau Baronin bitte buchstabieren!" – „Also passen S' auf: **F** *wie* **Ferd. A** *wie* **Ampire. C** *wie* **zem Beispiel. K** *wie* **Krist. E** *wie* **ebberhaupt. L** *wie* **Lektrische.**" (Landmann, 1988, S. 440)

*Frau Pollak besucht mit ihrem Mann eine Bildergalerie. „Du **Moritzleben**, was stellt dieses Bild dar?" – **„Stillleben."** – „Warum? Man wird doch noch fragen dürfen."* (Landmann, 1988, S. 440)

In diesem Witz heißt Frau Pollaks Ehemann nicht Leopold, sondern Moritz. Aber „Moritzleben" und „Stillleben" in einen Zusammenhang zu bringen, ist jedenfalls eine raffinierte Witzetechnik.

Das angehängte „-leben" in „Moritzleben", „Tateleben" etc. geht auf jiddisch *leb* zurück, mit der Bedeutung „mein Lieber". So bedeutet *tate leb*, auch *tate leben*, so viel wie „lieber Vater"; „Stillleben" wird von Frau Pollak als *sei still, mein leben* (= sei still mein Lieber) interpretiert. Das Herkunftswort ist mittelhochdeutsch *liep, liup* (= lieb). Vielleicht ist die Bedeutung auch durch hebräisch *lew* (= Herz) beeinflusst. (Wolf, S. 138). Dass Salcia Landmann auch das Wort „Lebkuchen" mit hebräisch *lew* in Verbindung bringt, ist nicht durch Forschungsergebnisse der Sprachwissenschaft gedeckt.

Seit wann gibt es die Frau-Pollak-von-Parnegg-Witze? Sie dürften kurz nach der Jahrhundertwende entstanden sein, wie Gaugusch aus verschiedenen Presseberichten abgeleitet hat. (Gaugusch, Bd. 2, S. 2596) In den kleinen Witzebüchern von Heinrich Eisenbach, erschienen ab 1905, heißt die neureiche und ungebildete Jüdin meist noch Baronin von Barches, Baronin Parcheweg oder Baronin Parchenek.

„Barches" ist die westjiddische Variante des ostjiddischen Wortes „Challa". Es bezeichnet im 4. Buch Mose 15,17–21, wo die Erstlingsopfer beschrieben sind, den Teil des Brotteiges, der als Opfergabe abgesondert und den Priestern des Tempels gegeben wurde. Nach der Zerstörung des Tempels wurde von den Rabbinern festgelegt, dass ein kleiner Teil des Teiges auch weiterhin abzusondern ist. Da er jedoch nicht mehr den Priestern gegeben werden kann, wird er stattdessen verbrannt.

Wenn Eisenbach im Witz „eine Baronin von Challa" auftreten lässt, so ist damit diese Person im Publikum unverrückbar als Jüdin identifiziert.

Bei „Baronin **Parcheweg**" oder „Baronin **Parchenek**" ist wiederum eine Klangähnlichkeit mit „Freiherr von **Parnegg**" erkennbar. Zumindest ein Teil der Theaterbesucher wird auch diesen Hinweis verstanden haben.

*Die **Baronin von Barches** spricht mit einem Herrn über Reisen und der Herr sagt, er war jetzt in Italien und hat den Vesuv gesehen. Darauf* *sagt die Frau Baronin: „Nu, wie sieht er aus?" Drauf sagt der Herr: „Er raucht ununterbrochen Tag und Nacht." Da sagt die Baronin: „Hat der gar nix anderes zu tun?"* (Eisenbach, XV, S. 8)

◊

*Die **Baronin Parcheweg** hat eine Jause gegeben und der Zucker wurde ohne Zuckerzange serviert, worauf ihr eine Dame gesagt hat: „Frau Baronin, schau'n Sie, es ist ja nichts dabei, aber man muss eine Zuckerzange haben, wenn man bedenkt, dass einige der Herren herausgeh'n, dann kommen sie herein und nehmen den Zucker mit den Fingern und das ist höchst unappetitlich." Bei der nächsten Jause war wieder keine Zuckerzange am Tisch und dieselbe Dame sagt: „Frau Baronin, Sie haben wieder die Zuckerzange vergessen." Drauf sagt die Baronin: „Ich hab' nicht darauf vergessen. Überzeugen Sie sich selbst, am Klosett hängt e silberne Zuckerzange."* (Eisenbach, XIX, S. 13, Landmann, 1962, S. 203, Ott, S. 26, Habres, S. 55)

◊

*In einer Gesellschaft bei der **Baronin Parchenek** wirft ein Herr die Frage auf: „Was ist der schönste Teil des Weibes? Der eine sagt: Der Mund, der andere, das Auge, ein dritter, der Fuß, wieder ein anderer, die Büste." Drauf sagt die Hausfrau: „Herts scho auf, sonst sagt ana wirklich das Richtige!"* (Eisenbach, XIV, S. 8–9)

Vor allem die Witze mit sexuellen Themen werden in einer durch bürgerliche Doppelmoral gekennzeichneten Gesellschaft ein Riesengelächter ausgelöst haben – wenn sie der großartige Schauspieler Eisenbach auf der Bühne darbrachte. Nicht weniger groß wird die Lachkraft gewesen sein, wenn sie ein Leser in dem Büchlein *Heinrich Eisenbach's Anekdoten, gesammelt und vorgetragen in der Budapester Orpheumgesellschaft in Wien* vorfand. Außerdem schlug sich Eisenbach mit diesen Witzen auf die Seite der ärmeren Juden – es waren also **Schadenfreudewitze** und Witze eines Juden „für ünsere Leut'".

Aber Eisenbach wurde noch deutlicher. In zwei Witzen, die er auf der Bühne erzählte und in Buchform publizierte, kommt Frau Pollack sogar mit ihrem richtigen Namen vor – es sind die ältesten Belege eines Frau-Pollak-von-Parnegg-Witzes, die ich finden konnte. Dass es sich um eher harmlose Witze handelt, ist nachvollziehbar. Vermutlich dienten sie hauptsächlich dazu, die Verbindung zwischen der realen Frau Pollack und den Witzfiguren Baronin Parcheweg und Baronin Parchenek herzustellen. 1905 gab es ja noch eine strenge Theaterzensur, und angesichts der Deftigkeit mancher Witze über die real existierende Frau Pollack schwebte über dem Kopf des Witzeerfinders auch eine Verleumdungsklage.

Pollack ist geadelt worden und seine Frau stellt ihre Buben vor: „Der Älteste, Max von Pollack, das ist mein Sohn Bernhard von Pollack, hier meine Tochter Malvine von Pollack, hier meine Tochter Ernestine von Polack." Darauf sagt die kleine Ernestine: „Nu, ich bin nix von Pollack." (Eisenbach, V, S. 7)

◊

Frau Pollak kommt am Markt und fragt: „Was kosten die Eier?" Drauf sagt das Marktweib: „3 Stück 10 Kreuzer." Drauf die Frau Pollak: „Früher hab' ich 4 gekriegt. Warum sind die Eier so teier?" Darauf sagt das Marktweib: „Weil die Hendeln jetzt kane Eier legen, um die Zeit." So sagt Frau Pollak: „Und für 10 Kreuzer legen Sie jo Eier?" (Eisenbach, VIII, S. 7)

Im Jahr 1905, als Heinrich Eisenbach diese Witze in Umlauf brachte, war Frau Pollack von Parnegg eine rüstige Sechzigjährige. Drei Jahre später diente sie dann einem „geistvollen Humoristen" sogar als Hauptfigur für eine Burleske, die in ihrer Heimatstadt Prag vom Deutschen Männergesangsverein aufgeführt wurde, wie Georg Gaugusch herausfand. Das Stück *Soirée bei Frau von Pollak* war die Modernisierung einer Offenbach'schen Operette. (Gaugusch, Bd. 2, S. 2596, Anm. 7)

In einem am 25. Februar 1927 in der *Kleinen Volkszeitung* erschienenen Nachruf auf Anton Dennemayer, einen langjährigen Darsteller des Kellners Moritz in dem Jargonstück *Die Klabriaspartie*, ist die Meinung einer Leserbriefschreiberin zu finden, wonach die Frau-Pollak-von-Parnegg-Witze bereits in den 1890er Jahren aufkamen und „nur die Epigonen" der Dialoge in der *Klabriaspartie* waren. Die zeitliche Datierung kann in etwa stimmen, ist aber wahrscheinlich etwas zu früh angesetzt. Leopold Pollack wurde 1894 zum „Freiherr von Parnegg", was in den Wiener Salons sicher Gesprächsthema war. Aber eine Neureiche passte nicht in das Milieu der *Klabriaspartie*. Die Pollacks zählten bekanntermaßen zu den angesehensten und reichsten Leuten Wiens. Allenfalls die falsche Interpretation von Lehnwörtern – Spiritus/Spiritist, Klabrias/Klarinett' etc. – könnte Vorbild für einige Frau-Pollak-von-Parnegg-Witze gewesen sein.

Ein Beitrag in der humoristischen Zeitschrift *Die Muskete* vom 11. Jänner 1906 ist im Grenzbereich zwischen Witz und Anekdote angesiedelt – wenn man die heutigen Definitionen dieser zwei Begriffe hernimmt:

> (…) *Als sich nach dem Ministerrat endlich die Tür öffnete, blieb der Handelsminister auf der breiten, teppichbelegten Treppe stehen, zündete sich eine Zigarette an und sagte zu seinem Kollegen: „Die Eisenbach-Scherze, die der Justizminister erzählte, waren wirklich gelungen." Der Ackerbauminister antwortete: „Die neuen Witze von der Frau Pollack, die der Minister des Inneren zum Besten gab, waren auch famos. Wenn nur der Finanzminister nicht gar so fad wäre! Der verdirbt uns mit seinem Leichenbittergesicht jede Sitzung.*

In dieser Geschichte werden also die „Eisenbach-Scherze" in einem Atemzug mit den „Frau-Pollack-Witzen" genannt. Der Autor des Zeitungsbeitrages wird wohl gewusst haben, dass Eisenbach der Erfinder dieser Witze war, er wollte offensichtlich implizit darauf hinweisen.

> *In Wien hieß eine koschere Würstelei „Piowati", und eine koschere Konditorei gehörte einem Herrn „Tonello". Kommerzienrat Braun zu Herrn Pollak: „Sagen Sie mal, Ihre Gattin erzählt überall, Sie seien eifersüchtig wie Piowati. Was bedeutet das?" Herr Pollak: „Das ist ganz einfach. Meine Frau meint, eifersüchtig wie Othello. Und um sich ‚Othello' zu merken, denkt sie an Tonello. Und Tonello verwechselt sie mit Piowati."* (Landmann, 1962, S. 202)

Dass sie sich „Othello" mithilfe der **Mnemotechnik** merken will, ist allein schon lachhaft. Hinzu kommt die falsche Anwendung dieses Assoziationsverfahrens, das für Witzerzähler und Kabarettisten ein beliebtes Thema war. Hugo Wiener lässt sie von einer seiner Figuren, dem Herrn Reis, so erklären: „Ich denke an etwas anderes, und dabei fällt mir das Richtige ein." Wir werden später in dem Sketch „Etwas über Botanik" darauf zurückkommen (siehe S. 163 ff.).

Dass die Frau-Pollak-von-Parnegg-Witze so erfolgreich waren, hatte auch einen gesellschaftspolitischen Hintergrund. Es ist kein Zufall, dass sie um die Jahrhundertwende aufkamen. Damals waren unter den Juden „die Unterschiede zwischen den Gebildeten und den Neureichen so groß, dass die Spannung sich in Witzen entlud, die teilweise etwas gehässig waren", schreibt Eike Christian Hirsch in seinem *Witzableiter* (Hirsch, S. 73–74).

Genauso gewaltig war auch der Gegensatz zwischen armen und reichen Juden. Über Jahrhunderte war den Juden die Ausübung vieler Berufe sowie der Zutritt zu den Handwerkerzünften untersagt, genauso das Studium an den Universitäten und die Ausübung akademischer Berufe. Deshalb verlegten sie sich auf Geldgeschäfte und auf den Handel. Da sich die meisten Christen bis zum späten Mittelalter an das grundsätzliche Verbot von Zinsgeschäften hielten, wurde das Bankwesen zwangsläufig zu einer jüdischen Domäne. Nicht weniger erfolgreich waren Juden in den letzten Jahrzehnten der Habsburgermonarchie im Bereich der Baumwollspinnerei und Weberei. Einige von ihnen schafften es, innerhalb kurzer Zeit ein Firmenimperium aus dem Boden zu stampfen, begünstigt durch überaus firmenfreundliche Steuergesetze. So war der Onkel von Franz Jolesch – bekannt durch Torbergs Anekdotensammlung – nicht „eine Art Prinzengemahl", der „ohne die Tante (in dem Buch) gar nicht vorgekommen wäre". (Tante Jolesch, S. 17) Julius Jolesch war ein zielstrebiger Industrieller, der in Iglau einen erfolgreichen Familienbetrieb aufbaute und später bei dem Großindustriellen Isidor Mautner als Geschäftsführer anheuerte – genau genommen sogar zu dessen rechter Hand wurde.

Bei einem Gedicht von Armin Berg, das dieser in seinen Auftritten vortrug und auch in einem Heftchen publizierte, konnte man an Julius Jolesch, Isidor Mautner oder Leopold Pollak denken.

Mit einer Hose kam Herr Kohn / Nach Wien – jetzt hat er ä Million. /
Oft hab' ich drüber nachgedacht / Was der mit so viel Hosen macht.
(Berg, Trommel-Verse, Vers Nr. 21)

Neben dem **Doppelsinn** von „Million" – zunächst auf den Geldreichtum Kohns bezogen, dann als Hinweis auf den gigantischen Umsatz des Unternehmens – soll die Schlusszeile wohl implizieren: Was macht dieser Industrielle mit so viel Geld?

In einer älteren Version, einem **Kindermundwitz**, geht es nicht um Hosen, sondern um Hemden.

„Siehst du, mein Kindleben, was Fleiß tut! Gottlieb Berger ist mit einem Hemd hierhergekommen und jetzt hat er eine Million." – „Mame,

mei' Neschome (= Seele), was soll er mit e Million Hemden." (Reitzer, Rebbach, S. 8)

Am anderen Ende der sozialen Leiter gab es viele arme Juden, die ums Überleben kämpften. Manche waren mit hohen Erwartungen aus dem Osten des Habsburgerreiches nach Wien gezogen, fanden sich jedoch in der Reichshaupt- und Residenzstadt nicht zurecht. Sie schlugen sich als Hausierer, Gelegenheitsarbeiter, Schnorrer und Zechpreller durchs Leben – oder spielten als Theaterfiguren im Café Spitzer Klabrias.

Zum Verständnis des folgenden Witzes muss man wissen, dass *nü* so viel wie „na und" bedeutet.

Frau Pollak: *Baron, Sie machen sich keine Vorstellung, was wir haben gegeben gestern für ein Menu* (gesprochen mit u) …
Baron Schönfeld *(höflich korrigierend):* …*nü!*
Frau Pollak: *Wie haißt „nü"? Zuerst gab es Kaviar und Austern, dann Spargel und Hummer, dann Ente mit Orange, zuletzt Fürst-Pückler-Eis … Also ich sage Ihnen, ein Menu* (wieder gesprochen mit u)*!*
Der Baron: …*nü!*
Frau Pollak: *„Nü"?! Ist Ihnen das noch nicht genug?* (Landmann, 1972, S. 171)

◊

Frau von Pollak verbringt Weihnachten auf dem Semmering. Als sie eines Abends mit einem Bekannten eine Partie Schnapsen spielt, gesellt sich ein Kiebitz hinzu, der sie fragt: „Haben Sie Schi (gesprochen Schi) *mitgenommen, Gnädigste?" Frau von Pollak: „No na! Barfuß werd' ich im Schnee herumrennen!"* (sie versteht Schuh) *Hierauf er wieder: „Ich meine, ob Sie Skis* (gesprochen Sk…) *haben?" Frau von Pollak: „Wieso, Sie sehn doch, dass mer schnapsen!"* (sie versteht Skis oder Küs, die höchste Karte im Tarockspiel) *Der Kiebitz gibt noch nicht auf. „Verzeihung, Gnädigste, ich wollte nur wissen, ob Sie Schis haben." Darauf Frau Pollak mit indigniertem Blick: „Schiss? Wovor?"* (Landmann, 1972, S. 173)

Wer diesen **Dreizahlwitz** heute erzählt, muss beim Zuhörer altes Wissen über Kartenspiele voraussetzen oder den Witz erklären.

In den Landmann'schen Sammlungen finden sich auch einige wenige Witze, in denen die Unbildung eines Mannes angeprangert wird.

Korngelb, reich geworden, lässt seinem Sohn Klavierunterricht geben. Vom Nebenzimmer aus hört er zu. Plötzlich kommt er außer sich vor Zorn ins Musikzimmer hineingestürzt und schreit den Klavierlehrer an: Ich hab' Sie engagiert, damit Sie mei' Sohn das Klavierspielen beibringen – und Sie wagen es mit ihm stattdessen Karten zu spielen?" – „Aber wie kommen Sie darauf", fragt der Klavierlehrer erstaunt. „Ich habe ganz deutlich gehört, wie Sie zu meinem Sohn gesagt haben: Jetzt spielst du das As!" (Landmann 1972, S. 161)

◊

Herr und Frau Blau kommen nach Wien und gehen ins Theater. Gespielt wird die Operette „Madame Pompadour". Das Stück hat schon angefangen, als Frau Blau ihren Mann fragt: „Wer war Madame Pompadour?" Herr Blau weiß es auch nicht. Er fragt den Herrn, der neben ihm sitzt. Der gibt zur Antwort: „Eine Rokokokokotte." – „Ich hatte Pech", flüstert Blau seiner Frau zu, „der Herr neben mir stottert." (Landmann, 1988, S. 430–431)

◊

Silberstein, reich geworden, geht zum bekanntesten Modemaler der Stadt, um sich Bilder für seine neue Villa auszusuchen. Vor einem der Gemälde bleibt er stehen. „Was stellt das dar?" – „Die zwölf Söhne Jakobs." – „Hat nicht auch Reichstein von Ihnen ein Bild mit den zwölf Söhnen Jakobs?" – „Ja." – „Für mich malen Sie vierzehn Söhne!" (Landmann, 1972, S. 165–166)

Version 2

Herr Neureich geht zum bekanntesten Modemaler der Stadt. (…) „Die zwölf Apostel." (…) „Für mich malen sie vierzehn Apostel."

Welche Version die ältere ist, lässt sich nicht feststellen. Aus Jakobs Söhnen gehen die Zwölf Stämme Israels hervor, die zwölf Apostel sind von Jesus Christus mit der Verkündigung des Glaubens beauftragt worden.

Während die Graf-Bobby-Witze so gut wie ausgestorben sind, leben **Witze über Neureiche** weiter – Emporkömmlinge gibt es in jeder Gesellschaft.

Lutz Röhrich weist darauf hin, dass derartige Witze häufig in einer Großstadt angesiedelt sind, wo Neureiche eher anzutreffen sind als auf dem Lande. In Berlin werden die dummen Aussagen einem Herrn und einer Frau Raffke in den Mund gelegt, weshalb sie Röhrich mit berlinerischer Dialektfärbung erzählt (Röhrich, S. 229–230).

Raffke wird gefragt: „Kann Ihre Tochter Esperanto?" – „Na klar, wie ne Einjeborene."

◊

Frau Raffke erzählt stolz: „Unsere Wohnung ist voller Tizians." Fragt Frau Neureich: „Könn' Se nich mal 'n Kammerjäger komm'n lassen?"
(vgl. Landmann, 2010, S. 588, mit „Frau Pollak" und „Kokoschka")

Frau Neureich ist ein sogenannter **sprechender Name**, er gibt Auskunft über den Namensträger – wie Nestroys Zwirn, Knieriem und Leim – und tritt im Witz an die Stelle eines konkreten Familiennamens.

Bei einem Aufenthalt in Florenz sagt Herr Neureich zu seiner Gattin: „Heute beim Mittagessen hast du dich wieder schön blamiert. Botticelli ist doch kein Wein, sondern ein Käse!"

◊

Familie Neureich besucht eine Ausstellung und lässt sich von einem Führer durch die Räume begleiten. Gleich beim ersten Bild platzt Frau Neureich voll Freude heraus: „Ah, ein Michelangelo!" – „Nein, meine Dame, das ist ein da Vinci, Leonardo da Vinci!" – „Ach so? Aber hier, dies hier ein Schiele!" – Der Ausstellungsführer geduldig: „Nein, tut mir leid, aber das ist ein Klimt, Gustav Klimt!" – „Ach so? Aber das da ist ein Van Gogh!" Die Antwort kommt mit einem Seufzer: „Nein, leider, das ist ein Rubens, meine Dame, Peter Paul Rubens!" Frau Neureich gibt nicht auf: „Wirklich? Aber das, das muss ein Picasso sein!" – „Nein, meine Dame, das ist, mit Verlaub, ein Spiegel ..."

◊

Frau Neureich hat eine Schiffsreise bei Neckermann gebucht, und dazu gehört natürlich auch das Kapitänsdinner. Frau Neureich steht dabei an der Salatbar und füllt ihren Teller. Da kommt ein Offizier, um ebenfalls Salat zu nehmen. Frau Neureich sieht ihn ganz verzückt an und fragt, wer er sei. Da antwortet der Mann: „Ich bin der 1. Deckoffizier." Darauf Frau Neureich: „Mein Gott, Neckermann denkt wirklich an alles!"

Der recht junge Neureich-Witz – Neckermann bot 1963 erstmals Reisen an – entwickelt eine beachtliche Lachkraft, weil es nicht nur um eine

Missinterpretation der Bezeichnung „Deckoffizier" geht. Bekannte Firmenslogans waren „Besser dran mit Neckermann" und „Neckermann macht's möglich". Im Witz erweckt der Firmenname den Eindruck, als würde „ein Mann" eine Touristin „necken". Es ist also auch ein **Namenwitz**. Wer in diesem Witz „Neckermann" durch „Ruefa" oder „Kuoni" ersetzt, wird nur wenige Lacher ernten.

Die Frau-Pollak-von-Parnegg-Witze werden auch heute noch adaptiert und modernisiert: Hier zunächst ein Witz in einer ursprünglichen Fassung, aufgezeichnet von Salcia Landmann. Es ist ein Witz mit aneinandergereihten **Paronymen**, das sind ähnlich klingende Wörter innerhalb einer Sprache oder eines Dialekts, die oft verwechselt werden. In diesem Witz wird immer das falsche Wort verwendet, das richtige muss vom Zuhörer assoziiert werden (siehe S. 125 f., 195 f.).

Frau von Pollak: *Unsere Älteste heiratet den jungen von Salomon. Wir haben ihr eine Wohnung eingerichtet – das glauben Sie nicht! In einem tod**schickeren** (schicker = betrunken) Haus mit lauter Marmor und Fahrstuhl mit echtem Lift**goj**. Überall echte **Perverser**, auf dem Tisch achtarmige **Kadaver**, die Wände **makkaroni**getäfelt, die Tischtücher reines **Damaszenerlinnen**, das Schlafzimmer im Stil **Louis Quatorze**, dem **Fünfzehnten**, das Spielzimmer im **Vampyr**stil, das Speisezimmer à la **Gebrider-Meyer**, und auf der Steppdecke haben wir die verschlungenen **Genitalien** des Paares einsticken lassen.*
(Landmann, 1988, S. 441–442)

Die modernisierte Variante habe ich im Internet gefunden. Aus dem Frau-Pollak-von-Parnegg-Witz wird ein **Blondinenwitz**. Die Hauptfigur ist eine Neureiche mit Bildungsmanko – wie die Witzefigur in den **Valley-Girl-Witzen** (siehe S. 47 f.).

*Eine Blondine geht an einem Juweliergeschäft vorbei und sieht in der Vitrine ein Diadem mit Smaragden und Amethysten. Sie geht in das Geschäft und sagt: „Guten Tag, sind Sie der **Jubilar**?" Der Inhaber stutzt und antwortet: „Ja, gnädige Frau, ich bin der Juwelier, was kann ich für Sie tun?" – „Sie haben da draußen in der **Latrine** so ein wunderbares **Diadom** liegen, mit **Schmarotzern** und **Atheisten** besetzt. Was soll das bitte kosten?" Der Juwelier schluckt und sagt: „Liebe, gnädige Frau, das kostet fünfundzwanzigtausend Euro." Sie: „Mein Mann hat mir zwar **plein pissoir** gegeben, aber das übersteigt im Moment mein*

*Bidet. Kann ich bitte telefonieren?" – "Aber natürlich, gnädige Frau. Links herum, die Treppe hinauf, dort sehen Sie es schon." „Oh, sind Sie explosiv eingerichtet, diese **Makkaroni**decke und die **Lavendel**treppe, so etwas habe ich in einem Geschäft noch nicht gesehen." Sie telefoniert mit ihrem Mann und kommt zurück: „Das geht dann in Ordnung, mein Mann holt das **Diadom** morgen für mich ab." – „Entschuldigen Sie, aber woran erkenne ich Ihren Mann, gnädige Frau?" – „Gut, dass Sie mich fragen, er kommt in einem **bordell**farbenen Mustang vorgefahren und hat vorne seine **Genitalien** eingraviert."*

In der Schlusspointe mit **Selbstentlarvung** wird angedeutet, dass jener Mann, der das Diadem mit den Smaragden und Amethysten bezahlen wird, ein Bordellbesitzer ist. Ausschlaggebend ist die Assoziationstechnik, der ich später ein eigenes Kapitel widme (siehe S. 192 ff.).

Ein Student bei der Prüfung in Geschichte. „Wie heißt der Franzose, der General war, dann Erster Konsul und später Kaiser?" Der Kandidat denkt angestrengt nach, schüttelt den Kopf und sagt: „Weiß nicht." – „Napoleon Bonaparte!", brüllt der Professor. Der Kandidat steht auf und geht zur Tür. „Halt, wo wollen Sie hin?", ruft der Professor. „Ach so, Verzeihung", murmelt der Kandidat, „ich habe geglaubt, sie wollen schon den nächsten aufrufen." (Hirsch, S. 144)

Aktives Wissen ist ständig und dauerhaft abrufbar, wenn man gefragt wird. „Wie heißt der Franzose, der General war, dann Erster Konsul und später Kaiser?" Mit dieser Frage will der Professor das aktive Wissen des Studenten prüfen. **Passives Wissen** bedeutet, dass man etwas zwar nicht sagen oder erklären kann, wenn man danach gefragt wird, es jedoch erkennt, wenn man es hört. Eigentlich wäre zu erwarten gewesen, dass der Student „Napoleon Bonaparte" als richtige Antwort erkennt, sobald der Name gefallen ist.

Zwei Mütter unterhalten sich. „Mein Sohn wird gemobbt." – „Oh wirklich? Meiner kann sich selbst waschen."

Das ist ein moderner **Flachwitz**, er könnte genauso gut aus dem Repertoire der Frau Pollak von Parnegg stammen.

Von Mittler über Herz-Kestranek zu Slupetzky – Schüttelreime

Schüttelreime sind eine Unterkategorie jener Sprachwitze, bei denen Laute ausgetauscht werden. In den Witzen rund um die Wörter „Schirm", „Scharm" etc. sind es die Vokale im Wortinneren (siehe S. 98, 203 f.), bei den Schüttelreimen die Konsonanten der letzten und der vorletzten Silbe.

Und weil er Geld in Menge hatte, / Lag stets er in der Hängematte.

Dieses Beispiel bringt Sigmund Freud in seinem Buch über den Witz (S. 105). Wir sehen, dass nicht die Schriftform entscheidend ist, es geht um die gesprochene Sprache: „Menge hatte" – „Hängematte". Bei einem Schüttelreim reimt sich also nicht nur der Schluss („hatte" und „Matte"), es reimen sich auch Silben davor („Menge" und „Hänge"), wobei zusätzlich Buchstaben ausgetauscht werden.

Dabei können auch Wörter zerteilt werden. Im Folgenden einige Beispiele aus *Benno Papentrigk's Schüttelreime wie er sie seiner Freundschaft auf den Ostertisch zu legen pflegte*, erschienen 1939:

Bello die Wurst vom Teller schnappt; / Der Bösewicht wird schnell ertappt.

◊

Nackt tanzen auf dem Rasen Nymphen, / die Neider ihre Nasen rümpfen.

◊

Der Juchzer von den Höhn erschallt / Des Jägers Jagdhorn schöner hallt.

Schüttelreime sind im deutschen Sprachraum seit dem 13. Jahrhundert eine bekannte Gedichtform. So richtig popularisiert wurden sie 1882 in Berlin vom Juxclub „Allgemeiner Deutscher Reimverein", ein Vordenker war der Ingenieur und Schriftsteller Heinrich Seidel (1842–1906). Es galt als große Kunst, lange Texte in Schüttelreimen zu verfassen, sogar ganze Bücher wurden in Schüttelreimform herausgegeben, zum Beispiel Versionen von Goethes *Faust*. Später waren Schüttelreime vor allem witzige Zweizeiler.

Für Freud sind Schüttelreime „die harmlosesten aller Witze" (Freud, S. 105). Ihre Technik sei „die **mehrfache Verwendung desselben Materials** mit einer ganz eigenartigen **Modifikation**".

Schüttelreime haben also keine jüdischen Wurzeln, aber das Schütteln wurde von Juden besonders gepflegt, erinnert es doch frappierend an eine Methode zur Exegese der heiligen Schriften der Juden. Darauf werde ich später zurückkommen (siehe S. 98 ff.).

Die vielleicht berühmteste Sammlung von Schüttelreimen ist jene von Felix Mittler, er war Pianist bei den Vorträgen von Karl Kraus. Friedrich Torberg hat diese gesammelten Schüttelreime von allhöchster Qualität herausgegeben.

Du glaubst, dir ist die Lotte treu? / Das ist die ärgste Trottelei.
◊
Nur Kindern droht der Spuk des Erlkönigs / Erwachsenen tut dieser Kerl eh nix.
◊
Was einstmals war des Ghettos Brut, / Verdient heut' an Librettos gut.

Ein Kapitel des Buches ist mit dem Titel *Leicht dialektgefärbt* versehen.

Nur wegen dieser schiachen Katz / Vergriff er sich am Kirchenschatz.
◊
Was ist's mit dir, du stierer Hund? / Auf dich wart' ich schon hier a Stund!
◊
Mein Lieber, ohne Dritten sama / Zu wenig für ein Sittendrama.

Die „leichte Dialektfärbung" trägt dazu bei, dass Schüttelreime möglich werden, die in der Standardsprache nicht funktionieren würden: „schiachen" (= hässlichen) und „Kiachn", „stiera" (= sturer) und „hier a" (= hier eine), „sama" (= sind wir) und „Drama".

Große Anerkennung und Bewunderung unter den Schüttelreimen genießen die Vierzeiler.

Macht man denn aus Kalk die Terzen?! / Nein, man macht aus Talg die Kerzen. / Also heißt's kerziärer Talg? / Nein, mein Kind: tertiärer Kalk!

In dem Sketch *Urlaubssorgen* spielt Karl Farkas in gereimter Form auf ein politisches Ereignis aus den 1920er Jahren an.

Und in Frankfurt ward mir auf ein Haar / Der Unterschied zwischen Wienern und Frankfurtern klar. / Denn die Frankfurter werden mit **Senf garniert** */ Und die Wiener, die werden in* **Genf saniert***.*

Dieser Schüttelreim hatte damals einen aktuellen Bezug. Im Jahr 1922 übernahmen mit der „Genfer Anleihe" einzelne Völkerbundstaaten Garantien für österreichische Auslandskredite, um einen Kollaps des Staatshaushalts und der Wirtschaft zu verhindern. Diese Anleihe war mit scharfen Auflagen verbunden, wogegen die Opposition begreiflicherweise polemisierte.

Wer einmal schüttelt, der schüttelt immer. Das folgende Beispiel stammt aus einer **Doppelconférence** vom 30. Juni 1970, zu der Karl Farkas seinen kabarettistischen Konkurrenten Gerhard Bronner eingeladen hatte. Farkas nennt seinen Schüttelreim *Song im Iglu*.

Der Eskimo hat fahle Wangen, / Wie gerne möchte er Wale fangen. / Seit Wochen gab's – zum Weinen – Aal, / Doch endlich sieht er einen Wal. / Der Eskimo führt leicht das Ruder, / Doch nimmer er erreicht das Luder. / Das schwimmt um die polarsche Eckn / Und denkt: Kannst mich am …

Schüttelreime sind also besonders schräge Reime, und schräge Reime sind auch dann witzig, wenn nicht geschüttelt wird.

Der folgende Dialog aus einer Kabarettnummer der Zwischenkriegszeit wurde von Karl Farkas und Franz Engel dargeboten. Farkas gab vor, ein Blitzdichter zu sein. Man müsse ihm nur ein Stichwort zurufen, und schon könne er aus dem Stegreif einen Reim daraus machen. Dass die Zurufe spontan aus dem Publikum kamen, ist eine Legende, worauf Gerhard Bronner in Interviews später hingewiesen hat. Entweder saß ein zuvor ausgewählter Zurufer versteckt im Publikum oder der Stichwortgeber war ein Schauspielerkollege auf der Bühne. In beiden Fällen war vorher ausgemacht, wie die Stichwörter lauteten.

ENGEL: *Machen Sie einen Reim auf folgenden Satz: „Wenn der Feber vorbei ist, dann märzelts."*
FARKAS: *I kannt' eine Maid voll raffinierter Finessen. / Sie ist bei einem Frühlingsfest im Likörzelt gesessen. / Und da sprach sie im Innersten des Likörzelts: / Wenn der Feber vorbei ist, dann märzelts.* (Karl Farkas, Franz Engel: Dichterschlacht am Mikrofon)

Karlheinz Hackl und Heinz Marecek feierten große Erfolge mit einer Wiederauflage der legendären **Doppelconférencen** von Fritz Grünbaum und Karl Farkas aus den 1920er und 1930er Jahren. Sie brachten in dem Programm *Was lachen Sie?* schräg gereimte Spontangedichte und noch schrägere Schüttelreime.

> LEUBUSCH: *Was ist der Lieblingswunsch Ihres Sohnes?*
> STRANSKY: *A braunes Lederjackl.*
> LEUBUSCH *(schüttelt): Heutzutag will jeder Lackl / Schon ein braunes Lederjackl.* (Marecek, S. 44)

Nach einer Lernphase gelingt auch Stransky, dargestellt von Karlheinz Hackl, ein guter Schüttelreim …

> STRANSKY: *Man verdient, wenn man Arzt in Prein an der Rax is' / Ein paar Hunderttausend, rein an der Praxis.* (Marecek, S. 45)

… und er kann in der Folge vom Schütteln nicht mehr lassen:

> STRANSKY: *Man darf sich ja unter den Pöbel mischen / Aber sollte nie unter die Möbel …*

Der bedeutendste Schüttelreimer der Gegenwart, und auch Sammler von Schüttelreimen, ist zweifellos Miguel Herz-Kestranek.

Sein Buch *Mir zugeschüttelt*, erschienen bei Christian Bandstätter, enthält ein umfangreiches Kapitel, das mit *Erotisches* überschrieben ist, und ein weiteres mit *Mehr Erotisches bis Pornografisches*. „Jaaa, ich weiß, der Leser, der nicht ins Inhaltsverzeichnis geschaut und nicht sofort hierher geblättert hat, ist nun eeendlich bei den beiden Kapiteln angelangt, deretwegen solche Bücher in Wahrheit gekauft werden", schreibt Herz-Kestranek in der Einleitung. Dies wisse er „von einem Buchhändler, der sich auskennt". Nun gilt aber wirklich die verkaufsfördernde Warnung: „Nix für Kinder!" Auf Popmusik-CDs steht heute in solchen Fällen: „Parental Advisory. Explicit Content".

> *Die Nacht lang spielt der Witzler Karten, / ich muss mit prallem Kitzler warten.*
>
> ◊
>
> *„Was hast du so a Wut, Fee?" / „Mir tut heut so die Fut weh!"*

Lewinsky sagt: „Dreh's Licht weg, / wenn ich an deinem Wicht leck'!"

Das sei in den Abhörprotokollen der CIA zu lesen gewesen, ergänzt Herz-Kestranek, in denen die Gespräche zwischen Bill Clinton und Monica Lewinsky aufgezeichnet worden waren.

Eine ganze CD mit Schüttelreimliedern brachte Stefan Slupetzky mit seinem *Trio Lepschi* unter dem Titel *Warz und Schweiß* heraus. Die komplexen Geschichten mit vielen Strophen sind zum Teil im Wiener Dialekt gehalten.

Vüü gscheida, ois a Heisl z baun / is, si auf d Nocht ins Beisl z haun, / wäu, wear am ochtn Kriagl ziagt, / gaunz von allaa an Ziagl kriagt ...

In diesem Fall muss man wissen, dass im Wienerischen ein halber Liter Bier ein „Krügel" ist und der Rausch auch „Ziegel" genannt wird.

In dem Lied *Saunamassaker* wird nicht dialektal, sondern standardsprachlich geschüttelt.

Am Anfang saßen sie mit blassen Nasen, / die Füße suchten auf dem Boden Halt. / Doch bald schon stöhnten sie mit nassen Blasen, / der Schweiß, er tropfte von den Hoden bald ...

Für das Lied *Fernsehkoch*, das in französisierendem Tonfall vorgetragen wird, rezitiert Slupetzky lange Zutatenlisten. Herausgekommen sind dabei kulinarische Köstlichkeiten wie ...

... ein Hirschenkalb, zwei Kirschen halb, / ein Kalberlschwanz, zwei Schwalberl ganz.

Das Menü kulminiert in dem Sinnspruch:

Merke: Ist das Fleischerl bockig, / wird auch meist das Beischerl flockig! / Darum gehört auch das Kalb gehackt, / Gut faschiert ist halb gekackt!

In dem Booklet zur CD erläutert Slupetzky, wie das Erfinden von Schüttelreimen abläuft: „Die Manie des Schüttelreimens lässt den Reimenden fortwährend in die Sumpflöcher des Unkorrekten und Obszönen stürzen ... Ohne eine Chance auf Linderung müssen wir jedes Wort so lange schnetzeln und pürieren, bis etwas Schlüpfriges, Brutales oder wenigstens Verschrobenes dabei herauskommt."

Während bei den Witzen mit sexuellen Themen die Frauen längst die Herrschaft übernommen haben, sind die Schüttelreime noch immer eine Domäne der Männer.

Die Produzenten und Konsumenten von Schüttelreimen diskutieren auch gerne darüber, welcher Schüttelreim der kürzeste ist. Hier einige Kandidaten, die Hans Weigel genannt hat:

Du bist / Buddhist! ◊ *Ick war / Vikar* ◊ *Wo bist / Bovist?*
(Weigel, 1963, S. 29)

Dumme Feststellungen werden gespiegelt – No-na-Witze

Jeder kennt sie, sie sind zeitlos. Ganz alte No-Na-Witze habe ich bei Heinrich Eisenbach gefunden. Seine Witzesammlungen erschienen 1905 und 1906. Die Pointe wurde damals noch mit „Nü na" und mit „Nu na" eingeleitet:

> In einer galizischen Provinzstadt kommt ein Reisender ins Hotel. Wie er das unreine Zimmer sieht, fragt er den Hotelier: „Haben Sie do of die Wänd Wanzen?" Drauf sagt der Hotelier: „Nü na, e Tizian wer' ich Ihnen hinhängen." (Eisenbach, VII, S. 12)
>
> ◊
>
> In einem Kaffeehaus steht am Anstandsort die Aufschrift: „Juden hinaus!" Der Kohn schreibt darunter: „Nu na, **do** wer ma bleiben!" (Eisenbach, VII, S. 13)

Ein Kennzeichen für die Talmud-Debatte ist laut Salcia Landmann die klärende e-contrario-Frage. Juristen sprechen von einem *argumentum e contrario,* einem Umkehrschluss oder Gegenschluss, der zur Auslegung von Gesetzen dient. „Hunde ohne Maulkorb haben keinen Zutritt!" Dies bedeutet, dass Hunde mit Maulkorb mitgenommen werden dürfen. Die No-na-Witze sind laut Landmann eine dem Talmud bereits entfremdete Form würden aber mit gutem Grund als jüdisch empfunden werden. (Landmann, 2010, S. 47)

Außerdem sieht sie einen Zusammenhang mit der **phänomenologischen Reduktion** Edmund Husserls – sie wird auch **eidetische Reduktion** genannt. Laut Husserl ist das Bewusstsein immer auf einen Inhalt beziehungsweise ein Objekt gerichtet, wobei unter Objekt auch ein komplexes inneres Erlebnis wie Liebe, Angst etc. verstanden werden kann. Wenn man zum Wesen eines Objekts vordringen will, dann müsse man das Gemeinsame, das Gleichbleibende, das Notwendige erkennen und alles andere ausblenden. Das Gemeinsame der Objekte „Auto" sind „vier Räder" und „ein Motor", nicht Attribute wie „verschmutzt", „mit Metallic-Lackierung" oder „teuer".

Lutz Röhrich bezeichnet die No-na-Witze als typisch wienerisch: „Mit den stehenden Figuren Graf Bobby und Frau Pollak erschöpft sich (...) der Wiener Witz nicht. Es gibt zum Beispiel noch eine andere Kategorie von Wiener Geschichten. Es sind die sogenannten No-na-Witze, in denen die witzige Replik mit einer stereotypen sprachlichen

Formel, eben einem wienerisch-raunzigen ‚No-na!' eingeleitet wird."
(Röhrich, S. 248)

Die No-na-Witze sind aber nur insoweit wienerisch, als sie im jüdischen Milieu Wiens besonders kultiviert wurden.

Die Bauart dieser Witze ist immer gleich: Die einleitende Frage oder Feststellung ist unlogisch, unnötig oder sonstwie provozierend. Eigentlich müsste die Reaktion lauten: „Frag nicht so dumm!" Geantwortet wird aber mit einem Gedanken, der die vorherige Aussage ad absurdum führt.

Im Restaurant bestellt der Gast eine Kalbsbrust. „Mit Salat?", fragt der Kellner. „No na, mit Büstenhalter!" (Landmann, 1988, S. 218; 2007, S. 93)

In diesem Witz besteht das entscheidende Merkmal des Objekts darin, dass es dazu dient, den Inhalt eindrucksvoll zu präsentieren. Die Vorstellung, dass ein Koch seine kulinarische Kreation mit einem BH auf dem Teller serviert, ist die durch Unsinn geprägte Pointe. Aber nicht alle No-na-Witze funktionieren nach diesem Muster, und nicht alle sind **Unsinnswitze**.

Beim Kartenspiel. „Moische, du schaust mir in die Karten!" – „No na, hasardieren werd' ich." (Landmann, 1988, S. 219; 2007, S. 94)

In diesem Fall ist der einleitende Satz ein berechtigter Vorwurf, und Moisches überraschende Antwort ist nicht unsinnig. In seiner Verteidigungsrede leugnet er gar nicht. Zu erwarten wäre, dass er sagt: „Ich schau' dir doch gar nicht in die Karten!" oder „Halt die Karten zurück, sonst sehe ich zwangsläufig dein Blatt!" Moische aber nennt sogleich das Motiv für sein Verhalten: „Warum soll ich nicht in dein Blatt schauen? Dadurch erhalte ich zusätzliche Informationen, wie ich spielen soll." Witze mit einem einleitenden „No na" können auch mit einer Aussage enden, die man als Chuzpe bezeichnen kann.

Die No-na-Witze sind vermutlich deshalb zeitlos, weil jeder von uns im täglichen Leben immer wieder mit Aussagen konfrontiert wird, die ein „No na" rechtfertigen würden. Aus sprachwissenschaftlicher Sicht ist dieses „No na" ein **Diskursmarker**: Er lässt den Zuhörer des Witzes aufhorchen, er wird neugierig, wartet auf eine unsinnige Feststellung. Wird bei einem No-na-Witz der Diskursmarker weggelassen, kommt das Gefühl auf: Hoppla, da fehlt doch was!

Ich zitiere in der Folge aus Hellmuth Karaseks Buch *Soll das ein Witz sein?*

Ein Zug setzt sich langsam in Bewegung. Sagt ein Passagier zu dem ihm gegenübersitzenden Juden: „Scheint's fahren wir schon." „Die Häuser werden sie für uns vorbeitragen", sagt der andere. (Karasek, S. 90)

Da fehlt das „No na", und das ist eine Katastrophe. Dabei will Karasek offensichtlich zeigen, dass Witze mit derartiger Technik jüdischen Ursprungs sind. Der Witz impliziert aber auch, dass ein Jude auf die beiläufige Bemerkung eines Goj mit hämischer Schärfe reagiert. Die Version von Salcia Landmann vermeidet diese negative Wirkung:

Zwei Reisende sitzen im Abteil. Der Zug setzt sich in Bewegung. Der eine: „Mir scheint, wir fahren schon." Der andere: „No na, die Fassaden wird man an uns vorbeiziehen!" (Landmann, 2007, S. 95)

Manche No-na-Witze haben die Judenverfolgung durch die Nazis als Hintergrund.

Hält ein Gestapobeamter einen Mann auf der Straße an, zeigt auf den Judenstern und fragt: „Jude, was?" Drauf der andere: „No na, Sheriff."

Der Judenstern und der Sheriffstern haben mehrere gemeinsame Merkmale: Sie sind mehrzackig und werden sichtbar am Gewand getragen. Selbst die Farbe ist ähnlich: Der Judenstern ist gelb, der Sheriffstern ist meist goldfarben.

Mit dem Satz „No na, Sheriff." wird dieser Zusammenhang zwischen den beiden Zeichen genial auf den Punkt gebracht. Gleichzeitig ist die Antwort ein Triumph des Unterdrückten über seinen Unterdrücker – ihr habt die Macht, aber wir haben den Witz!

Sigmund Freud bezeichnet in seiner Witzeanalyse Gemeinsamkeiten verschiedener Dinge als **Unifizierung**. Aber neben dem Gemeinsamen muss auch Unterschiedliches hinzukommen, damit ein **Kontrast** entsteht. Während der Sheriffstern Ausdruck einer staatlichen Macht ist und den Träger gegenüber den anderen Menschen emporhebt, leistet der Judenstern das genaue Gegenteil: Der Träger wird zum „Untermenschen", wie es die Nazis in ihrer antisemitischen und rassistischen Diktion formulierten.

*Kohn kommt auf den Bahnsteig gerannt und sieht nur noch die Rücklichter des abfahrenden Zuges. Der Bahnhofsvorstand: „**Na?** Zug verpasst?" – „No na, verscheucht werd' ich ihn haben!"*

Man muss annehmen, dass der Bahnhofsvorstand ein Nazi ist, er will Kohn mit einer provozierenden und hämischen Frage, eingeleitet mit einem „Na?", demütigen. Auch in diesem Fall kann der Jude durch die No-na-Antwort für einen Augenblick über den Beamten triumphieren: „Wie absurd! Ihr scheint uns Juden sogar zuzutrauen, dass wir einen Zug verscheuchen!"

Salcia Landmann bringt in diesem Fall eine irritierende Version. In ihrer Fassung wird ein „teilnahmsvoller" Bahnvorstand von einem Juden arrogant zurechtgewiesen.

*Schmul stürzt auf den Bahnhof, sieht aber nur noch die Schlusslichter des abfahrenden Zuges. **Teilnahmsvoll** erkundigt sich der Bahnvorstand: „Haben Sie den Zug versäumt?" Schmul: „No na, verscheucht hab' ich ihn."* (Landmann, 2007, S. 94)

Hellmuth Karasek macht aus dem klassischen Zwei-Personen-Dialog eine Geschichte mit drei Personen. Das jüdische Milieu ist nicht mehr erkennbar, auch in diesem Fall fehlt das „No na". Dabei soll dieser Witz doch den jüdischen Humor illustrieren – die Fähigkeit, selbst über die Häme der Antisemiten Witze zu machen.

Ein Reisender sieht einen anderen auf den Bahnsteig stürzen, atemlos schaut der den Schlusslichtern des abfahrenden Zuges hinterher. Fragt ein anderer Mann auf dem Bahnsteig: „Haben Sie den Zug verpasst?" Antwortet der: „Verscheucht werd' ich ihn haben!" (Karasek, S. 90)

Sigmund Freud erwähnt No-na-Witze mit keinem Wort. Aber er beschreibt einen Typus, der den No-na-Witzen nahekommt. In seinen Beispielen geht es nicht um eine dumme Frage, die ad absurdum geführt wird, sondern um eine dumme Verhaltensweise, eine dumme Einstellung etc.

Itzig ist zur Artillerie assentiert worden. Er ist offenbar ein intelligenter Bursche, aber ungefügig und ohne Interesse für den Dienst. Einer seiner Vorgesetzten, der ihm wohlgesinnt ist, nimmt ihn beiseite und

sagt ihm: „Itzig, du taugst nicht zu uns. Ich will dir einen Rat geben.
Kauf dir eine Kanon' und mach dich selbständig!" (Freud, S. 71–72)

Der Offizier hätte laut Freud sagen können: „Itzig, ich weiß, du bist ein intelligenter Geschäftsmann. Aber ich sage dir, es ist eine große Dummheit, wenn du nicht einsiehst, dass es beim Militär unmöglich so zugehen kann wie im Geschäftsleben, wo jeder auf eigene Faust und gegen den anderen arbeitet. Beim Militär heißt es sich unterordnen und zusammenwirken."
Freud spricht in diesem Fall von einem **Unsinnswitz**. Es werde in der Pointe des Witzes etwas Dummes, Unsinniges vorgebracht, um zu veranschaulichen, dass das zuvor Gesagte ebenfalls dumm und unsinnig war. Freuds Definition wird durch das folgende Beispiel noch deutlicher:

Ein Mann, der verreisen muss, vertraut seine Tochter einem Freunde an mit der Bitte, während seiner Abwesenheit über ihre Tugend zu wachen. Er kommt nach Monaten zurück und findet sie geschwängert. Natürlich macht er dem Freund Vorwürfe. Der kann sich den Unglücksfall angeblich nicht erklären. „Wo hat sie denn geschlafen", fragt endlich der Vater. „Im Zimmer mit meinem Sohn." „Aber wie kannst du sie im selben Zimmer mit deinem Sohn schlafen lassen, nachdem ich dich so gebeten habe, sie zu behüten?" – „Es war doch eine spanische Wand zwischen ihnen. Da war das Bett von deiner Tochter, da das Bett von meinem Sohn und dazwischen die spanische Wand." – „Und wenn er um die spanische Wand herumgegangen ist?" – „Außer das", meint der andere nachdenklich. „So wäre es möglich." (Freud, S. 73; vgl. Landmann, 2010, S. 489)

Eine **Reduktion** des Witzes aus der Sicht des Freundes könnte so lauten: „Wie kannst du denn so dumm sein, deine Tochter in ein Haus zu geben, in dem sie in der beständigen Gesellschaft eines jungen Mannes leben muss? Als ob es einem Fremden möglich wäre, unter solchen Umständen für die Tugend eines Mädchens einzustehen!" Die scheinbare Dummheit des Freundes ist also nur die Spiegelung der Dummheit des Vaters.

Die Mutter aller Sprachwitze – *Die Klabriaspartie*

Der Schriftsteller und Journalist Jacques Hannak schrieb am 1. Jänner 1931 in der *Arbeiter Zeitung*: „(...) So erstaunlich es nun klingt, es ist doch wahr: Als die Mutter aller jüdischen Witze von Wien bis Neutitschein und von Budapest bis Boskowitz gilt: ‚Die Klabriaspartie'. Sie enthält im Urkeim alles, worauf dann fünfzig Jahre jüdische Theaterkomik weitergebaut hat. Was heutzutage an jüdischen Witzen erzählt wird, war irgendwie schon in der ‚Klabriaspartie' da, und wenn der Witzblattleser oder der Operettenbesucher die Witzefabrikation von heute mit den Worten charakterisiert: ‚Gott, wie alt!', so hat man fast immer recht: fünfzig Jahre alt, aus der Klabriaspartie ..." Kann man Hannaks Aussage auch so verstehen, dass *Die Klabriaspartie* die Mutter der Sprachwitze ist?

Als Verfasser der *Klabriaspartie* gilt Adolf Bergmann, der dieses Stück am 8. November 1890 in einer Vorstellung des Budapester Orpheums in Wien uraufführte – Hannak hat sich also hinsichtlich des Jubiläums um ein Jahrzehnt geirrt. Bergmanns Name ist als Autor auf dem Textbüchlein zu finden, das in vielen Auflagen herauskam. Das Stück ist eine Übersetzung und freie Bearbeitung eines gleichnamigen Einakters (Originaltitel: *A kalábriász parti*) des ungarischen Autors und Varietédirektors Antal Orozzi, auch Oroszi genannt, Pseudonym Caprice. Die Uraufführung der ungarischen Originalfassung fand 1889 im jüdischen Unterhaltungstheater Folies Caprice in Budapest statt. Adolf Bergmann fügte dem Stück eigene Dialoge hinzu, übersetzte es in eine wienerisch-jüdische Jargonsprache und verlegte die Handlung vom fiktiven Budapester Café Abeles ins ebenso fiktive Wiener Café Spitzer.

Damals steckten Witze mit prononcierten Pointen, wie wir sie kennen, noch in den Kinderschuhen. *Die Klabriaspartie* stand am Beginn unserer Witzekultur.

In Kuno Fischers Buch *Über den Witz*, dessen letzte Fassung aus dem Jahr 1889 stammt, gibt es nur Aphorismen und Anekdoten. Sigmund Freud analysierte in seinem 1905 erschienenen Buch zahlreiche Aphorismen und einige wenige Witze, die in Dialogform verfasst waren. **Situationswitze** sind bei Freud noch nicht zu finden (vgl. Hirsch, S. 115). Um 1900 erschienen zunächst in Preßburg und dann in Wien kleine Bücher mit „Lozelech", „Maisses", „Schmonzes" und „Schmüs" – das waren jüdische Umschreibungen für witzige Äußerungen. Im Nachsatz hieß es: „... für ünsere Leut". Es waren also Publikationen „von Juden und für Juden". Am Cover fand sich der Hinweis „gesammelt und bearbeitet von Avrom Reitzer". Die „Lozelech" – oder wie immer man sie nennen mag – waren Nachfahren der jüdischen Schwänke und zeichneten sich durch eine präzise Milieuschilderung aus. Dass die kurze und eher belanglose Geschichte mit einer Pointe endet, wurde nicht immer als notwendig erachtet. Erst der spätere klassische Witz hat die Zielsetzung, den Zuhörer oder Leser durch einen unerwarteten Ausgang zum Lachen zu bringen.

Klabrias ist eine Verballhornung von Klaberjassen, einem Kartenspiel, das von Juden in Flandern erfunden wurde und heute noch ein Nationalspiel in den Niederlanden ist. In der Habsburgermonarchie wurde Klabrias vor allem in Ungarn und in Österreich gespielt. Da in der Schoah viele Spieler ermordet wurden, ist es bei uns so gut wie ausgestorben. Allerdings ist das Kartenspiel durch die Emigration auch nach England und in die USA gelangt, wo es von den nachfolgenden Generationen noch gespielt wird.

Der Einakter *Die Klabriaspartie* wurde von 1890 bis 1925 in verschiedenen Theatern der Leopoldstadt, in Budapest und Berlin rund fünftausend Mal gespielt, Schauspieler wie Hans Moser, Armin Berg und Sigi Hofer verdienten sich dort ihre ersten Sporen. Die Berliner Version der Posse wurde sogar verfilmt. In den humoristischen Zeitschriften Wiens erschienen Parodien, der Librettist Julius Bauer transponierte das Stück in die Welt der Klassik, ließ in einer privaten Aufführung Nathan, Shylock und Uriel im Kaffeehaus versammeln – und wurde deswegen von Karl Kraus heftig kritisiert. (Kraus, Die Fackel, 29, 1900, S. 14)

Die minimale Handlung ist schnell erzählt: Ein böhmischer Kartenspieler, der angibt, dass er normalerweise im Café Sedlaček Tarock spielt, dringt mit großspurigen Sprüchen in die Welt der jüdischen Kaffeehausspieler ein und behauptet, dass er deren Spiel, nämlich Klabrias, gut beherrsche. Im ersten Spiel hat er unglaubliches Anfängerglück, im zweiten entpuppt er sich als dilettierender Laie. Das Stück besteht hauptsächlich aus den wechselweisen Hänseleien der Spieler. Die aus dem Osten des Reiches zugewanderten Juden sind arbeitslos und fristen als Gelegenheitsdiebe, Schnorrer und Zechpreller ihr Dasein. Der Kellner Moritz, ein assimilierter Wiener Jude, verachtet die Ostjuden und hänselt sie. Erst am Schluss, als die Ehefrau eines Spielers auftritt, kommt Dynamik in die Handlung. Sie ist eine orthodoxe Jüdin, was daraus hervorgeht, dass sie eine Perücke trägt, prangert die Spielleidenschaft ihres Mannes an und ohrfeigt ihn. Dies scheint auch eine Rache für die frauenfeindlichen Witze zu sein, die permanent über sie gemacht werden. Am Ende kommt es zum Streit unter zwei Spielern, der eine droht dem anderen, ihn vor den Kadi zu zerren, weil ihn dieser als „roten Ganeff" bezeichnet hatte. Aber es ist klar, am nächsten Tag werden sie wieder im Café Spitzer beisammensitzen, denn, so das Schlusscouplet, „das Klabrias, das Klabrias, das ist doch ein Vergnügen" – vermutlich ist es ihr einziges.

Die Auftritte der Budapester Orpheumgesellschaft mit kurzen Sketches und Liedern lockten wegen ihres Jargons und ihrer Witze mit sexuellen Zweideutigkeiten viele Besucher an, wurden aber vom jüdischen Großbürgertum sowie von kommunistischen Zeitungen wie der *Jüdischen Volksstimme* abgelehnt. In einem Beitrag zum 2013 erschienenen Ausstellungskatalog *Alle meschugge? Jüdischer Witz und Humor* fasst Markus G. Patka diese Vorbehalte so zusammen: Die bürgerlichen jüdischen Kreise lehnten die Darbietungen der „Budapester" radikal ab, „da sie jenen als ‚verunstaltetes Deutsch' und die derben Witze mit ihrer drastischen Darstellung als zutiefst geschmacklos empfanden". (Patka, S. 89)

Zwei Juden gehen in ein koscheres Restaurant. (…) Wie der Kellner die Suppe auf den Tisch stellt, sagt der eine: „Geb'n Se ma Salz!" Drauf greift der Kellner in die Hosentasche, nimmt eine Handvoll Salz heraus und streut sie in die Suppe. Da sagt der Gast zum Kellner: „E schenes Salzfassl ham se, ich will Pfeffer auch." Da greift der Kellner in die andere Hosentasche, nimmt Pfeffer heraus, streut ihn ebenfalls in die Suppe. Da sagt der andere: „Bitt' dich um Gottes Willen, verlang nur kan Senf von ihm." (Eisenbach, XX, S. 11–12)

Obwohl *Die Klabriaspartie* ursprünglich „von Juden für Juden" konzipiert war, fand das Stück bald auch allgemeinen Zustrom – und das zu einer Zeit, als der aggressive Antisemitismus unter Bürgermeister Karl Lueger immer bedrohlichere Ausmaße annahm. Viele sahen daher in den Dialogen eine fragwürdige Selbstverspottung der Juden und meinten, dass damit der Antisemitismus gerechtfertigt, wenn nicht gar gefördert werde. Nicht vergessen werden sollte in diesem Zusammenhang, dass das damals reichhaltige Angebot an Populärkultur in der

Leopoldstadt für viele Juden aus dem Osten eine geeignete Erwerbsquelle war: als Volksschauspieler, Coupletsänger, Artisten etc. Den Befürwortern der Orpheumgesellschaft gefiel, dass die Figuren authentisch waren und dass das Milieu der jüdischen Einwanderer, zum Beispiel aus Galizien, getreu nachgezeichnet wurde. Die Orpheumgesellschaft sei „das einzige reelle Theatervergnügen, das Wien nach Girardi heute zu bieten hat", schrieb Karl Kraus. „Es gibt kein Theater in Wien, dessen Leistung – von Girardis Einzigkeit abgesehen – an das wahre Theatervergnügen auch nur hinanreicht, das die Herren (Heinrich) Eisenbach und (Max) Rott gewähren. Von den Chargenkünsten der Unbekannten dieses Ensembles könnte ein Dutzend Reinhardts seinen Ruhm bestreiten." Kraus bezeichnete die Budapester Orpheumgesellschaft als „das beste Wiener Ensemble", und dabei habe dieses nicht eine geräumige Spielstätte wie das Burgtheater, sondern einen rauchigen und wenig geräumigen Hotelsaal als Veranstaltungsort (Kraus, Die Fackel, 341, 1912, S. 8). Das Lob war ernst gemeint. Vielleicht sah Kraus in den „Budapestern" eine Art Fortsetzung der Wiener Vorstadtbühnen, deren Untergang er stets bedauert hatte. Außerdem war Eisenbach ein großartiger Schauspieler, Karl Kraus wird ihn schon allein deswegen geschätzt haben. Für das ostjüdische Milieu hatte Kraus Verständnis, es war ihm – theoretisch – lieber als das der assimilierten und halbassimilierten Wiener Juden. De facto hatte er wohl nie mit echten Ostjuden Kontakt.

Kraus und Eisenbach hatten im Übrigen auch ähnliche Anschauungen, indem sie die Kriegshetze verurteilten. Eisenbach verließ die Budapester Orpheumgesellschaft, als die dortige neue Führung patriotische bis kriegsverherrlichende Vorträge im Programm haben wollte. Noch während des Ersten Weltkriegs verkörperte er eine Rolle in dem Stummfilm *Das Nachtlager von Mischli-Mischloch*, produziert ausgerechnet von Alexander Graf Kolowrats Produktionsfirma Sascha-Film. Eisenbach spielte in der Kriegssatire den Regisseur Koberl, genannt der „Bombenwerfer", an seiner Seite agierten die späteren Kinostars Paul Morgan und Magda Sonja. Graf Kolowrat war für Karl Kraus ein Feindbild, weil dieser 1915 die Filmexpositur des k. u. k. Kriegspressequartiers übernommen und in den ersten Kriegsjahren auch Propagandafilme produziert hatte.

Zu Eisenbachs Bewunderern zählten Alfred Polgar, Anton Kuh und Felix Salten. Letzterer veröffentliche nach Eisenbachs Tod im Jahr 1923 einen hymnischen Nachruf.

In Wien war der Einfluss des Wienerischen auf das sogenannte „Jüdeln" sehr groß, auf das Sprechen mit jüdisch gefärbtem Deutsch. Genauso übrigens auch auf das „Böhmakeln", das Sprechen mit auffallendem tschechischem Akzent. Deshalb ist *Die Klabriaspartie* mit ihren Dialogen zwischen mehreren jüdischen Klabriasspielern und einem einzelnen böhmischen Tarockspieler auch eine Art Lehrstück für diese Technik der Sprachwitze.

JANITSCHECK: *Moritz, bringen Sie mir eine Schocklad'!*
MORITZ: *Warum, Sie ham mit Ihnare Laad* (Leiden) *zu wenig?*
JANITSCHECK: *Ja, sagen Sie, können Sie nit Deutsch?*
MORITZ: *Vun Ihna wer' ich Daitsch lernen.*
(Bergmann, S. 23)

◊

DOWIDL: *Herr Janitscheck, erlauben Se, dass ich bei Ihnen kiebitzen kann?*
JANITSCHECK: *Bei mir können S' kripitzen* (= rülpsen, eigentlich grebezzn), *so lang Sie wull'n.*
(Bergmann, S. 29)

◊

JANITSCHECK *(zieht seinen Rock aus):* Sie, heben S' mein' Rock auf!
(Gibt ihn Moritz)
MORITZ *(lässt ihn fallen)*
JANITSCHECK: *Sie, was machen S' denn da?*
MORITZ: *Sie ham doch gesagt, ich soll Ihna Rock aufheben, muss ich ihm doch ehnder fallen lassen.*
(Bergmann, S. 23)

Seine Wirkung erzielt dieser Witz nicht nur aus dem **Doppelsinn** von „aufheben", sondern auch aus der Situationskomik. Man stelle sich vor, wie „der Behm" Janitscheck dreinschaut, wenn der Kellner Moritz den Mantel fallen lässt; und wie hämisch der Kellner grinst, wenn er die Erklärung für sein Verhalten nachliefert: Er müsse den Mantel doch zuerst fallen lassen, ehe er ihn aufheben könne. Der Witz hat also eine sprachliche Komponente, aber er ist auch ein **Situationswitz**.

Hannak stellt die rhetorische Frage, was „dieser Aneinanderreihung an sich zusammenhangloser Witze" die innere Einheit gibt. „Es ist die großartige Selbstverhöhnung einer zwischen die Mahlsteine der gesellschaftlichen Entwicklung geratenen, dem Tode geweihte Schichte von Menschen, die wir in unserer Kindheit in den mährischen und slowakischen Dörfern noch in geschlossenen Judensiedlungen antreffen konnten, jener Schichte von Krämern, Hausierern, Schnorrern, deren Leben eine ständige Kette von Mühsal, Unsicherheit und stündlichem Kampfe um ein Stückchen Brot war, jener Schichte von ‚Luftmenschen' (wie sie von den Zionisten genannt werden), deren Los das Leben von der Luft, der Gelegenheitsverdienst, das Karten-, Domino-, Würfelspiel, das gegenseitige Betackeln und dazu eine Portion überlegen grimmigen Humors und unerbittlicher Selbstpersiflage waren."

Die Klabriaspartie ist also oberflächlich betrachtet eine Ansammlung von Witzen, die schon damals Klassiker waren oder es bald darauf werden sollten.

Bei einem dieser Witze geht es um eine Kasche, das ist ein Fachausdruck für ein abzuklärendes Problem in der talmudischen Diskussion. In der Sammlung von Salcia Landmann fand ich folgende Version.

> REBBE: *Jankef, ich hab' dir eine Kasche: Da ist ein Teich. Auf der einen Seite vom Teich steht ein Dackel und will auf die andere Seite hinüber – er darf aber weder schwimmen noch um den Teich gehen. Wie kommt er hinüber?*
> JANKEF: *Das muss man klären ... Nein ich bekomme es nicht heraus!*
> REBBE: *Sehr einfach: Er schwimmt.*
> JANKEF: *Aber der darf doch nicht schwimmen!*
> REBBE: *Nu, er schwimmt eben doch.*
> (Landmann, 2010, S. 67)

Dalles, der Erzähler des Witzes in der *Klabriaspartie*, verlegt die Handlung nach Wien, aus dem Teich wird der Donaukanal und aus dem Dackel ein Esel. Die Frage lautet: Wie kommt ein Esel von der Inneren Stadt in die Leopoldstadt, wo viele Juden wohnten, ohne durch den Donaukanal zu schwimmen oder eine Brücke zu benützen? Gemeint ist die heutige Schwedenbrücke, die zu jener Zeit den Namen des damaligen Kronprinzen trug und scherzhaft als „Übergang vom Judentum zum Christentum" bezeichnet wurde. (Reitzer, Gut Jontev, S. 11) Der Witz ist geschickt in das Stück eingebaut.

> DALLES: *Sie, Dowidl, gem Se acht, bei der Ferdinandsbrucken steht e Esel, er möcht' gern in de Leopoldstadt geh'n, aber der Esel därf nix*

auf de Brücken geh'n, er därf nix übern Wasser schwimmen, er därf auf ka Schiff steigen, auf ka Wagen tragen därf er sich auch nix lassen, und wie kummt der Esel doch 'erüber?
DOWIDL: Seh'n Se, das weiß ich nicht.
REIS: Ich auch nicht.
JANITSCHECK: Ich weiß ich das auch nicht.
DALLES: Das hat ja der Esel auch nix gewusst.
(Bergmann, S. 32–33)

Die Pointe fehlt, nach der Terminologie Freuds ist der Witz ein **Aufsitzer** (siehe S. 187). Aber viele Juden im Publikum werden den Witz ohnedies gekannt haben, auch Heinrich Eisenbach hat ihn häufig vorgetragen (Eisenbach, XV, S. 11). Die Formulierung „ich weiß ich" ist typisch für das Böhmakeln. Da es im Tschechischen keine Pronomina gibt, setzt sie Janitscheck aus Unsicherheit zwei Mal: vor dem Wort „weiß" und danach.

Wir können uns vorstellen, dass jener Schauspieler, der „den Behm" darstellte, betroppezt dreinschaute. Nun ist er der Esel. In den letzten Aufführungen der *Klabriaspartie* spielte der junge Hans Moser diese Rolle. Vermutlich erhöhte er den komischen Effekt durch eine mimische Glanzleistung. Die Tageszeitung *Die Stunde* lobte am 14. Oktober 1924 die schauspielerische Leistung Hans Mosers bei der dreitausendsten Aufführung der *Klabriaspartie*: Als Darsteller des Dovidl habe er mit seinem „polizeiwidrigen In-sich-Lacher" Beifallsstürme ausgelöst.

Witze nach dem Muster „Nu, schwimmt er eben doch" tauchen immer wieder auf: Peter Köhler hat einen Witz mit einer ähnlichen Pointe als Titel für seine bei Reclam Leipzig im Jahr 2003 erschienene Sammlung jüdischer Witze gewählt und ins Buch aufgenommen. Aber die Version dieses Witzes bei Salcia Landmann gefällt mir besser.

„Schloime, rat, was das ist: Es hängt an der Wand, ist grün und pfeift." – „Nu, sag schon." – „Ein Hering." – „Unsinn! Der hängt doch nicht an der Wand!" – „Kannst ihn hinhängen." – „Und grün ist er auch nicht!" – „Kannst ihn anstreichen." – „Und er pfeift doch nicht!" – „Nu, pfeift er halt nicht." (Landmann, 2010, S. 796–797)

Der Hering spielt in der jüdischen Küche eine besondere Rolle, und deshalb auch im jüdischen Witz. Fische mit Flossen und Schuppen sind koscher. Dazu gehören der Hering, der Lachs und der Karpfen – der Wels hingegen, der keine Schuppen hat, nicht. Während koscheres Fleisch nur in einer koscheren Metzgerei erhältlich ist, dürfen Heringe überall gekauft werden – das ist praktisch. Da Heringe bereits früh industriell gefangen und rationell in Salzlake konserviert wurden, hat man sie nach der Entwicklung des Eisenbahnnetzes im 19. Jahrhundert in großen Mengen von der Nord- und Ostseeküste nach Österreich-Ungarn gebracht. Sie waren recht billig und wurden auch in den ärmeren Schichten zu einem Eckpfeiler der Ernährung.

> GAST: *Herr Ober, bitte einen Hering.*
> OBER: *Der Hering ist gestrichen.*
> GAST: *Wer sagt, dass Sie ihn anmalen sollen?*

Auch heute ist es in manchen Lokalen üblich, ausverkaufte Speisen auf der Karte durchzustreichen. Eine ganz andere Ausstrahlung hat der Scholet – er ist „Essen für die Seele".

> *In Wien geht ein Jude in ein koscheres Restaurant, und im Eingang begegnet er einem anderen Gast, der das Restaurant eben verlässt und dabei kräftig rülpst. Der neue Gast zieht die Luft sehnsüchtig durch die Nase ein und sagt verzückt: „Oh!! Scholet!" Der andere mit schadenfrohem Lächeln: „Schon gestrichen!"* (Landmann, 2010, S. 425)

Der Scholet, auch Schalet, Tscholent, Tschulent etc. (vgl. S. 203) ist der traditionelle Schabatteintopf aus Fleisch, Bohnen oder Fisolen, Graupen (Rollgerste) und Erdäpfeln, oft auch mit Linsen. Viele fühlen sich diesem Gericht emotional verbunden, denn sein Duft weckt Kindheitserinnerungen an Schabbatfeiern im Familienkreis.

> *Ruben Gurkensaft begegnet auf der Gasse seinem Freund Mojsche Leo, dessen Bart die Spuren des Mittagmahles aufweist. Ruben Gurkensaft: „Scholem alechem, Mojsche! Wenn iach will, waaß iach, wos du heint gegessen." Mojsche Leb: „Nü wos? Sog, wos hab iach gegessen?" Ruben Gurkensaft entnimmt dem Bart seines Freundes eine Fisole und hält sie ihm vor die Augen: „Bondlech hast du gegessen, nit wohr, iach hab's derroten?" Mojsche Leb: „Wiesoj hast es derroten, dass iach Bondlech gegessen hab'?" Ruben Gurkensaft: „Iach hob der doch e Bondl aus den Bart genümmen!" Mojsche Leb: „Wos dir nix*

einfollt, de Bondl is noch vün Scholet her, un heint is doch Dienstig, Dienstig eßt man ka Scholet." (Reitzer, Rebbach, S. 98–99)

Diese Version findet sich in einem Witzebuch „von Juden, für Juden", das um 1900 erschienen ist und mit dem angeblich so lustigen Namen „Gurkensaft" operiert. Dass der Jude vier Tage lang seinen Bart nicht gepflegt hat, entspricht dem Unreinlichkeitsvorwurf, der in vielen Witzen dieser Art steckt. Sigmund Freud hat den Witz in eine möglichst knappe Form gegossen und den Zeitfaktor verändert.

Ein Jude bemerkt Speisereste am Bart des anderen: „Ich kann dir sagen, was du gestern gegessen hast." – „Nun, sag!" – „Also Linsen." – „Gefehlt, vorgestern!" (Freud, S. 87, vgl. Landmann, 1960, S. 455, „Nudeln und Sauerkraut", statt „Linsen")

Zunächst geht es in diesem **Überbietungswitz** um die Frage, ob man aus den Speiseresten im Bart erkennen kann, *was* der Bartträger gegessen hat. Die Wendung am Schluss besteht in der neuen Fragestellung, *wann* er diese Speise gegessen hat.

Freud schreibt zu diesem Witz, er sei „von grobem Kaliber". Vermutlich hat er gespürt, dass das Vorurteil bekräftigt wird, orthodoxe Juden, und besonders jene aus dem Osten der Monarchie, seien nicht besonders reinlich. In der *Klabriaspartie* wird der Zeitfaktor, heute oder gestern, zur Überraschung all jener, die den Witz bereits kannten, um eine weitere Zeitspanne zurückgeschraubt.

JANITSCHECK: *Ich werde erraten, was der Herr Dalles heute zu Mittag gegessen hat.*
DALLES: *Seh'n Se, da bin ich neugierig.*
JANITSCHECK: *Eins, zwei, drei Herr Dalles. Sie haben S' heute zu Mittag Linsen gegessen.*
DALLES: *Zufällig hab' ich heut' Kraut gegessen.*
JANITSCHECK: *Aber Herr Dalles, das ist gar nicht möglich. Sie haben ja noch eine Linsen in Ihrem Bart. (Nimmt die Linse und zeigt sie ihm.)*
DALLES: *Sehn'n Se, sehn'n Se, de is zufällig von de vorige Wochen.*
(Bergmann, S. 37)

Der Witz hat einen tragikomischen Anstrich. *Dalles* bedeutet im Jiddischen so viel wie Armut, Geldknappheit. Dalles ist also die personifizierte Armut. Die Literaturwissenschaft nennt dies einen **sprechenden Namen**. Dalles kann sich nur allerbilligste Speisen wie Kraut oder Linsen leisten. Dass sich in seinem Bart eine Linse von der Vorwoche findet, ist alles andere als zufällig.

Die Klabriaspartie enthält Dialoge, die entweder schon vorher als Witze kursierten oder später zu beliebten Witzen wurden. Ein weiterer ist auch bei Salcia Landmann zu finden:

> *Herschel Schlemihl hat unzählige Glas Wasser konsumiert und unzählige Zündholzer verbraucht. Jetzt ruft er den Kellner und befiehlt: „Ober, halten Sie mir den Stuhl besetzt! Ich gehe nur schnell nach Hause, eine Schale Kaffee trinken."* (Landmann, 1960, S. 356)

In der *Klabriaspartie* wird schon im Entreelied des Zahlkellners Moritz die Chuzpe der Gäste angeprangert, wenig zu konsumieren und immer wieder Wasser zu verlangen.

> *Wenn aner e Nuss Schwarzen* (vermutlich Mocca mit Nusslikör) *trinkt, / Is er e Geldverprasser. / Dazu trinkt er noch wenigstens / E halben Eimer Wasser.* (Bergmann, S. 21)

Dann beklagt sich der Kellner, ans Publikum gerichtet, dass auch Unmengen an Reibhölzeln (= Streichhölzern) mitgenommen werden.

> *Da gehört wirklich e Vermessenheit dazu, setzen sich zweie nieder und spiel'n Dadl* (das Kartenspiel Tartel) *von ein Uhr Mittag bis auf der Nacht um Zwölfe, wenn es dann zum Zahlen kummt, hat kaner e Knopf Geld bei sich, wär' Not, ich gebet noch e jeden e Sechserl d'rauf für'n Hausmaster auf Sperrgeld. Nur de Gall, nit emal Reibhölzeln stell' ich se mehr am Tisch, alle Tag stecken se ma de Reibhölzeln ein. (…) E Kiebitz kummt da 'erein, nur de Gall. Der sagt Nachmittag um Viere: „Moritz, da geben Sie mir auf mei' Sessel Obacht und lassen Se mir kan ehersetzen, ich geh' nur z' Haus Kaffee trinken, kumm aber gleich z'ruck." Nu, wie g'fallt Ihnen das? Nur die Gall …* (Bergmann, S. 22)

Der Ausfall eines anlautenden h ist ein Wesensmerkmal des von Bergmann verschrifteten Jargons: „erein" statt „herein", gleichfalls das Hinzufügen eines e im Anlaut: „ehersetzen" statt „hersetzen".

Im kosheren Restaurant. „Kellner, bringen Sie mir auf der Stelle einen anderen Teelöffel! Dieser hier ist mit Eigelb verschmiert!" – „Gern, sofort! Aber was mach' ich, wenn alle andern Teelöffel auch mit Eigelb verschmiert sind?" (Landmann, 1960, S. 354)

Dieser Witz, zu finden bei Salcia Landmann, ist offensichtlich recht alt. In der *Klabriaspartie* wird er weitergesponnen. Im Café Spitzer sind alle Teelöffel mit Eigelb verschmiert. Deshalb bringt der Kellner einen Suppenlöffel, aber auch auf diesem findet der Gast Reste von Eierspeise.

DALLES: *Wie gefällt Ihna das, Herr Reis: Zum Nuss Krepeziener* (vermutlich Cappuccino mit Nusslikör, eigentlich: Nuss Kapuziner, aber angelehnt an grebezzn = rülpsen) *bringt er mir e Suppenlöffel. Eierspeis hat auch scho' aner damit gegessen; ah, das is va mir ka Kaffeehaus!* (Bergmann, S. 26)

Ein ganz kurzer Dialog aus der *Klabriaspartie* zwischen Dowidl und Dalles hat in das Witzelexikon Maxi Böhms Eingang gefunden.

DOWIDL: *Herr Dalles, kann ich Ihnen was anvertrau'n?*
DALLES: *Bei mir heißt es (zeigt aufs Ohr), da 'erein (zeigt auf den Mund) und da 'eraus.* (Bergmann, S. 28)

◊

Klatsch geht bei einem Ohr hinein und beim Mund hinaus. (Böhm, S. 142)

Andere Witze findet man nicht nur in der „Klabriaspartie", sondern auch in den alten „Lozelech-Büchern". Wir haben es also mit Witzen zu tun, die um die Jahrhundertwende Allgemeingut waren.

DOWIDL: *Also hör'n Se, e altes Weib mit 85 Jahr is im Wochenbett gestorben.*
ALLE: *Wie ist das möglich?*
DOWIDL: *Sie hat ka Geld auf e Monatsbett gehabt, hat se müssen in e Wochenbett sterben.* (Bergmann, S. 28)

◊

„Sie haben Zimmer und Betten zu vermieten?" – „Ja, auf Tage, Wochen und Monate." – „Gut, ich möchte ein Wochenbett für meine Cousine, die auf einige Zeit nach Wien kommt." (Reitzer, Masel-Tov, S. 23)

Karl Farkas hat *Die Klabriaspartie* gut gekannt. Während seines Exils in New York inszenierte er gemeinsam mit Armin Berg Anfang der 1940er Jahre eine Aufführung des alten Jargonstücks im Python Theater. Die Rollen waren hochkarätig mit Emigranten besetzt, die der Naziherrschaft entfliehen konnten: Armin Berg (Jonas Reis), Kurt Robitschek (David Grün), Victor Franz (Dalles), Oskar Karlweis (Prokop Janitschek), Karl Farkas (Kellner Moritz) und Erna Trebitsch (Frau Reis). Das Personal wurde um drei Rollen erweitert. Es spielten zusätzlich: Kitty Mattern (Valerie), Hans Kolischer (Jan Jablunski) und Hermann Leopoldi (Berger, Klavierspieler). (Korbel, S. 91–92) Vermutlich war die „Klabriaspartie" auch im Café Vienna an der 77. Straße zu sehen – in einem Inserat war dies zumindest angekündigt worden – das Stück sei „in Vorbereitung". Farkas und Berg nannten die Inszenierung „Die Klabriaspartie im Café Abeles" – das war der Titel der ungarischen Originalfassung. In Wien firmierte das Stück in den 1890er Jahren zunächst als „Die Klabriaspartie im Café Spitzer" – vermutlich benannt nach Sigmund Spitzer, dem Co-Direktor des „Budapester Orpheums". Die Aufführung im Python Theater war ein Erfolg. Vermutlich „zog" das Stück auch aus sentimentalen Gründen, heißt es in einer Kritik, die am 24. April 1942 in der Emigrantenzeitschrift *Aufbau* erschienen ist: „Ein gehöriger Prozentsatz jüdischer Witze stammt immerhin aus der ‚Klabriaspartie', und sie werden darin nicht nur erzählt, sondern gespielt, und zwar in einer so glänzenden Besetzung, dass sich der Besuch wirklich lohnt."

Aus dem Exil zurückgekehrt, setzte Karl Farkas in Wien seine Karriere als Kabarettist fort. Im März 1952 spielte er im Simpl im Rahmen des Programms „Vorwärts ins Gestern" die „etwas bejahrte" Originalfassung der „Klabriaspartie" – wie der *Kurier* am 24. März 1952 schrieb. (Fink, S. 211)

Eines Tages machte ich auf Hinweis eines Freundes in einem „Teilnachlass Karl Farkas" einen bemerkenswerten Fund: eine von Farkas maschinenschriftlich angefertigte Neufassung der *Klabriaspartie* aus dem Jahr 1961. Das Stück lehnt sich stark an das Original an. Gestrichen wurden jene Passagen, die vom Publikum nicht mehr verstanden worden wären.

Auf Hinweis des in Graz angesiedelten Österreichischen Kabarettarchivs fand ich in dem Buch „… und Lachen hat seine Zeit" eine Notiz, dass auch die Neufassung der „Klabriaspartie" im Simpl gespielt wurde – im Frühjahr 1961 im Rahmen des Programms „Zurück ins

Morgen – Das Beste aus Simpl-Digest zusammengestellt in 20 Reminiszenzen". (Fink, S. 414) Die Besetzung war hochkarätig: Karl Farkas (Reis), Karl Hruschka (Stangl), Maxi Böhm (Schigerl), Fritz Muliar (Hlawek), Ossy Kolmann (Kellner Josef).

Da der Text der *Klabriaspartie 1961* bisher nicht publiziert wurde, möchte ich hier einige Passagen wiedergeben. Das Stück spielt in einem Vorstadtcafé, die Figuren haben andere Namen als im Original. So heißt der Kellner beispielsweise nicht Moritz, sondern Josef, der „Behm" nicht Janitscheck, sondern Hlawek. Klabrias wird deshalb gespielt, weil der Enkel des Herrn Reis das Spiel am Leben erhalten will: „aus Pietät für meinen Großvater". Die anderen Spieler „waren so nett und haben es von mir gelernt". (S. 4) Die Rolle der Frau Reis wurde gestrichen. Es wird nicht mehr gejüdelt und nicht mehr geböhmakelt.

> STANGL *(kleiner Gewerbetreibender, sitzt bei Aufgehen des Vorhangs bereits auf der Bühne und ruft): Josef! Josef!*
> JOSEF *(kommt): Schon da, Herr Stangl! So früh' heut' zur Klabriaspartie?*
> STANGL: *Früh? Viere is'!*
> JOSEF: *Aber wo, Herr Stangl! Nicht einmal drei!*
> STANGL *(blickt ärgerlich auf seine Armbanduhr): Schon wieder! Was mir der Reis, der Schuft, da für eine Uhr angehängt hat! Einmal geht's, dann geht's wieder net – ich weiß nicht, was ich mit dem Prater anfangen soll!*
> JOSEF: *Warten S' bis er wieder einmal geht und verkaufen S' ihn dann!*
> STANGL: *Das is' gar ka schlechte Idee!*
> REIS *(tritt ein, er trägt einen Mantel): Habe d' Ehre!*
> STANGL: *Habe d' Ehre, Herr Reis!*
> REIS: *Sie sind auch schon da, Herr Stangl?*
> STANGL: *Ja. Dank der Präzisionsuhr, die Sie mir angehängt haben! Die geht überhaupt nur, wenn man sie schüttelt – und dann geht's a halbe Stund' voraus!*
> REIS: *Da schütteln Sie sie wahrscheinlich zu stark. Wie lang haben Sie sie schon?*
> STANGL: *Ein halbes Jahr. Gesagt haben Sie mir, dass ich sie ein ganzes Leben haben werde.*
> REIS: *Damals haben Sie aber sehr schlecht ausgesehen. (reicht Josef seinen Mantel) Heben Sie meinen Mantel auf! Josef!*
> JOSEF: *Bitte Herr Reis! (wirft den Mantel auf den Boden)*
> REIS: *Was machen Sie da?*

JOSEF: *Sie haben gesagt, dass ich Ihren Mantel aufheben soll – da muss ich ihn vorher fallenlassen! (lacht)*
REIS *(brummt): Einen Humor, was Sie haben … (S. 1–2)*

◊

JOSEF *(zu Stangl): Und was ist* **Ihr** *Wunsch, Herr Stangl?*
STANGL: *Mein* **Wunsch** *ist eine Nacht mit der Brigitte Bardot –* **bringen** *tun Sie mir einen Mokka!*
JOSEF: *Und dazu? Ein Nusskipferl?*
STANGL: **Nix.**
JOSEF: *Wenn's Ihnen nicht schmeckt, tausch' ich's Ihnen gegen ein Mohnbeugel um.*
STANGL: *Da hab' ich's doch dann schon angebissen …*
JOSEF: *Das macht nichts. Wir haben auch angebissene Mohnbeugeln. (ab)*
REIS: *Das ist kein Kaffeehaus für mich! Abendblätter hat er uns auch keine gegeben … (S. 3)*

◊

REIS: *Was gibt es für Torten?*
JOSEF: *Es gibt Nusstorten, Herr Reis, Mokkatorten, Punschtorten, Doboschtorten und Sachertorten.*
REIS: *Ich möchte eine Sachertorte.*
JOSEF: *Dann müssen S' zum Sacher gehen.*
REIS: *Sie haben doch eben gesagt, dass es Sachertorten gibt …*
JOSEF: *Aber net bei uns. Sie haben mich g'fragt, was es für Torten gibt – und ich hab' Ihnen g'sagt, es gibt Nusstorten, Mokkatorten, Punschtorten, Doboschtorten und Sachertorten.*
REIS: *Und welche davon gibt es bei Ihnen?*
JOSEF: *Gar keine.*
REIS: *Das ist kein Kaffeehaus für mich. (S. 3–4)*

◊

SCHIGERL: *Ich hab' doch eine Beschäftigung. Ich befasse mich doch mit Landwirtschaft.*
REIS: *Was is'* **das** *wieder?*
SCHIGERL: *Ich hab' ein Inserat in die Zeitung gegeben, dass derjenige, der mir den größten Erdäpfel schickt, 100 Schilling Belohnung bekommt.*
STANGL: *Was haben Sie davon?*
SCHIGERL: *Bis jetzt 600 Kilo Erdäpfel!*
HLAWEK *(lacht): Das g'fallt me! Das g'fallt me! (S. 6–7)*

Die jüdischen Wurzeln der Sprachwitze

Warum sind die jüdischen Sprachwitze etwas Besonderes? Dass für Juden der Humor auch eine Überlebensfrage war, ist angesichts ihrer Geschichte verständlich: Sie ist durch Verfolgung und Erniedrigung, durch Pogrome bis hin zur Schoah gekennzeichnet. Darüber wurde viel geschrieben. Der Witz sei die letzte Waffe der Wehrlosen, meinte Sigmund Freud zu einer Zeit, als die Schoah noch nicht vorhergesehen wurde.

Da ich mich mit Sprachwitzen beschäftige, möchte ich den Einfluss des Chassidismus oder der Purim-Feste auf die Entwicklung der Witzekultur beiseitelassen und primär nach sprachlichen Elementen suchen. Derer gibt es einige.

Die älteste Form der hebräischen Bibelhandschriften ist unvokalisierter Text, nur die Konsonanten wurden geschrieben. Erst ab dem 8. Jahrhundert hat sich im Hebräischen ein Schriftsystem entwickelt, bei dem unter bzw. über die Konsonanten jeweils ein Zeichen gesetzt wurde, um die Vokale zu signalisieren: eine Art Punktation. Noch heute werden im Gottesdienst nur Schriftrollen mit Bibeltext verwendet, zu dem man sich die Vokale hinzudenken muss.

Das Fehlen der Vokale animiert zum Experimentieren. Entsteht ein neuer Sinn, wenn ich einen Vokal durch einen anderen ersetze? Diese Frage führte zu vielen Wortspielereien bei der Auslegung des Bibeltextes. Einzelne Beispiele dafür finden sich sogar schon in der Bibel selbst, etwa bei den Propheten. Es gibt Witze, in denen dieser besondere Zugang zur Sprache zum Ausdruck kommt:

Die schon gebildete Frau sagt zu ihrem Mann: „Du musst nicht sagen Scherm, es heißt doch Schirm!" Seine Antwort: „Ausgerechnet! Man kann sagen Scharm, Scherm, Schirm, Schorm, Schurm – es bleibt immer a Scherm." (Patka, 2013, S. 85)

Außerdem wurde das Hebräische wie auch das Aramäische in den alten heiligen Schriften nicht nur ohne Vokale, sondern fast zur Gänze ohne Satzzeichen geschrieben. „Sieht man von Fragewörtern oder von Redewendungen, die eine Feststellung einleiten, einmal ab, muss man den Sprachduktus gut kennen, um zu spüren, wo ein Satz endet und der nächste beginnt", erklärt mir der Judaist Thomas Soxberger. Man liest den Talmud daher meist halblaut, wobei man die sinngebende

Wortmelodie stark hervorhebt. Von hier führt ein Entwicklungsstrang zu Witzen, in denen die unterschiedliche Betonung zwischen Aussagesatz und Fragesatz den Lacheffekt ausmacht.

Kohn: „Rebbe, nu bin ich 80 Jahr, und mein Weib, die Sarah, die is 25. Bin ich der Vater von dem Kind oder nicht?" Rebbe: „Bist du der Vater – ist's a Wunder! Bist du nicht der Vater – ist's a Wunder?" (vgl. Landmann, 2007)

Im Talmud steht, wie die Gesetzestexte in der Praxis und im Alltag von den Rabbinern dieser Zeit verstanden und ausgelegt wurden, worauf sich die spätere Auslegung stützt. Während die Christen ihr religiöses Wissen aus der Bibel ableiten, haben die Juden neben dem Tanach, ihrer Bibel, neben dem Talmud, der sich der Gesetzesauslegung widmet, auch noch ein vielfältiges weiteres, homiletisches Schrifttum entwickelt, das mehr erzählenden Charakter hat. Für unsere Themenstellung ist in dieser Hinsicht vor allem der Midrasch relevant. Dieser enthält Auslegungen religiöser Texte im rabbinischen Judentum und will vor allem schwer verständliche Passagen erläutern, füllt Lücken auf, die in der biblischen Erzählung gefühlt werden, oder liefert, wie wir heute sagen würden, „die Hintergrundstory".

Der Oberrabbiner von Österreich, Paul Chaim Eisenberg, zeigte mir anhand eines Beispiels, wie Tanach, Talmud und Midrasch bei der Entstehung von Witzen manchmal zusammenwirken.

Ausgangspunkt sind zwei allseits bekannten Bibelstellen über die Zehn Gebote – sie werden auch die Zehn Worte oder Dekalog genannt. Im 20. Kapitel des 2. Buches Mose (Exodus) wird geschildert, wie Mose auf dem Berg Sinai Gottes Gebote entgegennimmt, um sie dann den Seinen vorzutragen. Da antwortet das ganze Volk einmütig: „Alle die Gebote, die Gott gegeben hat, wollen wir halten." Im 5. Kapitel des 5. Buch Mose (Deuteronomium) wird diese Geschichte als Rückblick wiederholt.

Im Midrasch ist die ergänzende Information zu finden, dass Gott die Zehn Gebote zuvor allen Völkern der Welt angeboten hat, damit sie nicht als Ausrede sagen können: Wenn wir gefragt worden wären, hätten wir sie auch angenommen. (Mechilta, Bachodesch 5). Im Detail soll sich das so abgespielt haben:

Erst erschien Gott den Kindern Esaus, und diese fragten: „Was steht darin geschrieben?" Er sagte: „Du sollst nicht morden." Sie antworteten: „Dies ist das Erbe, welches uns unser Vater hinterlassen hat: ‚Von deinem Schwert wirst du leben.'" (Gen 27,40)

Dann erschien Gott den Kindern Amons und Moabs. Auch diese fragten: „Was steht darin geschrieben?" Er sagte: „Du sollst nicht unzüchtig sein." Sie antworteten ihm: „Wir alle entstammen doch der Unzucht, denn es heißt: ‚Und die beiden Töchter Lots wurden von ihrem Vater schwanger'." (Gen 19,36)

Die Kinder Ismaels wiederum waren nicht bereit, das Gebot „Du sollst nicht stehlen" zu akzeptieren. „Dies ist der Segen, der über unserem Vater gesprochen wurde: ‚Er wird ein Mensch sein wie ein Wildesel, seine Hand wird auf allem sein.' (Gen 16,12) Und es steht geschrieben: ‚Denn ich wurde gestohlen aus dem Land der Hebräer.'" (Gen 40,15)

Als Gott hingegen zum Volk Israel kam, sagte dieses: „Alles, was Gott sagt, wollen wir tun und hören." (Ex 24,7) Das „Tun" vor dem „Hören" zu versprechen, unterstrich ihr bedingungsloses Vertrauen in Gott: Wir werden die Gebote befolgen, bevor wir deren Gründe verstanden haben.

Im Talmud wird dies mit einer weiteren Geschichte verwoben: „Zur Stunde, da die Israeliten das Tun früher als das Hören zugesagt hatten, kamen sechzig Myriaden Dienstengel und wanden jedem Israeliten zwei Kränze, einen für das Tun und einen für das Hören." (Babylonischer Talmud, Schabbat 88a)

Aus diesen vielfältigen Geschichten ist ein großartiger Witz entstanden. Joseph Klatzmann bringt ihn verkürzt in seinem Buch „Jüdischer Witz und Humor". Der vollständige Witz sollte in etwa so gehen:

Gott schlug die Zehn Gebote allen Völkern vor. Eines stellte ihm die Frage: „Was steht denn da so drinnen?" – „Du sollst nicht töten", antwortete Gott. „Danke, das ist nichts für uns." Ein zweites stellte dieselbe Frage. Darauf Gott: „Du sollst nicht die Ehe brechen." – „Nichts für uns." Auch ein drittes Volk wollte den Inhalt wissen, worauf Gott sagte: „Du sollst nicht stehlen." Wieder erhielt er eine ablehnende Antwort. Als sich Gott schließlich an die Hebräer wandte, fragten ihn diese: „Was soll es denn kosten?" – „Es ist umsonst", antwortete Gott. – „Na, dann gib uns zwei davon." (vgl. Klatzmann, S. 97)

Dies soll zeigen, dass Religion und Humor in Einklang zu bringen sind. Der Witz stammt aus einer Zeit, als Juden Witze entwickelten, in denen sie ihre Geschäftstüchtigkeit persiflierten. So ganz nebenbei wird auch eine theologische Streitfrage scherzhaft gelöst. Seit Jahrhunderten wird darüber diskutiert, warum es ausgerechnet zwei Tafeln waren, auf denen die Gebote stehen. Eine stark vereinfachte Variante funktioniert nach dem häufig anzutreffenden Schema der **Nachrichtenwitze**. Meist kommt die gute Nachricht zuerst, die schlechte ist die Pointe.

Mose kommt vom Berg Sinai herunter und sagt zu den Seinen: „Leute, hört einmal alle her! Ich habe eine gute und eine schlechte Nachricht. Welche wollt ihr zuerst hören?" – „Erst die gute!", schallt es ihm entgegen. Darauf Mose: „Ich hab' ihn auf zehn Gebote heruntergehandelt." – „Bravo, bravo!!!" – „Die schlechte: Ehebruch ist immer noch dabei." (vgl. Ulrichs, S. 30)

Dahinter steckt der Gedanke, dass dieses Gebot öfter gebrochen wird als beispielsweise „Du sollst nicht töten!" oder „Du sollst nicht stehlen!" Noch simpler ist der folgende Witz. Er basiert auf einem **Doppelsinn**.

„Mose ist der schlimmste Gesetzesbrecher!" – „Wie das?" – „Er hat alle Zehn Gebote im Affekt gebrochen."

Wir wissen: Mose hat nicht die Gesetze gebrochen, sondern die Tafeln zerschmettert – als Reaktion auf die Anbetung des Goldenen Kalbes.

Die klassische Interpretation von heiligen Schriften in der Tradition des rabbinischen Judentums wird mit dem Akronym **PaRDeS** umschrieben. Sie enthält vier Stufen:
Der erste Konsonant Pe steht für **Pschat**, das bedeutet die einfache, wörtliche Bedeutung.
Der zweite Konsonant **Resch** steht für Remes, d. h. Anspielung, Allegorie.
Der dritte Konsonant **Daleth** steht für Drasch: interpretative, homiletische Bedeutung. Homiletik ist die Geschichte und Theorie der Predigt.
Der letzte Konsonant **Samech** steht für Sod, d. h. Geheimnis, und enthält mystische, vielfach esoterische Bedeutungen.
Die Buchstaben aneinandergereiht ergeben PaRDeS, ein Wort, das Obstgarten bedeutet und an das Wort Paradies erinnert. Vor allem Remes und Sod könnten für die Witzekultur relevant sein.

Bei der Bedeutungsebene Sod spielt die Kabbala, also die mystische Tradition des Judentums eine große Rolle. Durch das Austauschen von Buchstaben, durch das Zerlegen und Zusammensetzen von Wörtern oder Sätzen soll ein zusätzlicher Erkenntnisgewinn entstehen.

Notarikon ist eine dieser Methoden. Dabei werden Anfangs- und Endbuchstaben miteinander verbunden, um neue Wörter oder Sätze zu bilden.

Nach der Methode **Temura** werden Buchstaben innerhalb eines Wortes miteinander getauscht, wodurch eine klärende oder verborgene Bedeutung entsteht.

Da alle Zeichen des hebräischen Alphabets auch einen Zahlenwert haben, lassen sich nach der Methode **Gematria** Wörter mithilfe von Zahlen interpretieren. Alef, den ersten Buchstaben, nimmt man als Zeichen für die Zahl 1. Den zweiten Buchstaben Beth (b) für die Zahl 2. Der dritte Buchstabe Gimel (g) steht für die Zahl 3 usw. Grob gesprochen werden bei der Gematria die Buchstaben in ihre entsprechenden Zahlenwerte umgewandelt, um Bedeutungen zu erschließen und Beziehungen herzustellen.

So fanden die Rabbiner beispielsweise heraus, dass das hebräische Wort Zemach (Keim/Spross) mit 138 denselben Zahlenwert hat wie Menachem (Tröster). Dies soll die messianische Aussage „Der Tröster ist ein Spross" begründen.

Der männliche Vorname Chaim bedeutet „Leben". *Lechajim* ist auch ein hebräischer Trinkspruch, er bedeutet „Auf das Leben". Das Wort Chaim enthält die Buchstaben Chet und Jod, die zusammen die Zahl 18 ergeben. Deshalb gilt 18 auch als Glückszahl. Geschenke und Spenden werden oft in Form von 18 Geldeinheiten oder als ein Vielfaches davon gegeben: 36, 54 etc.

Ob Witze mit **Buchstabenaustausch** oder vielleicht sogar **Palindrome** und **Anagramme** mit der Kabbala in einem Zusammenhang stehen, wäre zu überlegen. Auffällig ist jedenfalls, dass Schüttelreime bei Juden seit jeher sehr beliebt sind, doch liegt ihr Ursprung nicht im Jüdischen.

Nicht zuletzt kommen manche Sprachwitze aus der Beschaffenheit der Sprache selbst. Das Jiddische hat sich aus dem Mittelhochdeutschen entwickelt und ist mit hebräischen, aramäischen, romanischen und slawischen Elementen angereichert.

Nochn bentschn hot der sejde gekoift a ssejfer.
Nach dem Segen hat der Großvater ein religiöses Buch gekauft.

Die einzelnen Wörter dieses Satzes lassen sich folgendermaßen zuordnen:
sseifer kommt aus dem Hebräischen.
bentschn ist romanisch.
nochm, hot, der, gekoift ist deutsch.
sejde kommt aus dem Slawischen.
(Ouaknin, S. 25)

Das Jiddische ist mit dem Deutschen so eng verwandt, dass es im Sprachkontakt zu vielen witzigen Verwechslungen kommen kann. Ein jüdisch gefärbtes Wienerisch, also das Jüdeln, wurde auf den so genannten Jargonbühnen gerne verwendet, um den Figuren der dort gespielten Sketche **absichtliche oder unabsichtliche Missverständnisse** in den Mund zu legen und so komische Effekte zu erzeugen.

Bei manchen Wörtern lässt sich die Herkunft kaum noch feststellen. So findet man in Jiddischen Wörterbüchern das Wort *grepzn,* in österreichischen Mundartwörterbüchern *grebbezn*. Die Bedeutung ist ein- und dieselbe: rülpsen. Eine gemeinsame mittelhochdeutsche Wurzel ist evident.

Jedenfalls ist es kein Wunder, dass sich das Spiel mit der Sprache und das Erfinden von Sprachwitzen unter Juden einer besonderen Beliebtheit erfreute und anderen als Vorbild diente. Freilich sollte man aus dem Gesagten nicht schließen, dass es außerhalb des Jiddischen keine Sprachwitze gebe. Sprachwitze, vor allem jene die auf **Doppelsinn**, Gleichklang oder Klangähnlichkeit beruhen, gibt es in jeder Sprache und zu jeder Zeit. Entscheidend ist, in welchem Ausmaß jene Möglichkeiten, die eine Sprache bietet, ausgenützt und geschätzt werden. Die stark auf das Wort und seine Bedeutung bezogene jüdische Religion, die Situation der Mehrsprachigkeit, in der das jüdische Volk im Laufe seiner Geschichte eigentlich immer lebte – das alles stärkte zweifellos den Sinn für das Sprachspiel und den Sprachwitz.

Eine Typologie der Sprachwitze

Welche Witze gefallen uns besonders gut? Dazu gibt es eine interessante wissenschaftliche Studie. George W. Kelling hat Anfang der 1970er Jahre versucht, Freuds Witztheorien empirisch zu verifizieren, indem er die Reaktion von Probanden auf Cartoons erhoben hat.
- Sexualisierte, aggressive oder morbide Cartoons werden als lustiger empfunden als andere.
- Sind die Hauptakteure Kinder, Tiere oder primitive Menschen, werden die Cartoons als lustiger empfunden, als wenn die Akteure normale Erwachsene wären.
- Je kürzer die Textanteile sind, desto lustiger werden die Cartoons empfunden.
- Je größer die Unterschiede in der Beurteilung eines Cartoons ausfallen, desto weniger lustig erscheinen sie.

Man kann davon ausgehen, dass die Ergebnisse der Untersuchung auch für Witze gelten. Ich werde mich daher weiterhin mit solchen Witzen beschäftigen, in denen die Hauptfigur blöd oder ungebildet ist, ferner mit **Kindermundwitzen** und zusätzlich in einem eigenen Kapitel mit **Tierwitzen**.
Witze mit sexuellen oder aggressiven Inhalten sind meist Sprachwitze. Sie klingen weniger brutal als die eher raren **Situationswitze** mit derartigen Inhalten. Verhüllende Formulierungen, Auslassungen, Assoziationen sind idealerweise mit den Mitteln der gesprochenen Sprache möglich, nicht in einer erzählerischen Darstellungsform.
Der Sprachwissenschafter und Volkskundler Lutz Röhrich bringt in einem Buchkapitel mit der Überschrift *Der sexuelle Witz* Dutzende Sprachwitze in Dialogform. Erst der allerletzte Witz, mit dem er das Kapitel abschließt, ist ein Situationswitz, und noch dazu ein schlechter. Ich habe ihn der Vollständigkeit halber im Anhang dieses Buches abgedruckt.
Im nächsten Schritt möchte ich versuchen, die Sprachwitze unter Berücksichtigung ihrer verschiedenen Techniken zu typologisieren.

„Einer ist der Gscheite, der andere ist der Blöde" – Dialoge mit Missverständnissen

Der Begriff Dialog stammt aus dem Altgriechischen. Ursprünglich war die Zahl der Sprecher nicht spezifiziert, später wurde Dialog immer im Sinn von Zwiegespräch verwendet. Die Dialogform diente zunächst dazu, Erkenntnisse zu vermitteln oder Probleme im Sinne der klassischen Dialektik mit These und Antithese zu erörtern. Über die Funktion der Dialoge in der Philosophie und Literatur wurden unzählige Bücher geschrieben – sie füllen Bibliotheken. Im Kabarett und im Witz wird die Dialogform zweckentfremdet verwendet. Sie dient meist nicht dem Wissensgewinn, sondern zur Darstellung komischer Missverständnisse.

Die **Doppelconférencen** sind eine besondere Form der ursprünglichen Conferéncen – das waren geistreiche Vorträge eines Conférenciers in Form eines Monologs. Als Begründer der Doppelconférence gilt der Ungar László Vadnay. Er erfand die beiden Kaffeehausbesucher Hacsek und Sajó, die ursprünglich in einer Zeitungskolumne über aktuelle Themen räsonierten, und später, Anfang der 1920er Jahre, auch auf der Bühne miteinander konferierten.

Diese Idee übernahmen wenig später Wilhelm Gyimes und Karl Farkas. Gyimes, ein gebürtiger Budapester, hatte sich am Wiener Ronacher einen Namen gemacht, ehe er das winzige Wiener Revuetheater Femina übernahm. Der ungarisch-stämmige Farkas war dort zuvor bereits Hausautor gewesen. Bald traten in der Femina-Bar Fritz Imhoff und Fritz Heller als „der Gscheite" und „der Blöde" auf, im Simpl Fritz Grünbaum und Karl Farkas. Als Jude musste Gyimes gleich nach dem „Anschluss" Österreich verlassen, Grünbaum wurde im KZ Dachau ermordet.

Als Farkas aus seinem New Yorker Exil nach Wien zurückkehrte, setzte er gemeinsam mit Ernst Waldbrunn die Tradition der Doppelconférencen fort – im Simpl, im Radio und im Fernsehen. In diesen Dialogen kommt es manchmal zu einer ganzen Kette von Missverständnissen. Der Sketch *Salzburger Festspiele* ist dafür ein Beispiel.

SCHÖBERL: *Überhaupt bin ich mehr für die Sprechstücke.*
HERR BERGER: *Was stört Sie an der Oper?*
SCHÖBERL: *Die Musik. Da hab' ich mir neulich ein Stückerl von der Oper angehört, dieses „Fidelios Hochzeit".*

HERR BERGER: „Figaros Hochzeit!"
SCHÖBERL: *Gelungen! Da war ich also auf der falschen Hochzeit.*
HERR BERGER: *Das ist doch die meistgespielte Oper hier. Heuer zum fünfundzwanzigsten Mal.*
SCHÖBERL: *Also – „Figaros silberne Hochzeit".*
HERR BERGER *(ärgerlich): Figaros Hochzeit von Mozart!*
SCHÖBERL: *Nein, auf dem Theaterzettel ist ausdrücklich gestanden von Beethoven, von Ludwig von Beethoven.*
HERR BERGER *(korrigiert): van!* (…)
HERR BERGER: *Der Prawy wird Ihnen etwas über Opern erzählen. Erst neulich hat er so nett über die „Lustigen Weiber von Windsor" …*
SCHÖBERL: *… van Windsor.*
HERR BERGER: *Sie, Schöberl … Es heißt, der wirkliche Verstand kommt erst mit dreißig Jahren. Wenn man Sie so anschaut, müssen Sie wesentlich jünger sein als Sie aussehen …*
SCHÖBERL: *Was Sie zusammenreden! Ich habe ja Nachsicht mit Ihnen … Ich kenne ja Ihre Unlogik. Einmal sagen Sie van, einmal sagen Sie von …*
HERR BERGER: *Ich bin gar nicht unlogisch! Es heißt „von"! Die Holländer sagen „van". Zum Beispiel van Dyck, van de Velde – alles holländisch.*
SCHÖBERL: *Gelungen!*
HERR BERGER: *Was ist daran gelungen?*
SCHÖBERL: *Ich stell mir so vor, wenn sich zwei Holländer streiten, und der eine sagt zum anderen: Götz van Berlichingen!*
(Farkas, S. 153–155)

Das sieht aufs Erste wie eine Ansammlung von **Unbildungswitzen** aus. Aber es könnte sein, dass Schöberl **absichtliche Missverständnisse** produziert, um Herrn Berger zu frotzeln. Es ist wohl kein Zufall, dass der eine einen richtigen Namen trägt, während der Name des anderen wie ein despektierlicher Spitzname klingt. „Schöberl" kommt von „Schober" (= geschichteter Heuhaufen, zu schieben), in der Küchensprache wird damit eine Suppeneinlage aus gesalzenem, gebackenem Biskuitteig bezeichnet. „Putz di', Schöberl!" heißt im Wienerischen so viel wie „Verschwinde!" Während der Herr Berger gerne doziert und mit seinem Wissen prahlt, macht sich Schöberl über dessen hochgestochene Ausdrucksweise lustig: „Sie drücken sich aber nicht ganz ungeschwollen aus …"

In einem Dialog aus dem Sketch *Spare!* erläutert Herr Berger dem Schöberl, nach welchem System er Geld anspart: immer in kleinen

Beträgen – das Äquivalent für die Ausgabe, die ein fiktiver Sohn verursachen würde.

HERR BERGER: (…) *Ich nehme fünfhundert Schilling und lege sie auf eine Bank.*
SCHÖBERL *(entrüstet): Auf eine Bank? Das ist doch furchtbar leichtsinnig. Setzt sich einer hin, auf die Bank, sieht das Geld und geht damit fort.*
HERR BERGER *(schreit): Keine Bank im Park. Eine Privatbank!*
SCHÖBERL: *In einem Garten? Da klettert einer über den Zaun und …*
HERR BERGER: *Ein Bankhaus meine ich! Ich habe mir mit dem Geld ein Konto im Privathaus Herlinger & Co. eröffnet.* (…)
SCHÖBERL: *Die kenn' ich, die ist im dritten Bezirk in der Epistelgasse.*
HERR BERGER: *Apostelgasse!*
(Farkas, S. 122; Briefträger, gesendet im ORF-Fernsehen am 1.4.1966)

Aus dem Kontext können wir normalerweise entnehmen, welche von zwei Bedeutungen gemeint ist. Die Leistung des Witzeerfinders besteht darin, eine Situation zu schaffen, in dem die übliche Eindeutigkeit nicht gegeben ist. Und es bedarf einer Figur, wie des Schöberl, um auf diesen **Doppelsinn** (scheinbar) hereinzufallen.

Wer die Biografie des Karl Farkas kennt, der weiß, dass der Sketch einen tragischen Hintergrund hat. Farkas hatte ein behindertes Kind. In der *Krone* war in einer Reportage zu lesen, dass Bobby Farkas in einer privaten Anstalt in Neulengbach untergebracht ist. „Karl Farkas sparte alles, was ihm übrigblieb, um seinen Sohn versorgt zu wissen", erzählte mir der Theaterverleger Ulrich Schulenburg, der die Rechte des Kabarettisten verwaltet. „Als Bobby Farkas in Neulengbach im Alter von 80 Jahren starb, war das von einem Kurator verwaltete Geld des Vaters gerade aufgebraucht."

Dialoge in **Doppelconférencen** dürfen weitschweifig sein, das Publikum muss Zeit zum Lachen haben. Bei Sprachwitzen gilt der Grundsatz: „In der Kürze liegt die Würze." Der folgende Sprachwitz könnte aus einem Kabarettprogramm von Karl Farkas stammen, er ist in der klassischen Dialogform einer Doppelconférence verfasst.

*Ein Kunde vor dem Kebabstand: „Einen Döner, bitte!" Der Türke fragt nach: „Mit **alles**?" Der Kunde: „Dativ!!! Dativ!!!" Der Türke: „Haben* wir nicht." Der Kunde, heftig insistierend: „Mit **allem**!!!" „Allem hat heute frei."

Es ist das Prachtstück eines Sprachwitzes, er ist vielschichtig und schillernd. Aufs Erste sieht er wie ein **Ethnowitz** aus. Manche Türken wollen oder können nicht die Feinheiten der deutschen Sprache erlernen. Ihre Muttersprache gehört nicht so wie das Deutsche, das Englische und alle romanischen und slawischen Sprachen zu der indogermanischen Sprachenfamilie. Das Türkische ist eine agglutinierende Sprache des oghusischen Zweigs der Turksprachen. Die türkische Sprache funktioniert völlig anders als das Deutsche.

Allerdings ist die Formulierung „Döner mit alles!" inzwischen zu einem geflügelten Wort geworden. Auch viele Einheimische bestellen den Döner so. Sie halten diese Ausdrucksweise für originell, auch in der Werbebranche sind Slogans mit Grammatikfehlern durchaus üblich.

„Da werden Sie geholfen!" Mit diesem Satz hat die Deutsche Verona Feldbusch in ihrer Heimat über Gebühr mediale Aufmerksamkeit bekommen. Eine Eintragung im Zitate-Duden blieb ihr allerdings versagt. Der italienische Trainer von Bayern München, Giovanni Trapattoni, hat mit seiner sprachlichen Fehlleistung „Ich habe fertig" hingegen die Aufnahme in dieses Werk geschafft.

Da „Döner mit alles" weit verbreitet ist, wirkt der entsetzte Ausruf „Dativ!!!" besserwisserisch, die Korrektur ist eine Form der Aggression. Der Dönerverkäufer wiederum schlüpft in die Rolle des Clowns und reagiert als **Retourkutsche** mit einem **absichtlichen Missverständnis**: Er tut so, wie wenn er das Wort „Dativ" für eine Zutat hielte. Das ist eine **Zwischenpointe**. Die Aussage verleitet den Besserwisser erneut zu einer Korrektur: „Mit allem!!!" Dass der Türke auch diesen Einwurf schlagfertig entgegnet, ist eine effektvolle **Schlusspointe**. Der besserwisserische Kunde ist damit zweifach gelackmeiert. Der Türke hat den Spieß umgedreht, hat es dem Kunden mit gleicher Münze heimgezahlt. (vgl. Freud, S. 83)

Der Kunde ist nach außen hin der Gescheite, der Dönerverkäufer dem Anschein nach der Blöde. Aber so wie in **Doppelconférencen** ist es in Wahrheit oft umgekehrt – worauf schon Karl Farkas in dem einen oder anderen Auftrittsmonolog hingewiesen hatte: „Die Doppelconférence ist ein Gespräch zwischen einem Gescheiten und einem Blöden. Der Gescheite bin ich, Karl Farkas, der Blöde ist Ernst Waldbrunn.

Aber am Ende ist oft der Gescheite der Blöde und der Blöde ist der Gescheite." Im „Döner"-Witz ist eigentlich der Türke „der Gescheite".
Im Netz kursiert eine vereinfachte Variante des Witzes:

> „Einen Döner, bitte!" – „Mit alles?" – „Dativ!" – „Gibt's nicht. Nur Kraut, Tomaten, Gurke, Zwiebel."

Wir brauchen uns damit nicht länger zu befassen. Die Pointe im Witz selbst zu erklären, ist letztklassig. Kehren wir noch einmal zur längeren Variante zurück. „Ali" war schon in den 1960er Jahren ein Kennwort für „der Türke" oder für „der türkische Gastarbeiter", auch im Kabarett. Ein Dialog zwischen Frau Berger (Farkas) und Frau Schöberl (Waldbrunn) in dem Sketch *Frauen unter sich* verdeutlicht das.

> FRAU SCHÖBERL: *Meine Älteste hat ein süßes Baby, aber der betreffende Herr ist verreist und hat vergessen, ihr die Adresse zu geben.*
> FRAU BERGER: *Schrecklich! Na ja, es gibt schon unter den Männern so gewisse Elemente.*
> FRAU SCHÖBERL: *Ja. Und dann zahlt er sie nicht.*
> FRAU BERGER: *Was?*
> FRAU SCHÖBERL: *Die Elemente.*
> FRAU BERGER: *Alimente!*
> FRAU SCHÖBERL: *Ich sag ja, Elemente!*
> FRAU BERGER: *Ali, mit Ali.*
> FRAU SCHÖBERL: *Ali? Ja. Ein türkischer Fremdarbeiter war er. Es ist ein Kreuz mit den Mädeln.*
> (Farkas, S. 143; Frau Berger und Frau Schöberl, gesendet im ORF-Fernsehen am 11. 6. 1966)

Auch in den heutigen Witzen ist Ali ein Kennwort für einen Türken:

> *Das Aufsteigen in die nächste Klasse ist fraglich, eine letzte Chance ist die Prüfung beim Direktor.*
> DIREKTOR: *Na, Peter, buchstabier ‚Papa'!*
> PETER: *P. A. P. A.*
> DIREKTOR: *Gut, bestanden. Susi, buchstabier ‚Mama'!*
> SUSI: *M. A. M. A.*
> DIREKTOR: *Gut, bestanden.* **Ali***, buchstabier ‚Ausländerdiskriminierung' …*

Die **Tendenz** des Witzes ist schillernd. Ich überlasse es Ihnen, diesen Witz als ausländerfeindlich zu interpretieren („Geschieht ihm recht, dem Ali!") oder als Kritik an Ausländerfeindlichkeit („Eine Sauerei, wie der Direktor mit dem kleinen Türken umspringt!").

Harmlose **Türkenwitze** haben häufig den unterschiedlichen Aufbau des Türkischen und des Deutschen zum Thema:

LEHRERIN: *Bilde bitte einen Aussagesatz!*
TÜRKE: *Mein Vater hat einen Dönerstand.*
LEHRERIN: *Gut, bitte bilde jetzt einen Fragesatz!*
TÜRKE: *Mein Vater hat einen Dönerstand, weißt du?!*

Im Deutschen wissen wir anhand der Wortstellung im Satz, ob wir es mit einer Aussage oder einer Frage zu tun haben. Ein Aussagesatz geht so: „Dein Vater hat einen Würstelstand." Der Fragesatz hat eine andere Wortstellung: „Hat dein Vater einen Würstelstand?" Im Türkischen bleibt die Wortstellung in der Frage unverändert. Bei einer Entscheidungsfrage – das sind Fragen, die mit Ja oder mit Nein beantwortet werden – wird im Türkischen an das Ende des Satzes die Fragepartikel *mi*, *mü* oder *mu* gehängt. Der türkischsprachige Schüler nimmt also die Grammatik seiner Heimatsprache her und stellt an das Satzende eine deutsche Floskel, die aus seiner Sicht dasselbe leistet wie die türkische Fragepartikel *mi*, *mü* oder *mu*. Das deutsche „Weißt du?" erscheint ihm hierfür ideal. Das türkische Kind geht mit der deutschen Sprache zwar nicht regelkonform, aber kreativ um.

Auch die **Graf-Bobby-Witze** und die **Frau-Pollak-von-Parnegg-Witze** waren häufig Dialoge. Die Witze bezogen ihre Pointen aus der Begriffsstützigkeit und Naivität der Hauptfiguren. Aber weder Graf Bobby noch Frau Pollak sind am Ende „die Gscheiten".

Graf Bobby sitzt mit Baron Mucki im Café. Baron Mucki liest die Zeitung und berichtet: „Da lese ich eben, dass ein blinder Passagier auf einer Yacht unbemerkt eine Weltreise mitgemacht hat." „Toller Bursche", meint Graf Bobby, „schade nur, dass er blind ist."

◊

Frau von Pollak ist mit ihrer Tochter nach Paris gereist. Die Tochter hat die Fahrt nicht gut vertragen und liegt halb ohnmächtig auf dem Sofa. Frau von Pollak läutet nach dem Stubenmädchen, welches mitleidig ausruft: „Toute malade!" Frau von Pollak: „Dass Sie eine Böhmin sind, ist ja schön, dass meine Tochter Ihnen leidtut, auch. Aber sagen Sie mir endlich: Was heißt ‚Oh dö Kolonje' auf französisch?" (Landmann, 1962, S. 206, Habres. S. 102)

Das Stubenmädchen meint *toute malade*, also „ganz krank", die Frau Pollak versteht *tut ma lad*, also „tut mir leid" – eine Zwischenpointe. Der **Klangwitz** endet mit der verballhornten Aussprache von Kölnischwasser.

„Wo sich die Katze einen Muskelkater holt" – Unabsichtlich missverstanden

Jetzt ist es wohl an der Zeit, zwischen **unabsichtlichen und absichtlichen Missverständnissen** zu unterscheiden.

„Verzeihen Sie, meine Dame, ich bin etwas schwerhörig. Und dann der Lärm hier. Was sagten Sie? Sie waren gestern im Theater?" – „Nein, ich sagte, ich war im Bett." – „So so. Und? War es gut besucht?" (Röhrich, S. 176)

◊

Zwei Schwerhörige im Gespräch. „Gehst fischen?" – „Na, i geh' fischen." – „Ja so – i hab denkt, du gehst fischen." (Koch, S. 57)

◊

Treffen sich zwei ältere Herren. Sagt der eine: „Ich hab' mir ein Hörgerät gekauft, das kleinste, das es gibt, und genauso gut wie ein großes." – „Wie teuer ist es?" – „Gleich halb acht."

◊

Opa soll ein neues Hörgerät bekommen. Er geht zum Hörgeräteakustiker und fragt, welches Gerät das beste sei. Der Verkäufer: „Dieses Gerät kann ich Ihnen empfehlen, sehr klein, sehr gute Hörleistung. Ich trage es selbst seit Jahren." Frage von Opa: „Was kostet es?" Verkäufer: „Nein, es rostet nicht."

Der Schwerhörige hört besser als der Akustiker, der jenes Gerät im Ohr hat, das er anpreist. Sie haben bemerkt, es geht um **Schwerhörigenwitze**. Es sind Dialoge mit gescheiterter Kommunikation – und schon allein dadurch Sprachwitze. Klarerweise handelt es sich um unabsichtliche Missverständnisse. Oft besteht die Pointe darin, dass der Schwerhörige seine Taubheit verbergen will und sich dadurch verrät. Es sind also meist auch **Selbstentlarvungswitze**.

Auch die **Beichtstuhlwitze** haben häufig ein unabsichtliches Missverständnis zum Thema. Die Ohrenbeichte im Flüsterton dürfte besonders anfällig für gescheiterte Kommunikation sein. Außerdem sind verfängliche und zweideutige Aussagen ein ideales Witzmaterial. Häufig wird die dominierende Rolle des Beichtvaters in Frage gestellt oder der Effekt der Beichte ad absurdum geführt. Hinzu kommt, dass sich der Beichtende und der Beichtvater oft auf verschiedenen **Sprachebenen** und in verschiedenen Gedankenwelten bewegen. Der erste Witz in der folgenden Reihe von **Beichtstuhlwitzen** findet sich bei Lutz Röhrich. Er weist auf den auffälligen Umstand hin, dass viele dieser Witze einen sexuellen Hintergrund haben.

Ein nicht unerfahrenes Mädchen bekennt im Beichtstuhl freimütig seine Fehltritte. „Weißt du eigentlich, was du mit diesen Sünden verdienen würdest?", fragt der Beichtvater entrüstet. „So ungefähr", antwortet das Mädchen sachlich, „aber mir geht es nicht ums Geld." (Bemmann, 1970, S. 58, 1973, S. 80, Röhrich, S. 204)

◊

Die blutjunge Resi beichtet ihrem Dorfpfarrer. „Hochwürden", flüstert sie in arger Verlegeheit, „ich hab' einen Schatz, den Wastl ..." – „Resi", mahnt der Pfarrer, „den musst du lassen!" – „Hochwürden", murmelt sie verschämt, „ich tät ihn ja lassen, aber der Depp traut sich nicht!" (Bemmann, 1973, S. 102)

Der Pfarrer meint „den Freund sein lassen", sie aber denkt: „den Freund drüberlassen".

In einem oberbayrischen Dorf ist ein neuer Kaplan aus der Stadt. Als er zum ersten Mal Beichte hört, bekennt ihm ein Bauer, dass er ein Reh gewildert habe. Auf solche Probleme nicht vorbereitet, bittet der Kaplan den Sünder, einen Augenblick zu warten und geht hinüber zum Pfarrer, der in dem anderen Beichtstuhl sitzt. „Da ist einer", sagt er, „der hat ein Reh gewildert, was soll ich ihm geben." – „Nicht mehr als zwei Mark fünfzig fürs Kilo, mehr zahle ich nie!" (Bemmann, 1973, S. 82–83)

Version 2

Ein katholischer Priester sucht eine Urlaubsvertretung für die Messe. In der Umgebung gibt es aber nur einen evangelischen Pfarrer, also fragt er den. Er erklärt ihm alles und hinterlässt ihm ein Buch mit Strafen für die Beichte. Am darauffolgenden Sonntag hält der evangelische Pfarrer die Messe, dann kommt es zur Beichte. Der Erste beichtet: „Ich habe immer schmutzige Träume, was soll ich tun?" Der Pfarrer blättert in seinem Buch und sagt: „Zwei Ave-Maria und drei Vaterunser." Der Zweite beichtet: „Ich hatte außerehelichen Sex." Der Pfarrer blättert wieder: „Zehn Ave-Maria und acht Vaterunser." Nun kommt der Dritte: „Ich hatte Oralverkehr mit einem Mann." Der Pfarrer blättert und blättert und findet nichts. Da geht er aus dem Beichtstuhl zu den Ministranten und fragt: „Sagt mal, was gibt der Priester denn so für Oralverkehr?" – „Ach, manchmal ein Mars, manchmal ein Snickers."

In der schärferen Version 2 kommt es zu einem unabsichlichen Missverständnis zwischen einem evangelischen Geistlichen, dessen Religion keine Beichte kennt, und einem Ministranten, der den katholischen Priester kennt.

Eine noch größere Gruppe von Witzen in Dialogform mit unabsichlichen Missverständnissen sind **Mutter-Kind-Witze** und **Lehrer-Kind-Witze**. Der folgende jüdische Witz aus der Sammlung Olsvanger zeigt, welche Konfusion entstehen kann, wenn bei der Übersetzung der Bibel das hebräische Original und die Übersetzungssprache, also das Deutsche, vermischt werden.

In der Übersetzung der Bibel kam man in Cheder zu der Stelle „Watomoth Sara" (Gensis, 23,1: Sarah ist gestorben). *Bei der Wiederholung konnte der kleine Chaim diese Stelle nicht übersetzen und fragte den Melamed* (Lehrer): *„Rebbe, was heißt watomoth?"*
Der Lehrer erklärt: „Watomoth: Ist gestorben; Sarah – Sarah; also wer ist gestorben?"
„Watomoth ist gestorben", antwortet Chaim.
„Dummkopf, ‚watomoth' das heißt deutsch: ist gestorben. Also wer ist gestorben?"
Chaim antwortet: „Deutsch ist gestorben."
Der Melamed gerät in Zorn: „Lausbub, blöder! Ich sage dir schon zum zehnten Mal: Watomoth, das heißt deutsch: ist gestorben. Sarah – Sarah; watomoth Sarah: Sarah ist gestorben; also – wer ist gestorben?
„Jetzt kenn' ich mich schon gar nicht mehr aus, Rebbe!", antwortet Chaim. „Alle sterben. Watomoth ist gestorben, Deutsch ist gestorben und Sarah ist auch gestorben."
(Jüdische Schwänke, S. 28)

Bei Salcia Landmann, die Olsvanger als Quelle für ihr Buch nennt, heißt der Bub Dovidl, das ist der kleine David, der Witz ist gut erzählt.

(…)

DOVIDL: *Deutsch ist gestorben.*
MELAMED *(brüllend): Idiot, Rindvieh! Noch einmal: Watamot – ist gestorben. Sara – Sara. Watamot Sara – Sara ist gestorben. Also wer ist gestorben?*
DOVIDL *(schluchzend): Rebbe, nun kenn' ich mich überhaupt nicht mehr aus. Das ist doch die reinste Seuche! Watamot ist gestorben, Deutsch ist gestorben, und nun ist Sara auch noch gestorben.*
(Landmann, 1960, S. 151)

Der Witz, im Original mit *Das große Sterben* betitelt, ist ein schönes Beispiel für einen **Dreizahlwitz**.

Die nächsten zwei Witze sind jung, modern und frisch:

„Mama, was kräult da?" – „Das heißt: kriecht!" – „Und wohin kräult das Kriecht?"

◊

*„Mama, ich geh Ikea!" – „**Zu** Ikea!" – „Dann ich geh morgen Ikea."*

Das erste Beispiel illustriert den legitimen Versuch der Mutter, dem Kind ein Deutsch jenseits des Dialekts beizubringen, ein „richtiges Deutsch", wie man so sagt. Das Verb „kräulen" ist das dialektale Pendant zu „kriechen".

Beim zweiten Beispiel ärgert sich die Mutter darüber, dass das Kind die Präposition „zu" weglässt. Das machen viele Schüler unter dem Einfluss ihrer türkischsprachigen Mitschüler. Sie finden es „cool" so zu reden, und die Kommunikation funktioniert ja dennoch. Auch in den Mundarten wird oft die Präposition weggelassen. Ein Villacher sagt beispielsweise „Ich fahre morgen Klagenfurt". Ich erinnere mich noch, wie früher in Wien in der Stadtbahn die Züge über Lautsprecher ohne Präposition angesagt wurden: „Zug fährt Heiligenstadt", „Zug fährt Hütteldorf" etc. Das hat damals niemanden gestört.

In Deutschland kursieren regionale Varianten dieses Witzes, in denen nicht die Mutter, sondern ein Türke korrigierend eingreift.

*Ein Bayer hat sich verirrt und fragt einen Türken, der des Weges kommt: „Entschuldigung, wo gehts denn do noch Aldi?" Der Türke verbessert: „**Zu** Aldi." Darauf der Bayer: „Ach, Aldi hot scho zua?"* (vgl. Koch, S. 60)

Dass Dialektsprecher in Bayern „nach Aldi" sagen, ist ein Konstrukt des Witzes wegen. In Bayern wäre „zum Aldi" zu erwarten. Dass ausgerechnet ein Türke korrigierend eingreift, erhöht die Lachkraft des Witzes.

Geht eine Katze ins Fitnessstudio. „Was machst du denn hier?", fragt die Trainerin verwundert. Darauf die Katze: „Mein Frauerl hat mir erzählt, dass man sich hier einen prima Muskelkater holen kann."

Das ist ein hervorragender Sprachwitz – nicht nur deshalb, weil „Muskelkater" wörtlich genommen wird. Wir können zusätzlich assoziieren, dass die Katze rollig ist und fern von ihrem Zuhause einen Kater sucht, der durchaus muskulös sein darf. So eine Spezies findet man im Fitnessstudio. Gleichzeitig ist auch der Doppelsinn der Wendung gegeben – „sich (im Fitnessstudio) einen Muskelkater holen" verglichen mit „sich (in der Disco) einen Sexualpartner für die Nacht holen".

Caruso ist in den Vereinigten Staaten auf Gastspielreise. Da hat sein Auto eine Panne. Während der Chauffeur sich an dem Wagen zu schaffen macht, geht Caruso zu einem nahegelegenen Haus, in dem ein Farmer wohnt. „Ich bin Caruso", sagt der Sänger zu dem Farmer, der ihn freundlich empfängt. „Was, Sie sind wirklich Caruso?", fragt der Farmer. „Der berühmte Caruso?" Caruso stolz, dass man ihn selbst hier kennt, bejaht. „Mutter, Kinder, kommt!", ruft der Farmer. „Caruso ist hier bei uns, der berühmte Inselbewohner Robinson Caruso."

Die Pointe in diesem **Unbildungswitz** kommt überraschend und ist gut gesetzt. Bei dem einen oder anderen Zuhörer könnte der Gedanke aufkommen: „Was bildet sich dieser Tenor eigentlich ein? Glaubt er wirklich, dass ihn jeder Farmer im entlegensten Winkel der Vereinigten Staaten kennt?" Ein anderer Zuhörer wird sich vielleicht denken: „Das ist typisch für die Amerikaner, sie haben keine Ahnung von europäischer Kultur."

In jüdischen Witzen treten Missverständnisse vor allem deshalb auf, weil die Sprecher zwischen dem Jiddischen und den dialektalen Formen des Deutschen hin und her schwanken. Das Jiddische ist eine aus dem Mittelhochdeutschen hervorgegangene Sprache, die mit hebräischen, aramäischen, romanischen und slawischen Elementen angereichert ist.

Drei Herren im Zug nach Marienbad. Sie unterhalten sich ein wenig. „Ich bin Antisemit. Und Sie?" – „Ich bin Semit." – „Aha. Und Sie?" – „Ich bin mied." – „Ich hab nicht gefragt, was sie sind, sondern wie sie **gesinnt** sind." – „Was haist gesind? Wenn ich wär **gesind**, für was müsst ich fahren nach Marienbad?"
(Landmann, 1972, S. 163; 2010, S. 653, dort Bad Gastein statt Marienbad)

◊

„Kannst du Deutsch?" – „Ech kenn." – „Also pass auf: Was ist leichter, ein Ei zu zerklopfen oder zu zerbrechen?" – „Wos is dos: ‚oderzuzer'?"
(Landmann, 1960, S. 418)

◊

Am Anhalter-Bahnhof in Berlin (die „Anhalter Bahn" verband Berlin mit dem Fürsten- bzw. Herzogtum Anhalt) *fragt ein Ostjude den Bahnhofsportier, auf einen abgehenden Zug weisend:* „Wo gait (geht) er?" – „Erfurt." – „Ich seh, er furt (fährt), ober wo gait er?" (Landmann, 2007, S. 259)

◊

Juden unter sich: „Frehlache Ostern!" – „Ich verstehe nicht: Meintest du bitte ‚frehlach' (fröhlich) wie ‚listig' (lustig) oder ‚frelach' (freilich) wie ‚ja'?" – „Ich verstehe auch nicht: Meinst du ‚listig' wie ‚heiter' oder listig' wie ‚schlau'? Und meinst du Oustern, das liebliche Fest, oder Ostern, die Meeresungetüme?" (Landmann, 2010, S. 531)

◊

„Haben Sie Austern schon gegessen?" – „Warum soll ich Oustern nicht gegessen haben? Oustern (Ostern) *ist doch kein Trauerfest, wo man fastet!"* (Landmann, 2007, S. 259)

◊

Der Lehrer fragt den kleinen Moritz: „Warum bist du nicht gekämmt?" – *Darauf Moritzl:* „Wieso, Herr Lehrer? Wenn ich wär nicht gekemmt (gekommen), *dann wär' ich doch nicht do!"* (Landmann, 2007, S. 267)

◊

Silberstein hat einen Poeten zum Diner eingeladen. Auf den Tisch kommen dem Gast zuliebe nur ganz exquisite Speisen. Nach dem Essen fragt Silberstein den Poeten: „Nu, Herr Doktor, wie hat Ihnen *gefallen das Menu?" Der Dichter in poetischer Erregung: „Die ganze Speisenfolge – ein Gedicht. Jeder Gang – eine Strophe." Silberstein aufgeregt: „Dieses Essen nennen Sie eine Strofe (Strafe)?! Das sag ich sofort meiner Frau." (Landmann, 1972, S. 155–156)*

◊

Zwei Juden aus dem Osten der Monarchie kommen nach Berlin. Sie hören mit Verwunderung, wie die Leute ringsum miteinander reden, und dann sagt der eine zum andern: „Her (höre!)*, wi sej hobn ruiniert unser Sprach!" (Landmann, 2010, S. 527; Karasek, 2011, S. 83, aber in die Gegenwart verlegt)*

◊

Eine wohlsituierte Familie in Breslau lädt einen jungen Verwandten aus Polen ein. (…) Man versucht alles, aber der junge Mann ist nicht zu bewegen, den Mund aufzumachen. Er bleibt stumm, düster und verängstigt in einer Ecke sitzen. Es wird musiziert, und eine Dame wendet sich freundlich an den stillen Gast und fragt: „Sind Sie musikalisch?" – „Nein", kommt die Antwort. „Ich bin nich' Moische Kalisch. Ich bin Jukob Susser." (Meyerowitz, S. 56)

Torberg hat in seiner Polemik (Torberg, Wai, S. 56) Salcia Landmann heftig kritisiert, weil diese den Witz in ihre Sammlung aufgenommen hatte – mit einer etwas anderen Pointe: „Ich bin Ruben Kalisch. Moische Kalisch sitzt oben im ersten Rang." (Landmann, 1960, S. 406)

Meyerowitz teilt diese Kritik nicht: „Es liegt kein Grund vor, diese Witze so zu verachten, wie Torberg es tut, sie hatten ihre Funktion, ihren fast tragisch tiefen Sinn." (Meyerowitz, S. 56)

Warum amüsieren wir uns über Missverständnisse in Sprachwitzen? Offensichtlich lachen wir über Missgeschicke jeglicher Art, sofern wir nicht betroffen sind. In den Filmen von Charlie Chaplin und Buster Keaton sehen wir körperliche Missgeschicke, die in der realen Welt zu Schmerzen führen würden: Der Akteur fällt in einen Wassergraben oder stürzt mit einer umfallenden Leiter zu Boden. Aus demselben Motiv lachen wir über die peinlichen Missgeschicke des Mr. Bean, dargestellt von Rowan Atkinson, und des Monsieur Hulot, dargestellt von Jacques Tati. In Sprachwitzen lachen wir über kommunikative Missgeschicke.

Herr Mayer kommt von der Börse, ist ganz konsterniert, geht in Gedanken versunken vor sich hin und sagt: „Gut, wenn es unbedingt sein muss, dann gebe ich fünf Prozent, wenn gar nichts hilft, gebe ich sogar sechs Prozent, und wenn alle Stricke reißen, gebe ich sogar sieben Prozent." Und wie er so geht, kommt er an eine Grube. – Da ruft ein Arbeiter herauf: „Geben Sie acht!" – „Nein", schreit Mayer, „acht gebe ich nicht!" Drin ist er gelegen. (Berg, Zum Zerspringen, S. 22)

Dieser **Situationswitz** vereinigt ein kommunikatives Missgeschick mit dem Sturz in eine Grube und illustriert eine Humortheorie, die sich schon bei Plato und Aristoteles findet und vom englischen Philosophen Thomas Hobbes weiterentwickelt wurde.

> *Maxl hat die hässliche Gewohnheit, Gesichter zu schneiden. Die Tante verbietet es ihm. „Wenn ein Kind immer ein so hässliches Gesicht schneidet, lässt der liebe Gott es ihm einmal stehen." – „Nicht wahr, Tante", fragt Maxl, „wie du klein warst, hast du auch einmal Gesichter geschnitten?"* (Reitzer, Gut Jontev, S. 5)

Die **Überlegenheitstheorie** wurde von Hobbes so definiert: „Die Leidenschaft des Lachens ist ein plötzliches Hochgefühl, das entsteht, wenn wir in uns unverhofft eine Überlegenheit gegenüber der Schwäche eines anderen entdecken." Wir lachen also über ungeschickte oder hässliche Personen, weil wir uns freuen, ihnen überlegen zu sein, wobei das Gefühl der Überlegenheit oft mit **Schadenfreude** verknüpft ist „Geschieht ihnen schon recht" – den Neureichen, den Adeligen, den Offizieren etc. (siehe S. 59 ff., 52 ff. und 56). In vielen dieser Geschichten wird angeprangert, dass den Witzfiguren allesamt das fehlt, was entscheidend ist, nämlich Bildung.

Zum Abschluss eine großartige Szene aus *Die letzten Tage der Menschheit* von Karl Kraus – sie beweist, dass Kraus die Technik von Sprachwitzen mit unabsichtlichen Missverständnissen gut beherrscht hat. Der Witz spielt, wie einige andere Szenen auch, in Wien an der Sirk-Ecke während des Ersten Weltkrigs.

> EIN BERLINER SCHIEBER *(sehr schnell zu einem Dienstmann):* Kommen Se *mal ran und laufen Se rüber ins Restaurang, kucken Se, ob dort'n Herr wachtet oder gehn Se zum Potje oder zum Ober und fragen Se nach dem Sektionscheff Swoboda, der von Zadikower aus Berlin Mitte bestellt ist, mit der einflussreichste Mann, den ihr in Wien jetzt habt, er möge noch wachten und 'n Tisch anjeben, das Treffbuch liegt vamut-*

lich an der Auskunftei aus, falls ich vahindat wäre, will ich mit ihm
Amdbrot essen, habe aber noch 'n Jeschäft, für den Fall hörn Se dass
a vahindat wäre, möge er nachts nach dem Muläng rusche komm'n
oder wie det Etablissemang jetzt heißt, Se wissen doch, wo die Mizzal
tanzt, mit das schikste Mädchen, das ihr in Wien jetzt habt, ich komme fünfzehn Minuten vor zwölfe, nu man fix habn Se vaschtanden?
(Der Dienstmann betrachtet den Fremden erstaunt und schweigend.)
Ja Menschenskind vaschtehn Se nich deutsch?
Der Dienstmann: **Ahwoswoswaßiwossöwulln** –
Der Schieber *(sich empört an die Vorübergehenden wendend, die eine Gruppe bilden): Nu haste Worte, hörn Se mal, erlauben Se mal, das is'n ausjewachsener Skandal, was in eurem lieben Wien allens vorkomm' kann (...) dass sich eine Bevölkerung, mit der wir doch Schulter an Schulter kämpfen, so 'ne Sottise jefallen lässt, das ist doch kolomassiv, ihr Wiener habt ja nu eben keene Ahnung, dass ihr im Kriege seid, darum seid ihr auch schon nach einem Jahre untendurch (...)*
Rufe aus der Menge: *Ja was is denn gschehn?*
Der Schieber: *Was jeschehn is? Da fragen Se noch? Ulkjes Völkchen! Der Mann da, hat dajestanden wie'n richtich gehender Wiener Dienstmann, ich wollt ihn rüberschicken ins Restaurang mit 'ner wichtjen Nachricht für 'nen Sektionscheff, den ich bestellt habe, und er – ich bitte Sie, jetzt im Krieg –*
Die Menge: *Na was denn, was hat er denn tan?*
Der Schieber: *– und er antwortet mit englisch!*
Daraufhin brüllt die Menge: „Gott strafe England!" (II. Akt, 1. Szene)

Der Berliner hat die dialektale Version von **„Ah, was! Was weiß ich, was Sie wollen"** für Englisch gehalten – die Sprache des Kriegsgegners.

Eine Sonderform stellen Missverständnisse dar, die durch eine Frotzelei herbeigeführt wurden. Auch in diesem Fall bedarf es eines Gegenparts, es muss jemand sein, der die Frotzelei unabsichtlich ernst nimmt. Ostfriesen und Burgenländer kommen hierfür in Frage, in Deutschland auch Ossis und Ösis. Die Geschichte kann aber auch als **Omawitz** erzählt werden.

Eine Oma steigt in ein Taxi und fragt: „Was soll der Stern da vorn auf dem Auto?" – „Damit ziele ich und fahre die Fußgänger nieder", sagt der Taxichauffeur mit einem Schmunzeln. Wenig später rennt ein Mann über die Straße. Der Taxifahrer visiert den Mann an, verreißt im letzten Moment das Auto und fährt an dem Mann vorbei. Da hört er hinten einen dumpfen Schlag und die Oma ruft: „Ich glaub', Sie müssen noch üben! Wenn ich nicht im letzten Moment die Tür aufmach', geht uns der glatt durch die Lappen!"

So kann eine Frotzelei ein schlimmes Ende nehmen.

„Two to Tolouse!" – Absichtlich missverstanden

Den ersten Witz, den ich als Beispiel bringe, kennen Sie wahrscheinlich seit langem, er ist ein Klassiker.

Sagt ein englisches Paar am Fahrkartenschalter in Paris: „Two to Toulouse!" Der Beamte antwortet: „Täteretäää."

Version 2

Zwei englische Paare am Fahrkartenschalter in Paris. Erstes Paar: „Two to Toulouse!" Zweites Paar: „Two to Toulouse too!" Beamter: „Täteretääätä."

Gehen wir davon aus, dass der französische Bahnbeamte sehr wohl versteht, was gemeint ist. Mit seiner Antwort macht er sich über die Engländer lustig, deren Intonation er als Singsang empfindet. Besonders Engländerinnen neigen zu einer stark akzentuierten Satzmelodie.

Auch bei dem nächsten Witz rechne ich damit, dass es sich um absichtliche Missverständnisse handelt.

Ein Jude, der nach England emigrieren konnte, will an einem Schalter der Londoner U-Bahn eine Fahrkarte kaufen. „To Piccadilly." Der Beamte gibt ihm zwei Tickets. „No, for Piccadilly." Der Beamte gibt ihm vier Tickets. „Nein, Piccadilly", fleht der Emigrant auf Deutsch. Der Beamte gibt ihm neun Tickets. (vgl. Köhler, S. 99)

Wie schal wirkt dagegen ein Einzahlwitz mit einem unabsichtlichen Missverständnis:

Eine Blondine bestellt an der Bar einen Martini. „Dry?", fragt der Barkeeper. Die Blondine: „Nein, nur einen."

Bleiben wir bei den absichtlichen Missverständnissen, sie sind meist eine Frotzelei ...

Zwei Männer an der Bushaltestelle, der eine mit einem Geigenkasten. Fragt der andere Mann: „Spielen Sie Geige?" – „Nein, oder hören Sie was?"

Ein Mann war 15 Jahre in einer Knochenhandlung angestellt. Eines Tages bemerkt der Chef, dass er ihm um 500 Kronen Knochen gestohlen hat. Sofort entlässt er ihn. Am andern Tag kommt der Mann zum Chef und bittet um ein Zeugnis. „Na, so eine Frechheit", sagt der Chef, „ist mir in meinem ganzen Leben noch nicht vorgekommen! Erst stehlen Sie mir um 500 Kronen Knochen, dann wollen Sie noch ein Zeugnis haben. Ich weiß doch gar nicht, was ich hineinschreiben soll." Da sagt der Mann: „Schreiben Sie hinein, er war treu und ehrlich bis auf die Knochen." (Berg, 1920, S. 15–16)

... aber sie können auch dazu dienen, eine heikle Situation auf humorvolle Weise aufzulösen.

Blau kommt unerwartet nach Hause, findet seine Frau im tiefsten Negligé im Schlafzimmer, unter dem Bett sieht er ein paar braune Herrenschuhe. „Ich trage keine braunen Schuhe", sagt er streng. „Wem gehören sie?" Die Frau verlegen: „Ich weiß es nicht." Blau drohend: „Von wem sind diese Schuhe?" – „Keine Ahnung." – „Ich frage dich zum dritten und letzten Mal: Von wem sind die Schuhe?" Da ertönt plötzlich eine Stimme unter der hochgewölbten Bettdecke hervor: „Damit endlich a Ruh is' – sie sind von Bally!" (Landmann, 2010, S. 498–499)

Allerdings wird nur im Witz „damit a Ruh sein". Ehebruch ist ein durchgehendes Thema vom älteren Schwank bis zum Gegenwartswitz, schreibt Lutz Röhrich. Wenn es dem Ehebrecher gelingt, sich aus der Defensive zu befreien, eine witzige Ausflucht zu finden, dann hat er die Lacher des imaginären Publikums auf seiner Seite und der Betrogene ist ein zweites Mal betrogen (Röhrich, S. 156). Jedenfalls schöpfen diese Witze ihre Lachkraft aus einer „Kollision individueller Triebbedürfnisse mit gesellschaftlich verbindlichen Verhaltensnormen" (Röhrich, S. 154).

„Bring die Veranda einfach mit!" – Unverstandene Lehnwörter

Wörter aus einer fremden Sprache sind entweder Fremdwörter oder Lehnwörter. Von einem **Lehnwort** spricht man dann, wenn das übernommene Wort in seiner Lautung, Schreibung und Flexion an den Sprachgebrauch des Deutschen bereits angepasst ist. Bei einem **Fremdwort** ist eine solche Anpassung nicht erfolgt. Allerdings sind die Grenzen fließend und die Definitionen in der Sprachwissenschaft uneinheitlich.

Außerdem kann ein Wort mehrmals von einer Sprache in eine andere wechseln. So geht das österreichische Wort „Fauteuil" für einen bequemen Polstersessel auf ein gleichlautendes französisches *fauteuil* zurück. Die ältere Form *faldestueil* deutet auf ein deutsches Herkunftswort hin: Faltstuhl. Die **diachrone Sprachwissenschaft** befasst sich mit derartigen Fragen, auch mit dem Bedeutungswandel von Wörtern im Lauf der Sprachgeschichte. Für Witze sind derartige historische Betrachtungen bedeutungslos. Die **synchrone Sprachwissenschaft** kümmert sich nur um das Hier und Jetzt. Der Sprachwitz ebenfalls.

Für **Unbildungswitze** sind Lehnwörter besser geeignet als Fremdwörter, denn Ausdrücke, die in das Deutsche bereits integriert sind, sollte jeder kennen.

Baron Mucki wird von Graf Bobby angerufen: „Mucki, kommst du mit zum Tennisspielen?" Mucki: „I mag net. I lieg grad so schön auf der Veranda!" Bobby: „Geh, sei kein Frosch, bring sie halt mit!"

Durch geringfügige Änderungen wird aus einem **Graf-Bobby-Witz** ein **Frau-Pollak-von-Parnegg-Witz** – und auch umgekehrt.

Frau Pollak will einen Ball geben. Ihr Sohn Leo, ein glänzender Tänzer und Ballarrangeur, studiert in Brünn an der Technischen Hochschule. Die Mutter bittet ihn telegraphisch, zu kommen. Er telegraphiert zurück: „Es geht nicht. Ich liege mit Angina im Bett." Prompte telegraphische Antwort der Mutter: „Gib ihr sofort zwanzig Kronen, schmeiß sie hinaus und komm!" (Landmann, 1962, S. 204)

Veranda und Angina werden von den beiden Witzfiguren fälschlich als weibliche Vornamen interpretiert, weil diese Wörter auf -a enden.

> *In einer Unterhaltung erwähnt ein Gast das Wort „a priori". Frau Pollak: „Was heißt: a priori?" Der Gast: „Von vornherein." Frau Pollak: „Aha, ich versteh'! Jetzt weiß ich endlich auch was das heißt: apropos!"*
> (Landmann 2010, S. 576)

Hans Weigel verwendet diese Pointe in seiner Sammlung *Man derf schon* (Weigel, S. 18). Peter Köhler (Köhler, S. 102) und Jan Meyerowitz (Meyerowitz, S. 20) haben eine andere: „Jetzt weiß ich auch was das heißt: *a posteriori*."

> „Ihr Mann leidet an Delirium Tremens." – „An was?" – „An Säuferwahn." – „Niemals, Herr Doktor! Der säuft wirklich." (Hirsch, S. 75)

Das ist kein schlechter Witz. Was ein Delirium Tremens ist, könnte man wissen, aber Ärzte überfordern einen öfter mit Fachausdrücken, die nur ein Mediziner kennen kann.

In einer **Doppelconférence** verwechselt Frau Schöberl, dargestellt von einem in Frauenkleidern auftretenden Ernst Waldbrunn, zwei Lehnwörter aus dem Lateinischen: Elemente und Alimente (siehe S. 109)

Die Technik wird schon in den Dialogen der *Klabriaspartie* angewandt. In der folgenden Szene ersucht Dalles den Kellner Moritz, einen dritten Kartenspieler aufzutreiben – denn „Nathan ist nicht gekommen". Moritz wendet sich an „den Behm" Janitscheck. Der Dialog beginnt damit, dass Janitscheck die Formulierung „eine Partie machen" falsch interpretiert – vermutlich mit Absicht:

> DALLES: *Moritz, verschaffen Se uns e anständigen Dritten.*
> MORITZ *(geht zu Janitscheck): Sie, Herr Janitscheck, woll'n Se e gute Partie machen?*
> JANITSCHECK: *Ja, ich möchte schon lange heiraten.*
> MORITZ: *Wer will haben, dass Sie heiraten soll'n? Klabrias soll'n Se spiel'n.*
> JANITSCHECK: *Klabrias, aha, weiß schon, Sie meinen 's Klarinett.*
> MORITZ: *Wer brauch' Ihna Klarinett? Karten soll'n Se spiel'n.*
> (Bergmann, S. 27)
>
> ◊
>
> JANITSCHECK: *Meine Herren, ich muss Ihnen sagen, dass bin ich ein Spiritist.*
> DALLES *(zu Reis): Was is er, e Spiritus?*
> REIS: *Na, e Spiritist is er.*
> (Bergmann, S. 37)

„Spiritus" und „Spiritist" sind **Paronyme**: ähnlich klingende Wörter einer Sprache, die miteinander verwechselt werden können. Die Verwechslungen können unabsichtlich oder absichtlich erfolgen. Liegt eine Absicht vor, haben wir es mit einer Frotzelei zu tun. Dass Janitscheck „Klabrias" und „Klarinett" verwechselt, ist Absicht.

Aus heutiger Sicht sind diese Witze schal, weil die paarig auftretenden Wörter lautlich weit voneinander entfernt liegen. In Zeiten extremer Sprachvermischung, also Ende des 19. Jahrhunderts, lag die Toleranzschwelle niedriger als heute.

„Meine Tochter heiratet demnächst einen Veterinär." – „Was? So einen älteren Herrn aus dem Weltkrieg?" – „Aber nein, so einen, der kein Fleisch isst."

Lutz Röhrich schreibt dazu: „Hier werden die anklingenden Begriffe Veterinär, Veteran und Vegetarier durcheinandergewirbelt. Das alles sind sogenannte **Galimathias-Witze**. Galimathias (Unsinn, wirres Geschwätz) entsteht sehr leicht dort, wo man von Gegenständen redet, die man nicht genau kennt, oder Worte braucht, die man nicht im Kopf, sondern nur nach ungefähren Anklängen im Gehör hat." Dazu gehören auch absichtliche Verballhornungen wie „Beethovens Erotika" und der „Gang nach Casanova". (Röhrich, S. 54)

Witzig seien solche Irrtümer vor allem dort, wo ein sinnvolles Versprechen eingetreten ist, das heißt, wo das Missverständnis einen neuen Sinn ergibt. Als Beispiele nennt Röhrich „Venus von Kilo" statt „Venus von Milo", weil die Figur eine beleibte Person darstellt. Auch Hans-Martin Gauger bringt ein treffendes Beispiel:

„Pavarotti – Meister des ‚bel conto'" (Gauger, 2006, S. 118)

„Passts auf, es kumman no' drei Bsoffene!" – Die Faszination der Dreizahlwitze

Die **Dreizahl** spielt bei Witzen eine ungemein wichtige Rolle. Wenn es um drei Personen, drei Sachen oder drei Themen geht, haben wir das Gefühl, die goldene Mitte zwischen einem Zuwenig und einem Zuviel zu treffen. Nach lateinisch *oratio trimembris* wird das Phänomen oft auch als Dreigliedrigkeit bezeichnet.

> *Ein Sizilianer geht in Palermo in eine Disco und hat ein T-Shirt an, auf dem steht: „Türken haben drei Probleme". Ein Türke kommt auf ihn zu und fragt: „Ey, was soll das?" Der Sizilianer antwortet: „Siehst du, das ist euer erstes Problem, ihr seid viel zu neugierig." Der Türke geht und kommt nach ein paar Minuten mit einem zweiten Türken zurück und die beiden schubsen den Sizilianer herum. Der Sizilianer sagt: „Siehst du, das ist euer zweites Problem, ihr seid viel zu aggressiv." Die Türken ziehen ab. Der Sizilianer tanzt noch eine Stunde und geht dann aus der Disco. Draußen warten fünf Türken, jeder zieht ein Messer. Der Sizilianer: „Seht ihr, das ist euer drittes Problem, ihr kommt mit Messern zu einer Schießerei!"*

Das ist ein **Ethnowitz**, er beinhaltet die stereotype Vorstellung, dass die Sizilianer schießwütige Mafiosi sind, die Türken aggressive Messerstecher. Wir sind die unbeteiligten Dritten und lehnen uns amüsiert zurück. Gleichzeitig ist der Witz aber auch ein Musterbeispiel für einen **Dreizahlwitz**. Dem Zuhörer wird gleich zu Beginn signalisiert, dass es um drei Themen gehen wird: durch die Aufschrift auf dem T-Shirt.

Warum ist in vielen Witzen die Dreizahl der tragende Pfeiler? In der Logik des Erzählens – im Märchen, in der Literatur und auch im Witz – geht es häufig um drei Einheiten, drei Themen, drei Aufgaben. Die Zahl drei steht für die Trinität – Vater, Sohn und Heiliger Geist –, für die Urform der Familie – Mutter, Vater und Kind – und für den Erkenntnisgewinn – These, Antithese und Synthese. Wir sagen: „Aller guten Dinge sind drei." Nicht zwei und nicht vier. Unser Buchstabensystem bezeichnen wir mit den ersten drei Buchstaben als ABC.

In einem Märchen, aufgeschrieben von den Brüdern Grimm, hilft ein kleines Männlein der Müllerstochter Gold zu spinnen. Am ersten Tag verlangt es als Gegenleistung ihr Halsband, am zweiten ihren Ring und am dritten das erstgeborene Kind. Als das Kind geboren ist, macht das Männlein eine Konzession: Wenn es die Mutter schaffe, in drei Tagen seinen Namen herauszufinden, dürfe sie ihr Kind behalten. Am dritten Tag bekommt sie den Hinweis, dass das Männlein „Rumpelstilzchen" heißt. Als es wiederkommt, fragt die Mutter: „Heißest du Kunz?" – „Heißest du Heinz?" – „Heißest du etwa Rumpelstilzchen?"

In Schillers Ballade *Die Bürgschaft* muss Damon drei Aufgaben bewältigen, an jedem Tag eine, um seinen Freund, der für ihn bürgt, vor der Hinrichtung zu retten. Als er glaubt, zu spät zurückgekehrt zu sein, will er seinem Freund in den Tod folgen. „Das rühme der blutge Tyrann sich nicht / Dass der Freund dem Freunde gebrochen die Pflicht / Er schlachte der Opfer zweie / Und glaube an Liebe und Treue." Der Tyrann ist gerührt: „Ich sei, gewährt mir die Bitte, / In eurem Bunde der Dritte."

In Uhlands Gedicht *Der Wirtin Töchterlein* sind drei Burschen mit dem Tod der Wirtstochter konfrontiert. An der Totenbahre klagt der erste und weint der zweite, der dritte sagt: „Dich liebt ich immer, dich lieb ich noch heut / und werde dich lieben in Ewigkeit."

Die Dreizahl symbolisiert Vollständigkeit – und das Dritte ist der Höhepunkt, es übertrumpft die ersten zwei. Nach dem „Gesetz der wachsenden Glieder" soll dem dritten Glied entweder silbenmäßig oder sinngemäß ein Übergewicht zukommen: Blut, Schweiß und Tränen; Feld, Wald und Wiese; Mann, Ross und Wagen. Das Prinzip der Dreizahl, auch ternäres System genannt, steht im Gegensatz zu dem ebenfalls recht häufig vorkommenden binären System in der Sprache. Weit verbreitete Zwillingsformeln sind: Schritt für Schritt; in Saus und Braus; mit Mann und Maus; kurz und gut; null und nichtig; Himmel und Hölle etc. Außerdem ist das binäre System auch ein Wesenselement der Computersprache (siehe S. 307).

Nach dieser Abschweifung in die Welt der Märchen und der Literatur zurück in die Welt der Witze.

> *Ein Autofahrer gerät in ein Planquadrat und muss in den Alkomaten blasen: 1,5 Promille. Der Polizist: „Sie ham ja ordentlich gesoffen." Der Mann versucht sich zu rechtfertigen: „Aber der Figl, der Qualtinger und der Oskar Werner haben doch auch gesoffen." Da greift der Polizist zum Funkgerät: „Passts auf, Burschen! Es kumman **no'** drei Bsoffene!"*

Die drei verstorbenen Persönlichkeiten, die der Polizist kennen sollte, sind: Leopold Figl (1902–1965), er war der über Parteigrenzen hinweg geachtete erste Bundeskanzler Österreichs nach dem Zweiten Weltkrieg, Helmut Qualtinger (1928–1986), er war als Schriftsteller, Schauspieler, Kabarettist und Rezitator weithin bekannt, und Oskar Werner (1922–1984), er war ein berühmter Film- und Bühnenschauspieler. Da alle drei im öffentlichen Leben standen, konnten sie ihre Alkoholkrankheit nicht verbergen. Im Mittelpunkt dieses **Unbildungswitzes** steht ein dienstfertiger Polizist, der mit keinem der drei Namen etwas anfangen kann (siehe S. 271).

Das Beispiel zeigt, dass die Dreizahl auch bei Aufzählungen eine Rolle spielt. Lassen Sie versuchsweise im obigen Witz eine der drei Persönlichkeiten weg! Die Geschichte verliert an Farbe.

Werden bei einer Aufzählung mehr als drei Elemente genannt, entsteht beim Zuhörer der Eindruck, dass es sich um eine besonders große Menge handelt.

Der Lehrer fragt seine Schüler: „Wer von euch kann mir bedeutende historische Männer nennen, die der Menschheit große Dienste erwiesen haben?" – „Marx", ruft einer. „Einstein", sagt ein zweiter. „Freud", meint ein dritter. „Moses", antwortet ein anderer. „Jesus", fällt noch einem ein. Da steht ein Schüler auf und fragt: „Herr Lehrer, darf man auch einen Nicht-Juden nennen?" (Röhrich, S. 284–285)

Ein Witz von Heinrich Eisenbach, publiziert 1905, setzt ein Gefühl für die Magie der Dreizahl voraus.

Im Gasthaus bringt der Kellner einem Gast die Suppe. Der Gast ruft den Wirt und sagt: „Sie, was is' denn das? In der Suppen schwimmen zwei Fliegen herum!" Darauf der Wirt: „Entschuldigen Sie vielmals, ane is wegg'flogen, es waren drei." (Eisenbach, XV, S. 3–4)

„Ich hätte gern einen Verlängerten!" – Ein Wort, zwei Bedeutungen

Wenn ein Wort mehrere Bedeutungen hat, wird dies mit einem Fachausdruck als **Polysemie** bezeichnet – der erste Wortteil bedeutet „mehrfach", der zweite „Bedeutung". Ein Beispiel dafür ist das Wort „Ball". Darunter versteht man einerseits ein Sportgerät, andererseits eine Tanzveranstaltung. Das „Schloss" ist einerseits ein herrschaftliches Haus, andererseits eine Schließvorrichtung. Und „Tau" ist einerseits eine bestimmte Art Seil, andererseits eine meteorologische Erscheinung. Das Paradebeispiel für ein Wort mit vielen unterschiedlichen Bedeutungen ist „Läufer": jemand, der läuft; eine Spielerposition in mehreren Ballsportarten; ein längerer schmaler Teppich; eine Figur im Schachspiel; hinzu kommen noch jede Menge Fachausdrücke aus Handwerk, Technik und Biologie. Aus dem Kontext erkennen wir, was gemeint ist.

Polysemie kann auf verschiedene Arten entstanden sein: Ein Wort hat im Verlauf der Sprachgeschichte neben seiner Grundbedeutung eine weitere Bedeutung angenommen, das ist die eine Variante. Oder zwei verschiedene Wörter haben sich im Laufe der Zeit im Klang so stark aneinander angeglichen, dass wir das Gefühl haben, wir hätten es mit einem einzigen Wort zu tun. Es wird für uns allerdings nicht von Belang sein, zwischen diesen beiden Möglichkeiten zu unterscheiden. Wörter und Wendungen mit Mehrfachsinn gibt es in allen Sprachen, wir haben gesehen, dass schon in der Antike mit dieser Technik Witze kreiert wurden (siehe S. 21). Dass Wörter mit mehreren Bedeutungen der Normalfall sind, wird bei einem Blick in ein x-beliebiges Wörterbuch deutlich. Forschungen zu verschiedenen Sprachen haben gezeigt, dass es einen Zusammenhang zwischen Wortlänge und Mehrfachsinn gibt. Je länger Wörter durchschnittlich sind, desto geringer ist die Polysemie. Ist der Wortschatz einer Sprache besonders groß, gibt es weniger Mehrfachbedeutungen. Und je älter Wörter sind, desto mehr Bedeutungen haben sie im Durchschnitt im Lauf der Zeit erlangt. Unter den Sprachwitzen in deutscher Sprache sind Witze mit **Doppelsinn** jedenfalls die größte Gruppe. Das Material für diese Art von Witzen ist unerschöpflich.

Einen Witz mit der Doppelbedeutung des Wortes „Bank" habe ich in einem früheren Kapitel gebracht (siehe S. 107). Hier zur Erinnerung der Kern dieser **Doppelconférence**:

> HERR BERGER: *Ich nehme fünfhundert Schilling und lege sie auf die Bank.*
> SCHÖBERL: *Auf eine Bank? Das ist doch furchtbar leichtsinnig. Setzt sich einer hin, auf die Bank, sieht das Geld und geht damit fort.*
> HERR BERGER (schreit): *Keine Bank im Park. Eine Privatbank!*
> SCHÖBERL: *In einem Garten? Da klettert einer über den Zaun und …*
> HERR BERGER: *Ein Bankhaus meine ich!*

Witze mit **Doppelsinn** eines Wortes lassen sich auch mit einer semantischen Humortheorie erklären, die der US-amerikanische Sprachwissenschafter Victor Raskin 1985 entwickelt hat: Sie wird **Skriptopposition** genannt. Es ist die erste ausschließlich linguistische Theorie und deshalb für unsere Fragestellung von besonderem Wert. Unter Skript versteht Raskin alle internalisierten Wissenszusammenhänge, die beim Zuhören oder Lesen eines Textes abgerufen werden. Ein humoristischer Effekt entsteht dann, wenn zwei Bedingungen erfüllt sind:

Der Text muss zur Gänze oder in Teilen mit zwei unterschiedlichen semantischen Skripts kompatibel ein.

Die zwei kompatiblen Skripts müssen gegensätzlich und zur Gänze oder in Teilen überlappend sein.

Humor entsteht, wenn der Zuhörer am Ende des Witzes, also mit der Pointe, von dem ersten, offensichtlichen Skript zu dem zweiten, gegensätzlichen Skript wechselt. Das mag kompliziert klingen, ist aber anhand eines Beispiels, das Raskin bringt, leicht zu verstehen:

> *„Is the doctor at home?", fragt der Patient mit einer nach Bronchitis klingenden Flüsterstimme. „No", antwortet die junge und wunderschöne Frau des Arztes flüsternd. „Come right in!"*

Das mag kein besonders kräftiger Witz sein, aber interessant ist er sehr wohl. Das erste Skript lässt den Zuhörer glauben, dass ein Patient dringend einen Arzt braucht und ihn deshalb zuhause konsultieren will. Am Ende erkennt der Zuhörer, dass der Mann seine heimliche Geliebte in der Wohnung des gehörnten Arztes zu einem Schäferstündchen aufsucht. Der Wechsel vom „Doctor-Skript" zum „Lover-Skript" wird dadurch ausgelöst, dass die Frau „jung und wunderschön" ist und ebenfalls flüstert. Außerdem würde ihre hingehauchte und vertraulich klingende Antwort im „Doctor-Skript" keinen Sinn ergeben.

Man könnte den Text auch zur Gänze ins Deutsche zu übersetzen:

> *„Ist der Doktor da?",* fragt der Patient mit einer nach Bronchitis klingenden Flüsterstimme. *„Nein",* antwortet die junge und wunderschöne Frau des Arztes, ebenfalls im Flüsterton. *„Komm gleich herein!"*

Im Deutschen unterstreicht die Antwort in Du-Form den Wechsel zum „Lover-Skript".

Bemerkenswert ist, dass der „Doctor/Lover"-Witz keine doppeldeutigen Wörter enthält. Aber mit **Polysemie** ist natürlich alles wesentlich einfacher und drastischer.

> *Berel meets Schmerel shopping at the mall and sees he has a small gift-wrapped box.*
> SCHMEREL: *It's my wife's birthday tomorrow. Last week I asked Sarah what she wanted for her birthday.*
> BEREL: *And?*
> SCHMEREL: *Well, she said, ‚Oh, I don't know, just give me something with diamonds in it.'*
> BEREL: *So what did you get her?*
> SCHMEREL: *I bought her a deck of cards!*

Im ersten Skript erscheint Schmerel als ein liebevoller Ehemann, der seiner Frau zum Geburtstag ein teures Geschenk machen wird. Mit der Pointe „I bought her a deck of cards" wird ein zweites Skript deutlich: Der Mann will seine Frau mit einem lächerlichen Geburtstagsgeschenk frotzeln. In einem Kartenpaket sind ebenfalls *diamonds* – das ist die englische Bezeichnung für die Kartenspielfarbe Karo.

> *In einem Geschäftshaus war ein Buchhalter drei Jahre engagiert. Eines Tages ruft ihn der Chef ins Büro und sagt: „Se liaber Freund, Se san net bös, aber i muass Ihna entlassen." Darauf sagt der Buchhalter: „Hab' ich vielleicht meine Pflicht verletzt?" – „Aber na", sagt der Chef, „i bin ja mit Ihna sehr z'frieden, und glaub net, dass i so bald an Ersatz kriegen wer' für Ihna. Oba Sie wissen, i bin christlich-sozial, wann i a ka Antisemit bin, aba i hab' g'hert gestern abends, Se san a Jud, und wann des meine Kunden erfahr'n, verruinier i ma mei G'schäft, wenn s' her'n, dass i an Jud'n im Haus hab.'" Darauf sagt der Buchhalter: „Das hätt' ich mir nicht gedacht, dass mich Ihre Frau Gemahlin verraten wird." (Eisenbach, XVII, S. 3)*

In diesem blendenden Witz sind wir zunächst gespannt, wie die Entlassung begründet werden wird: Der Chef, er redet im Dialekt, sagt dem auf hoher **Sprachebene** argumentierenden Angestellten, er habe „gestern Abend" erfahren, dass der Buchhalter ein Jude ist. Kunden würden ausbleiben, wenn sie erführen, dass er „an Jud'n im Haus hat". Mit der Pointe kommt es zum Skriptwechsel. Es wird deutlich, dass der Chef „gestern Abend" tatsächlich „an Jud'n im Haus g'habt hat" – in seiner Wohnung. Der Buchhalter hat mit der Frau des Chefs geschlafen, wobei diese bemerkt hat, dass er beschnitten ist. Ob sie ihn bei ihrem Mann verpfiffen hat?

Auch in ganz kurzen Witzen kann es **Skriptopposition** geben, sozusagen auf engstem Raum.

Treffen sich zwei Jäger im Wald. Beide tot.

In diesem Fall glauben wir zunächst an das Skript „Zusammentreffen, um gemeinsam auf die Jagd zu gehen". In der Pointe wird daraus das Skript „tödlicher Jagdunfall". Die **Polysemie** von „treffen" ermöglicht die Skriptopposition.

Manchmal kommt es vor, dass sich bei einem Wort eine selten vorkommende Nebenbedeutung herausgebildet hat, die mit der gängigen Hauptbedeutung in einem Gegensatz steht. Das Beispiel stammt aus *Travnicek studiert ein Plakat* von Carl Merz und Helmut Qualtinger. In diesen Sketchen spielte Qualtinger den Travnicek und Gerhard Bronner den Stichwortgeber. Die zwei stehen unter einem Plakat mit der Aufschrift: „Denkt österreichisch beim Einkauf!" Ich zitiere aus der „Werkausgabe Helmut Qualtinger":

> TRAVNICEK: *Was wollen Sie eigentlich? Soll ich vielleicht, wann i beim Greißler bin, die Bundeshymne singen?*
> FREUND: *Nein, aber Sie sollen österreichisch handeln!*
> TRAVNICEK: *Mit'm Greißler?* (…)
> FREUND: *An die österreichische Wirtschaft müssen Sie denken!*
> TRAVNICEK: *I denk' mir eh immer: Des is a Wirtschaft.* (Bd. 3, S. 11)

Zunächst wird das Wort „handeln" doppeldeutig verwendet: Der Freund, also Bronner, verwendet das Wort im Sinn von „sich in einer bestimmten Weise (beim Kauf von Waren) verhalten". Travnicek, also Qualtinger, versteht das Wort anders: „über den Preis einer zum Kauf angebotenen Ware (mit dem Verkäufer) verhandeln". Mit sprachlichen Missverständnissen geht es weiter: Bronner denkt bei „Wirtschaft" an „die Gesamtheit der Einrichtungen und Maßnahmen, die sich auf die Produktion und den Konsum von Wirtschaftsgütern beziehen". Qualtinger versteht unter „Wirtschaft": „eine unordentliche Arbeitsweise". Das ist eine umgangssprachliche Nebenbedeutung dieses Ausdrucks.

> *Drei Männer protzen mit ihren Heldentaten im Krieg. Der erste: „Ich habe mit der Flak fünf feindliche Flugzeuge abgeschossen." Der zweite: „Das ist nicht schwer. Ich habe einen Flieger mit einem Gewehr von Himmel geholt." Der dritte: „Ich habe einen Flieger mit der Mistgabel heruntergeholt." Die beiden anderen: „Das glauben wir nicht. Von wo heruntergeholt?" – „Von meiner Tochter."*

Zunächst geht es in diesem **Dreizahlwitz** dem Anschein nach um die Wahl der Waffen: Flak, Gewehr, Mistgabel – je primitiver die Waffe, desto größer die Leistung. Auch das ist eine Form der **Überbietung**. Aber Flak ist eigentlich eine Abkürzung für „Flug(zeug)abwehrkanone" – umgangssprachlich auch „Fliegerabwehrkanone" genannt. Dadurch kann der **Doppelsinn** von „Flieger" Platz greifen: Flugzeug und Pilot. So viel zur **Technik** des Witzes, die **Tendenz** ist offensichtlich: Hört auf, mit euren angeblichen Heldentaten im Krieg zu prahlen!

Doppeldeutigkeiten spielen vor allem in Witzen mit sexuellem Inhalt eine Rolle. Im saloppen Sprachgebrauch werden solche Witze als „zweideutig", „schlüpfrig" oder „unanständig" bezeichnet, nach der Theorie der **Skriptopposition** geht es um einen Wechsel von einem nicht-sexuellen Skript zu einem sexuellen Skript. Die besseren unter diesen Witzen operieren mit zwei Doppeldeutigkeiten.

> *Die Musiklehrerin bereitet den Blockflötenunterricht vor und sagt zu den Schülern: „Wer noch keinen Ständer hat, geht in den ersten Stock und holt sich einen runter!"*
>
> ◊
>
> *Kommt ein Mann ins Kaffeehaus zum Frühstück. „Herr Ober, ich hätte gern drei Eier und einen Verlängerten." – „Das hätten wir alle gern."*

In diesem Fall hat nicht nur das Wort „Eier", sondern auch „der Verlängerte" einen Doppelsinn. „Der Verlängerte" ist in Wien ein Kaffee, der mit etwas mehr Wasser zubereitet wird.

Version 2

Kommt ein Mann ins Restaurant. „Herr Ober ich hätte gern einen Ochsenschwanz und drei Eier." – „Das hätten wir alle gern."

Ich halte diese Witze nicht für sexprahlerisch, sondern für resignativ. Der Mann wünscht sich etwas, das er nicht hat, wobei die Hoden als Symbol für die Potenz gelten.

Am Bahnsteig steht neben einer alten Bäuerin eine Holzkiste. Ein junger Mann kommt vorbei und will sich draufsetzen. Wie die Bäuerin das sieht, schreit sie: „Jessas, die Eier!" Der junge Mann mit fragendem Blick: „San Eier drin?" – „Na, Nägel schau'n raus!"

Wie nett, dass sich die alte Bäuerin um die Zeugungskraft des jungen Mannes Sorgen macht, obwohl sie nicht Nutznießerin ihrer Warnung sein wird.

Die Tochter wird von einem jungen Mann im Auto abgeholt. Sagt der Vater: „Pass gut auf, wenn er fährt!" Darauf die Mutter: „Pass gut auf, wenn er steht!"

Das nicht-sexuelle Skript trägt die Überschrift „Verkehrssicherheit". Die Mutter greift das Wort „fahren" auf und operiert mit dem gegensätzlichen Ausdruck „stehen". Dadurch tritt der Wechsel zu einem sexuellen Skript ein. Den folgenden Witz könnte ich genauso gut in die Kategorie der **Namenwitze** einordnen, aber wenn ich gerade bei den Witzen mit sexuellem Hintergrund bin, bringe ich ihn gleich hier.

Mama mit der Tochter im Naturhistorischen Museum bei den großen Eiern. Mama: „Siehst du Lotti, das sind die Eier von Strauß." Lotti: „Mama, die von Ziehrer sind auch so groß?" (Hundert Paprika Lozelech, S. 31)

Version 2

Graf Bobby besucht das Naturhistorische Museum und bleibt vor einem Straußenei stehen: „Donnerwetter! Unser Walzerkönig!"
(Gauger, 2006, S. 39)

Ein kompliziertes Beispiel für **Polysemie**, also Mehrfachbedeutung, liegt im folgenden **Dreizahlwitz** vor:

Was ist der Unterschied zwischen Mut, Übermut und Schlagfertigkeit? – Mut ist, wenn ein Mann nur mit der Badehose bekleidet ins Burgtheater geht. Übermut ist, wenn er die Badehose an der Garderobe abgibt. Schlagfertigkeit ist, wenn die Garderobiere sagt: „Wollen Sie Ihren Knirps nicht auch gleich dazulegen?" (Fritsch, S. 82)

„Knirps" ist einerseits ein kleiner Bub, das ist die ursprüngliche Bedeutung, andererseits die markenrechtlich eingetragene Bezeichnung für einen zusammenschiebbaren Schirm, der in eine Tasche passen soll. Die Kleinheit ist in diesem Fall das **Tertium comparationis**, das mitgedachte Dritte. Der Zuhörer assoziiert damit die Pointe. Man könnte in diesem Fall auch von **Polysemie mit Anspielung** sprechen.

Ein Brautpaar liegt im Bett. Er strengt sich furchtbar an, aber sie schaut nur verzweifelt zur Zimmerdecke. „Kann ich denn gar kein Feuer in dir entfachen?", fragt er schließlich. Seufzt sie: „Bei dem kleinen Docht?"

◊

Der Ehemann kommt nachhause und fragt seine Frau völlig verwundert: „Schatz, warum hat denn unsere Katze kein Fell mehr?" – „Aber du sagtest doch, ich soll die Muschi rasieren."

Freud hat gemeint, dass der tendenziöse Witz im Allgemeinen drei Personen braucht: „die Person, die den Witz macht, eine zweite, die zum Objekt der feindseligen oder sexuellen Aggression genommen wird, und eine dritte, in die sich die Absicht des Witzes, Lust zu erzeugen, erfüllt" (Freud, S. 114). Zu Freuds Zeiten war die erste Person fast immer ein Mann, und in **sexuellen Witzen** war die zweite Person, die zum Objekt der Aggression wurde, fast immer eine Frau.

Das ist inzwischen anders, das Witzeerzählen ist nicht mehr ein Monopol der Männer und die Männer können auch zum Objekt der Aggression werden. Die **Antimännerwitze** mit ihrem oft unverhüllten sexuellen Gehalt (siehe S. 49 ff.) werden sicherlich nicht in reinen Männerrunden erzählt. Es sind Witze von Frauen für Frauen, wobei hin und wieder auch ein anwesender Mann zum Zuhörer wird.

Welche Wörter eignen sich ganz besonders für Witze mit Doppelsinn? In den meisten Fällen kommen besonders frequente Wörter mit vielen Verwendungsmöglichkeiten zum Einsatz.

> RICHTER: *Warum haben Sie das Auto gestohlen?*
> ANGEKLAGTER: *Ich musste zur Arbeit.*
> RICHTER: *Warum haben Sie nicht den Bus **genommen**?*
> ANGEKLAGTER: *Für Busse hab' ich keinen Führerschein.*

Das Wort „nehmen" eignet sich laut Freud „infolge seiner vielseitigen Gebrauchsfähigkeit sehr gut für die Herstellung von Wortspielen". Den Witz „Hast du genommen ein Bad?" werde ich an anderer Stelle noch analysieren (siehe S. 221 ff.), in einer Fußnote bringt Freud einen weiteren Witz mit diesem Verb.

> *Ein bekannter Börsenspekulant und Bankdirektor geht mit einem Freund über die Ringstraße spazieren. Vor einem Kaffeehaus macht er diesem den Vorschlag: „Gehen wir hinein und **nehmen** wir etwas?" Der Freund hält ihn zurück: „Aber Herr Hofrat, es sind doch Leute drin."*
> (Freud, S. 66)

Ein Klassiker unter den Doppelsinnwitzen, den fast jeder kennt, ist auch in *Maxi Böhm's Lachendem Lexikon* zu finden – Maxi Böhm besaß eine umfangreiche Witzesammlung, die durch seine Zusammenarbeit mit Karl Farkas teilweise auch dessen Witzeschatz umfasst.

> *Ein junger Musiker, den Cellokasten unterm Arm, eilt vom Westbahnhof zur Innenstadt und fragt einen Passanten: „Bitte, wie **komme** ich am schnellsten zu den Wiener Philharmonikern?" – „Durch Üben, junger Mann, nur durch Üben."*

Version 2

> *Ein Tourist in Wien: „Bitte, wie **komme** ich am schnellsten ins Naturhistorische Museum?" Ein Passant: „Lassen Sie sich ausstopfen!"*
> ◊
> *Zu einem reichen Bankier kommt ein Schnorrer. Der Bankier sagt: „Die Kassa ist geschlossen, kommen Sie morgen um 10 Uhr vormittags, da erhalten Sie von mir eine Anweisung auf 50 Gulden." Am folgenden*

*Tag kommt der Schnorrer wieder, der Bankier erkennt ihn nicht. Drauf sagt der Schnorrer: „Sie hab'n doch gesagt, Se wer'n m'r heut' um 10 Uhr Vormittag ä Anweisung geben!" – „Äh so", meint der Bankier, „Sie kommen um Ihr Geld?" Sagt der Schnorrer: „Nein, **Sie** kommen um **Ihr** Geld."* (Eisenbach, IV, S. 3)

Hier hat das Verb „kommen" zwei verschiedene Bedeutungen: „zu jemandem kommen" und „um etwas kommen". Außerdem ist es ein schönes Beispiel für einen **Betonungswitz**.

„Herr Doktor, ich bekomme meine Vorhaut nicht mehr zurück." – „So was verleiht man auch nicht!"

In Witzen werden Krankheiten nicht mit den medizinischen Bezeichnungen benannt, sondern umschrieben. In diesem Fall sagt der Patient, was ihm Schmerzen bereitet: Er leidet an Phimose, einer Vorhautverengung. Der „Herr Doktor" ist wohl ein grobschlächtiger Urologe.

*Fragt eine ältere Dame am Bahnsteig den Zugbegleiter: „Entschuldigung, wie lange **hält** denn dieser Zug?" Darauf der Zugbegleiter: „Bei guter Wartung zwanzig bis dreißig Jahre."*

◊

*Eine Dame beschwert sich beim Psychiater über ihren Mann. „Er denkt Tag und Nacht nur an sein Geld!" Darauf der Psychiater: „Na, **das** werden wir bald **haben**."* (Hirsch, S. 19)

◊

*Lehrer: „Moritz, wenn ich auf einen Teller sechs Eier **lege**, auf den anderen siebzehn Eier, wieviel macht das?" – Moritzl: „Machen Sie kane Witze, Herr Lehrer, Sie können doch kane **Eier legen**."* (Berg, Zum Zerspringen, S. 19)

◊

*„Angeklagter, haben Sie denn beim Einbruch in das große Textilgeschäft nicht auch an Ihren alten Vater **gedacht**?" – „Sehr wohl, Herr Richter, aber Sie dürfen es mir glauben, es war bestimmt nichts Passendes für ihn dabei."*

◊

Im Fischgeschäft. Ein Mann verlangt einen Karpfen und fügt hinzu: „Bitte einpacken! Und dann werfen S' ihn mir zu!" – „Warum?", erkun-

*digt sich die Verkäuferin. „Damit ich zuhause sagen kann, ich hab' ihn **gefangen**."*

◊

*Der Tankwart: „Ihre Reifen sind **abgefahren**." Der Autofahrer springt ins Auto. „Dann nichts wie hinterher."*

◊

*Ein Mann kommt in ein Farbengeschäft und sagt: „Ich hätte gerne eine Dose Hodenfarbe." Darauf der verdutzte Verkäufer: „Hodenfarbe? So etwas haben wir nicht. Was soll denn das sein?" Kunde: „Ich weiß es auch nicht genau. Ich war nur beim Doktor und der hat gesagt, ich hätte zu viel Cholesterin und müsse deswegen die Eier **streichen**."*

◊

*Der Grün trifft Blau in Franzensbad und fragt ihn: „Wie haben sich bei Ihrem Fußleiden die Moorbäder bewährt?" – „Ausgezeichnet", sagt Blau, „**das Moor** hat seine Schuldigkeit getan – und ich kann **gehen**."*
(Berg, Das neue Repertoire, S. 48)

Jeder merkt, dass in diesem Witz eine Redewendung, ein Zitat aus Friedrich Schillers Drama *Die Verschwörung des Fiesco zu Genua* durch **Modifikation** variiert wird. Sigmund Freud schreibt dazu: „Dass das Wiederfinden des Bekannten, das ‚Wiedererkennen', lustvoll ist, scheint allgemein zugestanden zu werden." (Freud, S. 135)

Zurück zu den eigentlichen Doppelsinnwitzen. Der folgende **Dreizahlwitz** dreht sich um die Schauspielerin Nora Gregor. Sie war eine wunderschöne Frau, die sich vom Heimwehrführer und Dollfuß-Vizekanzler Ernst Rüdiger Starhemberg umgarnen ließ und ihn schließlich heiratete.

*Zwei Männer auf dem Stehplatz unterhalten sich. „**Verstehst** du den Werner Krauß?" – „Kein Wort!" – „**Verstehst** du den Raoul Aslan?" – „Kein Wort!" – „**Verstehst** du die Gregor?" – „Kein Wort, ich **verstehe** nur den Fürsten Starhemberg."*

Armin Berg trug seine Conférencen oft gereimt vor – Fritz Grünbaum übrigens auch. Berg war von Heinrich Eisenbach, dem Leiter des Budapester Orpheums, für das Leopoldstädter Jargontheater entdeckt worden und spielte auch in der *Klabriaspartie*. Der Doppelsinn eines eher seltenen Verbs findet sich in Armin Bergs Gedicht *Beim Friseur*.

*Herr Kohn, der eine Glatze hat / Wie man sie trägt jetzt allgemein, / Der kommt vor kurzem in die Stadt / In ein Friseurgeschäft hinein. / Erst wird rasiert er auf der Stell' / Und wie die Arbeit ist zu End', / Fragt er den Meister, ob er schnell / Ihm auch die Haare **locken** könnt? / „O bitte sehr", darauf zu Kohn / Sehr höflich der Friseur dann spricht: / „Die Haare **locken** kann ich schon, / Nur ob sie kommen, weiß ich nicht!"* (Berg, Sie müssen lachen, S. 51)

◊

*Zwei Polizisten zu einem schwarzen Asylanten: „Können Sie sich **ausweisen**?" – Der Asylant: „Muss man das jetzt schon selber machen?"* (Gauger, 2014, S. 65)

◊

*Ein Fußgänger kommt zu einer großen Baustelle und fragt den vor der Einfahrt stehenden Polier: „Wie viel Mann **arbeiten** denn hier so?" – „Knapp ein Drittel."*

Das Verb „sich ausweisen" (= der Ausweispflicht nachkommen) ist immer reflexiv. Dem steht das transitive Verb „jemanden ausweisen" (= jemanden des Landes verweisen) gegenüber. Wird dieses Wort reflexiv verwendet, entsteht eine Form, die nur im Witz gebildet werden kann: sich ausweisen (= sich des Landes verweisen).

Im zweiten Witz zielt die Frage darauf ab, wie viele Arbeiter auf der Baustelle im Einsatz sind. Der Polier missversteht die Frage absichtlich. Er interpretiert sie so: „Wie viele Arbeiter arbeiten im Moment? Und wie viele tachinieren?"

Die Kommunikationswissenschaft unterscheidet zwischen **expliziten Botschaften** und **impliziten Botschaften**. Ein Beispiel: Zwei Kinder sind bei einer Familie eingeladen und sitzen am Mittagstisch. Das erste Kind: „Darf ich noch eine Limonade haben?" Das zweite: „Meine Mutter hat gemeint, ich trinke zu wenig." Das erste Kind äußert sich explizit, das zweite implizit. Beide wollen dasselbe.

Das Erzählen von Witzen mit **Tendenz** kann implizite Botschaften enthalten: Der Erzähler gibt Auskunft über seine Gesinnung oder über seine Meinung zu bestimmten gesellschaftspolitischen Themen. Mit dem „Asylanten"-Witz will der Erzähler seinen Zuhörern mitteilen, dass er für eine Lockerung der Abschiebepolitik eintritt. Der andere Erzähler will mit dem „Bauarbeiter"-Witz seiner Meinung Ausdruck verleihen, dass am Bau tachiniert wird. Wir merken übrigens, dass nur solche Themen für derartige Witze geeignet sind, die stark polarisieren.

Nach so viel Theorie drei **Flachwitze** mit Doppelsinn, die keiner Erklärung bedürfen:

*Treffen sich zwei Kerzen. Fragt die eine: „Und was hast du vor?" Meint die andere: „Ich **geh' aus**!"*

◊

*„Herr Doktor, alle behaupten, ich wäre eine Uhr!" – „Ach, die wollen Sie doch nur **aufziehen**."*

◊

*„Was machst du denn da?" – „Ich esse Schienen." – „Schienen? Die kann man doch nicht essen!" – „Doch. Ich habe **eine Weiche** erwischt."*

Nicht nur Substantive und Verben können infolge eines Doppelsinns als Material für Witze herhalten. Auch andere Wortarten kommen in Frage.

*Ein Mann sitzt im Zug einer Dame gegenüber, auf einmal entfährt ihm hinterrücks ein peinlicher Laut. „Gott, wie **roh**", ist die Dame pikiert. – „Extra für Sie werd' ich ihn kochen."*

◊

*„Gerade hier, wo wir stehen, hat sich gestern einer in die Donau gestürzt." – „**Aus** Melancholie?" – „Nein **aus** Ottakring." (Böhm, S. 276)*

◊

Ein Rittmeister kauft bei einem Juden ein Pferd und sagt: „Ich kaufe das Pferd nur unter der Bedingung, wenn es vor dem Schießen nicht schreckt." Der Jude sagt: „Das Pferd schreckt sich vorm Schießen nix, Herr Rittmeister." Es kommt die Parade, bei der ersten Salve, die abgegeben wird, schreckt das Pferd und wirft den Rittmeister ab.
*Der Rittmeister, wütend, sagt dem Juden: „Sie Schwindler, Sie haben ja gesagt, das Pferd schreckt vor dem Schießen nicht." Sagt der Jude: „Nu, das is' ja wohr, **vor'n** Schießen schreckt es sich nix; was es **noch'n** Schießen macht, hab' ich ja nix gewusst."*
(Eisenbach, III, S. 10)

◊

Dialog in einem Schuhgeschäft.
Kundin: *Form und Farbe der Schuhe sind mir völlig egal, ich möchte nur ein Paar mit ganz flachen Absätzen.*
Verkäuferin: ***Wozu** wollen Sie denn die Schuhe tragen?*

KUNDIN: *Zu einem kleinen, fetten Millionär.* (Hirsch, S. 48; Fritsch, S. 66)

Dieser Witz wird gerne verwendet, um die Humortheorie des französischen Schriftstellers Henri Bergson zu veranschaulichen. Sie erschien im Original 1900, in deutscher Übersetzung mit dem Titel *Das Lachen* erst 1921. Wir würden immer dann lachen, wenn eine Person uns an ein Ding erinnert oder umgekehrt, meinte der spätere Literaturnobelpreisträger. Dieser **Gegensatz zwischen Lebendigem und Mechanischem** lässt sich freilich nur bei einem kleinen Teil der Witze anwenden. Der Dialog im Schuhgeschäft folgt diesem Muster: Zunächst sieht es so aus, als würde das Wort „wozu" nicht unserem Sprachgebrauch entsprechen. Wenn allerdings der „kleine, fette Millionär" verdinglicht, also zu einem „passenden Kleidungsstück" degradiert wird, passt die Formulierung perfekt: „**Wozu** wollen Sie die Schuhe denn tragen?"

„Tate, ich les eben, Rilke soll als Dichter ganz schön verdienen. Tate – ein Dichter, was ist das?" – „Ein Dichter, Kind, schreibt, was sich reimt." – „Was bedeutet das: sich reimen?" – „Nu pass auf. Zum Beispiel:
  Ich geh in Stall –
  Und lass a Prall."
Moritzl, angestrengt nachdenkend: „Na gut – aber davon lebt er?"
(Landmann, 1962, S. 196)

Das ist ein alter Witz, der oft variiert wurde. Landmann hat eine Version mit der Doppelbedeutung des Wortes „gleich" gebracht, ich zitiere eine bessere Version, zu finden bei Eike Christian Hirsch.

Süss und Meier treffen sich nach fünfundzwanzig Jahren wieder.
SÜSS: *Meier, was ist denn aus deinem Sohn geworden? Das war ein so gescheites Kind.*
MEIER: *Mein Sohn is geworden ein deutscher Dichter.*
SÜSS: *Dichter? Dichten? Wie macht mer das?*
MEIER: *No, man macht, dass es **gleich** ist.*
SÜSS: *Gleich ist?*
MEIER: *No, zum Beispiel: Aaron Süss, brech der die Füß.*
SÜSS: *Das kann ich auch: Salomon Meier, brech der den Hals.*
MEIER: *Nein! Es muss gleich sein!*

Süss: *Es braucht nicht **gleich** zu sein; es kann auch morgen oder übermorgen sein.*
(Hirsch, S. 264, vgl. Landmann, 1960, S. 409–410)

Mit „gleich" kann einerseits die Reimform gemeint sein – „Süss" und „Füß" – andererseits kann „gleich" aber auch die Bedeutung „sofort" haben. Die aggressive Pointe scheint dadurch gerechtfertigt, dass Salomon Meier zuvor seinem Gesprächspartner mittels eines Beispielsatzes angedroht hat, er würde ihm die Füße brechen.

Aber Süss müsste eigentlich wissen, dass Grobheiten wie „Ich brech dir die Füß" so und so nicht ernst gemeint sind. Ein Witz aus dem Buch *Gut Jontev*, erschienen um die Wende zum 20. Jahrhundert, illustriert das.

Im Café Abeles ist ein Kiebitz, der den Spielern immer dreinredet. Da sich die Gäste darüber aufhalten, geht der Kaffeesieder hin und sagt: „Sie, wenn Sie mir da meine Gäste vertreiben, so werf' ich Sie hinaus, dass Sie sich Händ' und Füß' brechen und die Augen herausschlagen." Auf das hin geht der Kiebitz fort und kommt nicht mehr in das Café. Nach vierzehn Tagen trifft der Cafetier den Kiebitz auf der Straße. „Was is'", sagt der Cafetier, „warum kommen Sie nicht mehr in mein Kaffeehaus kiebitzen?" – „Na, hinkommen werd' ich, wo Sie sagen, Sie werfen mich heraus, dass ich mir Händ' und Füß' brech' und die Augen herausschlag'." – „Hast e wehleidiger Mensch, was Sie sein", war die Antwort des Cafetiers. (Reitzer, Gut Jontev, S. 59; vgl. Berg, Zum Zerspringen, S. 30, ohne Nennung von Café Abeles)

In den Kabarettnummern der Zwischenkriegszeit verwenden selbst Freunde derartige Redewendungen, die keineswegs wörtlich gemeint sind, zum Beispiel: „Geh, häng dich doch auf!"

Zum Abschluss dieses Kapitels noch ein weiterer Blick auf das wissenschaftliche Feld der Humortheorie. Etwas älter als das Prinzip der **Skriptopposition** ist die **Inkongruenztheorie**. Arthur Schopenhauer hat im ersten Band seines Hauptwerkes *Die Welt als Wille und Vorstellung*, erschienen 1819, die These aufgestellt, das Lachen entstehe „aus der plötzlich wahrgenommenen Inkongruenz zwischen einem Begriff und dem realen Objekt". Die Inkongruenztheorie wird meist mit Sprachwitzen illustriert.

> *Gott sagt zu König Ahab: „Wenn du nicht ablässt von deinen Sünden, dann schicke ich dir eine große Dürre." Darauf sagt Ahab: „Eine kleine Dicke wäre mir lieber."* (Landmann, 1960, S. 119)

In dem Witz wird zunächst die Erwartungshaltung aufgebaut, Gott werde das Reich des Königs Ahab, das damalige Nordreich Israel, mit einer Umweltkatastrophe bestrafen. Mit der zweiten Bedeutung von „Dürre" in der Pointe des Witzes nimmt die Geschichte eine unerwartete Wendung: König Ahab interpretiert die Drohung Gottes **blasphemisch**. Er nimmt an, dass ihm Gott eine attraktive Frau zuführen werde, wenn er weiterhin sündige. Diese zwei Vorstellungen – „Umweltkatastrophe als Strafe Gottes" und „Frau als Belohnung Gottes" – sind in höchstem Maße inkongruent.

Der Witz spielt auf eine biblische Geschichte an, die sowohl im Tanach als auch im Alten Testament zu finden ist. Ahab, von 871 bis 852 v. Chr. König des Nordreiches Israel, heiratete Isebel, die Tochter des phönizischen Königs Etbaal von Sidon, wohl aus politischen Gründen. Die Bibel sieht Ahab als gottlosen König an, weil er eine „ungläubige" Phönizierin ehelichte und zuließ, dass diese den Baalkult einführte. Anhänger Jahwes wurden verfolgt, worauf ihm vom Propheten Elija Gottes Strafe verkündet wurde: eine langanhaltende Wetterperiode ohne Regen und Tau. Da das Nordreich damals dem Baal von Tyrus diente, ist dies eine Kampfansage an diesen Gott, der als Herrscher über Regen und Fruchtbarkeit galt. Insgesamt soll die Dürre drei Jahre und sechs Monate gedauert haben. Sie endete nach einer Machtprobe auf dem Berg Karmel, in der Elija über die Baalspropheten triumphierte. Es setzte wieder Regen ein und das Volk erkannte: „Jahwe ist Gott!"

Friedrich Torberg kritisierte Salcia Landmann, weil sie den „Dürre"-Witz in ihr Buch aufgenommen hatte. Torberg hielt den Text „für eine der witz- und niveaulosesten Geschichten dieses an Witz- und Niveaulosigkeit so überreichen Werks". Die Spaßhaftigkeit hänge „zur Gänze davon ab, dass Gott und Ahab sich der deutschen Sprache bedienen". (Torberg, Wai, S. 51) Das ist gut beobachtet: Von einer „Dürre" ist in 1. Kön. 17,1 nicht die Rede, sondern von einer Zeit „ohne Regen und Tau". (Ulrichs, S. 36)

Manchmal beziehen sich Witze auf die Bibel oder auf Glaubensgrundsätze.

> *Ein Rabbiner, ein katholischer Geistlicher und ein evangelischer Geistlicher diskutieren die Frage „Wann beginnt das menschliche Leben?".*

Der Katholik sagt: „Das menschliche Leben beginnt zweifelsfrei mit der Befruchtung." – „Na ja", sagt der Protestant, „das Leben beginnt mit dem Entstehen eines körperlich erkennbaren Embryos." – „Nebbich", meint der Rebbe, „das menschliche Leben beginnt, wenn die Kinder aus dem Haus sind."

Version 2

Sitzen drei Geistliche beisammen: Ein katholischer Pater, ein evangelischer Pfarrer und ein Rabbi. Sie führen einen Disput über die Frage, wann das menschliche Leben beginnt. Sagt der Pater: „Nun, liebe Brüder im Herrn, ich bin der Ansicht, dass das menschliche Leben bereits beginnt, wenn sich Vater und Mutter in Liebe zusammentun." – „Na ja", antwortet der evangelische Pfarrer. „Ich würde es so nennen: Das menschliche Leben beginnt, wenn die Samen- und Eizelle miteinander verschmelzen." – „Nebbich", meint der Rabbi. „Menschliches Leben beginnt, wenn die Kinder aus dem Haus sind."

Version 3

… „Nebbich", meint der Rebbe, „das Leben beginnt, wenn der Hund tot ist und die Kinder aus dem Haus sind."

Dreizahlwitze mit einem Katholiken, einem Protestanten und einem Juden als Hauptfiguren existieren in großer Zahl. In diesem Fall geht es um das Thema Abtreibung, aber die Position der zwei christlichen Religionen unterscheidet sich nicht so stark, dass sie witzetauglich wäre. Daher wird stark vereinfacht, ohne auf tatsächliche Glaubensgrundsätze einzugehen. Karl Friedrich Ulrichs, ein Pfarrer der Evangelisch-Reformierten Kirche, hat in seinem Buch „Luja! Witze und Anekdoten" versucht, diesen Witz theologisch korrekt zu gestalten (Ulrichs, S. 48).

In Ulrichs Version sagt der katholische Geistliche: „Die moderne Naturwissenschaft gibt Thomas von Aquin recht: Das Leben beginnt im Augenblick der Zeugung." Der evangelische Pastor zitiert Psalm 139, wonach Gott schon an mich denkt, „als ich im Verborgenen gemacht wurde, als ich gebildet wurde unten in der Erde"; daher sollten wir großzügiger denken: „Das Leben beginnt irgendwann während der Schwangerschaft."

Die Version 3, die oft zu hören ist und den Hund des Hauses ins Spiel bringt, ist grässlich – wie kann man den Tod eines liebenswerten Haustieres mit dem Beginn des menschlichen Lebens in Verbindung bringen? – und unhistorisch. Es wird ausgeblendet, dass Juden lange Zeit ein berechtigtes Misstrauen gegenüber Hunden hatten. Im Mittelalter wurden Juden immer wieder mit Hunden verglichen und nicht erst in der Schoah hat man Hunde auf Juden gehetzt. Das ist auch der traurige Hintergrund des folgenden Witzes:

„Jankel, was rennst du vor dem Hund davon? Du weißt doch, Hunde, die bellen, beißen nicht!" Jankel: „Ja, ich weiß. Aber weiß ich, ob der Hund das weiß?" (Goldscheider, S. 30)

„Gott ist kein Löffel!" – Kinder nehmen alles wörtlich

Kinder erfreuen sich besonders am Klang der Wörter. Sie glauben, wenn zwei Wörter gleich oder ähnlich klingen, dann haben sie auch dieselbe Bedeutung. Diese Art von Witzen wird auch als **Kindermundwitz** bezeichnet.

Im Advent malen die Kinder in der Zeichenstunde eine Krippe. Alle geben sich viel Mühe mit Joseph, Maria, Ochs, Esel und dem Christkind. Nur auf Franzis Bild ist zwischen Maria und Joseph ein kleines grinsendes Männchen zu sehen. Der Lehrer fragt: „Aber Franzi, wer ist denn das?" Darauf Franzi: „Na, der Owie! Es heißt doch ‚Stille Nacht, heilige Nacht, Gottes Sohn Owie lacht'!" (vgl. Koch, S. 32)

◊

Lehrer: „Erkläre mir, was ‚analog' bedeutet!" Schüler: „Das ist die Mitvergangenheit von ‚Anna lügt'!"

◊

Aufgeregt kommt Franzi zu seinem Vater: „Es gibt ja gar keinen Weihnachtsmann. Du spielst immer den Weihnachtsmann. Den Koffer mit dem Bart und der Kapuze habe ich eben auf dem Boden gefunden. Und einen Osterhasen gibt es auch nicht. Ich habe gesehen, wie du die Eier versteckt hast." – „Hast du sonst noch was entdeckt?", fragt der Vater belustigt. „Ja, es gibt auch keinen Klapperstorch! Die Babys werden geboren, aber ich sag' dir: Den Bohrer finde ich auch noch!"

Kinder können in einer frühen Phase der Entwicklung nur mit wörtlichen Bedeutungen umgehen. Dass Wörter auch in einem übertragenen Sinn verwendet werden, lernen sie erst später, etwa ab dem sechsten Lebensjahr. Aber selbst Volksschüler haben Probleme, übertragene Bedeutungen zu verstehen.

LEHRER: *Du Málcsi, du bleibst wegen Unachtsamkeit eine Stunde sitzen!*
MÁLCSI: *Bitte Herr Lehrer, könnte ich nicht eine andere Strafe haben?*
LEHRER: *Warum denn?*
MÁLCSI: *Meine Mutter sagt immer: Das Sitzenbleiben ist das Schlimmste, was einem jungen Mädchen passieren kann.*
(Reitzer, Gut Schabbes, S. 7)

„Mama, wo hast du denn heute deinen Senf gelassen?" – „Welchen Senf, mein Kind?" – „Papa sagt, du gibst überall deinen Senf dazu."

◊

Frau Löwenstein: „Ruth, was ist mit dir? Du hast dich wohl verschluckt." – „Nein, Mami, ich bin noch da!" (Ott, S. 132)

◊

Klein Erna kommt aus dem Religionsunterricht. Fragt die Mutter: „Wie war's?" – „Ich habe gelernt, dass der liebe Gott ein Löffel ist." Die Mutter verwundert: „Das kann nicht sein. Frag noch einmal nach!" Am nächsten Tag kommt Klein Erna heim und erklärt strahlend der Mutter: „Ich habe gewusst, dass es etwas aus der Küche war: Der liebe Gott ist kein Löffel, sondern ein Schöpfer." (vgl. Ulrichs, S. 12, mit Quirl statt Löffel)

◊

Die Lehrerin fragt die Klasse: „Wo wohnt Gott?" Der kleine Franzi zeigt auf. „Im Badezimmer." Die Lehrerin ganz erstaunt: „Wieso im Badezimmer?" Da sagt der Franzi: „Jeden Morgen steht mein Vater davor, klopft an die Tür und sagt: ‚Herrgott, bist du immer noch da drinnen?'"

Witze, in denen Gott vorkommt, haben immer eine **blasphemische** Tendenz, auch wenn die Autorität Gottes oder Glaubensgrundsätze nicht direkt angegriffen werden. Tief religiöse Christen finden, mit Gott dürfe man keine Witze machen. In Kindermundwitzen tritt der blasphemische Charakter allerdings in den Hintergrund. Trotzdem gehören diese Witze zur Gruppe der **zynischen Witze**.

Das Wörtlichnehmen ist auch ein Wesenselement vieler **Blondinenwitze** (siehe. S. 44 ff.) und in den **Häschenwitzen**, letztere sind Anfang der 1970er Jahre in der DDR entstanden und waren dazu gedacht, die Unterversorgung mit Waren im Kommunismus zu kritisieren. Später entwickelten sie einen starken subversiven Charakter: Häschen nimmt immer wieder Beamte und Apotheker aufs Korn, daneben auch andere Berufsgruppen.

Häschen kommt mit seinem Fahrrad an die Tankstelle. Häschen: „Bitte volltanken!" Tankwart: „Du hast wohl eine Schraube locker." Häschen: „Kannst sie auch gleich festmachen."

Die Hauptfigur in Kindermundwitzen ist in Österreich „der kleine Franzi" und in Deutschland „Fritzchen". In jüdischen Witzen spielt diese Rolle meist „der Moritzl", laut Jan Meyerowitz „ein Euphemismus für Moses", also eine verschleiernde Bezeichnung (Meyerowitz, S. 51). Juden mit dem Vornamen Moses änderten diesen häufig auf Moritz: zum Beispiel Moritz Saphir, der berühmte Journalist und Schriftsteller des Vormärz, und Moritz Lazarus, der wirkungsmächtigste deutschjüdische Popularphilosoph in der zweiten Hälfte des 19. Jahrhunderts.

Volksschule in Posen. Der Lehrer fragt: „Kinder, wer von euch weiß, was ein Dom ist?" Alle christlichen Schüler schweigen, einzig Moritzl meldet sich zu Wort. Sagt der Lehrer: „Schön, dass du es weißt, obwohl du mosaischen Glaubens bist! Kinder, nehmt euch ein Beispiel an Moritzl! Also sag uns schon, was das ist, ein Dom!" Moritzl, den Daumen vorzeigend: „Das ist ein Doom, Herr Lehrer." Landmann, 1972, S. 118–119)
◊
Posen. Deutschstunde. Der Lehrer nimmt mit den Kindern Balladen durch und stößt dabei auf das Wort „Hohngelächter". „Moritzl, was versteht man darunter?" – „Kikeriki!" – „Was soll der Unsinn?" – „Nu – so lacht der Hohn!" (Landmann, 1972, S. 118; vgl. Landmann, 1988, S. 421)

Das sind einerseits **Unbildungswitze**, andererseits **Klangwitze**. Der kleine Moritz verwechselt „Dom" mit „Daumen" und „Hohn" mit „Hahn", weil er in seinem Elternhaus im Sprachengemisch von Polnisch, Deutsch und Jiddisch aufwächst. Anders gestrickt ist ein Moritzlwitz, der die jüdischen Speisegesetze zum Thema hat.

„Moritzl, zu welcher Tierklasse rechnet man das Schwein?" – „Zur trefenen, Herr Lehrer." (Landmann, 1972, S. 117)

Da Schweinefleisch *trefe*, also nicht *koscher* ist, kennt der kleine Moritz nur zwei Klassen von Tieren – jene, deren Fleisch er essen darf, und jene, deren Fleisch nicht auf den Tisch kommt. In anderen Witzen, die sich ebenfalls in dem Ergänzungsband von Salcia Landmann finden, hat schon das Kind eine kaufmännische Begabung.

In der Rechenstunde. Lehrer: „Kinder, passt auf! Ich geh in ein Kleidergeschäft, kauf mir einen gewöhnlichen Anzug um 50 Mark und dann auch einen für den Sonntag um 70 Mark ... Moritzl, wieviel muss ich zahlen?" Moritzl: „110 Mark, Herr Lehrer." – „Unsinn! Es sind 120 Mark. Du kannst nicht rechnen!" – „Rechnen kann ich schon, aber Sie kennen nicht mei Vater, Herr Lehrer. Er hat e Kleidergeschäft, und er tät Ihnen bestimmt nachlassen 10 Mark, damit Sie ein zweites Mal wiederkommen!" (Landmann, 1972, S. 123)

◊

Moritzl steht zur Strafe vor der Klassentür. Der Direktor geht zufällig vorbei. Direktor: „Warum musst du hier draußen stehen?" – „Zur Strafe, Herr Direktor, der Lehrer wollte wissen, was vier mal vier ist und war mit meiner Antwort nicht zufrieden." Direktor: „Na, geh nur wieder hinein und sag, vier mal vier ist 16." – „Gott behüte! Ich hab ihm sogar schon 20 geboten – und er war immer noch nicht zufrieden!" (Landmann, 1972, S. 122, vgl. Landmann, 2007, S. 267)

◊

Klein Moritz zu Klein Jankel: „Du, ich weiß etwas Neues. Zwei und zwei macht vier." Klein Jankel: „Ich weiß mehr. Zwei mal zwei ist auch vier." Klein Moritz nach langem Nachdenken: „Nu ja, aber da ist schon ein Dreh dabei." (Landmann, 1972, S. 123)

Das ist ein **skeptischer Witz**, der beim Zuhörer rührende Gefühle auslöst. Moritzl stellt Adam Riese in Frage.

In den alten jüdischen Witzesammlungen werden Kindermundwitze auch mit anderen Namen erzählt.

Der Religionslehrer zu den aufmerksam lauschenden Schülern: „Die Hölle, liebe Kinder, ist ein Ort, wo ewiges Feuer und fürchterliche Glut herrschen, wo ..." Der kleine Veitelsohn: „Ich bitt', Herr Lehrer, von wo bezieht die Hölle die Kohlen?" – „Warum denn, mein Kind?" – „Weil mein Vater sie könnt' liefern." (Reitzer, Gut Jontev, S. 41–42, vgl. Landmann, 1972, S. 118)

Einige Moritzwitze in der Sammlung jüdischer Witze von Salcia Landmann würden auch mit Franzi oder Fritzchen als Hauptfigur funktionieren.

Der kleine Moritz lernt Französisch. Der Papa fragt ihn ab. „Moritzl, was heißt ‚ein schönes Haus'?" Moritz: „Beau Maison." Papa: „Belle!" Moritz: „Wau, wau!" (Landmann, 1972, S. 119)

Man erinnert sich an die Kritik von Friedrich Torberg und stellt fest: Die Figur des Moritzl allein macht aus einem Witz noch keinen jüdischen Witz.

Den jüdischen Sprachwitz, um den es in der Folge geht, bringt Karl Kraus in seiner Zeitschrift *Die Fackel* – mit dem Hinweis: „Dies nur nebenbei, ich hab's für alle Fälle mitgedruckt." Dies bedeutet nicht, dass sich Karl Kraus für Witze dieser Art genierte. Er meinte offensichtlich: „Dieser Witz sei hier so nebenbei zitiert – ich möchte ihn meinen Lesern nicht vorenthalten."

> *Der alte Löwy begleitet seinen Sohn zur Bahn und verabschiedet sich von ihm mit den Worten: „Leb wohl, Josef, fahr' mit Gott!" Josef: „Was redest du do, Tate? Wird Gott fahren dritte Klass'?"* (Kraus, Fackel, 668, 1924, S. 23)

Das Kind nimmt den heute veralteten Abschiedsgruß „Fahr/geh mit Gott!" wörtlich.

> Er: *Sarah, mein Kind, wenn ich gegen dich harte Worte gebraucht habe, so bin ich bereit, sie zurückzunehmen.*
> Sie: *Ja – damit du sie nochmals gebrauchen kannst.*
> (Reitzer, Gut Schabbes, S. 27)
>
> ◊
>
> *Hitler marschiert in einer kleinen Stadt in Osteuropa ein, die „heim ins Reich" geführt worden ist. Die Mädchen stehen mit Blumen am Straßenrand Spalier. Ein kleines Mädchen reicht Adolf ein Grasbüschel. „Was zum Teufel soll ich damit?", fragt der Führer unwirsch. „Die Leute sagen", antwortet die Kleine, „wenn der Führer ins Gras beißt, kommen bessere Zeiten!"*

Ich möchte mir nicht vorstellen, was passiert wäre, wenn ein Kind dies tatsächlich zu Hitler gesagt hätte. Wir hören den Witz, kombinieren die Pointe und erschauern. Dafür gibt es die Redensart: Das Lachen bleibt einem im Hals stecken.

> *In einer Schule sagt der Lehrer: „Fritz, nenne mir einige Zeitwörter." – „Meine Mutter tut kochen." – „Gut, aber das ‚tut' bleibt weg, das heißt nur: Meine Mutter kocht. Karl, nenne du mir eines." – „Mein Vater tut kutschieren." – „Hast du nicht gehört, das ‚tut' bleibt weg, das heißt*

nur: Mein Vater kutschiert. Moritz, nenne du mir eines." – „Mein Bauch weht." (Berg, Zum Zerspringen, S. 18)

Der Witz stammt aus einer Sammlung von Armin Berg mit dem Titel *Zum Zerspringen*. Das österreichische Kind heißt bei ihm meist Karl. Die sogenannte **Verlaufsform** ‚tut' mit dem nachgestellten Infinitiv eines Verbs gilt als umgangssprachlich. Sie ist aber nützlich: Sie drückt aus, dass etwas, das gerade passiert, von längerer Dauer ist. Dies gilt sowohl für die Mutter, die gerade kocht, als auch für den Vater, der als Kutscher gerade im Dienst ist. Moritzl scheint dagegen zu revoltieren, dass ihm der Lehrer ein Wort verbieten will, das bei ihm zuhause zum täglichen Sprachgebrauch gehört.

Neuerdings gibt es auch **Flachwitze**, in denen Ausdrücke wörtlich genommen werden. Meist sind sie nicht als Kindermundwitze deklariert, es handelt sich um Erwachsene, die regredieren.

Was macht eine Wolke mit Juckreiz? – Sie fliegt zu einem Wolkenkratzer.

◊

Wer wirft mit Geld um sich? – Der Scheinwerfer.

◊

Warum findet der Henker nie den Rückweg? – Weil er nur die Hinrichtung kennt.

„Der Rehbock rennt schon zum Notar!" – Die Sprachspiele der Erwachsenen

Während Kinder die übertragene Bedeutung eines Ausdrucks oder einer Wendung versehentlich wörtlich nehmen, geschieht dies unter Erwachsenen häufig absichtlich. Freud spricht grundsätzlich nicht von übertragener, sondern von metaphorischer Bedeutung, die wörtliche Bedeutung bezeichnet er als sachliche.

> *Ein als Witzbold bekannter ärztlicher Kollege sagte einmal zum Dichter Arthur Schnitzler: „Ich wundere mich nicht, dass du ein großer Dichter geworden bist. Hat doch schon dein Vater seinen Zeitgenossen den Spiegel vorgehalten."*

Freud analysiert diesen Ausspruch so: „Der Spiegel, den der Vater des Dichters, der berühmte Arzt Dr. Schnitzler, gehandhabt, war der *Kehlkopfspiegel;* ..." Das ist die sachliche Bedeutung. „... nach einem bekannten Ausspruch Hamlets ist es der Zweck des Schauspiels, also auch des Dichters, der es schafft, ‚der Natur gleichsam den Spiegel vorzuhalten: der Tugend ihre eigenen Züge, der Schmach ihr eigenes Bild und dem Jahrhundert und Körper der Zeit den Abdruck seiner Gestalt zu zeigen' (III., 2. Szene)". Das ist die metaphorische Bedeutung: jemanden den Spiegel vorhalten. Dass zwischen diesen zwei völlig unterschiedlichen Verwendungen ein Zusammenhang hergestellt wird, macht den Witz aus. (Freud, S. 52)

> *Gestern Nacht ist in Wien ein Polizeiwagen umgestürzt. War ja auch kein Wunder: Auf der einen Seite saßen nur leichte Mädchen, auf der anderen nur schwere Burschen. Und dann kamen sie nicht zur Tür hinaus, denn dort saß ein Zuhälter.* (Gauger, 2006, S. 37)

Hans-Martin Gauger kommentiert diesen **Überbietungswitz** so: Ausgehend von den übertragenen Bedeutungen von „leicht" und „schwer" stellt der Witz die nicht übertragenen, die konkreten Bedeutungen dieser zwei Adjektive wieder her. Und in der Schlusspointe wird das Wort Zuhälter wörtlich genommen – im Sinne von zuhalten. (Gauger, S. 9 und 17) Auf ähnliche Weise funktioniert ein bekannter Jägerwitz.

Zwei Sonntagsjäger auf dem Anstand. Ein Rehbock streicht vorüber. „Warte, Bursche, jetzt kannst du dein Testament machen", flüstert der eine Jäger und drückt ab. Und schießt daneben. „Schau", sagt der andere, „er rennt schon zum Notar." (Böhm, S. 126)

Dabei handelt es sich um eine gezielte Frotzelei. Die übertragene Bedeutung wird wörtlich genommen, das Unvermögen des Sonntagsjägers karikiert.

KOHN: *Ich mach' jetzt eine Hormonkur.*
CHLOIME: *Das ist doch für die Katz'!*
KOHN: *No na, für mei' Alte werd' ich's machen.*
(Landmann, 2010, S. 285; 2007, S. 93, ohne „Kohn" und „Chloime")

Ausgangspunkt dieses Witzes ist die Wendung: „das ist für die Katz'" (= das ist sinnlos, das ist wertlos). In der Pointe wird diese metaphorische Bedeutung nicht auf eine sachliche zurückgeführt, das wäre ja die Hauskatze, sondern auf eine andere metaphorische: Gemeint ist eine Frau. Im allgemeinen Sprachgebrauch ist „Katz'" ein Ausdruck für eine besonders hübsche, begehrenswerte Frau, oft in Verbindung mit dem Adjektiv fesch: „Schau dir diese fesche Katz' an, die da vorbeigeht!" In diesem Witz ist es allerdings anders gemeint. Die zwei Männer, um die es geht, tragen die Namen Kohn und Chloime. Das ist ein Hinweis darauf, dass wir es mit der jiddischen Bedeutung von „Katz'" zu tun haben: Geliebte. Es ist einer jener Witze, die davon ausgehen, dass in einer Ehe leidenschaftliches Begehren meist nicht von langer Dauer ist. (Siehe S. 46)

Ein Herr verlangt ein paar Damenstrümpfe. Fragt die Verkäuferin: „Für Ihre Gattin? Oder darf es etwas Besseres sein?"

Armin Berg trat in den 1920er Jahren als Trommler auf und rezitierte in Versform.

„Ich spür bei mir", sagt der Herr Klein, / „Die Grippe muss im Anzug sein." / Drauf sagt ihm gleich sein Freund, der Kraus: / „Dann zieh nur schnell den Anzug aus!" (Berg, Trommel-Verse, Vers Nr. 44)

Das ist einer jener Witze, bei dem ein trivialer Inhalt in eine Reimform gegossen und dadurch überhöht wird. In Maxi Böhms Sammlung findet sich ein altehrwürdiger Sprachwitz mit derselben Technik, aber nicht in Reimform.

„In genieße mein Leben in vollen Zügen." – „Ach, Sie sind so vermögend?" – „Nein, Schaffner im Arlbergexpress." (Böhm, S. 46)

Kehren wir noch einmal zu jenem Witz zurück, den Karl Kraus „für alle Fälle mitgedruckt hat".

Der alte Löwy begleitet seinen Sohn zur Bahn und verabschiedet sich von ihm mit den Worten: „Leb wohl, Josef, fahr' mit Gott!" Josef: „Was redest du do, Tate, wird Gott fahren dritte Klass'?"
(Kraus, Fackel, 668, 1924, S. 23, Landmann, 1960, S. 492, aber mit „vierte Klass'")

Dieser Witz kursierte schon damals in verschiedenen Varianten. Von Heinrich Eisenbach, dem berühmten Komiker und Leiter des Budapester Orpheums, wo die *Klabriaspartie* aufgeführt wurde, ist eine interessante und wohl ältere Version belegt. Es ist nicht ein Dialog zwischen Vater und Sohn, sondern zwischen Ehemann und Ehefrau.

Die damit verbundene Frauenfeindlichkeit war damals bei Witzemachern beliebt. Bemerkenswert ist auch, dass die Ehefrau den Gatten mit „mein Kind" anredet.

Kohn fahrt nach Lemberg, da sagt seine Frau: „Lebwohl mei' Kind, Gott fohrt mit dir!" Darauf sagt er: „Du blöde Gans du, Gott fohrt nix 4-te Klass.'" (Eisenbach, IX, S. 3)

Die vierte Klasse waren offene Waggons mit Holzbänken, die Fahrgäste waren Wind und Wetter ausgesetzt. In der österreichischen Kartenspielersprache, vor allem in der steirischen, gibt es noch heute einen merkwürdigen Ausdruck für die vierte Steigerungsmöglichkeit nach Kontra, Subkontra und Rekontra: Steirerwagerl. Das ist eine Anspielung auf die damalige vierte Klasse der Graz-Köflacher Bahn.
Der Sprachwitz rund um die Wendung „Fahr mit Gott!" hat aber noch eine tiefere Bedeutung. Die Kohns sind offensichtlich arme Ostjuden, sie können sich nur die billigste Fahrkarte nach Lemberg leisten. Herr Kohn lässt seiner Frustration angesichts der bevorstehenden unangenehmen Bahnfahrt gegenüber jener Person freien Lauf, die gerade

neben ihm steht und ihn noch dazu mit „mein Kind" angesprochen hat: seiner Frau. Als Kind hätte er das Recht, die Phrase wörtlich zu nehmen.

Lemberg hat in diesen Witzen Symbolcharakter. Seit der ersten Teilung Polens im Jahr 1772 gehörte Lemberg zur Habsburgermonarchie und war die Hauptstadt des Königreichs Galizien und Lodomerien. Landwirtschaft und Handwerk waren rückständig, die Lebensverhältnisse bedrückend. Es wird geschätzt, dass ein Viertel bis ein Drittel der Einwohner Juden waren, viele davon lebten in Armut. Lemberg stand damals als Name für ein unterentwickeltes Gebiet. Heute liegt die Stadt in der westlichen Ukraine und heißt Lwiw.

> DALLES: *Frau Reis, wie alt sein Sie scha bis 120 Jahr'?*
> FRAU REIS: *Ich? Ich hab' schon 27 Lenze **geseh'n**.*
> DALLES: *Und wie lang war'n Sie **blind**?*
> (Bergmann, S. 35)

In diesem Dialog aus der *Klabriaspartie* wird die Wendung „ich habe schon 27 Lenze gesehen" wörtlich genommen, wodurch die Frotzelei „Und wie lang war'n Sie blind?" stattfinden kann. Einfache Ostjuden pflegten bei Angabe des Alters den Wunsch hinzuzufügen: „bis hundert Jahr'" oder „bis hundertzwanzig Jahr'".

> RICHTER: *Zeuge Mandelbaum, wie alt sind Sie?*
> ZEUGE: *Vierzig – bis hundert Jahr', Euer Gnaden.*
> RICHTER: *Also sechzig Jahre?*
> ZEUGE: *Nein, vierzig – bis hundert Jahr'.*
> RICHTER: *Ich verurteile Sie wegen groben Unfugs zu einem Bußgeld in Höhe von 20 Gulden. Haben Sie mich verstanden?*
> ZEUGE: *Jawohl, Herr Richter. Hundert Jahr soll'n Sie werden, aber auf der Stelle!*
> (Reitzer, Rebbach, S. 52, Landmann, 2010, S. 419–420)
>
> ◊
>
> *In einem Prozess fragt der Richter den jüdischen Angeklagten: „Wie alt sind Sie?" Sagt der Angeklagte: „57 bis 120." Der Richter ist verwirrt und fragt: „Was soll das heißen? Geben Sie mir ein Beispiel, das ich verstehe! Ich bin 48. Wie würden Sie das in Ihrer Sprache ausdrücken?" – „48 bis 49, Herr Rat."* (Javor, S. 125)

„Wie alt sind Sie?" – „35 bis 100 Jahr.'" – „Nehmen Sie's! Ist eine Mezzie."

Heinrich Eisenbach wusste um die Psyche Bescheid. So wie ein halbes Jahrhundert später Maxi Böhm, litt auch Eisenbach an Depressionen. Er war bei Sigmund Freud in Behandlung, was dieser in seinen Memoiren erwähnt. Freud beschreibt, wie einmal „ein kleiner unscheinbarer Mann" zu ihm in die Ordination kam und er sich wunderte, dass es sich um den damals bekanntesten Wiener Komiker handelte. Aber nicht nur das: Eisenbach war auch ein Erfinder des modernen Witzes, seine kleinen Witzebücher erschienen ab dem Jahr 1905, in genau diesem Jahr kam *Der Witz und seine Beziehung zum Unbewussten* heraus.

Über Maxi Böhm schrieb Hugo Wiener im Vorwort von *Maxi Böhm's Lachendes Lexikon*: „Wir haben neben einem Menschen gelebt, jahrelang gelebt, in Freundschaft mit ihm gelebt, ohne ihn zu kennen. Maxi war nicht immer lustig, er war nicht immer zu Scherzen aufgelegt. Er war depressiv. Seine Lustigkeit, wie er sie in den letzten Jahren zur Schau trug, war gemacht, war Tünche. Er versuchte, sein schweres Leid zu überspielen, was ihm in den Augen der anderen auch gelang." (Böhm, S. 6, Vorwort)

In seinem Buch *Man derf schon* erzählt Hans Weigel einen Witz, der auf der Bahnstrecke nach Lemberg spielt.

*Ein Jude geht zum Kassenschalter eines Bahnhofs und sagt: „Bitt' scheen, eine Kart'n for Lemberg." Der Schalterbeamte, ein Antisemit, sagt barsch: „Wir haben keine Karten **vor** Lemberg. Wir haben nur Karten **nach** Lemberg." – „Dann gem Se mir a Kart'n **noch** Lemberg, und i geh a Stickl zruck."* (Weigel, S. 37)

Der Witz existiert in mehreren Varianten. Bei Salcia Landmann verlangt der Jude eine Karte „afzu Posen" (= auf zu Posen), also nach Posen. (Landmann, 1960, S. 69) Jedenfalls ist es ein Witz mit einem absichtlichen Missverständnis. Der Schalterbeamte tut so, wie wenn er den Juden nicht verstünde. Kohn geht schlagfertig auf die besserwisserische Aggression des Schalterbeamten ein und dreht den Spieß um. (Freud, S. 83)

Es ist dieselbe Technik, die in dem Witz „Döner ohne Dativ" (siehe S. 295) zum Tragen kommt. Man könnte auch den bildlichen Ausdruck **Retourkutsche** verwenden.

*In **Flachwitzen** ist alles einfacher und kürzer.*

Der Bär zum Huhn: „Du bist das geilste Henderl, das mir je über den Weg gelaufen ist." Das Huhn: „Du willst mir doch nur einen Bären aufbinden."

◊

„Hab' heute schon wieder einen Brief vom Anwalt bekommen. Dort steht ‚Letzte Mahnung'. Gut, dass das endlich aufhört."

◊

Was sagt ein Tornado zu einer Palme? – „Halt deine Nüsse fest, ich blase gleich!"

◊

Ein Mann will im Geschäft eine Angel kaufen. „Was kostet die Angel?" – „19,99." – „Das ist aber günstig. Wo ist der Haken?" – „Es gibt keinen Haken."

◊

„Marcel, findest du mich auch dick?" – „Na klar würde ich dich finden, selbst dann, wenn du schlank wärst."

◊

Treffen sich zwei Ziegen. Fragt die eine: „Kommst du mit in die Disco?" – „Nein, ich habe keinen Bock."

Der folgende Sprachwitz ist formal eine **Scherzfrage**. Mir gefällt er gut, weil es wiederum einer ist, in dem gleich zwei Doppelbedeutungen stecken.

Warum stehen im Burgenland um Mitternacht immer Männer am Dach eines Wirtshauses? – Weil der Wirt sagt: „Die letzte Runde geht aufs Haus."

Aus sprachlicher Sicht ist die Technik so kompliziert, dass es mir berechtigt erscheint, sie mit einer grafischen Darstellung zu erläutern.

1a die letzte Runde   **1b** geht aufs Haus
(= die letzte Getränkebestellung)   (= kostet nichts)
2a die letzte Runde   **2b** geht aufs Haus
(= Runde der letzten Gäste)   (= steigt aufs Dach)

Es ist erstaunlich, dass dieser Witz sofort verstanden wird, obwohl er eine komplizierte Technik beinhaltet.

In der Regel haben Wikinger rote Bärte.

Diesen Witz gibt es auch in längeren Fassungen, für mich gilt auch in diesem Fall: In der Kürze liegt die Würze. Ein Witz, der nur aus sieben Wörtern besteht, ist rekordverdächtig, und wer sich die Conclusio zusammenreimt, darf sich freuen: „Ich hab's geschafft!"

„Es gibt keine Art sexuellen Verhaltens, die nicht auch Gegenstand des Witzes geworden wäre", schreibt Lutz Röhrich. „Vor allem gilt dies natürlich von den Formen des Sexualverhaltens, die in einer Gesellschaft als Normverletzung gelten. Viele Witze beziehen sich auf normabweichende oder ungewöhnliche Positionen beim Geschlechtsverkehr, wobei die tabuierte Sex-Technik meist nicht direkt genannt, sondern nur umschrieben wird. Die Anspielungen im Witz dürfen über sexuelle Techniken sprechen, über die man unverschlüsselt ohne diese Tarnung nicht reden würde." (Röhrich, S. 166)

Lutz Röhrich veröffentlichte sein Buch *Der Witz* im Jahr 1977. Verglichen mit dem „Wikinger"-Witz klingen seine Beispiele bieder.

*Auf der Bauchdecke der jungen Patientin bemerkt der Arzt einen W-artigen Eindruck. Auf die Frage nach der Ursache erfährt er: „Mein Freund ist amerikanischer Soldat, er heißt William und hat die Initiale auf dem Koppelschloss stehen." Ein paar Tage später sieht der Arzt eine andere Patientin mit eingedrücktem W. „Ach, Ihr Freund heißt wohl auch William und ist amerikanischer Soldat?" „Wieso?", fragt die erstaunte Patientin, „er ist **französischer** Soldat und heißt Marcel." (Röhrich, S. 166)*

Welch gewaltiger Aufwand wird hier betrieben, bis der Zuhörer erkennt, welche sexuelle Praxis gemeint ist! Dabei geht es auch einfacher.

Der Arzt untersucht Frau Kleingold. „Entschuldigen Sie, gnädige Frau, was haben Sie do für e Kratz am Bauch?" – „Ich bitte Sie, lieber Herr Doktor, Sie wissen doch, mein Mann trägt immer seine Augengläser." (Hundert Paprika Lozelech, S. 38–39)

Obwohl die Sexualität in Sigmund Freuds Forschungen eine so große Rolle spielt, finden wir in dem Buch *Der Witz und seine Beziehung zum Unbewussten* keine Witze mit explizit sexuellem Inhalt. Offensichtlich hat sich Freud in diesem Fall eine Zurückhaltung auferlegt, die ihm aufgrund gesellschaftlicher Normen geboten erschien. Außerdem musste er Angriffe von Wissenschaftskollegen befürchten. Sicherlich sind ihm die Witzebücher nicht entgangen, die zur damaligen Zeit unter dem Zusatz „Nix für Kinder" oder „Saftige Lozelech" auf den Markt kamen und reißenden Absatz fanden.

> *Avrom Boschel und Schmüle Josel gehen am Freitagabend aus dem Tempel. Am Firmament glänzt ein Stern. „Seh Schmüle den schönen Fixstern", sagt Avrom. „Aber was fällt dir ein", meint Schmüle, „dos is ka Fixstern, der hot doch e Schwaf, des is e Kometstern." – „Na, na", sogt Avrom, „dos muss ich besser wissen. Kümm mit mir nach Hause, wir werden mein Elsa frogn, sie ist gebildet, de wird es uns ganz genau sogen." – „Du hast recht, also gehn mer." Nach Hause angekommen ruft Avrom seine Tochter Elsa. „Sog mol mein Kind, wie haast de Stern mit den langen Schwaf?" –* **„Papa, dos ist Ephrain Stern von der Leopoldstadt."** (Reitzer, Solem Alechem, S. 3)

Man muss es nicht wissen, aber es passt so schön hierher: Der Name Ephrain, meist Ephraim oder Efraim, bedeutet – aus dem Hebräischen – „doppelt fruchtbar". Er ist ein Enkel Jakobs, des Stammvaters der Israeliten in der Bibel (Gen 46,20).

Nicht in dem Buch *Der Witz und seine Beziehung zum Unbewussten*, sondern in der *Internationalen Zeitschrift für Psychoanalyse*, I, 1913 bringt Freud eine etwas „saftigere" Geschichte aus seiner psychoanalytischen Arbeit. Der **unfreiwillige Witz** gibt auch Aufschluss über die damaligen Moralvorstellungen in der Oberschicht.

> *Ein jung verheirateter Ehemann, dem seine um ihr mädchenhaftes Aussehen besorgte Frau den häufigen Geschlechtsverkehr nur ungern gestattet, erzählte mir folgende nachträglich auch ihn und seine Frau höchst belustigende Geschichte: Nach einer Nacht, in welcher er das Abstinenzgebot seiner Frau wieder einmal übertreten hat, rasiert er sich morgens in ihrem gemeinsamen Schlafzimmer und benützt dabei – wie schon öfter aus Bequemlichkeit – die auf dem Nachtkästchen liegende Puderquaste seiner noch ruhenden Gattin. Die um ihren Teint äußerst besorgte Dame hatte ihm auch dies schon mehrmals verwiesen und ruft ihm darum geärgert zu: „Du puderst* **mich** *ja schon wieder mit* **deiner** *Quaste!"*

Freud schreibt, dass die Frau durch das Gelächter des Mannes auf ihren Versprecher aufmerksam gemacht worden sei und belustigt mitlachte. „Sie wollte sagen: du puderst dich schon wieder mit meiner Quaste (...) pudern ist ein jedem Wiener geläufiger Ausdruck für koitieren, die Quaste als phallisches Symbol kaum zweifelhaft."

Eike Christian Hirsch befasst sich in seinem Buch *Der Witzableiter* mit der Frage, warum wir über Witze lachen, und referiert penibel die Fachliteratur zu diesem Thema. Das Buch ist 1985 erstmals erschienen, kann also naturgemäß die neuesten Erkenntnisse der Witzeforschung nicht enthalten. Aber es ist eine lohnende Lektüre für all jene, die sich fragen, welche Mechanismen bei der Rezeption von Witzen eine Rolle spielen.

> *Der Chefarzt erzählt einem Freund von seinem Dienstjubiläum. „Ich komme in die Klinik, kein Mensch gratuliert mir, nichts. Aber abends fragt mich unsere hübscheste Schwester, ob ich noch mit zu ihr nach Hause kommen will. Gesagt, getan. In der Wohnung verschwindet sie im Schlafzimmer und flüstert mir noch zu: ‚Sie dürfen aber erst reinkommen, wenn ich rufe.' Ich warte also, sie ruft endlich, und rein ins Schlafzimmer – und da steht das ganze Personal der Klinik mit einem riesigen Blumenstrauß." Der Freund des Chefarztes: „Da warst du aber von den Socken, was?" – „Nein, die Socken waren das Einzige, was ich noch anhatte." (Hirsch, S. 125)*

Hier wendet sich laut Hirsch die Szene zweifach. „Erst sind wir mit dem Arzt überrascht, dass da das ganze Personal steht, und dann erfahren wir, wie sich der Arzt vor der Schlafzimmertür verändert hat. Solche doppelte Wendung ist an sich schon eine Kostbarkeit. Hinzu kommt noch, dass wir die Pointe als Wortspiel geliefert bekommen, also noch mal Extraklasse." (Hirsch, S. 125) Wenn ich den Witz höre, denke ich mir: Recht geschieht ihm, diesem Idioten!

Im Witz können auch übertragene Bedeutungen vorkommen, die es in der Realität gar nicht gibt. Oder mit anderen Worten: Es geht nicht nur um die gleichzeitige Verwendung von wörtlicher und nichtwörtlicher Bedeutung, auch die Frage, ob eine Formulierung üblich oder nicht-üblich ist, spielt eine Rolle. Nachfolgend zwei Beispiele, die diesen Unterschied verdeutlichen:

> *Berel, Nichtschwimmer, plätschert im seichten Fluss. Plötzlich gerät er in eine tiefe Stelle und brüllt um Hilfe. Schmerel sieht ihn: „Berel, was schreist du?" Berel: „Ich hab' keinen Grund!" Schmerel: „Wenn du keinen Grund hast – was schreist du dann? (vgl. Landmann, 2010, S. 800)*

> *„Warum haben Sie Ihrem Nachbarn auf einer Postkarte geschrieben, er sei ein Betrüger?", will der Richter wissen. Der Angeklagte rechtfertigt sich: „Andere schreiben ja auch Ansichtskarten."* (Hirsch, S. 21; Gauger, 2014, S. 71)

Im „Nichtschwimmer"-Witz geht es um die wörtliche Bedeutung „keinen Grund (unter den Füßen) haben" und die übertragene Bedeutung „keinen Grund (zum Hilfeschreien) haben". Beide Verwendungen sind üblich.

Im „Betrüger"-Witz wird ein neuer Wortsinn geschaffen: Üblich ist die Bedeutung „eine Postkarte mit einer Ansicht", also mit der Abbildung eines historischen Gebäudes, einer Landschaft etc. Unüblich ist die Bedeutung „eine Postkarte mit einer persönlichen Ansicht (= Meinung)": In diesem Fall steht auf der Karte noch dazu eine Invektive: „Sie sind ein Betrüger!"

Wenn man Witze als literarische Kleinstformen akzeptiert, liegt es nahe, auch die Frage der Ästhetik ins Spiel zu bringen. Witze, deren Schlüsselwörter übliche Bedeutungen enthalten, dürften als ästhetisch höher empfunden werden als Witze, deren Schlüsselwörter unübliche Bedeutungen haben.

> *Polizeikontrolle. Polizist: „Haben Sie Restalkohol?" – „Nein, alles ausgetrunken."*

Die neue Bedeutung von „Restalkohol" ist genauso unüblich wie die neue Bedeutung von „Ansichtskarte".

Ich schließe den Reigen dieser Beispiele mit einem schönen jüdischen Witz.

> *Schmerel kommt zu seinem Freund Berel ins Büro. „Dreimal hab' ich dir geschrieben, ob du mir 100 Gulden leihen kannst. Du schuldest mir doch wenigstens eine Antwort." Darauf Berel: „Besser, ich schulde dir eine Antwort, als du schuldest mir 100 Gulden."* (Landmann, 2010, S. 386)

Witze mit den Figuren Berel und Schmerel finden sich in vielen jüdischen Publikationen, zum Beispiel in der von 1914 bis 1933 in München erschienenen Wochenzeitung *Jüdisches Echo*. Sie erfreuten sich offensichtlich großer Beliebtheit (siehe S. 132, 176, 244 und 252 f.).

„Was sind Levkojen?" – Auffrischung einer verblassten Bedeutung

Sigmund Freud verwendet in seiner Witzeanalyse den Begriff verblasste Bedeutung. Gemeint ist ein Wort, dessen Bedeutung nur noch erahnt werden kann oder vielleicht schon vergessen ist. Im Witz können Wörter so in Szene gesetzt werden, dass sie ihre ursprüngliche, inzwischen verblasste Bedeutung zurückerhalten (Ouaknin, S. 16). Die verblasste Bedeutung ist plötzlich wieder da. Damit der folgende Witz, der dieses Phänomen illustriert, verständlich ist, muss ich eine Erklärung vorausschicken.

Hans Peter Althaus, emeritierter Professor für Germanistische Linguistik an der Universität Trier, ist einer der führenden Experten für den jiddischen Lehnwortschatz im Deutschen. In seinem Buch *Chuzpe, Schmus & Tacheles. Jiddische Wortgeschichten* habe ich einen interessanten Beitrag zur Levkoje gefunden. Bekanntlich ist das der Name der beliebten Zierpflanze *Matthiola*. Sie hat vier blaue Blütenblätter und ist mit Rosen nicht zu verwechseln, mit Veilchen vielleicht. Levkojen werden im Topf gezogen oder als Schnittblumen verkauft.

„Levkoje" wurde von Juden, so schreibt Althaus, als Geheimausdruck verwendet: „Er verdeckt das Kompositum Levgoie, das aus den jidd. Wörtern *lew* ‚Herz' und *goje* ‚Nichtjüdin' gebildet ist. Die Bedeutung wurde schonungsvoll als ‚Herz einer Christenfrau' umschrieben. Tatsächlich war es ein Geheimwort für ‚weibliche Scham', das sehr dezent behandelt wurde. Damit war es der christlichen Landbevölkerung nur mit Bedeutungen wie ‚Mund, Maul, Gesicht' und ‚Frau' bekannt." (Althaus, 2006, S. 22)

Für mich als Goj war das eine neue Erkenntnis. Plötzlich verstand ich den Sketch *Etwas über Botanik*, der 1937 aufgenommen wurde. Es handelt sich um eine **Doppelconférence** mit Franz Engel und Fritz Wiesenthal. Ich zitiere in der Folge die für das Verständnis der Pointe relevante Passage:

Wiesenthal: *Schau her, ein Blumenbouquet hab' ich gekauft, ein Bischerl!*
Engel: *Sag, wozu brauchst du a Bischerl? Hast du ein Rendezvous? Mit einer Dame?*
Wiesenthal: *No na, mit einem Rauchfangkehrer ... Was du für Ideen hast!*

ENGEL: *Wozu brauchst du a Bischerl?*
WIESENTHAL: *Ich bin auf eine so wundervolle Art der Anknüpfung gekommen. Ich geh zu der Dame hin und sage: „Die Rose, der Rose!" Das ist originell!*
ENGEL: *Das ist originell? Du bist ein ausgesprochener Hornochs. Das sind doch keine Rosen, die du da hast! Das sind doch Levkojen!*
WIESENTHAL: *Ich hab's für Veilchen gekauft.*
ENGEL: *Ach, ist das ein Tepp! Wie kann man Levkojen für Veilchen kaufen?*
WIESENTHAL: *Weil ich geglaubt hab, es sind Nelken.*
ENGEL: *Ich erklär' dir doch, das sind Levkojen!*
WIESENTHAL: *Levkojen … Und wie soll ich jetzt mein Zitat anbringen? Ich kann doch nicht zu der Dame hingehen und sagen: „Die Levkoje der Levkoje?" Wieso weißt du denn, dass das Levkojen sind?*
ENGEL: *Weil ich kein Trottel bin, und ein erwachsener Mensch muss doch wissen was Levkojen sind! Du weißt wahrscheinlich nicht einmal, wo die wachsen, die Levkojen.*
WIESENTHAL: *Wo wachsen sie?*
ENGEL: *In Frankreich wachsen sie! Am Po!*
WIESENTHAL: *Ist das Wort schon zu Ende?*
ENGEL: *Was soll denn noch kommen? (…)*

In der Folge versucht der Gescheite, also Engel, dem Blöden, also Wiesenthal, mit **Mnemotechnik** das Wort Levkoje einzuprägen. Zu erwarten wäre, dass er sagt: Denk bei „Lev-" an das jiddische Wort für Herz und bei „-kojen" an das jiddische Wort für Christenfrau. Aber stattdessen empfiehlt er seinem Dialogpartner, an einen „Löwen" zu denken oder an den „kleinen Lederhändler Löw aus der Blumauergasse". Für Kenner des Jiddischen ist auch diese verquere Erklärung ein Witz.

Als sich Wiesenthal das Wort aufschreiben will und Engel zu buchstabieren beginnt, wird deutlich, dass der Gescheite, also Engel, nicht weiß, wie man Levkojen schreibt. Deshalb sagt er: „Du hast recht, es sind doch Rosen!", denn den Namen der Rose könnte er buchstabieren. Wieder einmal hat sich der Gescheite als der Blöde herausgestellt.

Die Bemerkungen Engels, „sie wachsen am Po" und „ein erwachsener Mensch muss doch wissen, was Levkojen sind …", ist als versteckter Hinweis auf die verblasste sexuelle Bedeutung zu verstehen. Dies gilt auch für Wiesenthals Frage, ob das Wort schon zu Ende sei. Po kommt von lateinisch *podex* und wird häufig verdoppelt verwendet.

Hugo Wiener wird später diese Witzetechnik im Kabarettstück *Levkojen* aufgreifen. Der Blöde, bei ihm heißt er Brumbirl, fragt den Gescheiten, den Herrn Reis, was er seiner Schwiegermutter zum Geburtstag kaufen soll.

> BRUMBIRL: *... mir ist schon etwas eingefallen. Ich kaufe ihr Nelken.*
> REIS: *Nelken! Wer kauft seiner Schwiegermutter Nelken. Wenn man einer Schwiegermutter schon Blumen zum Geburtstag kauft, kauft man ihr doch ausgefallene Blumen ... zum Beispiel Levkojen.*
> BRUMBIRL: *Das merk' ich mir nicht.*

Als Brumbirl feststellt, dass er sich den Namen Levkojen nicht merken kann und das Wort aufschreiben will, beginnt Reis zu buchstabieren. Aber auch er scheitert an der Schreibung. Deshalb sagt Reis: „Kaufen Sie Ihrer Schwiegermutter doch lieber Nelken!"

> BRUMBIRL: *Nelken? Wer kauft seiner Schwiegermutter Nelken?*
> REIS: *Was denn wollen Sie ihr kaufen?*
> BRUMBIRL *(ganz selbstverständlich): Levkojen!*
> BEIDE *(schauen sich erstaunt an).*

Obwohl in dieser Version die ursprüngliche Bedeutung von Levkojen völlig verblasst ist, feierten Helmuth Lohner und Otto Schenk mit dem Sketch große Erfolge. Hugo Wiener hatte sich zusätzlich ein **situationskomisches Element** ausgedacht. Angesichts der Begriffsstützigkeit von Brumbirl fasst Reis diesen immer wieder am Sakko und reißt ihm dabei jedes Mal einen Knopf ab. Den letzten Knopf dreht sich Brumbirl selbst vom Sakko und übergibt ihn bereitwillig dem Herrn Reis.

Auch Karlheinz Hackl und Heinz Marecek spielten den *Levkojen*-Sketch – in einer Bearbeitung von Marecek –, und zwar in dem Programm *Was lachen Sie?*. Marecek orientierte sich stärker an der Version von Hugo Wiener, nicht an der älteren von Engel/Wiesenthal/Gerold. Der Sketch funktioniert auch heute noch – obwohl kaum jemand weiß, was mit Levkojen gemeint ist.

> *Ein Fräulein an der Schreibmaschine tippt fleißig und stellt wegen der Teilung einzelner Wörter öfters Fragen an ihren Nachbarn. „Sind Sie nicht bös, Herr Gold, aber wie trennt man ‚bequem'?" Herr Gold zerstreut: „Auf der Ottomane."* (Hundert Paprika Lozelech, S. 10)

Der Witz ist in einem Lozelechbuch zu finden, das 1919 in Bratislava erschienen ist. Mit dem Ende der Monarchie und Abschaffung jeder Form von Zensur wurden immer gewagtere **sexuelle Witze** in Umlauf gebracht.

Als Ottomane, eigentlich osmanische/türkische Liege, bezeichnete man früher ein zum Ausruhen im Liegen dienendes Möbelstück, das gepolstert ist und keine durchgehende Rückenlehne hat. Das Verb „trennen" (= koitieren, geschlechtlich verkehren) ist noch nicht völlig in der Versenkung verschwunden, die jiddischen Wörterbuchmacher negieren es allerdings.

In den Witzen und Kabaretttexten um die Jahrhundertwende taucht auch das Substantiv „Trennung" (= Geschlechtsverkehr) auf.

Ein Ungar trifft e Wienerin / auf einer Praterbank in Wien, / Die zwei haben gleich politisiert, / Die Banktrennung auch durchgeführt.
(Armin Berg, zit. in Wacks, S. 212)

Im wörtlichen Sinn war wohl die komplizierte währungs- und finanzpolitische Neuordnung nach dem Zerfall der Österreichisch-Ungarischen Monarchie gemeint. Selbst die modernen jüdischen Witze existieren bereits in vielen Versionen. Das gilt beispielsweise für den berühmten „Autoweihe"-Witz, der meist mit einem Ferrari oder einem Maserati erzählt wird. Soll ich jene von Meyerowitz bringen (Meyerowitz, S. 93), jene von Salcia Landmann (Landmann, 2007, S. 129–130) oder jene, die Fritz Muliar für Preiser Records eingelesen hat und im Buch *Das Beste aus meiner jüdischen Witze- und Anekdotensammlung* (Muliar, S. 28–29) zu finden ist? Ich picke mir von allen das Beste heraus.

Herr Goldfarb ist reich geworden, aber er ist fromm geblieben, und an dem Tag, an dem er sich einen Ferrari gekauft hat, ist er zum Rebben gegangen und hat gesagt: „Rebbe, ich hab' mir einen Ferrari gekauft. Allerletztes Modell. Ich bitte dich, sprich über ihn eine Broche!" – „Ferrari? Was ist das?" – „Ein Auto mit 12 Zylindern. Über 800 PS. Beschleunigt in zwei Sekunden auf hundert." Rabbi: „Auf so a Teufelszeug geb ich nicht a Broche." Später erzählt Goldfarb seiner Frau, was passiert ist. „Das war ein alter, konservativer Rabbi", sagt die Frau, „geh du hin zu einem reformierten Rebben!" Goldfarb geht zu einem Reformrabbiner: „Rebbe, kannst du mir geben a Broche auf meinen neuen Fer-

rari, allerletztes Modell?" Rabbi: „Der mit 12 Zylindern? Über 800 PS? Beschleunigt in zwei Sekunden auf hundert? Womöglich in Rot?" – „Genau. Kannst du mir gebn a Broche?" – „Was immer du willst. Aber was is a Broche?"

Der Witz tut so, wie wenn das Wort „Broche" für den Reformrabbiner ein verblasster Begriff wäre. Das gibt es nur im **Übertreibungswitz**.

Was ist der Unterschied zwischen einem galizischen orthodoxen Rebben und einem amerikanischen Reformrabbiner? Nun: Fragt man den galizischen Rebben, ob Schinken koscher ist, dann sagt er: „Was ist Schinken?" Fragt man einen amerikanischen Reformrabbiner dasselbe, dann fragt er zurück: „Was heißt ‚koscher'?" (Landmann, 2010, S. 439)

Salcia Landmann fügt in einer frühen Ausgabe ihrer Sammlung nach der ersten Frage eine Erklärung hinzu: „Denn er (der galizische Rabbiner) kennt nur den Ausdruck ‚Chaser' = Schwein." Apropos Schwein und Schweinefleisch:

Kohn bei Sacher: „Ober, geben Sie mir von diesem Fisch!" – „Verzeihung, mein Herr, das ist Schinken!" – „Hab' ich gefragt, wie er sich ruft (= nennt) der Fisch? (Landmann, 2010, S. 430; 2007, S. 219)

Das ist einer der bekanntesten „Trefe"-Witze – so bekannt, dass man ihn kaum noch erzählen kann.

Einem Juden wird aus der Nachbarstadt eine Partie für seine Tochter angeboten. Er erkundigt sich bei einem dortigen Freund nach dem jungen Manne. Der Freund schreibt: „Der Jüngling ist eine seltene Ss'chojre (Ware, Handelsobjekt). Du gibst doch zu, in letzter Zeit sind die Pferde im Preis stark gestiegen? Der junge Mann ist ein Pferd, wie man kein zweites findet. Und die Schweine sind auch teurer geworden? Ein Schwein ist er auch. Und obendrein ist er noch ein Mann. Nun rechne dir aus, was so ein Bräutigam wert ist!" (Landmann, 2010, S. 451)

Im Jiddischen bedeutet das Wort „Pferd" auch „Esel" – der junge Mann ist also dumm wie ein Esel. „Schwein" bedeutet so viel wie Geizhals.

Er ist also auch geizig. Wer diese verblassten Bedeutungen noch kennt, freut sich, dass er den Witz verstanden hat – und vielleicht auch dass andere die Pointe nicht begriffen haben. Witze mit verblassten Bedeutungen sind immer auch **Insiderwitze**.

Ein alter Jude besucht seinen in Wien ansässigen Sohn. Der Alte hat noch nie eine Trambahn gesehen, wundert sich, dass sie von allein fährt, und fragt den Sohn: „Sag einmal, wo in aller Welt sind hier die Pferde?" – Darauf der Sohn: „Die sitzen im Wagen." (Landmann, 1960, S. 224)

Es ist lange her, dass Straßenbahnen von Pferden gezogen wurden. Wer diesen Witz den heutigen Gegebenheiten des öffentlichen Verkehrs anpassen will, muss scheitern. Aber darf man alte Witze überhaupt modernisieren?

Teitelbaum verlangt ein Hotelzimmer. Portier: „Mit fließendem Wasser?" Teitelbaum beleidigt: „Bin i a Forell'?"

Torberg hält Salcia Landmann vor, dass sie in ihrer ersten Sammlung aus dem Jahr 1960 (S. 453) die Frage „Mit fließendem Wasser?" durch „Mit Bad?" ersetzt hat: „Der Witz stammt aus einer Zeit, da Fließwasser in Hotelzimmern noch keineswegs die Regel war, und die Frage des Portiers lautet nicht ,Mit Bad?', sondern ,Mit fließendem Wasser?'. Die Forelle kommt nämlich in fließenden Gewässern vor, nicht in Bädern. Das tut sie nur bei Salcia Landmann." Das ist eine geschickt konstruierte Polemik, denn der Witz besteht ja genau darin, dass eine Forelle *nicht* in einem Hotelzimmer vorkommt, egal wie dieses ausgestattet ist.

Im Gegenzug könnte man Torberg polemisch vorwerfen, dass ihm die Existenz von Forellenteichen entgangen ist. Aber *für* Torberg spricht, dass sich in das kollektive Gedächtnis ein von Schubert vertontes Gedicht eingeprägt hat: „In einem Bächlein helle, / Da schoss in froher Eil / Die launische Forelle / Vorüber wie ein Pfeil …"

Salcia Landmann hat Torberg in diesem einen Fall recht gegeben – in einer erweiterten Neuausgabe wird die Geschichte so formuliert, wie es sich Torberg vorgestellt hat.

Nudniak zum Hotelportier: „Geben Sie mir ein Zimmer." Portier: „Mit fließendem Wasser?" Nudniak: „Wieso? Bin ich eine Forelle?" (Landmann, 1988, S. 513)

Dieser Witz hat viele Witzeforscher beschäftigt, vielleicht auch deshalb, weil er oft schlecht erzählt wird. Hans-Martin Gauger weist darauf hin, dass es nicht sinnvoll ist, das Wort „Forelle" durch „Fisch" zu ersetzen: „Sicher ist ‚Forelle' hier viel besser – eben wegen der konkreten Assoziation ‚fließendes Wasser'; Fisch assoziiert eben nur ‚Wasser'. Wer auch nur einmal den Witz mit Forelle gehört hat, wird also unvermeidlich ‚Fisch' weit schwächer finden. Immer, zumindest *fast* immer, ist das Konkrete besser." (Gauger, 2006, S. 7–8)

Ich habe mich zuvor darüber beklagt, dass **Unterschiedswitze** oft recht dümmlich sind. Aber es gibt Ausnahmen.

Hirsch: „Nu Levi, will ich mal sehen, ob du besitzt historische und medizinische Kenntnisse. Kannst'e mir sagen, wodurch unterscheiden sich die Städte Eger und Karlsbad?" Levi nachdenkend: „Nu ..." Hirsch (triumphierend): „Nischt weißt'e! Will ich's dir sagen: In Eger wurde einst beseitigt der Wallenstein, und in Karlsbad werden heut' noch beseitigt die Gallenstein." (Reitzer, Masel-Tov, S. 89; gekürzt in Landmann, 1972, S. 232)

Das ist ein Witz mit verblasstem Wissen aus Zeiten der Monarchie – als man nach Karlsbad (heute Karlovy Vary, Tschechien) auf Kur fuhr und noch wusste, dass Wallenstein im nicht weit entfernten Eger (heute Cheb, Tschechien) ermordet wurde.

„Leere Flaschen und Flaschen, die Lehrer sind!" – Verschiedene Wörter, gleicher Klang

Das gibt es in der Sprache oft: Zwei Wörter werden unterschiedlich geschrieben, aber gleich ausgesprochen. Das Wort „viel" und das Wort „fiel" ist so ein Beispiel, genauso „mahlen" und „malen". Das Phänomen wird **Homophonie** genannt. Der erste Bestandteil des Fachausdrucks bedeutet „gleich", der zweite „Klang".

Egal wie leer Flaschen sind, es gibt Flaschen, die sind Lehrer.

Im ersten Teil des **Gleichklangwitzes** nehmen wir das Wort „Flasche" wörtlich, im zweiten Teil sind wir angehalten, es im übertragenen Sinn zu verstehen: Dummkopf. Dass der Komparativ von „leer" genauso klingt wie „Lehrer" ist die Pointe.

Noch schräger ist ein Gleichklangwitz, den Ernst Waldbrunn in einer **Doppelconférence** mit Karl Farkas brachte.

SCHÖBERL: *Heute habe ich bereits zwei Fuhren gehabt: Ich habe einen Gelehrten auf die Universität gefahren und einen Gefüllten ins Parlament.* (Taxifahrer, gesendet im ORF-Fernsehen am 27. 3. 1965)

Auch „gelehrt" und „geleert" sind der Lautform nach nicht zu unterscheiden. Außerdem wird ein gegensätzlicher Zusammenhang zwischen „geleert" und „gefüllt" hergestellt. Ein dicker Mensch wird in der Mundart als „der Gfüllte" bezeichnet. Aus dem Hintergrund schimmert die stereotype Vorstellung durch, dass der Gelehrte dünn ist und der Parlamentsabgeordnete dick.

Geht eine dicke Frau in eine Bäckerei und sagt: „Ich möchte gerne Rumkugeln." Darauf der Bäcker: „Aber nicht in meinem Lokal!"

◊

Sagt der Chef: „Warum haben Sie in der ganzen Belegschaft herumerzählt, ich sei früher eine Frau gewesen und zu einem Mann umoperiert worden?" Die Sekretärin: „Sie haben mir doch selbst gesagt: ‚Ich war 'ne Sie.'" Der Chef: „Mein Gott! Ich habe gesagt: ‚Ich warne Sie!'"

◊

Stehen zwei Schafe auf der Wiese. Sagt das eine: „Määäh!" Sagt das andere: „Mäh doch selber!"

Zwei Kelten laufen durch einen Schneesturm. Sagt der eine: „Scheiß Kälte!" Sagt der andere: „Selber scheiß Kelte!"

◊

Ein wichtiger Schlag gegen den internationalen Terror! Heute hat die Wiener Polizei in einer Ladezone ein verdächtiges Auto entdeckt und beschlagnahmt. Hinter der Windschutzscheibe lag ein Zettel mit der Aufschrift BIN LADEN.

Osama bin Laden gilt als Initiator der Terroranschläge am 11. September 2001 in den USA, er wurde zehn Jahre später von amerikanischen Spezialeinheiten in seinem Versteck in Pakistan erschossen.

Zum Abschluss ein **Einzeiler**, der zu jener Gruppe von Witzen gehört, die schriftlich besser funktionieren als mündlich (siehe S. 10, S. 24):

Wie lautet die E-Mail-Adresse des Papstes? – urbi@orbi

Wir stellen verblüfft fest, dass das Wort für den Klammeraffen genauso klingt wie das lateinische Wort *et* (= und).

Leider gibt es nur wenige Witze mit der Technik verschiedene Wörter gleicher Klang. Bei der folgenden Kategorie sieht es ganz anders aus: Es gibt unzählige Beispiele.

„Mit Fair Trade hat sie mir den Kopf verdreht!" – Verschiedene Wörter mit Klangähnlichkeit

Dieses Mal beginne ich gleich mit drei Witzen, und zwar aus drei verschiedenen Perioden.

„Ich kenne einen guten Fahrrad-Witz." – „Erzähl!" – „Nein, ich Fahrrad ihn dir nicht."

◊

Wie macht man aus e Kalbsgulasch / Im Handumdreh'n e Rindsgulasch? / Man dreht den Topf mit Kalbsgulasch / Ganz einfach um, dann rinnt's – Gulasch.

◊

*Rabbi zu den schlafenden Zuhörern: „Balbatim (Herrschaften), red' ich umsonst?" Alle wachen auf und wie aus einem Mund ertönt die Gegenfrage: „Wo, wo gibt's **Rettich umsonst?**"*

Der „Fahrrad"-Witz ist ein moderner **Flachwitz**, er kursiert gegenwärtig im Internet. Der „Gulasch"-Witz stammt aus der Zwischenkriegszeit; Armin Berg veröffentlichte ihn in einem Witzeheftchen mit dem Titel *Trommelverse*, das er im Selbstverlag herausbrachte (Vers Nr. 3). Der „Rabbi"-Witz ist vermutlich der älteste in dieser Runde, er taucht immer wieder in den Sammlungen auf und wird auch heute noch erzählt (Landmann, 1988, S. 122 und 2010, S. 158, Ott, S. 137–138).

Die drei haben etwas gemeinsam: Es geht jeweils um verschiedene Wörter mit einem täuschend ähnlichen Klang. Das ist eine **annähernde Homophonie**, eine **Klangähnlichkeit**: „Fahrrad" und „verrat" (da variiert die Betonung), „Rindsgulasch" und „rinnt's – Gulasch" (einmal mit Pause dazwischen, einmal ohne Pause), „red' ich" und „Rettich" (verschiedene e-Laute).

Beim ersten Witz wird statt „verrat", was zu erwarten wäre, „Fahrrad" geschrieben – sonst ist der Witz in schriftlicher Form nicht nachvollziehbar. Der Leser muss also **assoziieren**, dass „verrat(en)" gemeint ist. Mündlich vorgetragen ist die Schreibung ohnedies irrelevant.

Den Vogel schießt Armin Berg ab, denn sein Witz enthält noch ein zweites Element: Die Wendung „im Handumdrehen" (= überraschend schnell und mühelos) wird zusätzlich im wörtlichen Sinn gebraucht (= Bewegung, bei der man die Hand umdreht, sodass die Handfläche nach oben oder wieder nach unten zeigt).

Josel geht mit seinem Freund Schmule in ein Restaurant. Josel bestellt eine Flasche Bordeaux. Der Kellner bringt den Wein, vergisst aber, den Stoppelzieher (Korkenzieher). „Macht nix", sagt Schmule, „ich hab' bei meinem Taschenmesser einen Stoppelzieher, ich werde die Flasche schon aufmachen." Schmule, nachdem er sich schon eine Weile mit dem Öffnen der Flasche plagt: „Der Schlag soll den Stoppel treffen, er geht nix heraus." – „Weil du verrückt bist", sagt Josel, „was bohrst du da heroben, wenn da unten steht: Bohr do. (Bordeaux)" (Reitzer, Gut Jontev, S. 62)

„Bohr do" und „Bordeaux", auf diesen annähernden Gleichklang muss man erst einmal kommen. Oder ist es vielleicht sogar ein hundertprozentiger Gleichklang?

Trifft der Grün den Blau. „Wie geht es dir?! Lange nicht gesehen!" Sagt der Blau: „Oj, wenn du wüsstest. Wir Musiker haben es nicht leicht. Es fehlt vorn und hinten." Fragt der Grün: „Ich hab's vergessen, was für ein Instrument spielst du?" – „Fagott." Sagt der Grün: „Ja dann! Das kann ja nicht gut gehen. Far die Leit musst du spielen und nicht far Gott." (Javor, S. 162; vgl. Muliar, S. 84)

Das ist die von Erwin Javor wunderbar erzählte Version eines alten Witzes. Landmann bringt eine verkürzte Fassung, in der das Flair fehlt und die Pointe, nämlich „far Gott", nicht am Schluss steht:

Salongespräch. „Spielen Sie ein Instrument?" – „Jawohl, ich spiel' Fagott." – „Meschugge! Sie müssen nicht spielen far Gott, Sie müssen spielen far die Leut!" (Landmann, 1960, S. 205)

Karl Farkas hat einen alten Witz, basierend auf dem ungefähren Gleichklang von standardsprachlich „Backbord" und mundartlich „Back(n)bart" (Landmann, 1960, S. 416) in einen Dialog mit Admiral Tegetthoff eingebaut.

FARKAS: *Die Seeleute haben doch ihre eigene Sprache: (...) Die Reeling – das ist die Stange, über die man sich beugt, wenn einem schlecht wird. Oder Backbord – das ist das, was der Kapitän am Kinn hat (deutet mit einer Geste zu seinen Wangen einen imaginären Backenbart an, wie ihn Tegetthoff trägt). Dann Kojen, jetzt auf der Wiener Messe zu sehen ...* (Farkas, S. 76)

Kreative Witzeerfinder haben sich sogar eine annähernde Homophonie zwischen Ausdrücken verschiedener Sprachen zunutze gemacht.

Neueste theologische Forschungen haben ergeben, dass beim letzten Abendmahl auch zwei Türken anwesend waren. – Nehmet und Esset!

„Nehmet" kling ähnlich wie Mehmet, die türkische Variante des arabischen Namens Muhammad. Damit sind die Weichen im Kopf des Zuhörers gestellt, er hält auch „Esset" für einen türkischen Vornamen. Gleichzeitig werden Assoziationen mit den allseits bekannten Worten Jesu beim Letzten Abendmahl ausgelöst: „Nehmet und esset alle davon: Das ist mein Leib, der für euch hingegeben wird."

Karl Kraus schätzte raffinierte Wortspiele und verfasste unzählige Aphorismen, die noch heute gern zitiert werden. Er soll auch ein guter Witzeerzähler gewesen sein. In dem Weltuntergangsdrama *Die letzten Tage der Menschheit* gibt es eine Passage, die zahlreiche Sprachwitze enthält. Der Dialog zwischen dem österreichischen Feldwebel Sedlatschek und einem Berliner, dem Wachtmeister Wagenknecht, ist eine **Doppelconférence mit unabsichtlichen Missverständnissen**. Sie würde auch in ein Kabarettprogramm passen.

S<small>EDLATSCHEK</small>: *Alstern – der **Oberbombenwerfer**, das is doch einer – der was die **Bomben – oberwirft**, oder nicht?*
W<small>AGENKNECHT</small>: *Oberwirft? Was ist denn das?*
S<small>EDLATSCHEK</small> *(macht die Pantomime des Werfens): No – verstehst net – ober – von do – schau her – ober – auf die Leut.*
W<small>AGENKNECHT</small>: *Ach so, jetzt versteh ich – nee Junge, det is aber zu witzich – ik lach mich dot – 's ist ja zum Schießen komisch – nee, so hatt' ich's nich jemeint. Dafür haben wir doch den Ausdruck: **herab**!*
S<small>EDLATSCHEK</small> *(ihn verständnislos anblickend): Was – alstern – der **Herabbombenwerfer**?*
W<small>AGENKNECHT</small>: *Ach nee – det jibts nich. Menschenskind, pass mal auf. Ik meine, der Bombenwerfer wirft die Bombe herab. Aber der Oberbombenwerfer –*
S<small>EDLATSCHEK</small> *(ihn anstarrend): Aber der Ober – was?*

Mit „Ober" ist der Groschen gefallen. Damit kann der österreichische Feldwebel etwas anfangen, dieses Wort kennt er aus dem Kaffeehaus.

WAGENKNECHT: *Nu, det is doch der Scheff von die Bombenwerfer, darum heißt er doch Oberbombenwerfer – wie soll ich dir das nur klar machen, zum Beispiel, ach ja, jewiss doch, ihr habt doch auch die Bezeichnung Oberkellner oder Oberleutnant –*
SEDLATSCHEK: *Hörst, jetzt versteh i di. Alstern wie der Oberleutnant der Vorgesetzte von die Gäst – oder nein – wie der Oberkellner der Vorgesetzte von der Mannschaft – nein –*
WAGENKNECHT: *Ach siehste, in dem Fall sagen wir einfach: der Ober – Sie Herr Ober, kommen Sie mal ran.*
SEDLATSCHEK *(dreht sich um, salutiert erschrocken): Du, hast den Oberleutnant grufen?*
WAGENKNECHT: *Aber Menschenskind, da könnte ich doch nich Ober sagen. Siehste, beim Kellner lässt man eben die Berufsbezeichnung wech und sagt einfach Ober, aber über –*
SEDLATSCHEK: *Ober aber über?*
WAGENKNECHT: *Ach nee, ich wollte nur sagen, über die andern Vorgesetzten darf man sich nich so ankternu ausdrücken, man sagt zum Oberleutnant nicht: Sie Herr Ober – das wäre doch 'ne Beleidigung. Na, und ähnlich ist es mit dem Oberbombenwerfer.*

Jetzt wirft der Berliner Wachtmeister mit Lehnwörtern um sich, die er nicht versteht und verballhornt. Aus *entre nous* (= unter uns; ohne die Gegenwart eines Fremden und daher in der nötigen Atmosphäre der Vertrautheit) macht er *ankternu*.

SEDLATSCHEK: *Ich versteh – man muss also sagen:* **Herr Oberbombenwerfer**, *derf ich jetzt* **eine Bomben – oberwerfen**?
WAGENKNECHT: *Na meinswegen, wenn's dir Spass macht – ihr Östreicher seid doch zu ulkje Kunden.*
(I. Akt, 25. Szene)

Mein Name, hier in eingedeutschter Form mit -tsch- geschrieben, dient in dem Dialog dazu, eine Person als dümmlichen „Behm" zu charakterisieren. Aber ich stelle mir vor, dass Ernst Waldbrunn den Blöden spielt, womit die Figur einen liebenswürdigen Charakter bekäme und der Blöde am Ende der Gescheite ist.

In der *Tante Jolesch* lesen wir, dass der Rechtsanwalt Dr. Hugo Sperber im Tarock beim Ausspielen einer Karte der Farbe Treff einen rätselhaften Satz sagte.

Trefe, der Gerichtsdiener ... (Torberg, Tante Jolesch, S. 186)

Laut Torberg assoziierte „der Halbgebildete" diese Aussage mit *trefe* (hebräisch unrein, das Gegenteil von koscher) und rätselte, was die jüdischen Speisegesetze mit der Farbe Treff (Kreuz) zu tun hätten. Ich zitiere hier nicht Torbergs Erläuterung, sondern einen alten Witz, den schon Eisenbach vorgetragen hat: Zwei Juden unterhalten sich darüber, dass die Amtssprache „verjidelt" sei. Bei der Polizei würde man nicht mehr „wieso", sondern „woso" sagen ...

> „Ich hab heut gelesen e Verordnung bei e Wachmann, da steht in sein Bichl drinnen, **wo so** genannte Waffen in Anwendung kommen, hat die Wache auf das Vorsichtigste vorzugehen." Darauf sagt der andere: „Ich hab heut e Vorladung bekommen, die is auch ganz jiddisch gedruckt. Da kommt das Wort **trefe** vor. Da steht drinnen: ,**Träfe** der Amtsdiener den Vorgeladenen nicht an, so hat er die Vorladung zurückzulassen.'" (Eisenbach, XXI, S. 8)

Wenn zwei Wörter einer fremden Sprache einen täuschend ähnlichen Klang, aber ein völlig unterschiedliches Schriftbild haben, ist der witzetechnische **Kontrast** besonders groß.

> *Pinkus hat es geschafft. Er ist Hitler entkommen und spaziert durch die Straßen von New York. Aufatmend sieht er sich um. Keine Bänke, auf denen „Nur für Arier" draufsteht. Keine Ämter, an deren Türen zu lesen ist: „Eingang für Juden." Frohen Herzens betritt er ein Obstgeschäft, um ein Kilo Orangen zu kaufen. „**For juice?**", fragt das Fräulein. Darauf Pinkus entsetzt: „Was, hier auch?!"*
>
> ◊
>
> *Two Jewish men, Berel and Schmerel, were sitting in an Mexican restaurant. Berel asked Schmerel, „Are there any people of our faith born and raised in Mexico?"*
> *Schmerel replied, „I don't know, let's ask our waiter."*
> *When the waiter came by, Schmerel asked him, „Are there any Mexican **Jews**?" and the waiter said, „I don't know Senor, I'll ask the cooks."*
> *He returned from the kitchen in a few minutes and said, „Sir, I asked everyone: No Mexican **juice**. All we have is orange **juice**, prune **juice**, tomato **juice** ..."*

Auch einige **Flachwitze** basieren auf einem annähernden Gleichklang zwischen Wörtern verschiedener Sprachen.

Die Verkäuferin im Bioladen hat mir den Kopf Fair Trade.

◊

Egal wie gut es dir geht, Bill Gates besser.

◊

Wer hätte gedacht, dass das Leben als Informatiker so Hardware.

◊

Ein Grieche betritt in Deutschland eine Bank: „Ich möchte ein Gyros-Konto eröffnen." Der Bankangestellte: „Das ist bei uns nicht Ouzo."

Das ist der titelgebende Witz des Buches von Hans-Martin Gauger. Die Klangähnlichkeit von „Gyros" und „Giro" sowie „Ouzo" und „Usus" ist frappierend. Hinzu kommt, dass man „Giro" und „Usus" assoziieren muss, also nochmals Spitzenklasse.

Nach der Freud'schen Theorie gehören zum Witzeerzählen drei Personen: der Erzähler, der Zuhörer und eine Person, die als Zielscheibe dient. Freud meinte, stellvertretend für den Erzähler führt der Zuhörer die geschenkte psychische Energie im Lachen ab. Heutzutage werden Witze allerdings einfach ins Netz gestellt: ohne ein persönliches Gegenüber, meist anonym. Der Witzeschreiber kann nur an der Anzahl der Likes, der positiven Bewertungen von Usern, feststellen, wie sein Witz ankommt.

*Sexualunterricht in der Volksschule. Der Lehrer gibt eine Aufgabe: „Schreibt einen kurzen Aufsatz mit folgenden Wörtern: **Sex**, **Sperma** und **Vorhaut**." Franzi darf am nächsten Tag vorlesen: „Mein Vater hat gesagt, am Sonntag machen wir mit dem Auto einen Ausflug. Gleich in der Früh um **Sex** fahren wir los, und meinen kleinen Bruder, den **Sperma** am Kindersitz ein, damit es ihn nicht beim Bremsen **vorhaut**."*

Dieser Witz hat eine hohe **Fiktionalität**. Als fiktional (von lat. *fingere*: bilden, erdichten, vortäuschen) werden Texte bezeichnet, die keinen Anspruch darauf erheben, an der außersprachlichen Realität gemessen zu werden. Dies gilt für viele Träume und für manche Witze. Dass ein Volksschullehrer eine derartige Aufsatzthema vorgibt, ist genauso unwahrscheinlich wie die Geschichte des Schülers. Vermutlich haben Sie über diesen Witz trotzdem gelacht oder zumindest geschmunzelt. Dies würde darauf hindeuten, dass Sie die hohe Fiktionalität nicht gestört hat.

Aber einen gravierenden Unterschied zwischen einem derartigen Witz und hochliterarischen Texten gibt es dennoch. Während beispielsweise die Verwandlung von Gregor Samsa in einen Käfer als Parabel interpretierbar ist – die Erzählung *Die Verwandlung* (1912) von Franz Kafka vermittelt, dass das Individuum an den Zwängen seiner Lebensumstände leidet –, lässt sich aus der Reaktion des kleinen Franzi lediglich heraushören, dass er auf den Klang der Wörter achtet und dass ihm der Klang (noch) wichtiger ist als der Sinn. Und beim Zuhörer stellt sich eine Verblüffung ein, dass so weit entfernte Wörter wie „sperr' ma" und „Sperma" in einen Zusammenhang gebracht werden.

In letzter Zeit hat sich in der Witzekultur einiges geändert. Lutz Röhrich schreibt 1977, also vor rund vierzig Jahren, über den **sexuellen Witz:** „Sex-Witze sind wie kaum ein anderes Gebiet der Erzählforschung vorwiegend mündliche Überlieferung, weil die besten und treffendsten Stücke nicht gedruckt werden." (Röhrich, S. 153) Inzwischen werden Witze über komische Konflikte und komische Situationen im Geschlechtsleben sehr wohl schriftlich verbreitet, und zwar über das Internet. Die Grenze, was **Tabu** ist, hat sich deutlich verschoben. Aber meist werden die sexuellen Praktiken noch immer verhüllt dargestellt.

Die kleine Hanna kommt ins elterliche Schlafzimmer und sieht, wie ihre Mama auf dem Vater sitzt. Als Erklärung fällt der Mutter nur ein: „Ich muss Papa den dicken Bauch wegmassieren." Darauf Hanna: „Das hilft nichts, jeden Dienstag kommt die Nachbarin und bläst ihn wieder auf!"

◊

Was macht ein schwuler Wurm im Salat? – Er schmeißt alle Schnecken raus.

◊

Kommt ein Mann in ein Herrenbekleidungsgeschäft. Er sagt zu einem Verkäufer: „Ich hätte gerne einen neuen Blazer." Der Verkäufer blinzelt ihm zu und sagt dann mit tuntiger Stimme: „Ooooch, Sie kommen aber schnell zur Sache!"

Das ist ein schwacher Witz, weil man schon beim Wort „Blazer" den Gleichklang mit „Bläser" und damit die Pointe errät, aber vielleicht ist er eine Spur besser als der abgedroschene Witz vom schwulen Adler, der zu seinem Horst fliegt. Schwulenwitze haben sich totgelaufen, Witze über Lesben fristen seit jeher ein kümmerliches Dasein.

„Kkkommt gggleich!" – Stottererwitze

Sprachliche Behinderungen sind in einer Zeit, in der Schnelligkeit und Perfektionismus gefordert wird, besonders unangenehm. Da sie in die Kategorie der Sprachwitze fallen, kann ich sie nicht negieren. Ich zitiere in der Folge aus der Sammlung einer Selbsthilfegruppe für Stotterer (stottern-bw.de).
Bei der Stottertherapie geht es um Desensibilisierung. Die Angst vorm Stottern soll vermindert werden, die Stotterer sollen sich trauen, zu sprechen. Und sie sollen ruhig wissen, dass über sie Witze gemacht werden – es sind nicht die schlechtesten. Manchmal erweisen sich die Stotterer im Witz sogar als besonders schlagfertig.

Ein Jäger und ein Stotterer am Hochstand. „Ddu, duu, dda, dda e-ein HHirsch." Der Jäger: „Wo?" – „Schschon weg." Ein paar Minuten später. „Ddu, dda e-ein RReh!" – „Wo?" – „Schschon weg." Der Jäger: „Du musst mir früher Bescheid sagen." – „Iist gggut. Ddu dda, ein Wi-wi-wildschwein!" – „Wo?" – „Kkkommt gggleich!"

◊

Der kleine Karli, ein Stotterer, wird Zeuge, wie in einem Haus Feuer ausbricht. Er eilt zur Telefonzelle und ruft die Feuerwehr an. Vor Aufregung bringt er kein Wort heraus. Da erinnert er sich an seine starke Seite, das Singen. Er singt in den Hörer: „Ein Haus, das brennt, ein Haus, das brennt, ein jeder um sein Leben rennt." Da tönt es aus dem Hörer zurück: „Fidi-rallalala, fidi-rallala, fidi-rallalallala."

◊

Ein Stotterer bewirbt sich bei einer Vertreterfirma, die Bibeln an der Haustür verkauft. Er bekommt den Job. Der Chef gibt ihm hundert Bibeln mit und sagt: „Die müssen heute verkauft werden, also streng dich an!" Am Abend kommt der Stotterer zurück, er hat alle Bibeln verkauft. Der Chef staunt: „Wie hast du das gemacht?" „I...I...Ich hhh...habe bei den Leu...Leu...Leuten geklingelt und sie ge...ge... gefragt, ob sie die B..., die B...., die Bibel kaufen wollen oder ob ich sie ih...ih...ihnen vorlesen soll."

◊

Ein Stotterer sitzt im Kaffeehaus, ihm gegenüber eine attraktive Dame mit eindrucksvollen Brüsten und tief dekolletiertem Kleid. Der Stotterer macht sich krampfhaft Gedanken darüber, wie er die Dame ansprechen kann, ohne dass sie seinen Defekt bemerkt. Plötzlich kommt ihm eine Idee. Er reißt ein Stück Papier von seiner Serviette, rollt es zu einem Kügelchen zusammen und wirft es der Dame in den Ausschnitt. „TTTTor!", ruft der Stotterer aufgeregt. Die Dame reagiert gelassen, haucht nur ein „Stimmt" und wühlt so lange im Dekolleté, bis sie das Kügelchen gefunden hat. Da bemerkt sie, dass das Hosentürl des Stotterers offensteht. Sie nimmt das Kügelchen, wirft – und trifft. „Tor!", ruft dieses Mal die dekolletierte Dame. „NNNNein", erwidert der Stotterer mit hochrotem Kopf, „LLLLLLatte!"

Wenn in einer geselligen Runde Stottererwitze erzählt werden, fühlen sich die Anhänger von **Flachwitzen** gelangweilt. Sie bringen nicht die Geduld auf, die gespielte Stotterei lange über sich ergehen zu lassen. Wird ein Stottererwitz hingegen gelesen, geht alles viel schneller. Ich vermute daher, dass diese Art von Witzen in schriftlicher Form eine höhere Akzeptanz haben.

Fährt ein Stotterer mit einem Pferdefuhrwerk samt Anhänger durch die Stadt und schreit: „K-k-kk-Kohlen, v-v-verka-ka-kaufe K-k-koko-Kohlen! Jjjjetzt kaka-kaufen! Vo-vor d-d-dem Wi-Wi-Winter b-b-billiger! Ko-ko-k-k-Kohlen!" Kommt ein Passant auf ihn zu und meint: „Aber guter Mann, das, was Sie da auf Ihrem Wagen haben, sind ja keine Kohlen, das sieht eher nach Briketts aus." Darauf der Stotterer: „Scho-schon, a-a-aber, wwwwie weit, mei-meinen S-sie, da-da-dass ich d-d-da kokokommen wwwürde, mit mei-meinem Ga-Ga-Gaul, wenn ich i-i-immer ,B-B-B-Br-Br-Brrr-Brri-Brri-Brrickets' schreien wü-wü-würde?!"

Lutz Röhrich weist darauf hin, dass bei vielen Stottererwitzen keineswegs nur einfach über den Defekt des Stotterns gelacht wird, sondern es muss eine besondere Situation hinzukommen, zum Beispiel ein Problem oder ein Konflikt, der durch das Stottern, also durch die verlangsamte Kommunikation, entsteht (Röhrich, S. 177). Ein Beispiel hierfür ist der „Stotterer-mit-Pferdefuhrwerk"-Witz. Das Pferd würde das „Brrr..." im Wort Briketts als Haltesignal verstehen.

Beim „Goldenen Ochsen" am Stammtisch neckt der bartlose, zerwuzelt aussehende Buchhalter Teitelstock den etwas beschränkten und bedauerlicherweise auch mit einem kleinen Sprachfehler behafteten, jedoch kraftstrotzenden Agenten Finkelberg: „Sie, Finkelberg, Sie sol-

len ja am ganzen Körper behaart sein, wie ein A-a-affe?" – „Da-da-das kann Ihnen sicher nu-nur Ihre Fr-rr-au gesagt hoben." (Reitzer, Masel-Tov, S. 6)

Durch den historischen Film *The King's Speech* ist das Tourettesyndrom in die öffentliche Wahrnehmung gerückt. Der Streifen über den britischen König Georg VI. erhielt 2011 vier Oscars. Typisch für das Tourettesyndrom sind motorische und sprachliche Tics, vereinzelt auch das Herausschleudern obszöner und aggressiver Ausdrücke. Das wird in einem Witz so dargestellt:

> *Ein Porsche hält auf einem Behindertenparkplatz. Eine Politesse sieht den Fahrer gewandt aussteigen und fragt: „Wie sind Sie denn behindert?" Der Porschefahrer: „Tourette, du Schlampe!"*

Auf Youtube können szenische Realisierungen dieses **Situationswitzes** abgerufen werden, die Teil einer TV-Comedy waren. Während die Pointe „Tourette, du Schlampe!" in einer Veranstaltung mit Hellmuth Karasek fiel – siehe *Die Welt* vom 1. Juni 2011 – lautete die Pointe in der filmischen Umsetzung „Tourette, du Fotze!". Der Witz richtet sich eigentlich gegen die Polizistin, eine Krankheit des Porschefahrers wird als Vorwand genommen, sie zu beleidigen. In der Schlusseinstellung ist ihr verdutztes Gesicht zu sehen.

Kehren wir zu den Stottererwitzen zurück. Auch Salcia Landmann hat zwei davon in ihre Sammlung aufgenommen.

> *Ein Jude kommt aus dem Radioverwaltungsgebäude heraus. „Was hast du dort getan", fragt ein Bekannter. „Mi-mi-mich um dd-ie Stelle eines A-a-a-nsagers beworben." – „Und? Hast du sie bekommen?" – „Nein! D-das sind alles A-a-antisemiten!"* (Landmann, 1960, S. 427)

◊

> *Zu dem berühmten Wiener Schauspieler Adolf von Sonnenthal setzt sich im Kaffeehaus ein fremder, aufdringlicher Kerl und bestellt beim Kellner: „B-b-bringen S-sie mi-mir Kaffee!" Hierauf Sonnenthal: „Mi-mi-mir a-auch." Der Fremde, entrüstet: „S-sie sind Sonnenthal, S-sie stott-tern doch g-g-gar nicht!" – „Doch", sagt Sonnenthal, „in Wirklichkeit stottere ich auch – auf der Bühne simuliere ich bloß."* (Landmann, 2007, S. 314)

Das ist ein wunderbarer **Umkehrwitz**. Dass Stottererwitze auch kurz sein können, beweisen die folgenden Beispiele:

Ein Prostatiker und ein Stotterer beim Arzt. Meint der Stotterer: „Wa-wa-as mm-mm-ma-ma-mach-achst d-d-du d-denn hi-hi-iier?" Darauf der Prostatiker: „Ich pische so, wie du redest!" (vgl. Landmann, 2007, S. 304)

◊

„Otto behauptet, seinen Ur-Ur-Urgroßvater noch gekannt zu haben." – „Er lügt." – „Nein, er stottert." (Böhm, S. 76)

◊

Der kürzeste Stottererwitz: „Vo-vo-vorsicht! Sch-sch-sch-sch… schon hi-hi-neingetreten."

„Hätte ich Strawinski sagen sollen?" – Tierwitze

Witze mit einem sprechenden Tier als Hauptfigur erfreuen sich großer Beliebtheit. Die Sprache ist ja eine originäre Eigenschaft des Menschen. Tiere können sich zwar ebenfalls auf die eine oder andere Art äußern, aber sprechen wie ein Mensch können sie nicht. Nur in Zeichentrickfilmen, in Cartoons und in Witzen sind Tiere dazu in der Lage. Außerdem agieren sie dort so, als wenn sie Menschen wären, bleiben allerdings Tiere und verkörpern dadurch eine Art **Doppelexistenz**. (Koestler, S. 61 ff.; Röhrich, S. 137)

Einer der besten Tierwitze, die ich kenne, hat einen Igel als Hauptfigur.

> *Ein Igel trifft im Wald einen Wolfshund und fragt ihn: „Was bist du denn für ein Tier?" – „Ich bin ein Wolfshund. Mein Vater war ein Wolf, meine Mutter eine Hündin." Später trifft der Igel ein anderes Tier: „Was bist denn du?" – „Ich bin ein Ameisenbär." Der Igel überlegt eine Weile und sagt: „Das glaube ich dir nicht!"* (Gauger, 2006, S. 37, gekürzt)

In diesem **skeptischen Witz** hegt der kleine Igel Argwohn gegenüber der Feststellung des größeren Tieres: „Ich bin ein Ameisenbär." Wenn der Wolfshund aus der Liaison eines Wolfs mit einem Hund hervorgegangen wäre, dann müsste ja die Ameise mit einem Bären ...? Der Igel stellt Überlegungen wie ein Mensch an: Kann das sein, dass sich ein so winziges Tier mit einem viel größeren paart?

Im Witz wäre sogar das möglich.

> *Elefant und Maus kommen auf das Standesamt. „Wir wollen heiraten." „Was", sagt der Standesbeamte, „ihr wollt heiraten?" Sagt die Maus: „Wir wollen nicht, wir müssen."*

Die Bezeichnungen Wolfshund und Ameisenbär sind aufgrund unterschiedlicher Wortbildungsmuster entstanden. Zwar ist der Wolfshund keine Kreuzung aus Wolf und Hund – die beiden Tiere haben lediglich gemeinsame Vorfahren –, aber die Wortbildung könnte darauf schließen lassen. In Wirklichkeit bekamen die Wolfshunde ihren Namen deshalb, weil sie vor Erfindung der Faustfeuerwaffen zur Jagd auf Wölfe eingesetzt wurden.

Bei der Bezeichnung Ameisenbär ist die Ernährungsweise namensgebend. Das Tier mit seiner Röhrenschnauze und einer langen Zunge frisst Insekten, seine scharfen Krallen dienen zum Aufreißen von Ameisenhügeln. Dieser Tierwitz könnte also auch dem Kapitel „Falsche Wortbildung" zugeordnet werden (siehe S. 218).

Einen anderen Klassiker erzählt Hellmuth Karasek recht weitschweifig in seinem Buch *Soll das ein Witz sein?* Ich habe den Witz auf den Kern reduziert. Wie sich gleich zeigen wird, handelt es sich um eine Übersetzung aus dem Englischen.

> *Ein Mann betritt mit einem Hund eine Bar in New York. Der Mann möchte etwas trinken, hat aber kein Geld. Da schlägt er dem Barkeeper einen Deal vor. „Ich habe einen Hund, der sprechen kann. Ist Ihnen das einen Drink Wert?" – „Na schön, legen Sie los!" Der Hundehalter fragt den Hund: „What is on top of a house?" Der Hund sagt: „Ruff!" „Ruff", wiederholt der Barkeeper gelangweilt, „das kann doch jeder Hund." Der Hundebesitzer macht einen neuen Anlauf: „Was geschieht mit der Haut, wenn man lange an ihr reibt?" Der Hund sagt: „Raff!" „Ruff, raff, das ist doch kein Sprechen", sagt der Barkeeper. „Das kann jeder Hund." „Na gut", sagt der Mann, „jetzt beweise ich Ihnen, dass der Hund sogar von Kultur etwas versteht. Wie heißt der größte moderne Komponist für Chöre?" Der Hund sagt: „Orff!" Da platzt dem Barkeeper der Kragen: „Ruff, raff, orff – das sind doch normale Hundelaute. Raus mit euch!" Wie die beiden wieder auf der Straße stehen, fragt der Hund kleinlaut sein Herrl: „Hätt' ich Strawinski sagen sollen?"* (Karasek, S. 216–217)

Das ist ein schöner **Klangwitz** mit einem sprechenden Hund. „Ruff" klingt beinahe wie „roof" (Dach), nur in der Vokallänge passt es nicht, „raff" klingt hundertprozentig wie „rough" (rau) und „orff" exakt wie der Familienname des Komponisten Carl Orff. Sein bekanntestes Werk ist die szenische Kantate *Carmina Burana*, die zu den populärsten Chorwerken des 20. Jahrhunderts zählt.

Ich habe festgestellt, dass nicht jeder Hundehalter mit dem Witz eine Freude hat. Meine Tochter brachte es so auf den Punkt: „Mein Gott, das arme Tier! Da kann es sprechen und versteht etwas von Kultur, aber seine Fähigkeiten kommen nicht zum Tragen." Mit der Pointe am Schluss des Witzes wird der Hund, dessen Antworten zunächst auch für den

Witzezuhörer wie ein Bellen klingen, zum räsonierenden Menschen: „Hätt' ich Strawinski sagen sollen?" Soll heißen: Wäre eine falsche Antwort besser gewesen? Jawohl, der Barkeeper hätte sich vermutlich mit der falschen Antwort zufriedengegeben, obwohl Strawinski garantiert keine Chorwerke geschrieben hat. So ist das im Leben – du machst es richtig, und es ist falsch. Den umgekehrten Fall gibt es auch.

Ehe es ernst und analytisch weitergeht, ein kurzer Einschub, ein harmloser **Flachwitz** mit einem bellenden Hund:

> *„Mein Hund ist toll! Wenn ich ihn frage, wie ich in dem neuen Kleid aussehe, sagt er: Wau!"*

Es gibt auch Tierwitze, die auf **Polysemie**, also Mehrfachbedeutung, fußen (siehe S. 130 ff.).

> *Warum ist der Osterhase das ärmste Tier der Welt? – Er trägt den Schwanz hinten, muss die Eier verstecken und darf nur einmal im Jahr kommen.*

Hier werden dem Osterhasen menschliche Empfindungen unterstellt. Er kränkt sich, dass er sexuell stark eingeschränkt ist. Dabei wird den real existierenden Hasen nachgesagt, dass sie Rammler sind und sich schrankenlos vermehren. Dieser **Kontrast** ist ein Nebenaspekt des Witzes.

> *Hoppeln zwei Osterhasen nach China. Sagt der eine zum anderen: „Wir hätten Stäbchen mitnehmen sollen. Hier fallen wir auf mit unseren Löffeln."*

◊

> *Ein Frosch hüpft vergnügt durchs hohe Gras und ruft immer wieder: „Ich bin ein Schwan, ich bin ein Schwan." Da trifft er einen Storch. – „Hey Frosch, du bist doch kein Schwan, du bist ein Frosch." Darauf zieht der Frosch seine Hose runter: „Doch, schau mal." Der Storch überrascht: „Mein lieber Schwan!" Frosch: „Ich bin ein Schwan, ich bin ein Schwan", und hüpft weiter.*

Hier wird eine Redewendung, die Erstaunen und Bewunderung ausdrückt, wörtlich genommen.

Als ich ein kleiner Bub war, konnte ich bei einer Wanderung einer Fee einen Gefallen tun. Zum Dank bot sie mir an, einen Wunsch zu erfüllen: ein gutes Gedächtnis oder einen langen Penis. Ich kann mich nicht mehr erinnern, wofür ich mich entschieden habe.

Dieser **Umkehrwitz** spielt in der Welt der Menschen und wirkt ein wenig plump. Kehren wir also zu den Tieren zurück, und zwar zu den Hunden!

Der Hund ist allein zuhause, als das Telefon läutet. Er hebt ab und meldet sich mit: „Wau!" Der Anrufer fragt erstaunt: „Wer ist dort bitte?" Darauf der Hund: „W wie Wilhelm, A wie Anton, U wie Ulrich."

Die meisten Tierwitze fallen in die Kategorie **surrealistischer Witz**. „Der surrealistische Witz deckt einen komischen Kontrast zur Realität auf", schreibt Röhrich. „Er ist eine Erzählung, die nicht der Rationalität und Logik folgt." (Röhrich, S. 127) Der Hund kann sich am Telefon mit „Wau" melden und sogar sein „Wau" buchstabieren – nach dem Buchstabieralphabet. Surrealistische Witze sind Geschichten mit hoher **Fiktionalität** (siehe S. 177). Hier wird ein und dieselbe Sache auf verschiedene Art und Weise beschrieben.

Der „Wau"-Witz ist ein **Zweizahlwitz**. Lutz Röhrich macht daraus einen **Dreizahlwitz**.

Ein Mann ruft im Tierasyl an. Meldet sich ein Hund: „Wau." Der Mann verwirrt. „Wer ist dort?" Hund: „Wau." Der Mann: „Verzeihung, ich verstehe nicht ganz." Hund: „Wilhelm-Anton-Ulrich." (Röhrich, S. 127)

„Hauptpersonen des surrealistischen Witzes sind in der Regel Tiere, mit besonderer Vorliebe Pferde und Hunde, weshalb die Gattung in den USA auch als **Shaggy Dog Stories** bezeichnet wird (Shaggy Dog meint einen zotteligen Hund). Auch dass sich diese Tiere vorzugsweise in einer Bar treffen, weist auf das amerikanische Ursprungsmilieu hin." (Röhrich, S. 127)

In einem Punkt irrte sich Lutz Röhrich. *Shaggy Dog Stories* sind keine Tierwitze im eigentlichen Sinn, sondern absichtlich langatmig erzählte Geschichten, in denen eine hohe Erwartungshaltung aufgebaut und am Ende enttäuscht wird. Es gibt also keine Pointe. Der zottelige Hund ist nicht Akteur, sondern passives Objekt dieser Geschichte. Das Musterbeispiel einer *Shaggy Dog Story* geht so:

> A boy owned a dog that was uncommonly shaggy. Many people remarked upon its considerable shagginess. When the boy learned that there are contests for shaggy dogs, he entered his dog. The dog won first prize for shagginess in both the local and the regional competitions. The boy entered the dog in ever-larger contests, until finally he entered it in the world championship for shaggy dogs. When the judges had inspected all of the competing dogs, they remarked about the boy's dog: „He's not that shaggy."

Sigmund Freud hat pointenlose Witze, bei denen sich der Zuhörer hereingelegt fühlt, als **Aufsitzer** bezeichnet.

> „Das Leben ist wie eine Kettenbrück'", sagt der eine. „Wieso?", fragt der andere. „Weiß ich?", lautet die Antwort. (Freud, Anm. S. 152; Landmann, 1960, S. 494; Muliar, S. 91)

Man finde hinter dem Unsinn keinen verborgenen Sinn, schreibt Freud, obwohl man danach suche. Aufsitzer seien wirklich Unsinn. Aber sie würden dazu dienen, „die Lust am Unsinn" frei zu machen. „Diese Witze sind nicht ganz ohne Tendenz; es sind ‚Aufsitzer', sie bereiten dem Erzähler eine gewisse Lust, indem sie den Hörer irreführen und ärgern. Letzterer dämpft dann diesen Ärger durch den Vorsatz, selbst zum Erzähler zu werden." (Freud, Anm. S. 152)

Dieser Argumentation könnte man entgegenhalten, dass nicht der Zuhörer in die Irre geführt und geärgert wird – im Witz selbst düpiert die eine Figur die andere. Dies wird noch deutlicher, wenn man sich jene Version vergegenwärtigt, die als klassisch einzustufen ist. Sie findet sich in einem Vorwort, das Fritz Muliar für die deutsche Ausgabe eines zunächst in den Vereinigten Staaten erschienenen Witzebuches geschrieben hat.

> *Zwei Juden sitzen schweigend vor einem Glas Tee. „Das Leben", sagt der eine, „ist wie eine Kettenbrücke." – „Wie eine Kettenbrücke?", fragt sein Freund. „Was willst du damit ausdrücken?" – „Wie soll ich das wissen?", entgegnet der erste, „bin ich ein Philosoph?"* (Muliar, 1982, S. 27)

Version 2

Zwei Freunde sitzen auf einer Parkbank. "Das Leben ist wie der Ast eines Baumes." – "Und wieso ist das Leben wie der Ast …" (Ouaknin, S. 204)

Aber wir waren beim Witzetypus *Shaggy Dog Story*. Bei diesen Witzen wartet der Zuhörer auf eine Pointe, aber sie kommt nicht. Wichtig ist, dass zuvor eine besonders hohe Erwartungshaltung aufgebaut wird.

Ein Jude kommt nach Warschau und sucht einen gewissen Rosenblatt. Auf der Straße fragt er einen Einheimischen: "Entschuldigen Sie – wissen Sie vielleicht, wo Rosenblatt, der Goldschmied wohnt?" – "Rosenblatt? Sie meinen wahrscheinlich Rosenzweig." – "Nein, ich meine Rosenblatt." – "Aber, Sie können sich auf mich verlassen, Sie meinen Rosenzweig." – "Was heißt verlassen? Ich such' doch den Rosenblatt und nicht den Rosenzweig. Wie? … Nein! Ich weiß bestimmt – er heißt Rosenblatt … Oder …?" – "Was sagt man? Ich wohne schon 25 Jahre in Warschau und Sie wollen mir sagen, Rosenblatt oder Rosenzweig? Es gibt einen Goldschmied Rosenblatt in Moskau, aber bei uns in Warschau wohnt ein Goldschmied Rosenzweig! Und ich will Ihnen sagen, wo Sie ihn finden können! Setzen Sie sich hier auf die Tramway und fahren Sie die Marszalkowska hinunter. So fahren Sie vielleicht 30 Minuten; dann steigen Sie aus und setzen sich auf Tramway Nummer 18 und fahren und fahren und fahren so etwa 20 Minuten. Da sehen Sie eine große Kirche und fahren weiter, immer weiter, immer weiter, noch etwa 20 Minuten, bis Sie zu einer kleinen schmalen Gasse kommen. Dort steigen Sie aus und gehen die Gasse entlang; da sehen Sie eine große Schul (Synagoge). Dann gehen Sie weiter und sehen viele kleine Häuser. Sie gehen aber immer weiter, bis Sie zu einem großen Haus kommen. In diesem Haus, im Parterre wohnt er nicht, aber auf dem zweiten Stock rechts hat er vor zwei Jahren gewohnt; ob er jetzt noch dort wohnt, weiß ich nicht." (Olsvanger, S. 12–13, Landmann, 1960, S. 229–230)

Diese Geschichte ist ein alter jüdischer Schwank. In der *Klabriaspartie* ist ein Aufsitzer mit einer Wette verwoben.

Janitscheck: *Meine Herren, wie können wir alle von dem Erdäpfel essen, ohne ihn zu zerbrechen und ohne ihn zu zerschneiden? Aber wer das nicht errutet, muss mir a Sechserl geben.*

REIS: *Eso fangt er an!*
DOWIDL: *Da ham Se von mir e Sechserl.*
DALLES: *Da ham Se von mir auch ans!*
REIS: *Nu, wenn ehm Dowidl e Sechserl gebt, da ham Se von mir auch e Sechserl.*
JANITSCHECK: *Meine Herren, Sie sind so gescheit und wissen das nicht?*
ALLE: *Na!*
JANITSCHECK: *Wenn Sie das nicht wissen, wieso soll ich das wissen? Ich gib ich mir auch ein Sechserl.*
REIS: *Seh' dar an da, er gebt sich auch e Sechserl.*
DOWIDL: *Hahahaha, schön hat er enk (euch) gehäck'lt!*
DALLES: *Uns hat er nur gehäck'lt und Ihna nix?*
DOWIDL: *Na, ich hab' en doch e falsches Sechserl gegeben.*
(Bergmann, S. 32)

Die Szene erinnert an eine Geschichte, die Armin Berg gerne vortrug. Sie wird sich wohl nicht auf diese Weise zugetragen haben, sondern frei erfunden sein. Sie ist also mehr Witz als Anekdote. Auch hier geht es um ein Rätsel, das in eine Wette verpackt wird:

*Die Komiker Fritz Wiesenthal und Armin Berg sitzen im Café und lösen ein Kreuzworträtsel. Wiesenthal behauptet, er sei imstande, das allerschwerste Rätsel zu lösen. „Lächerlich", sagt Wiesenthal, „sag mir das Rätsel und wenn ich es wirklich nicht auflösen kann, verpflichte ich mich, dir hundert Schilling zu geben, im entgegengesetzten Fall, wenn du eines nicht auflösen kannst, brauchst du mir nur **einen** Schilling zu zahlen." – „Einverstanden", sagt Berg, „also pass auf: Was ist das? Es fliegt in der Luft, ist grün, hat vier Beine, zwitschert, fällt auf die Erde, rollt sich zusammen und bellt." Wiesenthal denkt nach und denkt nach, rennt wie ein Verrückter im ganzen Kaffeehaus herum, endlich nach einer Stunde kommt er ganz außer sich zum Tisch zurück und sagt: „Lieber Freund, dieses Rätsel kann ich wirklich nicht auflösen; ich bekenne mich geschlagen, meine Wette habe ich verloren. Da hast du hundert Schilling. Aber jetzt musst du mir sagen, was das ist!" Da sagt Berg: „Ich weiß es auch nicht, da hast du **einen** Schilling."* (Berg, Neues Repertoire, S. 61–62)

Der Conférencier Fritz Wiesenthal betrieb von 1922 bis 1925 gemeinsam mit Hermann Leopoldi das Kabarett Leopoldi-Wiesenthal, kurz L. W., in der Rothgasse im ersten Wiener Gemeindebezirk. Dort traten neben den beiden auch Armin Berg, Hans Moser und Fritz Grünbaum auf. Zurück zu den Tierwitzen, Eike Christian Hirsch bringt im *Witzableiter* einige Klassiker.

Weißt du, was man zu einem Gorilla sagen kann, wenn er in einem Ohr eine Banane und im anderen eine Spargel hat? – Man kann sagen, was man will, er hört es doch nicht.

◊

Wie steckt man vier Elefanten in einen Volkswagen? – Ganz einfach, zwei vorne, zwei hinten.

◊

Wie bekommt man eine Kuh in den Kühlschrank? – Tür auf, Kuh rein, Tür zu.
Und wie bekommt man ein Pferd in den Kühlschrank? – Tür auf, Pferd rein, Tür zu.
Falsch! Tür auf, Kuh raus, Pferd rein, Tür zu.
(Hirsch, S. 176–178)

Wir sind nun unversehens wieder bei **Flachwitzen** gelandet. Als Eike Christian Hirsch Mitte der 1980er Jahre sein Buch über den Witz und das Lachen schrieb, gab es den Begriff Flachwitz noch nicht. Aber diese Beispiele muss man aus heutiger Sicht wohl so kategorisieren. Hier zum Vergleich ein paar moderne Flachwitze aus verschiedenen Witzewebsites. Wir bleiben beim Tierthema.

Was machen zwei wütende Schafe? – Sie kriegen sich in die Wolle.

◊

Was stört auf dem Fußballplatz? – Das Foultier.

◊

Wie nennt man einen Matrosen, der sich nicht wäscht? – Meerschweinchen.

◊

Was sitzt im Baum und weint? – Eine Heule.

◊

Welche Vögel hören nichts? – Die Tauben.

Bei den aufgelisteten Witzen kommen unterschiedliche Techniken zum Zug. Die Namen der Tiere werden uminterpretiert, wie beim Meerschweinchen, beim Faultier und bei den Tauben. Eine Redewendung wird wörtlich genommen: Schafe kriegen sich in die Wolle. Oder ein Tiername wird lautlich abgewandelt: Die Eule wird zur Heule, womit „heulen" assoziiert ist. Zum Abschluss ein jüdischer **Flachwitz** mit einem surrealistischen Hintergrund, aufgezeichnet von Salcia Landmann:

Was ist das? Es fliegt über das Dach und hat Flossen. – Ein meschuggener Fisch. (Landmann, 1960, S. 213)

„Darf ich Ihnen mein Liebstöckel zeigen?" – Assoziationswitze

Wir machen nun einen Schwenk in die Rhetorik. Jeder weiß, was der Begriff **Anspielung** bedeutet, in der Alltagskommunikation sind wir oft damit konfrontiert. Es wird etwas gesagt, was nicht jeder verstehen soll. Oder es wird etwas gesagt, was man auch als „spitze Bemerkung" qualifizieren kann.

In der Rhetorik spricht man von **Allusion**. Damit wird eine Redefigur bezeichnet, die indirekt, also umschreibend und andeutungsweise, auf eine bestimmte Person oder einen bestimmten Sachverhalt hinweist. Der Begriff lässt sich von lateinisch *alluder* ableiten, *ludus* ist das Spiel. Oft stammen die Referenzen aus den Bereichen der Mythologie, der Geschichte oder der Literatur: „Er war schon in der Volksschule ein Romeo." Oder: „Ich wundere mich, dass er nicht eine Nase wie Pinocchio hat." Oder: „Die mündliche Präsentation ist seine Achillesferse."

Eng verwandt mit der Allusion ist die **Periphrase**, die erweiterte Umschreibung einer Sache oder einer Person. Das Wort stammt aus dem griechischen: *peri* (um herum) und *phrazein* (reden). Als Journalist ist man gewohnt, sich der Periphrase zu bedienen, damit ein Text nicht zu viele Wortwiederholungen enthält. „Götter in Weiß" für Ärzte, „das Auge des Gesetzes" für Polizei ….

Mit einem **Euphemismus** wird etwas umhüllend oder beschönigend ausgedrückt. Wir begegnen dieser rhetorischen Figur vor allem dann, wenn es verpönt ist, die Sache oder die Person direkt zu benennen. In Witzen kommen derartige Umschreibungen häufig vor: „sein bestes Stück" für Penis, „die Kronjuwelen" für Hoden, „Vorbau" für Busen etc. (siehe Sedlaczek/Winder, S. 12).

Tragen diese drei Fachbegriffe dazu bei, Witzetechniken zu beschreiben? Freud müht sich mit dieser Frage ab und kommt zu dem Schluss: „Bei einer ganzen Reihe der bisher untersuchten Beispiele hatten wir angemerkt, dass deren Technik keine einfache sei, und (wir) erkennen nun die Anspielung als deren komplizierendes Moment." (Freud, S. 90) Im Grunde genommen ist jede Metapher auch eine Anspielung. Also wären alle Witze, die auf einem **Doppelsinn** zwischen einer übertragenen und einer sachlichen Bedeutung fußen, Anspielungswitze, genauso jene, die mit einer **verblassten Bedeutung** operieren wie der „Levkojen"-Witz (siehe S. 163 ff.). Selbst die **Mehrfachverwendung desselben Materials** („der Mann hat viel verdient und sich dabei etwas zurückgelegt, die Frau hat sich etwas zurückgelegt und dabei viel verdient") enthält meist eine Anspielung. Freud bezeichnet sie gelegentlich als „indirekte Darstellung". (Freud, S. 94) Er weist auf einen Weg zur Lösung des Problems hin, verfolgt ihn aber nicht. Er stellt sich die Frage, wie diese „indirekte Darstellung" zustande kommt. „Durch eine Reihe leicht sich einstellender Assoziationen und Schlüsse verfolgen wir den Weg von der Darstellung des Witzes an nach rückwärts." (Freud, S. 90)

Wenn wir uns die Technik von der Seite des Zuhörers und seiner Denkarbeit ansehen, wird die Sache also einfacher. Deshalb schlage ich den Terminus **Assoziationswitz** vor, der auch in der Literaturkritik und in der Kinokritik verwendet wird.

Witze dieser Art sind besonders attraktiv. In der Witzesammlung „Der poltische Witz" von Milo Dor und Reinhard Federmann findet sich einer im Kapitel „Österreichische Geschichte".

*Um zu zeigen, was für ein großer Herr er sei, hat ein österreichischer Feldmarschall-Leutnant den Lenker seiner Privatreisekutsche mit einem Posthorn ausgestattet. Wo es angeht, bläst der Kerl wie ein richtiger Postillon. Die Postverwaltung erhebt dagegen Einspruch, da dies aber nichts nützt, wendet sie sich an Kaiser Ferdinand den Gütigen. Der Kaiser schreibt dem Feldmarschall-Leutnant eigenhändig: „Lieber Feldmarschall-Leutnant! Wir haben gar nichts dagegen, dass sie **Hörner tragen**, wenn's nur kein Posthorn ist. Das ist Privaten verboten. Ferdinand."* (Dor/Federmann, S. 168)

Der Witz lebt nicht nur vom Doppelsinn des Wortes Horn: Auswuchs am Kopf bestimmter Tiere und gewundenes Blechblasinstrument. Hinzu tritt ein zusätzliches Element, das den Witz ausmacht: Wenn ein Mensch Hörner trägt, wird er mit einem Rindvieh, einer Ziege oder einem Schaf verglichen. Gemeint ist in diesem Fall wohl das Rindvieh. In einem „Deutschen Schimpfwörterbuch" aus dem Jahr 1839 fand ich „Hornträger" neben dem noch heute gängigen Ausdruck „Hornochse". Wenn der Kaiser schimpft, dann also nur euphemistisch.

Am Schluss von Assoziationswitzen kommt häufig Sexuelles zum Vorschein, das nur indirekt angesprochen wird.

Am Markt preist ein Gärtner einer Dame seine Kräutertöpfe an, „den wunderschönen Estragon", „den herrlichen Majoran", doch die Kun-

*din kann sich zu nichts entscheiden. Schließlich unternimmt er einen letzten Versuch: "Gnädigste, darf ich Ihnen vielleicht mein Liebstöckel zeigen?" Darauf die Frau mit entsetzter Miene: "Wenn Sie nur **einen** Knopf aufmachen, beginne ich zu schreien!"*

Dieser Witz ist weit davon entfernt, eine Zote zu sein, er kann auch in einer feinen Gesellschaft erzählt werden. Das Wort Liebstöckel nimmt nämlich nur in diesem Witz die Bedeutung Penis an, und zwar durch Assoziation. Damit diese stattfinden kann, müssen einige Bedingungen erfüllt sein, man könnte auch von versteckten Signalen sprechen. Wir merken ja, dass andere Kräuter, wie Estragon oder Majoran unverfänglich sind. Nur das Wort Liebstöckel löst Assoziationen ins Sexuelle aus. Offensichtlich sind die Wortbestandteile „Lieb(e)-" und „-stöckel" dafür verantwortlich – in Kombination mit dem Possessivpronomen: „mein".

Die Technik des Witzes kann man wohl nicht als Anspielung bezeichnen, denn der Gemüsehändler will ja nicht eine exhibitionistische Aktion indirekt ankündigen, sondern seine Ware anpreisen. Nur die Frau glaubt, mit einer Anspielung konfrontiert zu sein, sie assoziiert Liebstöckel mit Penis – was ein Grund dafür ist, dass wir schmunzeln oder lachen.

Einen Vorläufer dieses Witzes bringt Salcia Landmann, er spielt in der Welt der Wagner-Opern.

Ein jüdischer Opernsänger gastiert in Norddeutschland. Im Stadtpark spricht er ein hübsches Mädchen an. Das Mädchen ist ablehnend. Er versucht Eindruck zu machen. "Ich bin der berühmte Opernsänger X!" – "Habe nie den Namen gehört", sagt das Mädchen. "Ja, haben Sie meinen Gurnemanz noch nicht gesehen?", fragt X gekränkt. Darauf das Mädchen mit hochrotem Kopf: "Mein Herr, noch ein Wort, und ich rufe die Sittenpolizei!" (Landmann, 1988, S. 616)

Warum der Sänger ein Jude sein muss, erschließt sich mir nicht. Ich glaube auch nicht, dass wir es mit einem jüdischen Witz zu tun haben. Außerdem ist der Witz ohne Nennung eines Namens nicht gut zu erzählen. Im Internet kursiert eine bessere Version.

Auf den berühmten Bassisten Ludwig Hofmann stürzt eine Verehrerin zu und schwärmt von seiner Stimme. Er ist davon sehr angetan und erwidert mit der Frage: „Haben Sie denn auch schon meinen Gurnemanz gesehen?" Die junge Dame errötet, gibt dem verdutzten Sänger eine schallende Ohrfeige und verschwindet.

Der Name Gurnemanz aus *Parsifal* weckt Assoziationen mit dem in der Kindersprache gängigen Ausdruck „Kleiner Mann" für Penis, in Deutschland denkt man je nach Dialektregion an Wörter wie Pillermann, Butzelmann, Kitzmann oder Ziesemann. Die Klangähnlichkeit ist nicht sehr groß, aber sie reicht aus.

Eine Berlinerin macht Urlaub in Oberbayern. Sie nimmt an einer Bergwanderung teil. Der Bergführer fragt sie, ob er ihr den Watzmann zeigen soll. Sie: „Wehe, Sie öffnen einen Knopf an Ihrer Hose!"

Das ist eine moderne Variante des Witzes aus dem Internet, nicht gerade brillant erzählt, aber es geht an. Den Watzman kennt auch in Österreicher jeder, auch aus dem Musical „Der Watzmann ruft" von Wolfgang Ambros, Manfred Tauchen und Joesi Prokopetz.

Ein junger Mann verlässt das Klosett und will sich eben den Hosenlatz zuknöpfen, als eine ihm bekannte Dame kommt. Da eine Begegnung unausweichlich ist, fragt er in seiner Verlegenheit: „Haben Sie schon ‚Mein Leopold' gesehen?" – „Um Gotteswillen, ich bin nicht neugierig, lassen Sie nur!" (Hundert Paprika Lozelech, S. 3)

Diese Version aus dem 1919 in Bratislava erschienen Bändchen „Hundert Paprika Lozelech für Herren" erfordert historisches Wissen. Der junge Mann will seinen Toilettenfehler überspielen und tritt damit erst recht ins Fettnäpfchen. Er meint das alte Volksstück *Mein Leopold* von Adolph L'Arronge. Es wurde in der Zwischenkriegszeit mehrmals verfilmt, der Witz bezieht sich offensichtlich auf die erste Kinofassung als Stummfilm.

Ich komme nun auf jenen langen **Unbildungswitz** zurück, in dem die neureiche Blondine bei einem Juwelier ein Diadem kaufen will und ihren Mann zum Begleichen der Rechnung vorbeischickt (siehe S. 71).

(…)

JUWELIER: *Entschuldigen Sie, aber woran erkenne ich Ihren Mann, gnädige Frau?*

KUNDIN: *Gut, dass Sie mich fragen, er kommt in einem bordellfarbenen Mustang vorgefahren und hat vorne seine Genitalien eingraviert.*

Hier führen mehrere Hinweise zu der Assoziation, dass ein Bordellbesitzer das Diadem bezahlen wird. Erstens ist die Frau eine neureiche Blondine, womit stereotype Vorstellungen geweckt werden (siehe S. 44 ff.), zweitens verwechselt sie „bordeauxfarben" mit „bordellfarben", drittens ist der Name des Autos, nämlich „Mustang", die Bezeichnung für die wild lebenden Pferde Nordamerikas – und damit Symbol für aggressive Männlichkeit – und viertens sind auf der Kühlerhaube des Fahrzeuges die Genitalien des Mannes eingraviert. Vor allem die Wörter „bordellfarben" und „Genitalien" könnten auch als **Freud'sche Versprecher** interpretiert werden, also als eine sprachliche Fehlleistung, bei der ein eigentlicher Gedanke oder eine Intention des Sprechers unwillkürlich zutage tritt.

Um den Witz zu analysieren, komme ich nicht darum herum, einen weiteren Fachausdruck zu gebrauchen. Aus sprachlicher Sicht haben wir es in diesem Fall mit **Paronymen** zu tun: ähnlich klingende Wörter innerhalb einer Sprache oder eines Dialekts. Wie Homophone können auch Paronyme leicht zu Verwechslungen führen und eignen sich dadurch für Witze: zum Beispiel „Makkaroni" und „Mahagoni", „Bidet" und „Budget". Auch diese Form von Sprachwitz kommt bereits in der *Klabriaspartie* vor: „Spiritist" und „Spiritus" (siehe S. 125).

Der folgende Sprachwitz ist so weit verbreitet, dass ich Ihnen diesen Witz eigentlich gar nicht zumuten will, aber ich muss solche Witze der Vollständigkeit halber bringen. Außerdem erfordert er eine ganze Kette von Assoziationen, er ist ein Musterbeispiel für **Auslassungen**.

Fragt der Lehrer die Schüler: „Wer von euch weiß eine schöne Geschichte?" Da meldet sich der kleine Franzi: „Ausgeblieben!" – „Was heißt das?", fragt der Lehrer verwundert. Darauf der Schüler: „Ja, heute Morgen kam beim Frühstück unser Hausmädchen vorbei und flüsterte: ‚Ausgeblieben.' Da hat mein Vater gesagt: ‚Das ist eine schöne Geschichte.'" (Weigel, S. 44; Hirsch, S. 126; Ott, S. 55, Fritsch, S. 72)

Was ist ausgeblieben? Die Regel. Warum? Weil der Vater mit dem Hausmädchen ein Verhältnis hat. Wieso redet das Hausmädchen im Flüsterton? Weil die Mutter ebenfalls am Frühstückstisch sitzt. Der Ehebruch des Mannes ist ihr bisher wahrscheinlich verborgen geblieben.

Eike Christian Hirsch ordnet diese Geschichte den **Situationswitzen** zu. Das kann man machen, aber es ist ein Situationswitz mit einer sprachlichen Pointe. „Eine schöne Geschichte" gilt als leuchtendes Beispiel für jene Redefigur, die in der Rhetorik als **Antiphrasis** bezeichnet wird – Freud spricht von **Darstellung durch das Gegenteil**. Es wird das Gegenteil von dem ausgedrückt, was das Wort oder die Wendung eigentlich besagt. Gemeint ist nicht „eine schön anzuhörende Geschichte", sondern „eine Geschichte, die einer Katastrophe gleichkommt". Der kleine Franzi ist in seiner Sprachentwicklung noch nicht so weit, diese Redefigur zu begreifen. Gleichzeitig malt er, ohne es zu wollen, ein Sittengemälde seiner Familie.

> *Sandra hilft in den Ferien als Schalterbeamtin der Deutschen Bahn in Stuttgart aus. Weil es heiß ist, öffnet sie die oberen Knöpfe der Bluse. Da tritt ein Schwabe an den Schalter und ist völlig verwirrt. Sandra sagt wütend: „Starren Sie vielleicht auf meinen Busen?" – „Gar net", wehrt sich der Schwabe, „ich möchte nur zwei Fahrkarten nach Tuttlingen."*

Der Name der Stadt im Süden Baden-Württembergs weckt Assoziationen mit dem deutschen Wort *Tutte(l)*, einer Nebenform von *Titte* – obwohl die Ortsbezeichnung damit überhaupt nichts zu tun hat. In Österreich und in Süddeutschland wird eine vollbusige Frau *Tuttelbergerin* genannt, eine Wortkonstruktion nach dem Muster eines Familiennamens. Nicht unwichtig für das Zustandekommen der Assoziation ist der Umstand, dass der Schwabe zwei (!) Fahrkarten kaufen möchte. Ob er wirklich in Begleitung reist und nach Tuttlingen will oder ob er, verwirrt durch das Dekolleté der Frau, sein eigentliches Reiseziel vergisst und statt einer Fahrkarte gleich zwei verlangt, bleibt offen.

> LEUBUSCH: *Was heißt tutti avanti?*
> STRANSKY: *Brust heraus!*
> LEUBUSCH: *Alles vorwärts! Wie kommen Sie auf „Brust heraus"?*
> STRANSKY: *Sie haben doch das gesagt mit den tutti!*
> LEUBUSCH: *Reden Sie doch nicht so blöd!*

Leubusch, dargestellt von Karlheinz Hackl, testet die Sprachkenntnisse von Stransky (Heinz Marecek), der im Programm *Was lachen Sie?* den Blöden mimt. (Marecek, S. 43)

*Wie erobert man auf musikalisch eine Frau? Man schenkt ihr einen **Strauß**, führt sie zum **Suppé** und überrascht sie mit einem **Rubinstein**. Und wie wird man sie am besten los? Man beginnt mit ihr **Händel**, führt sie zum **Bach**, und **Gluck**! ist sie weg!* (Landmann, 1972, S. 159)

Diese surrealistisch-musikalische Anleitung zum Frauenmord, übrigens in doppelter **Dreizahl**, erfordert nur eine geringe Assoziationsleistung. Dass mit dem Namen berühmter Komponisten sowie eines Pianisten operiert wird, stellt einen **Kontrast** zu dem verwerflichen Vorhaben dar.

*Ein Student sucht ein Zimmer und die Zimmerwirtin fragt: „Was studieren Sie denn?" Er antwortet: „Musik". Da sagt die Frau: „Einen Musikstudenten nehmen wir nie wieder. Wir hatten einen, der kam zu uns **beethövlich**, mit einem **Strauß** in der Hand. Dann nahm er unsere Tochter beim **Händel** und führte sie mit **Liszt** über den **Bach** in die **Haydn**. Dort war er zuerst **mozärtlich**, dann wurde er **reger** und jetzt haben wir einen **Mendelssohn** und wissen nicht wo **Hindemith**."*

Das ist eine harmlose Fassung dieses **Personennamenwitzes**. Es gibt zwei große Themen in der Literatur: die Sexualität und den Tod. Der Witz als kleine literarische Form bedient sich vor allem des Themas Sexualität. Witze über den Tod sind nicht so häufig, meist geht es um **Gattenmord** oder **Selbstmord**, und sie haben einen makaberen Anstrich.

In einer **Doppelconférence** erzählt Ernst Waldbrunn seinem Widerpart Karl Farkas, wie er seine neue Geliebte, eine überaus attraktive junge Frau, kennengelernt habe.

WALDBRUNN: Eines Sonntags fand im Hotel ein lustiger Abend statt, dort hab' ich es zum ersten Mal gesehen.
FARKAS: Das Mädchen?
WALDBRUNN: Das Dekolleté. (…) Ich hab' immer hingeschaut, aber sie – eine Hantige war sie – hat zu mir gesagt: „Haben Sie nichts Besseres zu tun, als immer in mein Dekolleté zu starren." – „Wenn ich ehrlich sein soll, hab' ich momentan nichts Besseres zu tun." Darauf sie: „Wenn Sie da noch länger hineinstarren, werden Sie eine kriegen!" Hab' ich gesagt: „Madame, wer kriegt die andere?" So haben wir uns kennengelernt. (Hugo Wiener, Doppelconférence I)

In diesem Fall wird keines der beiden Wörter, um die es geht, ausgesprochen. Der Zuhörer des Witzes kann aber die durch **Auslassung** fehlenden Wörter assoziieren, wobei eine Rolle spielt, dass sowohl „die Ohrfeige" als auch „die Brust" grammatikalische Feminina sind. Dieser Witz fällt natürlich in die Kategorie **absichtliches Missverständnis**.

Bleiben wir noch einen Moment lang bei Farkas und Waldbrunn. Von ihnen stammt der subtilste **Unterschiedswitz**, den ich kenne.

Was ist der Unterschied zwischen einer Neunzehnjährigen und einem Achtel Butter? – Die Neunzehnjährige wird zwanzig, das Achtel Butter wird ranzig.
(Plakatierer, gesendet im ORF-Fernsehen am 5. 9. 1970)

Was aufs Erste wie ein Unsinnswitz in Reimform aussieht, ist ein komplexer Sprachwitz. Für das im Witz enthaltene Wort „ranzig" muss ein Äquivalent gefunden werden, das zu einer jungen Frau passt. Dass sie als Zwanzigjährige schon eine alte Jungfer ist – weil das assoziative Gegenstück Butter erst im Zuge eines Alterungsprozesses ranzig wird –, kann man als Interpretation ausschließen. Ein Begriff aus der Jägersprache ist die Lösung. Ranzzeit ist die Zeit der Brunst beim Fuchs, beim Marder, beim Dachs usw. Es kann damit nur eines gemeint sein: Die junge Frau, die kein Teenager mehr ist, tritt in einen Lebensabschnitt, in dem sie sexuell äußerst aktiv sein wird.

Natürlich ist das ein **Insiderwitz**, nur Jäger werden ihn verstehen, das Wort „ranzig" ist Teil ihrer Fachsprache. Den Kabarettisten war es offensichtlich egal, ob das Publikum den Witz begreift oder im Dunkeln tappt. Gelacht haben sie alle, und wenn sie sich nur an dem originellen Reim erfreut haben.

Ebenfalls raffiniert gestrickt ist das *Ortsnamenlied* der Gesangsgruppe *Trio Lepschi*. Es wurde von Stefan Slupetzky getextet, den ich bereits als Verfasser von Schüttelreimen vorgestellt habe (siehe S. 77–78), und ist auf der CD *mit links* enthalten:

*Sag mir holde Maid aus **Wulkaprodersdorf** / Wann ich endlich deine **Wulka prodern** dorf. / Dein' **Minihof**, ich **Kukmirn** an von hint und vorn / Vor lauter **Rust** wächst mein **Stinatz**, mir gleich zum **Horn**. / In deinem **Oslip** will ich nach der **Tschanigraben** / Und meinen **Gießhübel** an deinem **Moosbrunn Laaben** / Und in dein **Gailtal** meinen*

Langen Prigglitz lenken / Und dann mein Leonding in deiner Sooß versenken.

In dem Text werden verschiedene Witzetechniken angewandt. Durch **Zerlegung** des Ortsnamens Wulkaprodersdorf entsteht der Satz: „Wann darf ich endlich deine Wulka prodern?" Beim Ortsnamen Oslip muss der Zuhörer **den Anlaut weglassen**, sodass das Wort Slip entsteht; dann kann man sich auch denken, was eine Tschani ist. Mit Stinatz, Horn, Gießhübel, Prigglitz und Leonding ist infolge **Assoziation** das männliche Geschlechtsorgan erkennbar, mit Wulka, Minihof, Moosbrunn und Gailtal das weibliche. Beim Ortsnamen Sooß muss ein **Anlautaustausch** erfolgen: Sooß wird gesungen, aber Schoß ist gemeint. Genauso auch beim Ortsnamen Rust – aus ihm wird Lust. Und Kukmirn wird zu dem Satz: ich guck mir'n an – das ist ein **Klangwitz** mit Zerlegung.

Auf sich allein gestellt wäre die eine oder andere Verfremdung eines Ortsnamens nicht nachvollziehbar und nicht lustig. Allerdings wird schon in der ersten Zeile deutlich gemacht, dass der Adressat eine Frau ist, ganz im Sinne Freuds (siehe S. 136): „Sag mir holde Maid ...", und ab der zweiten Zeile gibt es keinen Zweifel mehr, dass es um Sexuelles geht: „Wann darf ich endlich deine Wulka prodern?" Das nichtexistierende Verb „prodern" steht durch seinen ähnlichen Klang assoziativ für „pudern". Damit sind die Weichen für das Verständnis der anschließenden akrobatischen Witzetechniken gestellt. Alles läuft von selbst.

Arthur Koestler hat 1964 in seinem Buch *The Act of Creation* (deutscher Titel: *Der göttliche Funke. Der schöpferische Akt in Kunst und Wissenschaft*, 1966) in Analogie zum Begriff Assoziation den Terminus **Bisoziation** geprägt. Er versteht darunter das Auffinden des Gemeinsamen in zwei völlig verschiedenen Vorgängen. Dieser kreative Akt sei entscheidend für neue wissenschaftliche Erkenntnisse, für Kunstwerke – vor allem wenn es um eine neue Stilrichtung geht – und für den Witz.

Als typisches Beispiel im Bereich der Wissenschaft nennt Koestler die Entdeckung der Wasserverdrängung durch Archimedes. Dieser beschäftigte sich mit dem Problem, den Rauminhalt einer Krone zu berechnen. Als er ein Bad nahm, beobachtete er, wie sich der Wasserspiegel am Rand der Badewanne hob, und zwar um genau so viel, wie das Volumen des Körpers ausmachte, der ins Wasser getaucht wurde. Der Rauminhalt einer Krone, erkannte Archimedes, ist also exakt zu bestimmen, wenn sie in ein wassergefülltes Messglas gelegt wird. Durch **Bisoziation**, im Schnittpunkt von Physik und Körperpflege, wurde von Archimedes ein physikalisches Gesetz gefunden.

Koestler sieht das Prinzip der Bisoziation in vielen Sprachwitzen verwirklicht. Er konstatiert eine „Bisoziation von zwei verschiedenen Arten von Logik, von wörtlicher und metaphorischer Bedeutung, von Zusammenhängen, die durch Klangähnlichkeit verbunden sind, von Gedankengängen, die friedlich miteinander in entgegengesetzte Richtung ziehen. Man könnte diese Reihe bis ins Endlose fortsetzen – denn mit zwei x-beliebigen Systemen lässt sich in der Tat immer eine komische Wirkung erzielen, sofern man ein geeignetes Verbindungsglied zwischen ihnen findet und einen Tropfen Adrenalin hinzufügt." (Koestler, S. 60)

Als Beispiel für Bisoziation bringt Koestler einen Witz, der schon bei Arthur Schopenhauer zu finden ist und seither immer wieder analysiert und kommentiert wird.

Ein Sträfling spielt mit seinen Wärtern Karten. Als sie ihn beim Mogeln ertappen, werfen sie ihn aus dem Gefängnis hinaus. (Koestler, S. 26)

Zwei konventionelle Regeln („Verbrecher werden durch Einsperren bestraft" und „Falschspieler durch Hinauswerfen") sind in sich konsistent, geraten in dieser bestimmten Situation aber miteinander in Widerspruch.

Koestler erzählt die Witze nicht im Präsens, wie dies üblich ist, sondern im Präteritum – dieses Tempus ist normalerweise den Anekdoten vorbehalten. Ich habe mir erlaubt, die Witze im Präsens wiederzugeben.

Im Unterschied zum Witz geht es in den Anekdoten immer um real existierende Personen. Torberg hat in seinem Buch *Die Tante Jolesch* Witze zu Anekdoten gemacht. Was im Witz eine namenlose Figur war, ist in Torbergs Anekdote eine bekannte Persönlichkeit. Man könnte es auch so sehen: Torberg hat alte Witze in eine erzählerische Struktur eingebaut. Den umgekehrten Weg gibt es auch. Aus Anekdoten mit einem gewissen Wahrheitsgehalt, können Witze werden.

Auch die folgende Anekdote mit Bisoziation, die in Koestlers Buch zu finden ist, soll auf einer wahren Begebenheit beruhen und ist schon beinahe ein Witz.

Chamfort erzählt die Anekdote von einem Marquis am Hofe Ludwigs XIV., der, als er in das Boudoir seiner Frau trat und sie in den Armen eines Bischofs fand, gelassen zum Fenster ging und anfing, die Leute auf der Straße unten zu segnen. „Was tut Ihr da?", rief die geängstigte Frau. „Monsignore vollziehen meine Pflichten", entgegnete der Marquis, „also vollziehe ich die seinen." (Koestler, S. 23)

In dieser Geschichte wachse die Spannung, je weiter die Erzählung fortschreitet, schreibt Koestler, erreiche aber nie den erwarteten Höhepunkt. „Die ansteigende Kurve wird durch die unerwartete Reaktion des Marquis, die unsere dramatischen Hoffnungen enttäuscht, jäh unterbrochen; sie kommt wie ein Blitz aus heiterem Himmel, der sozusagen der logischen Entwicklung der Situation den Kopf abschlägt." (Koestler, S. 24)

Dieser Überraschungseffekt steckt freilich in vielen Witzen. Was Koestler Bisoziation nennt, entspricht ziemlich genau dem, was andere Witzetheoretiker als **Kontrast** bezeichnet haben: Der Witz über die kartenspielenden Sträflinge lebt wohl von dem Kontrast zweier Vorstellungen. Witze mit **Homophonie**, also mit dem Gleichklang zweier Wörter, leben vom Kontrast der Wortbedeutungen. Der „Widerspruch oder Kontrast (...) springt uns so ins Auge, scheint uns so selbstverständlich zur Technik des Witzes zu gehören, dass wir verwundert sind zu hören, unter Witzetheoretikern habe die ‚Widerspruchs- oder Kontrasttheorie' immer nur als eine unter vielen und als typisch deutsch gegolten", schreibt Eike Christian Hirsch. In der amerikanischen Literatur über den Witz werde auch heute noch vor allem Arthur Schopenhauer zitiert. Dieser habe schon 1819 im ersten Band seines Hauptwerkes *Die Welt als Wille und Vorstellung* die These aufgestellt, das Lachen entstehe „aus der plötzlich wahrgenommenen Inkongruenz zwischen einem Begriff und dem realen Objekt". (Hirsch, S. 74)

„Ein Nickerchen bei offenem Nenster!" – Buchstabenspiele

Entsteht ein neuer Sinn, wenn ich einen Buchstaben durch einen anderen ersetze? Das Prinzip lässt sich durch einen oft zitierten jüdischen Witz verdeutlichen, den ich schon einmal erwähnt habe, es ist das Gespräch eines Ehepaares.

> *„Wo hast du den Scherm?" – „Was sagst du Scherm? Es heißt doch Schirm!" – „Schirm, Schurm, Schorm, Scharm – es bleibt doch immer a Scherm."* (Landmann, 1960, S. 417)

Jenes Utensil, das vor Regen schützt, heißt im Jiddischen *scherem* oder *schirem* – im Mittelhochdeutschen sind übrigens ebenfalls beide Vokalvarianten gängig gewesen: *scherm* und *schirm*. Die Pointe besteht darin, dass Scherm im Wienerischen die Bezeichnung für den Nachttopf ist.

Nach demselben Prinzip funktionieren einige Witze, die in der Sammlung Salcia Landmanns zu finden sind, aber sie sind einfacher gestrickt und meist frauenfeindlich.

> *„Wie geht es Ihrer Frau Gemahlin?" – „Ach, was fragen Sie? Ihr einziger Reiz ist ihr Hustenreiz." – „So, der Charme ist also weg?" – „Ja, den Scharm (Schirm) hat sie auch in der Trambahn stehen lassen."* (Landmann, 1960, S. 416)
>
> ◊
>
> *„Schau, was jene Dame für einen Scharm hat!" – „Warum jüdelst du? Auf Deutsch heißt es Schirm."* (Landmann, 1960, S. 417)

Besser gefällt mir ein Witz aus der Sammlung *Gut Jontev*, die um die Wende zum 20. Jahrhundert erschienen ist.

> *„Vaterleben, geh sag mir, wie schreibt man: Schalet, Scholet oder Schulet?" – „Schalet schreibt man überhaupt nit – Schalet esst man."* (Reitzer, Gut Jontev, S. 45; Landmann, 2010, S. 425)

Für alle drei Vokalvarianten gibt es Belege. Außerdem beginnt das Wort oft mit *Tsch*- und nicht mit *Sch*- und hat häufig ein eingeschobenes *-n-*: *Tscholent*. Dass das Kind den Vater fragt, ist verständlich. Dass dieser sich herauswindet, ebenfalls. Gemeint ist eine Schabbatspeise, die am Freitag vorbereitet und über die Nacht in den Ofen gestellt wird (siehe S. 91).

Der Tuchhändler reklamiert schriftlich beim Lieferanten: „… und habe ich ein Loch inmitten des Tuches entdeckt." Tage später antwortet der Lieferant: „… und war ich bisher der Meinung, dass ein jeder Tuches in der Mitte ein Loch hat." (Tuches oder Toches: der Allerwerteste)

Interessant ist in diesem Witz die Wortstellung: „… **und habe ich** ein Loch inmitten des Tuches entdeckt …" statt „… **und ich habe** …" – was zu erwarten wäre. Wenn zwei Hauptsätze aneinandergereiht wurden, ist diese Satzstellung im zweiten Hauptsatz vor allem im Jargon der Kaufleute üblich gewesen – und auch in Schriftsätzen der Juristen: „Ich habe den Beklagten aus Liebe geheiratet **und war die Ehe** anfangs gut." Dieser scherzhafte Beispielsatz kursiert noch heute unter Rechtsanwälten. Auch die abschließende Grußformel „… **und verbleibe ich** mit meinen besten Grüßen" war früher in Briefen üblich.

Verschärft wurde die Vokalunsicherheit dadurch, dass sich das sephardische Hebräisch (die jüdisch-spanische Sprache) vom aschkenasischen Hebräisch (ost- oder mitteleuropäisches Jüdisch) in der Lautung unterschied. (Meyerowitz, S. 64) Wo die ersteren *a* sagen, sagen die letzteren *o*. In Berlin wurde gescherzt, dass die sephardischen Reisenden aus dem Bahnhof Zoo den *baanaf za-á* machten.

„Chane, mein Schlafrock ist zu lang." – „Warum sagst du Schlafrock? Es heißt Schlofrock." – „Wieso Schlofrock? Schlof ich in ihm?" – „Es heißt Schlafrock, weil er schlaaft (schleift) *mer hinten nach."* (Landmann, 2007, S 258 und 1960, S. 417, ausführlicher in: Reitzer, Solem Alechem, S. 96)

Der Witz entsteht dadurch, dass im Jiddischen das *ei* oft zu *aa* wird.
Da auch das *i* zu *a* werden kann und das *au* zu *aa*, ist folgender Dialog möglich:

„Ach raach. Raach aach!" – „Raach ach aach." (Landmann, 2010, S. 534, vgl. Meyerowitz, S. 64;)

Vielleicht ist in diesem Fall eine Übersetzung notwendig: „Ich rauche. Rauch auch!" – „Rauch ich auch."
Dieser Dialog erinnert mich an eine ältere Geschichte, in der es ebenfalls um das Rauchen geht.

Ein Rabbi hatte öfters Besuch von seinem Nachbarn, Reb Schmul. Eines Tages kam Reb Schmul nach Tisch mit einer dampfenden Meerschaumpfeife und störte den Rabbiner vom Nachtisch-Schlafe. Dies merkend fragt er: „Darf ich rauchen, Herr Rabbi?" Er antwortete: „Ja, aber raucht, wie ich rauche!" – „Und wie denn?" – „Ich rauch daheim, raucht ihr auch daheim!" (Reitzer, Rebbach, S. 7–8)

◊

Ein Jude verlangt am Billettschalter von Klagenfurt eine Fahrkarte: „Will ach Eisenach." Der Beamte irritiert: „Wollen Sie Villach oder Eisenach?" – „Will ach Villach, will ach Villach. Will ach Eisenach, will ach Eisenach. Eisenach will ach." (Landmann, 2010, S. 266)

„Will ach" (= will ich) klingt ähnlich wie Villach.

Außerdem sind *o* und *ou* auswechselbar, sodass „schlau" wie „schloh" ausgesprochen werden kann, übrigens auch wie „schloi". Auch *i* und *u* sind austauschbar, sodass „listig" und „lustig" sowie „verschmitzt" und „verschmutzt" nicht zu unterscheiden sind. Daraus entstand laut Meyerowitz „einer der berühmtesten Witze über die Unreinlichkeit".

*„Sag mal, is der Kohn eigentlich listig?" – „Meinste **schloh** oder meinste **froh**?" – „Nu, ich mein, ob er is **verschmitzt**." – „Konn sein, er woscht sich selten."*

Sigmund Freud zitiert einen **Modifikationswitz**, bei dem ein Vokal im Inneren des Wortes verändert wird. Der Witz hat eine immerwährende Gültigkeit.

Traduttore – Traditore! (Freud, S. 49)

Der *traduttore* (Übersetzer) wird zwangsläufig zum *traditore* (Verräter) gegenüber dem Autor des Originaltextes. Für Freud werden hier „disparate Vorstellungen" durch eine „äußerliche **Assoziation**" verknüpft. „Die äußerliche Assoziation ersetzt nur den innerlichen Zusammenhang; sie dient dazu, ihn anzuzeigen oder klarzustellen. Der ‚Übersetzer' heißt nicht nur ähnlich wie ‚Verräter'; er ist auch eine Art von Verräter, er führt gleichsam mit Recht seinen Namen." (Freud, S. 134)

Manches lässt sich eben nicht in eine andere Sprache übertragen – dies gilt ganz besonders für Sprachwitze.

The world is so full of problems that if Moses came down Mount Sinai today, two of the tablets he would be carrying would be aspirins. (Chiaro, S. 588)

Im Englischen kann *tablets* sowohl für „Tafeln aus Stein" als auch für „Tabletten als Arzneimittel" verwendet werden.

„*Sag einmal Postbote ohne o!* – *Psstbte … Psstbte …"* – „*Geht einfacher: Briefträger."* (Kottan ermittelt, Folge 1, Hartlgasse 16a)

So sieht ein Sprachwitz aus, in dem mit einem Wort gespielt wird, in dem Vokale fehlen. Es stammt aus der ersten Folge der erfolgreichen und legendären Fernsehserie „Kottan ermittelt" von Helmut Zenker und Peter Patzak.

Ganz simple Buchstabenspiele gibt es in der *Klabriaspartie*. Ein jüdischer Kaffeehausgast heißt „Dowidl" – das ist der kleine David. Janitscheck nimmt einen Anlauttausch vor: Er macht aus „Dowidl" einen „Powidl", was diesen furchtbar ärgert.

> DOWIDL: *Mein Namen ist Dowidl.*
> (…)
> JANITSCHECK: *Freit mich, Landsmann.*
> DOWIDL: *Wieso bin ich Ihna Landsmann?*
> JANITSCHECK: *Sie heißen S' doch Powidl.*
> DOWIDL: *Hahahaha, ich heiß' Dowidl; sagt er Powidl!*
> (Bergmann, S. 27)

Powidl ist ein Mittelding zwischen Mus und Marmelade, und zwar aus Zwetschgen, also Pflaumen. Die Früchte werden gezuckert und müssen lange am Köcheln gehalten werden. Die Wendung „das ist mir powidl" bedeutet: Das ist mir egal. *Powidltatschkerln* wird später ein erfolgreiches Lied von Rudolf Skutajan (Text) und Hermann Leopoldi (Musik) sein: „Powidltatschkerln aus der schönen Tschechoslowakei / schmecken noch viel besser als die feinste Bäckerei, / denn so ein Tatschkerl, so ein powidales, / das ist doch wirklich etwas pyramidonales …"

Die sich reimenden **Kunstwörter** „powidal" und „pyramidonal" sind einfach genial.

Auch **Flachwitze** machen sich das Prinzip der Buchstabenspiele zu eigen – was freilich nicht heißen soll, dass sie jüdischen Ursprungs sind. Aber es ist dieselbe Technik. Einen dieser Witze habe ich eingangs erwähnt, um den Begriff **Tendenz** zu erklären (siehe S. 25):

Ich habe einen Hipster ins Bein geschossen – jetzt hopster.

Während in Witzen mit jiddischem Ursprung die Vokale ausgetauscht werden, geht es in den neuerdings kursierenden **Flachwitzen** meist um Veränderungen bei den Konsonanten.

Was liegt am Strand und spricht undeutlich? – Eine Nuschel.

Das nicht genannte Substantiv „Muschel" wird in Anlehnung an das Verb „nuscheln" zur „Nuschel". Mehr ist in diesem harmlosen, also tendenzlosen Witz nicht enthalten.

Sprachwitze dieser Art findet man auch bei Salcia Landmann, Maxi Böhm und einigen anderen. Was geschieht, wenn ein Konsonant fehlt oder hinzutritt?

Was macht die Knackwurst genießbar? Das n. (Landmann, 1988, S. 601)

◊

Ein Gast ruft den Ober und protestiert heftig. Ober: „Was fehlt denn beim kalten Aufschnitt?" – Gast: „Das k!" (Böhm, S. 171)

Vielleicht sehnen Sie sich nun nach klassischen Witzen, nach Witzen, die über mehrere Zeilen gehen.

Kommt ein Mann in einen Blumenladen und hätte gerne ein Dutzend Rosen. Die Verkäuferin beginnt lyrisch zu scherzen: „Schenkst du ihr Rosen, wird sie dich liebkosen. Schenkst du ihr Narzissen, wird sie dich küssen." Darauf der Mann: „Dann hätte ich lieber einen Strauß Wicken!"

◊

Rohrbruch im Pfarrhaus! Als der Installateur mittags läutet und niemand öffnet, schaut er durch das Küchenfenster und sieht, wie der Herr Hochwürden gerade seine Köchin vernascht. Denkt sich der Installateur, na dann komme ich halt nachmittags wieder. Als er am Nachmittag anläutet, öffnet der Pfarrer und hat zerzaustes Haar. Sagt der Installateur: „Schönen guten Tag, Hochwürden, ich war schon mittags da, aber es hat niemand geöffnet!" – „Ach ja, da hab' ich gerade ein Nickerchen gemacht!" Der Installateur: „Jaja, Hochwürden, ich hab's gesehen, durchs Nenster!"

Die Buchstabenspiele „Wicken" und „Ficken" sowie „Nickerchen" und „Fickerchen" dienen dazu, tabuisierte Ausdrücke zu verschleiern. Im „Rohrbruch im Pfarrhaus"-Witz geht es außerdem um einen Verstoß gegen das Zölibatsversprechen, der durch Zufall entdeckt wird.

Daneben gibt es auch Witze, in denen ein Buchstabe von einem Wort in ein anderes wandert. Sie sind raffiniert und rar.

Zwei Freundinnen treffen sich wieder. „Woher hast du denn diesen schicken Nerzmantel?" – „Na ja, den hab' ich mir nach und nach zusammengeflickt." – „Flamos, flamos!" (Röhrich, S. 164)

◊

Ein passionierter Jäger kauft beim Hundezwinger von Herrn Schindler einen Schweißhund, der seinen hohen Preis wert sein soll. Empört schreibt der Jäger nach zwei Wochen einen Brief: „Sehr geehrter Herr Schindler, das W, das in Ihrem Namen fehlt, hat Ihr Schweißhund zu viel." (Hirsch, S. 28; Gauger, 2014, S. 44)

In der Jägersprache hat Schweiß die Bedeutung Blut. Ein Schweißhund ist ein Jagdhund, der darauf spezialisiert ist, verletztes Schalenwild im Rahmen der Nachsuche zu finden.

Witze mit Buchstabenspielen erfordern oft eine umfangreichere Denkleistung. Der Zuhörer muss zwei oder mehrere Wörter, die im Text voneinander manchmal weit entfernt sind, in Verbindung bringen und die veränderte Bedeutung assoziieren. Vielleicht macht gerade das ihren Reiz aus. Arthur Koestler meinte, das Lachen enthalte immer auch eine gewisse Befriedigung, dass man selbst klug genug ist, die Pointe zu erfassen (Koestler, 1966, S. 83).

„Trauring, aber wahr!" – Wortmischung

Sigmund Freud analysierte des Längeren einen Sprachwitz, der auf Heinrich Heine zurückgeht und den er als Wortmischung kategorisiert (S. 32 ff.). In einem Kapitel von Heines *Reisebildern*, das *Die Bäder von Lucca* betitelt ist, präsentiert dieser die Gestalt des Lotteriekollekteurs und Hühneraugenoperateurs Hirsch-Hyazinth aus Hamburg, der sich seiner Beziehungen zum reichen Baron Rothschild berühmt und schließlich sagt: „Und so wahr mir Gott alles Gute geben soll, Herr Doktor, ich saß neben Salomon Rothschild und er behandelte mich ganz wie seinesgleichen, ganz *famillionär*."

Freud stellt anschaulich dar, worin die Technik des Witzes besteht. „Erstens hat eine erhebliche **Verkürzung** stattgefunden. Wir mussten, um den im Witz enthaltenen Gedanken voll auszudrücken, an die Worte ‚*R. behandelte mich ganz wie seinesgleichen, ganz famillionär*', einen Nachsatz anfügen, der aufs kürzeste eingeengt lautete: d. h. *soweit ein Millionär das zustande bringt …*" (Freud, S. 34)

Das Wort „familiär" ist zu „famillionär" umgewandelt worden, „und ohne Zweifel hängt grade an diesem Wortgebilde der Witzcharakter und der Lacheffekt des Witzes. Das neugebildete Wort (…) ist ein Mischgebilde aus den zwei Komponenten ‚familiär' und ‚Millionär' zu beschreiben, und man wäre fast versucht, sich seine Entstehung aus diesen beiden Worten graphisch zu veranschaulichen."

f a m i l i   ä r
   M i ll i o n ä r
―――――――――――――
f a **m i** l i o n **ä r**

Freud beschreibt diese Witzetechnik als eine **Verdichtung mit Ersatzbildung**, und zwar besteht in diesem Beispiel die Ersatzbildung in der Herstellung eines **Mischwortes:** „Dieses Mischwort ‚famillionär', an sich unverständlich, in dem Zusammenhange, in dem es steht, sofort verstanden und als sinnreich erkannt, ist nun der Träger der zum Lachen zwingenden Wirkung des Witzes …" (Freud, S. 36)

Ein junger Mann, der bisher in der Fremde ein heiteres Leben geführt, besuchte nach längerer Abwesenheit einen hier (also in Wien) *wohnenden Freund, der nun mit Überraschung den Ehe-*

ring an der Hand des Besuchers bemerkt. „Was?", ruft er aus, „Sie sind verheiratet." – „Ja", lautet die Antwort: „Trauring, aber wahr!" (Freud, S. 37)

Hier wird die Wendung „traurig, aber wahr" mit „Trauring" vermischt, eine Bezeichnung für Ehering, die in diesem Witz „wie selbstverständlich zum Vorschein kommt". Freud bezeichnet die Technik als **Mischwort mit Modifikation**.

Welche Zeit ist das? „Der Bus ist pünktlich gewesen." – Buskamperfekt.

In der Analyse muss der Satz zunächst vom Perfekt ins Präteritum umgewandelt werden: „Der Bus kam pünktlich = das ist perfekt." Nun ist es die Aufgabe des Zuhörers zu verdichten und die Klangähnlichkeit zwischen „Buskamperfekt" und „Plusquamperfekt" wahrzunehmen. Der Unterschied zwischen B- und P- kann vernachlässigt werden, im -qu–, gesprochen -kw-, steckt ohndies ein k.

Pl u s qu a m p e r f e k t
Der B u s k a m p e r f e k t
B u **s** k **a** m **p** e **r** f **e** k **t**

Die richtige Antwort auf die Frage „Welche Zeit ist das?" wäre übrigens nicht Plusquamperfekt, sondern Perfekt gewesen, aber dann würde der Witz nicht funktionieren.

Als Jugendliche erzählten wir uns einen Witz über eine Penis-Tätowierung. Tatoos waren damals noch nicht in Mode, der Witz hatte einen hohen Grad an **Fiktionalität**.

„Stell dir vor", sagt die ältere Krankenschwester zu ihrer jungen Kollegin, „auf der Station ist ein Seemann eingeliefert worden. Er ist am ganzen Körper tätowiert, sogar auf dem Glied. Da steht RUMBAL-LOTTE". Die junge Schwester: „Ich hab's auch schon gesehen. Aber in Wirklichkeit steht da RUHM UND EHRE DER BALTISCHEN FLOTTE". (Hirsch, S. 218)

Die Baltische Flotte ist der älteste Teil der russischen Marine. Die Witztechnik ist eine drastische **Verdichtung**, die im Witz in umgekehrter Reihenfolge einherläuft – zuerst die verdichtete Form, dann die normale. Die verdichtete Form ergibt keinen Sinn, die Pointe ist hingegen ein sinnvoller Ausspruch.

R U   **M**   **B A L**   **L O T T E**
R U H M U N D E H R E D E R B A L T I S C H E N F L O T T E

Lutz Röhrich bringt den Witz mit „Konstantinopel", am schlaffen Penis zu „Opel" verdichtet, und erwähnt eine Variante mit „Amsterdam", verdichtet zu „Adam". Er interpretiert den Witz als sexprahlerisch und geht davon aus, dass er vorwiegend unter Männern erzählt wird: „Da niemand so potent sein kann, wie die Potenzwitze es vortäuschen, verfolgen sie offensichtlich den Zweck, die Furcht vor der Impotenz zu beschwichtigen, man sei nicht fähig eine Frau zu lieben oder zu befriedigen." (Röhrich, S. 162–163)

Ein Amerikaner ließ sich den Namen seiner Freundin auf den Penis tätowieren. Sie hieß Wendy. Die Tätowierung wurde in erigiertem Zustand gemacht, sodass – wenn der Penis schlaff war – nur WY zu sehen war. Nachdem das Paar geheiratet hatte, verbrachten sie ihre Flitterwochen in Jamaika. Als der Amerikaner in einem Pissoir urinierte, stand ein Jamaikaner neben ihm, der ebenfalls WY auf seinem Penis hatte. Daraufhin fragte der Amerikaner: „Wie heißt denn Ihre Freundin? Auch Wendy?" – „Nein, mein Herr, bei mir steht: Welcome to Jamaica! Have a nice day!"

In dieser neuen Variante spielt der Witz nicht zwischen Mann und Frau, sondern zwischen Männern untereinander, und es geht um die notorische Frage: „Wer hat den Längeren?" Der Mann mit der Tätowierung „WENDY" zieht gegenüber jenem Mann, der „**WELCOME TO JAMAICA! HAVE A NICE DAY!**" am Penis stehen hat, den Kürzeren – auch im wörtlichen Sinn.

„Wie keine andere Witzart durchbricht (...) der sexuelle Witz **Tabus** – Handlungs- und Worttabus – d. h. er erzählt von Dingen, über die man normalerweise nicht spricht oder die man nicht tut", schreibt Lutz Röhrich. „Im sexuellen Witz ist der Lustgewinn umso höher, je stärker die Tabus sind, die dabei überwunden werden." (Röhrich, S. 153)

Eine Wortmischung infolge eines **unfreiwilligen Witzes** verdanken wir Hans Krankl in seiner früheren Funktion als Fußballtrainer. Als die österreichische Nationalmannschaft am 13. Oktober 2004 in Belfast nach einem späten Gegentor und einigen fragwürdigen Entscheidungen des Schiedsrichters nur ein 3:3 gegen Nordirland erreichte und einen herben Rückschlag in der WM-Qualifikation hinnehmen musste, sagte Krankl im ORF-Interview:

> *Wann i siech, was der 30-jährige (Didi) Kühbauer ..., wia der 70 Meter geht in an Konter in der 88. Minutn ... Ja, lacht da ned an jedn des Herz in Österreich? Da denk i jetzt, dass ma a Punkt föd oda zwa Punkte fön oder vier Punkte fön? Des interessiert mi jetzt ned! I muaß jetzt urteilen über die Mannschaft. Und was da passiert ist, ist extremst nicht in Ordnung. Noch einmal: Das ist **irregulär**! Ende.*

Das im Zustand großer Erregung entstandene **Mischwort** „irregulär" ist in seinem Bedeutungsumfang die Summe der Bestandteile: „irre" und „irregulär".

Während das von Freud untersuchte Mischwort „famillionär" nur in dem von Heine kreierten Zusammenhang verstanden wird, ist „irregulär" in jedem sprachlichen Umfeld verwendbar – es muss nicht der Kommentar zu einem Fußballmatch sein. Deshalb ist das Mischwort weithin bekannt und wird auch häufig verwendet. Eine Eintragung ins *Österreichische Wörterbuch* hat es allerdings nicht geschafft.

Wortmischungen sind auch in **Flachwitzen** zu finden. So wie bei „famillionär" entstehen Mischwörter, die nur im Witz selbst einen Wert haben.

Wie nennt man einen Hund, der zaubern kann? – Labrakadabrador.
      L a b r a   d o r
       A b r a k a d a b r a
       L a b r a k a d a b r a d o r
       ◊
Wie nennt man einen völlig unwichtigen Elefanten? – Irrelefant.

       E l e f a n t
       i r r e l e v a n t
       I r r **e l e** f a n t
       ◊
*Was passiert, wenn man Cola und Bier mischt? – **Es** kollabiert.*

Cola
Bier
kollabiert

In diesem Fall werden zwei Wörter einfach aneinandergehängt und mit der Endung eines Verbs versehen. Entscheidend für das Verständnis ist eine gedankliche Klammer. Zwei flüssige Stoffe, die mischbar sind, werden nicht wie ein Mensch kollabieren. Ein Mensch, der kollabieren kann, ist nicht wie zwei Flüssigkeiten mischbar. Allerdings können zwei Flüssigkeiten, wenn sie gemischt werden, explodieren, und auch Menschen können explodieren – im übertragenen Sinn.

Der Flachwitz hat eine surrealistische Note. Zwei Flüssigkeiten reagieren wie Menschen, wenn sie zusammengebracht werden. Eike Christian Hirsch meint, dass **surrealistische Witze** in den Jahren nach dem Zweiten Weltkrieg besonders in Mode waren (Hirsch, S. 60). Den folgenden bezeichnet er als Klassiker und entschuldigt sich bei den älteren Lesern, dass er ihn aufwärmt. Ich höre ihn immer wieder gern.

Ein Zebra kommt in ein Lokal und bestellt einen Kaffee, trinkt ihn aus, isst die Untertasse sowie die Tasse auf und legt den Henkel beiseite. Dann bezahlt es den Kaffee sowie das Geschirr und geht. Langsam löst sich die Erstarrung der Gäste, und einer fragt den Ober: „Sagen Sie mal, verstehen Sie das?" Der Ober antwortet: „Nein, wo doch die Henkel das Beste sind."

Lutz Röhrich schreibt, dass surrealistische Witze immer nach dem gleichen Schema ablaufen: Die Pointe liege „in einer Art von logischem Kurzschluss zwischen der surrealistischen Situation zu Beginn des Witzes und den Schlussfolgerungen, die das alltägliche Leben zieht." (Röhrich, S. 127)

Es geht aber auch umgekehrt. Der Witz kann mit einer Situation aus dem alltäglichen Leben beginnen und am Schluss ins Surrealistische kippen.

Kommt ein Mann zum Tierarzt: „Herr Doktor, mein Hund jagt Kleinwagen." – „Da brauchen Sie sich keine Sorgen machen, das tun doch andere Hunde auch!" – „Ja, aber meiner fängt sie und vergräbt sie im Garten."

„O na, nie!" – Zerlegungswitz

Wenn die Silben einzelner Wörter in ihre Bestandteile zerlegt und manchmal auch neu zusammengesetzt werden, spricht man von einem Zerlegungswitz.

*Als in Berlin einmal die **Antigone** aufgeführt wurde, fand die Kritik, dass die Aufführung des antiken Charakters entbehrt habe. Der Berliner Witz machte sich diese Kritik in folgender Weise zu eigen. **Antik? Oh, nee.***

◊

*Wenn man einen sehr jugendlichen Patienten befragte, ob er sich je mit der Masturbation befasst habe, würde man gewiss keine andere Antwort hören als: **O na, nie.***

◊

*Napoleon sagt auf einem Hofball zu einer italienischen Dame, indem er auf ihre Landsleute deutet: „Tutti gli Italiani danzano si male." Sie erwidert schlagfertig: „Non tutti, ma **buona parte**."* (alle: Freud, S. 47)

„In allen drei Beispielen, die für die Gattung genügen mögen, dieselbe Technik des Witzes", schreibt Freud. „Ein Name wird in ihnen zweimal verwendet, das eine Mal ganz, das andere Mal in seine Silben zerteilt, in welcher Zerteilung seine Silben einen gewissen anderen Sinn ergeben."

Der französische General, Staatsmann und Kaiser wurde als *Napoleone Buonaparte* auf Korsika geboren, wodurch der Witz an Plausibilität gewinnt.

Version 2

Napoleon ist vom Italienfeldzug zurückgekehrt und sagt zu einer Italienerin: „Madame, alle Italiener sind Räuber und Schelme!" Diese erwidert: „Non tutti, ma buona parte."

Diese Fassung ist bösartiger und kräftiger. Dem Feldherren wird die stereotype Vorstellung untergeschoben, dass er „alle Italiener für Räuber und Schelme" hält. Die Italienerin weist auch in dieser Version die Behauptung mit einem doppeldeutigen Satz zurück: „Nicht alle, aber ein guter Teil." – „Nicht alle, aber Bonaparte."

*„Hallo, ich heiße Umberto und ich bin gekommen, **um** ihre Tochter zu vögeln." – „Um was?!" – „**Um**-berto!"*

Dieses Beispiel zeigt, dass die Technik des Zerlegens auch heute noch populär ist. Der Witz enthält ein **unabsichtliches Missverständnis**. Der freche Bursche glaubt, dass der Vater den zweiten Teil des zerlegten Vornamens nicht verstanden hat.

Der folgende Zerlegungswitz mit unabsichtlichen Missverständnissen erinnert an das noch nicht voll entwickelte Sprachverständnis von Kindern. Für sie ist der Klang das Wichtigste, mit den Prinzipien der Wortbildung werden sie erst später in der Schule konfrontiert.

*Der Lehrer übt mit den Schülern die Grammatik. „Die Vorsilbe ‚Un-' bedeutet meist etwas Unangenehmes und Lästiges. Also zum Beispiel: Unsinn, Unfug. Nennt mir noch weitere Beispiele!" – „**Un**terricht, Herr Lehrer!"* (Böhm, S. 218)

◊

*Sagt der Therapeut zu seinem Patienten: „Haben Sie wirklich Angst vor Asiaten?" Der Patient: „**Ja, panisch.**"*

◊

*Warum dürfen Gottesanbeterinnen nicht in die Kirche? – Weil sie **Insekten** sind.*

◊

*Welcher Ring ist nicht rund? – Der He**ring**.*

◊

*Khomeini geht an einem Bordell vorbei. Eine vor dem Tor stehende Dame ruft ihm zu: „**Komm einí!**" Darauf dieser: „**Geht nicht. Is lam!**" Gleich danach kommt der Papst und sagt mit siegessicherer Miene: „**Vati kan!**"* (Karasek, S. 32–33)

Hellmuth Karasek bringt diese Geschichte in einer stark ausgeschmückten Version, ich habe sie komprimiert, damit die Technik deutlich zum Vorschein kommt. Der Witz rund um den Ajatollah und den Papst „war wohltuend in einer religiös fanatisierten Welt, weil er absolut kindisch mit den Widersprüchen der Religion spielte, kindisch (und also anarchistisch und doch blasphemisch)", analysiert der Autor. „Das ist ein Witz der totalen Regression in eine kindische Laune, die einen Haufen Unsinn in einen zu großem Gelächter animierenden Sinn verbindet." (Karasek, S. 33)

Der Witz fasziniert mich, weil mehrere Techniken miteinander kombiniert werden. Wir haben es vom Typus her mit einem **Zerlegungswitz** zu tun („Islam" wird zu „Is lam" und „Vatikan" zu „Vati kan"). Anschließend findet eine **Modifikation** statt: „Is lam" wird zu „ist lahm" und „Vati kan" zu „Vati kann". Hinzu tritt die Technik **verschiedene Wörter – Klangähnlichkeit**. Der Name des Ajatollahs klingt so ähnlich wie die mundartliche Version von „Komm hinein!": „Khomeini" und „Komm eini!"

Außerdem kann man diesen Dialog auch als **Überbietungswitz** interpretieren: „Is lam" ist eine **Zwischenpointe**, „Vati kan" eine **Schlusspointe**, die das bisher Gesagte überbietet. In diesem **blasphemischen Witz** wird dem Papst unterstellt, dass er ins Bordell geht, obwohl er der Zölibatsverpflichtung unterliegt. Der Ajatollah hingegen, dem Sexualität, Ehe und Vaterschaft gestattet sind, bezeichnet sich als impotent und geht weiter. Es ist also auch eine **verkehrte Welt**, die den Witz ausmacht.

Viele Witze beinhalten mehrere Techniken, das stellte schon Sigmund Freud fest. Dadurch werde ihre Einordnung erschwert. Andererseits sind derartige Witze besonders attraktiv. So gesehen schießt der „Islam-Vatikan"-Witz vermutlich den Vogel ab.

> *„Können Sie mir einen Satz nennen, in dem zwei Eier, eine Frau, ein Schuh und ein Mann vorkommen?" – „Ei, Ei, Frau Schuhmann!"* (Berg, Das neue Repertoire, S. 55, Ott, S. 181)

In diesem Witz aus der Zwischenkriegszeit wird die **Regression** auf die Spitze getrieben. Gelacht wird wohl nur dann, wenn der Zuhörer bereit ist, dem Witzeerzähler beim zeitweiligen Rückzug auf kindliche Verhaltensmuster zu folgen.

Auch in den Sammlungen Salcia Landmanns sind Zerlegungswitze zu finden, manche fühlen sich wie moderne **Flachwitze** an.

> *Was ist ein Konversationslexikon? Vorne e Kohn und hinten e Kohn, und in der Mitte e langes Gesejres* (Gejammer).
> ◊
> *Was ist die Hauptsache am Dreieck? Das Ei, denn sonst bleibt Dreck.*
> ◊
> *Was ist Pensch? Das Mittelstück von Lampenschirm.*
> (alle: Landmann, 1988, S. 600)

Einige Witze, die im Internet kursieren, würden auch in die Landmann'schen Sammlungen passen.

Ein Ritter geht in die Apotheke und fragt den Apotheker: „Hast du ein Mittel, Alter?"

◊

Sagt der Walfisch zum Thunfisch: Was sollen wir tun, Fisch?
Sagt der Thunfisch zum Walfisch: Du hast die Wahl, Fisch.

◊

Welches Wort, das man normalerweise nicht in den Mund nimmt, fängt mit P- an und hört mit -immel auf? – Polarhimmel.

Der folgende Witz kursiert in einer langatmigen Variante im Internet. Es geht um das Anstellungsgespräch dreier Frauen bei einem Geschäftsmann namens Kohn. Eine davon ist, wie könnte es anders sein, eine Blondine. Der Witz ist nicht erzählenswert, aber ich halte die ursprüngliche Fassung für einen guten jüdischen Witz, der früher wahrscheinlich hinter vorgehaltener Hand öfter erzählt wurde.

Herr und Frau Kohn liegen nackt im Bett und spielen Scharade. Frau Kohn steht auf, holt ein dickes, großes Buch aus dem Regal, legt es unter ihren Schoß und öffnet die Beine. „Was kann das sein?" Nach einigen vergeblichen Erklärungsversuchen sagt Kohn zu seiner Frau: „Ich komm' nicht drauf, was ist es?" Darauf sie schmunzelnd: „Lexikon!"

„Im Hundekuchen ist kein Hund!" – Falsche Wortbildung

Die deutsche Sprache zeichnet sich dadurch aus, dass mehrere Substantive aneinandergehängt werden können – nach dieser einfachen Methode entstehen Komposita, also zusammengesetzte Wörter, von nahezu beliebiger Länge, regelrechte Wortschlangen. Nehmen wir als Beispiel das Wort Schiff. Es gibt verschiedene Arten von Schiffen. Wird ein Schiff mit Dampf betrieben, bezeichnen wir es als Dampfschiff. Wenn wir zum Ausdruck bringen wollen, dass dieses Dampfschiff auf der Donau verkehrt, machen wir daraus ein Donaudampfschiff. Die Betreiberfirma ist eine Gesellschaft – daher wird das Schiff zur Schifffahrt und das Wort Gesellschaft kommt am Ende hinzu: Donaudampfschifffahrtsgesellschaft. Ein Angestellter dieser Firma, der die Schiffe steuert, ist ein Donaudampfschifffahrtsgesellschaftskapitän. Jedes Kind hat dieses sprachliche Ungetüm schon einmal gehört und nachgesprochen – und vielleicht das eine oder andere Wort noch angehängt, zum Beispiel Kappe.

Neben dieser volkstümlichen Tradition gibt es auch eine literarische, die bis zu Aristophanes zurückreicht. Die berühmteste „aristophanische Wortfügung" ist mit fünfundsiebzig Silben Vers 1169 der „Ekklesiazusen" (Liede, S. 44). Im 17. Jahrhundert erhielten die Wortungeheuer eine komische Note, das „Prunkwörterbündeln" war groß in Mode. Dann geriet die Technik in Vergessenheit, im 19. Jahrhundert erlebte sie eine Renaissance. Viele Schriftsteller übten sich in derartigen Sprachspielereien, auch Johann Nestroy. Er schrieb ein Stück mit einem weitschweifigen Titel:

Der Zauberer Sulphurelectrimagneticophosphoratus und die Fee Walpurgiblocksbergiseptemtrionalis

Die Ehe bezeichnete er als eine ...

Mannundweibeseinleibleidundfreudmiteinandertragungsanstalt

Dies sind Verstöße gegen die Normen der deutschen Sprache, aber genau dadurch entsteht der komische Effekt.

Wenn Wörter regelkonform zusammengesetzt werden sollen, müssen gewisse Prinzipien eingehalten werden. Hat ein Kompositum zwei Bestandteile, so ist der zweite Bestandteil das **Grundwort** und der erste Bestandteil das **Bestimmungswort**. Das Grundwort, also der zweite Teil, ist entscheidend für das grammatikalische Geschlecht. Das Wort Dampfschiff ist ein Neutrum, weil der zweite Teil, nämlich Schiff, sächlich ist. Dass Dampf vom grammatikalischen Geschlecht her ein Maskulinum ist, spielt keine Rolle. Das Bestimmungswort Dampf modifiziert das Grundwort Schiff – aus dem Schiff wird ein Dampfschiff. Das gleiche Prinzip kommt zur Anwendung, wenn vor einem Kompositum ein Adjektiv oder ein ähnliches Wort steht. Deshalb sind Formulierungen wie „der fünfköpfige Familienvater" **unfreiwilliger Humor**. Der Vater hat nur einen Kopf.

Glücklicherweise gibt es im Deutschen die verschiedensten Wortbildungsarten bei den Komposita – ich sage „glücklicherweise", denn dies ist der Quell für zahlreiche Witze.

Kinder interpretieren Wortbildungsmuster unabsichtlich falsch, Erwachsene auch absichtlich, das ist dann eine Frotzelei.

Gast: „Ich warte schon zwei Stunden auf mein Fünf-Minuten-Steak!"
Darauf der Ober: „Seien Sie froh, dass Sie keine Tagessuppe bestellt haben ..."

◊

Ein erboster Gast ruft den Ober: „In diesem Apfelkuchen ist doch überhaupt kein Apfel!" – „Haben Sie schon einmal einen Hundekuchen gesehen, in dem ein Hund war?"

◊

Graf Rudi: „Schau, ich hab' mir eine Kamelhaarbürste gekauft!" Darauf Graf Bobby: „Du hast doch gar kein Kamel!" (Böhm, S. 11)

In einem Trommelvers Armin Bergs, der 1922 in einem von ihm zum Druck beförderten Heftchen erschienen ist, geht es um die Frage, warum die Spiegeleier ausgerechnet Spiegeleier heißen.

Im Zimmer sitzt der Max allein, / Schmeißt Eier in den Spiegel rein. / Dann schreit er: „Komm herein, Mama, / Ich mach' jetzt Spiegeleier da!" (Berg, Trommel-Verse, Vers Nr. 42)

Der komische Effekt durch das falsch verstandene Wort „Spiegeleier" wird dadurch verstärkt, dass der Inhalt des **Flachwitzes** in gereimter Form präsentiert wird. Mit den Worten Arthur Koestlers wäre das **Bisoziation in gehobener Form mit trivialem Inhalt** (Koestler, S. 74).

Zuletzt ein Witz, der in verschiedenen Varianten in den Sammlungen auftaucht. Ich habe jene gewählt, die Maxi Böhm in seinem Witzelexikon publiziert hat. Im Mittelpunkt stehen Wortbildungen mit der Endung -er. Sie dienen dazu, von einem Verb oder Substantiv ein sogenanntes Nomen Agentis abzuleiten: aus „jagen" wird „Jäger", aus „Tat" wird „Täter".

Die allgemein vertretene Ansicht, dass die Tischler deswegen so genannt werden, weil sie eben Tische machen, ist nicht ganz zutreffend. Diese Leute machen schließlich auch Betten, ohne deshalb Bettler genannt zu werden. (Böhm, S. 47)

Natürlich kommt „Bettler" von „betteln", nicht von „Bett". In der mittelhochdeutschen Form *betelære* ist dies noch gut zu erkennen. Aber in Witzen geht es nicht um die Historie von Wörtern. „Ein Sprachwitz kann nur mit dem arbeiten, was *jetzt* ist", schreibt der Romanist Hans-Martin Gauger (Gauger, S. 17). Was einmal war, ist nicht relevant.

„Heute so, morgen so!" – Betonungswechsel

Da in beiden Sprachen der alten jüdischen Bildungswelt, im Hebräischen wie im Aramäischen, keine Satzzeichen verwendet wurden, ist in vielen Fällen nicht klar, wo ein Satz anfängt und aufhört, ob er affirmativ, negierend, fragend oder als Ausruf gemeint ist (siehe S. 98). Man liest den Talmud daher „mit Vorliebe halblaut, wobei man die sinngebende Wortmelodie stark hervorhebt." (Landmann, 1988, S. 61). Witze, in denen die Sprachmelodie eine Rolle spielt, sind meist jüdischen Ursprungs. Sigmund Freud analysiert einen Witz, der mit dem Stereotyp operiert, dass Ostjuden zerzaust und unordentlich gekleidet herumlaufen – und mit Kamm oder Seife auf Kriegsfuß stehen.

Zwei Juden treffen in der Nähe des Badehauses zusammen. „Hast du genommen ein Bad?", fragt der eine. „Wieso?", fragt der andere dagegen, „fehlt eins?" (Freud, S. 64, vgl. Landmann 1960, S. 453, mit anderer Wortstellung)

Solche Witze sind umstritten. Salcia Landmann ist sich sicher, dass sie antisemitischen Ursprungs sind und später von den zur Selbstkritik neigenden Juden adaptiert wurden. Schmutz und Ungeziefer gäbe es natürlich überall, wo äußerste Armut herrscht. Aber eine gänzliche Verschmutzung des menschlichen Körpers war durch die religiösen Gebote der Juden sehr erschwert. „Denn das jüdische Ritualgesetz schreibt sowohl für Männer wie für Frauen bei ganz bestimmten, häufigen Anlässen Tauchbäder in fließendem Wasser und außerdem Händewaschen vor jeder Mahlzeit vor, wobei sogar ein eigener Segensspruch rezitiert werden muss. Zu jener totalen Verschmutzung, wie sie auch in der hohen christlichen Gesellschaft etwa zur Zeit des Rokoko selbstverständlich war, konnte es also bei orthodoxen Juden gar nicht kommen. Sie war eine Begleiterscheinung der christlichen Leibfeindlichkeit oder doch Gleichgültigkeit dem Leib gegenüber." (Landmann, 1988, S. 33) Andererseits werden die Witze der assimilierten Wiener Juden über die Neuankömmlinge aus Galizien auch einen realen Hintergrund gehabt haben. Wer arm ist und ums Überleben kämpft, legt auf Reinlichkeit und ein gepflegtes Äußeres zwangsläufig weniger Wert als ein wohlhabender Großstadtbürger.

Für Sigmund Freud war der obige „Badehaus"-Witz ein ideales Beispiel, um den Betonungswechsel zu zeigen. Der eine fragt: „Hast du genommen ein **Bad**?" Die Betonung liegt auf „Bad". Der andere antwortet, als hätte die Frage gelautet: „Hast du **genommen** ein Bad?" Die Betonung liegt auf „nehmen". Von Interesse dürfte sein, dass die Betonung nur beim Wortlaut „genommen ein Bad" verändert werden kann. Lautete die Frage: „Hast du gebadet?", so würde dies keinen Lacherfolg bringen. Die unwitzige Antwort laut Freud müsste lauten: „Gebadet? Was meinst du? Ich weiß nicht, was das ist." (Freud, S. 66)

Die für das Jiddische typische Satzstellung „hab' ich genommen ein Bad" (statt: „hab' ich ein Bad genommen") führt dazu, dass Aussagesätze und Fragesätze nur noch durch die Intonation zu unterscheiden sind.

Einem Juden wird nach einem Beleidigungsprozess vom Richter befohlen, in Gegenwart des Klägers, eines Herrn Feitel, zu erklären: „Der Herr Feitel ist kein Gannef (Dieb; vgl. das Wort Ganove)!" Der Verurteilte sagt aber: „Der Feitel ist kein Gannef???" „Das ist keine Entschuldigung!", schreit der Beleidigte. „Es ist der vorgeschriebene Text", sagt der Verurteilte, „von der Melodie steht nichts im Urteil. Ich bin kein Chasan (Synagogensänger)." (Meyerowitz, S. 83; vgl. Landmann, 1960, S. 136–137)

◊

Der Mathelehrer zeigt auf den kleinen Moritz und fragt: „Was sind vier Prozent?" Moritz schüttelt nur den Kopf. „Sie haben Recht! Was sind schon vier Prozent!" (Goldscheider, S. 54)

Hier wird ein Fragesatz als Aussagesatz interpretiert. Im nächsten Witz – es handelt sich um einen Klassiker – wird eine Frage mit einer Frage beantwortet.

Der polnische Graf fragt seinen Verwalter: „Sagen Sie mal, Samuel, warum antworten Ihre Glaubensgenossen eigentlich immer auf eine Frage mit einer Frage?" – „Warum sollten sie das nicht tun, Herr Graf?" (Meyerowitz, S. 76; vgl. Ouaknin, S. 76 und Landmann 1960, S. 496: „Graf von Möllnitz" fragt „ein jüdisches Faktotum")

Vielleicht war das die ursprüngliche Variante dieses Witzes, der Dialog zwischen einem polnischen Grafen und seinem jüdischen Angestellten. Heute bekommt man meist eine vereinfachte Version zu hören.

Ein Nichtjude fragt seinen jüdischen Freund: "Warum antworten Juden auf eine Frage eigentlich immer mit einer Gegenfrage?" – "Warum denn nicht?" (Ouaknin, S. 76; vgl. Joffe, S. 15)

Wenn sich Aussage und Frage nicht durch die Wortstellung im Satz erkennen lassen, ist die Betonung das wichtigste Unterscheidungsmerkmal. „Die Interpretation eines Satzes durch wechselnden Tonfall wurde zu einer Gewohnheit, zu einer nicht immer leicht zu parierenden dialektischen Waffe, fast zu einer fixen Idee." (Meyerowitz, S. 83)

Ein Geschäftsmann aus Beuthen schickt seinen Prokuristen auf die Breslauer Börse, um von einem dortigen Makler Ratschläge für gewisse Aktien zu erhalten. Der Prokurist telegraphiert seinem Chef: „er sagt verkaufen verkaufen". Der Chef telegraphiert zurück: „er sagt verkaufen verkaufen". Der Telegraphenbeamte traut seinen Augen nicht. Wie konnte er auch wissen, dass das erste Telegramm wirklich lautete: „Er sagt verkaufen. Verkaufen?" Und die Antwort: „Er sagt verkaufen? Verkaufen!" (Meyerowitz, S. 83)

◊

Chef zum Buchhalter: „Nü worst de nicks bei Rübensaft?" – „Nü wor iach nicks?" – „Nü wos hot or gsogt?" – „Nü wos hot er gsogt!?" – „Nü hot er gezohlt?" – „Nü hat er gezohlt!?" (Reitzer, Gut Schabbes, S. 75)

Der Witz trägt die Überschrift: *Antwort in Fragen*.

In Palästina, das damals unter britischer Verwaltung stand, wurde ein Ostjude beschuldigt, ein Pferd gestohlen zu haben. Da der Jude nur Jiddisch sprach und der Richter nur Englisch, wurde ein Dolmetscher beigezogen, der mehr schlecht als recht übersetzte. Zum Verständnis des Witzes muss man wissen, was *kapore* bedeutet. Gemeint war ursprünglich ein rituelles Sühneopfer. Es war früher ein religiöser Brauch, am Tag vor dem Versöhnungsfest ein Huhn über dem Kopf zu schwingen und dabei Sühnegebete zu sprechen. Dadurch – so glaubte man – würden die Sünden auf das Huhn übertragen. Die Wendung „af kapores" bedeutet daher so viel wie „das ist zu nichts gut" oder „völlig überflüssig" (Althaus, 2006, S. 119–121, Javor, S. 127). Eine verstärkte Form lautet „af zehntausend kapores": „das ist für rein gar nichts gut". In der deutschen Umgangssprache wurde statt der Sühne später das Tieropfer in den Blickpunkt gerückt. Das Adjektiv *kapores* hat daher die Bedeutung „kaputt" angenommen. Den Sinn von „Ech hob' geganewt a Ferd?" verstehen wir deshalb, weil jeder das Wort Ganove kennt.

> RICHTER *(fragt via Übersetzer): Haben Sie ein Pferd gestohlen?*
> JUDE: *Ech hob' geganewt a Ferd?*
> DOLMETSCHER *(wörtlich korrekt, aber ohne die fragende Melodie übersetzend): Er sagt: Ich habe ein Pferd gestohlen.*
> RICHTER: *Warum haben Sie das Pferd gestohlen?*
> JUDE *(in höchster Erregung): Ech hab' geganewt a Ferd? Ech brouch a Ferd?*
> DOLMETSCHER: *Ich habe ein Pferd gestohlen. Ich brauche ein Pferd.*
> RICHTER: *Wozu brauchen Sie denn ein Pferd?*
> JUDE *(außer sich): Ech brouch' a Ferd af kapores!*
> DOLMETSCHER: *Ich brauche ein Pferd. Ich brauche ein Pferd für ein rituelles Sühneopfer.*
> (Landmann, 1960, S. 341, Javor, S. 127–128,)

Der Doppelsinn und die fehlinterpretierte Intonation sind die eine Seite dieses hervorragenden Sprachwitzes. Der zusätzliche Lacheffekt entsteht durch die surrealistische Vorstellung, dass der Angeklagte das Pferd gestohlen hat, um es wie ein Huhn über seinem Kopf zu schwingen.

Version 2

> RICHTER: *Sie haben einen Sack Hafer gestohlen?*
> JUDE *(erstaunt): Ich hoib geganewt Hober?*
> DOLMETSCHER: *Ich habe Hafer gestohlen.*
> RICHTER: *Wozu brauchen Sie Hafer?*
> JUDE: *Ich hob geganewt Hober? Ich darf (brauche) Hober?! Ich darf dem Hober af zehntausend kapores!*
> DOLMETSCHER: *Ich habe den Hafer gestohlen. Ich brauche den Hafer. Ich brauche ihn für zehntausend Hühner für die Sühnezeremonie.* (Landmann 2010, S. 620–621)

Beide Versionen haben ihren Reiz. Die Missinterpretation von „af zehntausend kapores" als „für zehntausend zu opfernde Hühner" entwickelt ebenfalls eine große Lachkraft. Offensichtlich konnte sich Salcia Landmann nicht entschließen, welche Version die bessere ist.

Was heißt konsequent? – **Heute** *so,* **morgen** *so.*
Was heißt inkonsequent? – Heute **so***, morgen* **so***.*
(Der Knopf, gesendet im ORF-Fernsehen am 28.4.1962, Landmann, 1960, S. 495)

Das ist ein klassischer Witz mit Betonungswechsel, Karl Farkas hat ihn in seinen Conférencen gern gebracht. Ein weiteres Beispiel für diese Technik ist im *Witzableiter* von Eike Christian Hirsch zu finden, außerdem in Gaugers *Na also, sprach Zarathustra*.

Die junge Schauspielerin hat in ihrer ersten Rolle nur einen Satz zu sagen. Sie muss den eintretenden Diener unwillig fragen: „Was **willst** *du schon wieder?" Bei der Premiere hat sie einen unerwarteten Erfolg, als sie im Lampenfieber fragt: „Was? Willst du* **schon** *wieder?"* (Hirsch, S. 214; Gauger, 2014, S. 41)

Aussagesätze und Fragesätze haben im Deutschen eine unterschiedliche Intonation und sind dadurch leicht auseinanderzuhalten. Beim Aussagesatz geht die Intonation am Ende des Satzes hinunter, beim Fragesatz hinauf.

Kohn: „Rebbe, nu bin ich 80 Jahr, und mein Weib, die Sarah, die is 25. Bin ich der Vater von dem Kind oder nicht?" Rebbe: „Bist du der Vater – ist's a Wunder! Bist du nicht der Vater – ist's a Wunder?" (vgl. Landmann, 2007, S. 82)

In einer alten Variante, die auch Fritz Muliar erzählte, trägt der Mann den Familiennamen Wunder. Dies ermöglicht eine etwas andere Pointe.

Rebbe: „Is es vom Wunder – is es a Wunder! Is es nicht vom Wunder – is es a Wunder?" (Muliar, S. 101)

In klug konstruierten Fällen kann auch die Betonung innerhalb eines Wortes variieren.

HERR BERGER: *Der Kommerzialrat Schebesta vertritt die Vereinigten Betonwerke AG.*
SCHÖBERL: *Ah geh.*
HERR BERGER: *Aktiengesellschaft!*

SCHÖBERL: *Es ist sehr wichtig, wie man betont. (…) Es ist nicht egal, ob man sagt: „Im Parlament gab es die üblichen hitzigen De**batten**." Oder man sagt: „Es gab die üblichen hitzigen **Depp**aten."* (Am Kaffeehaustisch, gesendet im ORF-Fernsehen am 14. 6. 1969)

Das ist Wortakrobatik auf höchstem Niveau. Ein aus dem Französischen stammendes, hochgestochenes Wort wird durch Betonungswechsel zu einem mundartlichen Schimpfwort.

Ein Mann trifft einen Bekannten in der Bahnhofshalle. „Wohin fahren Sie?" – „Nach Salzburg." – „Ich auch." – „Da können wir zusammen fahren." – „Ich bin schon zusammengefahren, wie ich Sie gesehen habe." (vgl. Landmann, 1962, S. 232, vgl. Weigel, 1987, S. 36)

Hans Weigel bringt diesen Witz als Gespräch zwischen zwei Juden im Osten der Habsburgermonarchie, die Bahnfahrt soll nach Tarnopol gehen. Der Witz ist allerdings zeitlos und nicht ortsgebunden. Die unterschiedliche Betonung bei derartigen Verben – „zusammen fahren" und „zusammenfahren" – gibt es im gesamten deutschen Sprachraum, und zwar in der Standardsprache. Aufgrund der Betonung lässt sich feststellen, ob zusammengeschrieben wird oder nicht.

„Blumento-Pferde" und „Alpeno-Strand" – Falsche Abtrennung

In einer **Doppelconférence** mit Karl Farkas und Ernst Waldbrunn taucht ein Witz auf, den die beiden Kabarettisten wohl nicht erfunden, sondern nur wiedergegeben haben. Es sind Verstöße gegen die Sprachnorm infolge falscher Abtrennung. Dies führt auch zu einer falschen Betonung, wir haben es also mit einer Fortsetzung des vorigen Themas zu tun.

> SCHÖBERL: *Manchmal betont man Wörter falsch, weil man nicht weiß, was sie bedeuten.*
> HERR BERGER: *Ich weiß, was jedes Wort bedeutet.*
> SCHÖBERL: *Was ist zum Beispiel eine Salonal-Bumserie? (zeigt eine Annonce in der Zeitung) Da steht es: „Wieder eine neue Salonal-Bumserie!"*
> HERR BERGER: *Wieder eine neue Salon-Album-Serie!*
> SCHÖBERL: *Und was ist mit diesen berühmten Pferden? Den Rappen aus Blumento?*
> HERR BERGER: *Aus Blumento?*
> SCHÖBERL: *Hier steht es: „Schwarze Blumento-Pferde gesucht!"*
> HERR BERGER: *Blumentopf-Erde!*
> (Am Kaffeehaustisch, gesendet im ORF-Fernsehen am 14. 6. 1969)

Generationen von Schülern haben über die Blumento-Pferde gelacht, weitere Generationen werden folgen. Auch durch die **falsche Abtrennung** des Wortes Alpen-Ostrand entsteht ein neuer, schräger Sinn: Alpeno-Strand.

Blumento-Pferde und Alpeno-Strand sind wirklich falsche, das heißt regelwidrige Abtrennungen. Dadurch soll ein Unterhaltungswert erzielt werden. Ein anderer Fall ist Salonalbumserie. Hier die möglichen Trennungen nach den Schreibregeln:

Sa|lon|al|bum|se|rie

Das bedeutet, dass Salonal-bumserie eine korrekte Trennung ist. Um Missverständnisse zu vermeiden, sollte allerdings nicht auf diese Weise getrennt werden. Dies gilt auch für einige andere Wörter: Urinstinkt (für Ur-instinkt), Wachs-tube (für Wach-stube), Spieler-öffnung (für Spiel-eröffnung) ...

Hans Weigel hat ein Kapitel seines Buches *Blödeln für Anfänger* dieser Technik gewidmet und mit dem Titel *Was nicht im Brehm steht* versehen. Durch falsche Abtrennung und **Betonungswechsel** entstehen neue Tierarten: *Proz-Enten, Produz-Enten* und *Pro-Duz-Enten*, ferner die *Litfass-Eule*, die mit dem *Plakatankl-Eber* in Symbiose lebt, die *Po-Maden*, die *Tur-Bienen* und – da sind sie wieder – die *Blumento-Pferde*. (Weigel, 1963, S. 19–22) „Dem echten Blödler ist das Blödeln nicht Alltag, sondern Fest", schreibt Weigel, „er entweiht es nicht durch übermäßigen Gebrauch, er weiht sich der hohen Übung nur im Einklang mit Gleichgestimmten bei passendem Anlass." (Weigel, S. 27)

Der Witz über die Bumento-Pferde sieht recht alt aus, aber es gibt auch neue Kreationen nach demselben Muster.

Ein Türke erzählt von seinen Einkaufserlebnissen. „Ey, weißt du, war isch gestern so im Obi. Hab ich gesucht Lampe für meine Dusche. Bin gegangen zu Verkäuferin und hab ich gesagt: ‚Ey, Duschlampe?' Ey, jetzt ich scheiß Hausverbot, weißt du?!"

Brauseköpfe mit eingebautem Leuchtmittel gibt es wirklich.

Zum Abschluss das Beispiel einer falschen Abtrennung durch **leichte Modifikation**. Der Gemeine Ohrwurm (*Forficula auricularia*) wird auch Ohrenschliefer genannt – zerrieben diente das Insekt früher als Heilmittel gegen Schwerhörigkeit. Karl Farkas nennt in einer **Doppelconférence** mit Ernst Waldbrunn das kleine Tier nicht Ohrenschliefer, sondern Ohrschliefer und spricht das Wort recht schnell aus.

HERR BERGER: *Wir gehen auf die Wiese, lagern uns, Picknick und so: Auf einmal wimmelt es von Ameisen und Ohrschliefern.*
SCHÖBERL: *Was is?*
HERR BERGER: *Ameisen und Ohrschliefern.*
SCHÖBERL: *Ich versteh' ned recht. Was is' los?*
HERR BERGER: *Ohrschliefern!!!*
SCHÖBERL: *Was liefern die?*
(Plakatierer, gesendet im ORF-Fernsehen am 5.9.1970)

„Seeschlacht. Ich seeschlacht! Du seestschlacht! Er seetschlacht!" – Auch Substantive werden konjugiert

Ein alter jüdischer Witz mit vielen späteren Nachahmungen ist in dem „Lozelech-Heftchen" *Gut Jontev* zu finden. Er trägt die Überschrift *Sprachlehre*.

Zwei Talmudisten debattieren über die profane Wissenschaft der Sprache. A: „Iach kenn schün viel vüm Deitschen, iach kenn schün e Hauptwort konjigieren." B: „Schweig, weil mer wird sogen, du bist e Chamer! E Hauptwort tüt mer nix konjigieren, sondern deklinieren!" A: „Nü iach kenn doch e Hauptwort konjigieren!" B: „Loss hern!" A: „Z.B. Seeschlacht!" B: „Dos kenn mer aber nix konjigieren!" A: „Worüm nix? Iach seeschlacht! Du seestschlacht! Er seetschlacht!"
(Reitzer, Gut Jontev, S. 108; bei Landmann, 1988, S. 601, nur die Pointe)

Hans Weigel hat diese Technik in einem kabarettistischen Text mit dem Titel *Imperativstapelei* aufgegriffen – in dem bereits erwähnten Büchlein mit dem Titel *Blödeln für Anfänger*, das von Paul Flora illustriert wurde. Otto Schenk hat mit der *Imperativstapelei* in seinen *Sachen zum Lachen*-Programmen große Erfolge gefeiert und für Lachstürme gesorgt.

„Der Grammatiker mag sich wundern", schreibt Weigel, „dass man Substantive nicht nur deklinieren, sondern auch konjugieren kann", und doch:

Melk an der Donau: Ich melk an der Donau, du melkst an der Donau, er melkt an der Donau (…) Reit im Winkel: Ich reit im Winkel, du reitest im Winkel, er reitet im Winkel …

Hier einige weitere Beispiele aus Weigels Buch:

Moccatorte – ich mag ka Torte, du magst ka Torte, er mag ka Torte …
Gainsborough – ich geh ins Büro, du gehst ins Büro, er geht ins Büro …
Puccini – putsch' i nie, putschst du nie, putscht er nie …
(Weigel, 1963, S. 23 ff.)

Wie simpel erscheint uns im Vergleich dazu ein **Frau-Pollak-von-Parnegg-Witz** aus der Sammlung von Salcia Landmann. Die Frau Pollak interpretiert einen Personennamen als Imperativ:

Man unterhält sich über den österreichischen Schriftsteller Lernet-Holenia. Frau Pollak: „Wie lernt man denn Holenia?" (Landmann, 1988, S. 443)

Als Alexander Lernet-Holenia (1897–1976) durch seine schriftstellerische Tätigkeit Bekanntheit erlangte, war die real existierende Frau Pollack von Parnegg schon längst im Grab. Wir sehen anhand dieses Beispiels, dass die Dame auch noch nach ihrem Tod als Vorlage für Witze verwendet wurde. Lernet-Holenia ist heute in Vergessenheit geraten. In den Jahrzehnten nach dem Zweiten Weltkrieg war er nicht nur durch seine k.-u.-k.-nostalgischen Werke, sondern auch durch seinen Hang zu polemischer Zeitkritik weithin bekannt.

„Eine Leidenschaft, die Leiden schafft" – Mehrfachverwendung desselben Materials

Männer haben keine Gewissheit über ihre Vaterschaft. Das war bereits im *Philogelos* ein Thema (siehe S. 20). Es taucht auch in modernen Witzen immer wieder auf.

*Kommt ein Mann zur Wahrsagerin und setzt sich vor die Kristallkugel. Sagt die Wahrsagerin: „Wie ich sehe, sind Sie Vater von zwei Kindern." „Das glauben **Sie!**", erwidert er, „ich bin Vater von drei Kindern." Die Wahrsagerin lächelt: „Das glauben **Sie!**"*

Freud nennt diese Witzetechnik **Mehrfachverwendung desselben Materials** und er gliedert sie sogar in verschiedene Untergruppen. Der obige Witz ist die simpelste Form dieser Witzetechnik. Der Satz „Das glauben Sie!" taucht zweimal auf, beim zweiten Mal ist er die Pointe.

Aus den *Wiener Spaziergängen* von Daniel Spitzer zitiert Freud ein Beispiel, das inzwischen wohl jeder kennt und in der einen oder anderen Form in vielen Witzesammlungen zu finden ist.

*Ein Ehepaar lebt auf ziemlich großem Fuße. Nach Ansicht der einen soll der Mann **viel verdient** und sich dabei **etwas zurückgelegt** haben, nach Ansicht der anderen wieder soll sich die Frau **etwas zurückgelegt** und dabei **viel verdient** haben.* (Freud, S. 48)

Dabei werden also die Wörter „viel verdient" und „etwas zurückgelegt" in umgestellter Form wiederholt.

***Eifersucht** ist eine **Leidenschaft**, / die mit **Eifer sucht**, was **Leiden schafft**.* (Freud, S. 50)

◊

*„Ja, wissen Sie, Frau von Fuchs, es ist eigentlich ein Skandal, wenn eine Frau ihren Mann betrügt." – „Ja, mein lieber Herr Rosenfeld, das haben die Ehemänner sich selbst zuzuschreiben. Denn nur eine Frau, die mit ihrem Mann **leicht fertig** wird, ist mit andern Männern **leichtfertig**.* (Reitzer, Solem Alechem, S. 7)

Ob die folgende Geschichte aus den frühen 1950er Jahren als ein jüdischer Witz oder als ein israelischer Witz gelten soll, lässt sich laut

Josef Joffe, Autor eines 2015 erschienenen Buches über den jüdischen Humor, kaum entscheiden. David Ben-Gurion rief mit der Verkündung der israelischen Unabhängigkeitserklärung am 14. Mai 1948 den modernen Staat Israel aus. Er war von 1948 bis 1953 und von 1955 bis 1963 Ministerpräsident Israels. Harry Truman amtierte von 1945 bis 1953 als 33. Präsident der Vereinigten Staaten. Er war ein Befürworter des Zionismus und unterstützte die Gründung eines jüdischen Staates im Nahen Osten.

Ministerpräsident David Ben-Gurion unterhält sich mit dem US-Präsidenten Harry Truman über Wirtschaft. Ben-Gurion neugierig: „Was verdient ein amerikanischer Arbeiter?" – „Achthundert Dollar." – „Und was braucht er zum Leben?" – „Vierhundert Dollar." – „Und was macht er mit dem Rest?" – „Das geht den Staat nichts an. Und bei Ihnen?" Ben Gurion: „Der Israeli braucht achthundert Pfund zum Leben, verdient aber nur vierhundert." – „Wo kriegt er den Rest her?", will Truman wissen. Ben-Gurion: „Das geht den Staat auch nichts an." (Joffe, S. 43)

Ein subtiles Beispiel aus der Zeit des Kommunismus bringt Paul Chaim Eisenberg in seinem Buch *Auf das Leben*. Es ist bei Brandstätter erschienen und trägt den Untertitel: *Witz und Weisheit eines Oberrabbiners*.

*Ein Kabarett, in dem viele herrschaftskritische Witze gemacht wurden, wird aus politischen Gründen zugesperrt. Am nächsten Tag geht der Betreiber zu den Behörden und bittet darum, sein Schauspielhaus wieder aufmachen zu dürfen. Als er zurückkommt, fragt ihn sein Freund, wie es gelaufen ist. Da sagt der Betreiber: „Wenn wir **zu offen** sind, sind wir morgen **zu**. Wenn wir **weniger offen** sind, können wir **offen bleiben**." (Eisenberg, 2017, S. 28)*

Auch in den **Doppelconférencen** Farkas/Waldbrunn, die sowohl in Buchform als auch auf DVD für die Nachwelt dokumentiert wurden, kommt die Technik der Mehrfachverwendung zum Vorschein.

HERR BERGER: *Absolutismus ist, wenn die Regierung **macht, was sie will**, und das Volk **nicht dreinreden darf**. Bei der Demokratie, da **darf** das Volk **dreinreden** ...*

SCHÖBERL: *... und die Regierung **macht** trotzdem, **was sie will**.*
(Burggendarmen, gesendet im ORF-Fernsehen am 12. 4. 1971)

Den „Eifersucht/Leidenschaft"-Witz bringt Freud mit gewissen Vorbehalten. „Das ist unstreitig witzig, wiewohl nicht gerade kräftig als Witz (...). Der im Wortlaut ausgedrückte Gedanke ist wertlos; er gibt jedenfalls eine recht ungenügende Definition der Eifersucht." (Freud, S. 50–51)

Bei der mehrfachen Verwendung des gleichen Materials kann es auch zu einer **leichten Modifikation** kommen.

*Ein katholischer Priester und ein evangelischer Pastor dissputieren miteinander über die Vorzüge ihres Bekenntnisses. Nach einiger Zeit sagt der Priester: „Lassen wir doch diesen unnützen Streit. Schließlich arbeiten wird doch beide für denselben Herrn, Sie auf **Ihre** Art und ich auf die **Seine**."* (Bemmann, 1970, S. 164, Hirsch, S. 191)

Der folgende **Unterschiedswitz** stammt aus der zweiten Hälfte des 19. Jahrhunderts, er ist schon in dem Buch *Gut Jontev* abgedruckt.

*Was ist der Unterschied zwischen Franz Deak und Rothschild? – Deak hat ein **tatenreiches Leben** und Rothschild hat einen **reichen Tatenleben**.* (Reitzer, Gut Jontev, S. 83)

Ohne einen reichen Vater (Tate, in liebevoller Anrede: Tatenleben), also ohne zu erben, ist es schwierig, reich zu werden. Und dass das Leben des Ungarn Ferenc Deák tatenreich war, wusste damals jeder. Der promovierte Jurist setzte sich für die Rechte der Bauern ein, kämpfte für die Meinungs- und Religionsfreiheit sowie für die Abschaffung der Todesstrafe. Deák schweißte die liberale Opposition zu einer Partei zusammen und wurde ihr führender Redner. Während der Revolution 1848 vermittelte er als ungarischer Justizminister vergeblich zwischen der ungarischen Regierung und dem Wiener Hof. Er war die treibende Kraft, dass 1867 der Österreichisch-Ungarische Ausgleich zustande kam.

*Was ist der Unterschied zwischen dem Baron Rothschild, Kaiser Wilhelm II. und Zar Nikolaus II.? – Rothschild hatte einen **reichen Taten**, Wilhelm einen **tatenreichen Taten** und der Zar einen attent**atenreichen Taten**.* (Landmann, 1988, S. 609; 2007, S. 80)

Ich weiß nicht, ob dieser historische Witz durch das **Dreizahlprinzip** besser geworden ist. Jedenfalls bedient er sich mehrerer Witzetechniken. Es handelt sich um eine **Mehrfachverwendung desselben Materials mit Modifikation und Zerlegung**: Aus „Attentat" wird die letzte Silbe herausgelöst, damit dieser Bestandteil mit „Tat" assoziiert werden kann.

Nikolaus II. wurde am 17. Juli 1918 in Jekaterinburg zusammen mit den anderen Mitgliedern der Zarenfamilie erschossen. Als Zwölfjähriger war er Zeuge geworden, wie sein Großvater Alexander II. bei einem Bombenattentat ums Leben kam.

„Sankt Eiermark" – Ortsnamenwitze

Schon Sigmund Freud hat dafür eine eigene Kategorie vorgesehen. Eines seiner Beispiele stammt aus der Topografie der Stadt Wien.

Mehr Hof als Freiung. (Freud, S. 52)

Gemeint war eine Bemerkung über mehrere schöne Mädchen, die seit Jahren viel gefeiert wurden und noch immer keinen Mann gefunden hatten. Heute würde man sie als alternde It-Girls bezeichnen. Hof und Freyung sind zwei Plätze in der Wiener Innenstadt, der erste bekommt einen Doppelsinn zu „jemandem den Hof machen", der zweite zu „einen Freier finden". Ortsnamen können also einen zusätzlichen Sinn bekommen.

Der Zugschaffner ruft die Station aus: „O-b-e-r-e-i-ch-st-ä-tt."
Ein Fahrgast entrüstet sich: „Was geht es den an, ob er uns steht?"

Hier wird der Name des Ortes in Oberbayern so intoniert, dass er wie ein mundartlicher Fragesatz klingt.

Die Lehrerin fragt die Klasse: „Wo wart ihr dieses Jahr im Urlaub?" – „In Stanton", antwortet der kleine Franzi. „Du meinst wohl Sankt Anton", korrigiert ihn die Lehrerin. „Und wohin wird es nächstes Jahr gehen?" – „In die Sankt Eiermark."

Dieser abgedroschene Witz existiert auch in einer Variante mit **Dreizahl**. Als Helmut Kohl deutscher Bundeskanzler war, wurden einige **Unbildungswitze** über ihn erzählt. In Österreich dienten Franz Jonas und Fred Sinowatz in derartigen Witzen als Zielscheibe.

Kanzler Kohl fährt nach Österreich in den Urlaub. Am Zoll begrüßt ihn der Beamte und fragt, wohin es geht. „Ich fahre nach Stanna", sagt der Kanzler. Der Beamte stutzt und wünscht dann eine gute Reise. Im Auto erkundigt sich der Kanzler, was denn an seiner Antwort so komisch gewesen sei. – „Ach wissen Sie, Herr Bundeskanzler, in Österreich heißt St. immer Sankt." Im nächsten Jahr beim Zoll dieselbe Frage. – „Ich fahre nach Stoswald", antwortet der Kanzler. – „Herr Bundeskanzler, in Österreich heißt es Sankt Oswald." „Aha", sagt der

Kanzler, „jetzt werd' ich mir's merken." Als sie im dritten Jahr beim Zoll vorfahren, fragt der Zöllner wieder: „Wohin geht es dieses Mal?" Der Kanzler ganz stolz: „Dieses Jahr fahre ich nach Sankt Eiermark." (Koch, S. 17–18)

Neues aus Sankt Eiermark war der Titel einer Festschrift für den Freiburger Universitätsprofessor Hans-Martin Gauger. Die Festschrift, herausgegeben von Peter Koch und zwei weiteren Wissenschaftern, ist als Taschenbuch erschienen. Das Buch zeigt eindrucksvoll, dass es Sprachwitze in so gut wie allen Sprachen gibt.

Witze mit der Pointe „Sankt Eiermark" haben auch einen versteckten sexuellen Inhalt, denn durch die **falsche Abtrennung** entsteht das Wort „Eier" mit seinem bekannten Doppelsinn (siehe S. 130 ff.). Wie subtil Witze mit Ortsnamen sein können, habe ich an anderer Stelle bei der Analyse eines Liedtextes von Stefan Slupetzky gezeigt (siehe S. 199 f.). Auch dabei ging es um sexuelle Inhalte.

Ein alter Ortsnamenwitz findet sich in der Sammlung „feiner, rescher, saftiger Lozelech", erschienen um 1900. Rechts unten stand am Cover: „Nix für Kinder!"

Ariel Berl und sein Freund Avrom Schmekkeles wollen in der Eisenbahn mit ihren vielen Reisen prunken. Beide erzählen, wie schön die Städte Dresden, Wien, Stuttgart usw. sind. Eine Mitreisende, ein hübsches, molliges Weibchen, hört eine Weile geduldig zu, aber schließlich wird es ihr zu bunt und sie unterbricht den Redestrom beider Reisender wie folgt: „Ach, das sind ja lauter kleine Löcher. **Mainz** *sollten Sie sehen! Da möchten Sie spitzen, wie einladend es ist, welch schöne Anlagen es hat.* **Mainz** *ist unübertroffen!"* (Reitzer, Solem Alechem, S. 42–43)

Dieser **Gleichklangwitz** kursiert in ähnlicher Form heute im Netz, aber er wird nicht immer so gut erzählt.

Frau Grün war zur Kur in Baden-Baden. In der Bahn, auf der Rückfahrt, renommiert sie dauernd mit dieser Reise. „Und wohin werden Sie in die Ferien fahren?", fragt sie hochnäsig ihr Gegenüber, einen bärtigen Kaftanjuden. „Nach Berditschew-Berditschew", sagt er stolz. (Landmann, 2010, S. 844)

Seit dem 18. Jahrhundert war Berditschew, heute Berdyczów (Ukraine), ein wichtiges Zentrum jüdischen Lebens. Nach dem deutschen Einmarsch am 7. Juli 1941 wurde die jüdische Bevölkerung, die etwa die Hälfte der damals 66.306 Einwohner ausmachte, von der SS und von Nazi-Sonderkommandos systematisch ermordet. Als die Stadt im Jänner 1944 von der Roten Armee befreit wurde, lebten dort noch fünfzehn Juden.

„Was hat das ‚w' gekostet?" – Personennamenwitze

Neben den Witzen mit Ortsnamen gibt es eine ähnliche und wesentlich größere Gruppe von Witzen mit Vornamen und Familiennamen. Bei einigen dieser Namen werden Laute ausgetauscht.

Der Mann kommt vom Behördengang zurück. Die Frau fragt neugierig: „Na, wie heißen wir denn jetzt?" – „Schweissheimer." – „Gab es denn gar kein Mittel, etwas Besseres zu kriegen?" – „Was meinst du, was mich allein das ‚w' gekostet hat?"

„Die Geschichte des Namens Schweissheimer ist überhaupt kein Witz, sondern eine wahrscheinlich historisch korrekte Anekdote", schreibt Jan Meyerowitz. Die Familie trage noch heute diesen Namen als mutige Herausforderung. (Meyerowitz, S. 15)
Der Witz existiert in verschiedenen Varianten.

Naftali, der bisher einen wohlklingenden Beinamen geführt hat, kommt deprimiert vom namengebenden Amt nach Hause. „Wie heißen wir jetzt?", fragt die Frau neugierig. Darauf Natali: „Schweißloch." Die Frau aufgeregt: „Gewalt geschrien! Konntst du dir nichts Anständigeres aussuchen?" Naftali: „Was heißt aussuchen, bei dieser Räuberbande von Beamten! Schon allein für das -w- allein habe ich fünfzig Gulden extra bezahlt." (Landmann, 1960, S. 504)

Neuerdings findet man im Internet eine erweiterte Version. Sie spielt zur Gänze auf der Behörde.

Kommt ein Mann ins Amt, um seinen Nachnamen ändern zu lassen. „Wie heißen Sie denn", fragt der Beamte. „Schweisseimer", antwortet der Mann. – „Und wie möchten Sie heißen?" – „Ich möchte noch ein h in meinem Namen haben, also Schweissheimer." – „Das wird aber nicht billig", sagt der Beamte. – „Das weiß ich. Was glauben Sie, was mich das ‚w' gekostet hat!"

Um diese Witze zu erklären, muss ich etwas ausholen. Feste Namensformen, wie wir sie heute gewohnt sind, waren lange Zeit keine Selbstverständlichkeit. Erst mit dem Namenspatent von 1787, erlassen von Kaiser Joseph II., wurde dem heutigen Namenssystem zum Durchbruch verholfen: Familiennamen, die von Generation zu Generation weitergeführt werden, und Vornamen, die nach der Geburt vergeben werden. Vom 1. Jänner 1788 an hatte jeder einen bestimmten Familiennamen zu tragen, nämlich den des Vaters, uneheliche Kinder den der Mutter. Dieses Patent betraf besonders die Juden, denn viele von ihnen trugen noch ihre alten traditionellen Namen: einen Vornamen, verbunden mit jenem des Vaters, zum Beispiel Jakob ben Nathan (= Jakob, Sohn des Nathan).

Während in Wien die vorgeschlagenen Namen problemlos akzeptiert wurden, kam es offensichtlich anderswo, vor allem in Galizien, zu Missständen. Wenn man den Witzen Glauben schenkt, dann wurde so manchem jüdischen Antragsteller ein Ekelname zugeteilt, und ein korrupter Beamte forderte für die Verbesserung des Namens ein Bestechungsgeld. Oder anders formuliert: Wer Geld hatte, erhielt einen schönen Namen, wer keins hatte, musste sich mit einem Ekelnamen zufriedengeben.

In welchem Ausmaß es zu diesen Missbräuchen kam, ist nicht endgültig geklärt. Die Wiener Universitätsdozentin Anna L. Staudacher, die sich auf die Erforschung der jüdischen Namen spezialisiert hat, fand heraus, dass vereinzelt diskriminierende Namen auch in den Wiener Matriken zu finden waren: Rindskopf, Letztergroschen und Aftergut. Es waren Namen von Juden, die offensichtlich aus dem Osten der Monarchie nach Wien zugezogen waren. (Staudacher, S. 118) Dass der Name Aftergut keine Erfindung der Witzesammler war, bestätigt auch Hans Weigel. Er schreibt in seinem Buch „Man derf schon", dass er jemanden gekannt habe, der einen derartigen Ekelnamen trug. „Es gab wirklich grauenhafte jüdische Familiennamen. Ich habe einen Herrn kennengelernt, dessen Name ‚Aftergut' war." (Weigel, S. 94)

Der galizische Schriftsteller Karl Emil Franzos schrieb 1880, also rund hundert Jahre nach dem Namenspatent Josephs II., dass die meisten diskriminierenden Namen in Galizien zu diesem Zeitpunkt bereits beseitigt waren. Er zitiert allerdings Hämenamen aus zwanzig Jahresberichten galizischer Mittelschulen und belegt die Bestechungsvorwürfe mit merkwürdigen Abläufen, die aus den Akten hervorgehen: Beantragte Namensänderungen wurden zunächst mit schriftlichen Begründungen abgelehnt, dann, nach einer persönlichen Vorsprache, ohne ersichtlichen Grund genehmigt. Außerdem schildert er eindrucksvoll, wie die Namensänderungen, egal ob freiwillig oder unter

Mitwirkung der Betroffenen, als ein deprimierender Eingriff in die Identität empfunden wurden. Das Namenspatent war in Galizien nach Einschätzung von Franzos auch deshalb verhasst, weil sich dahinter „die Erhebung der Geld- und Blutsteuer" verbarg – mit Blutsteuer war die Wehrpflicht gemeint.

Umstritten ist die Behauptung des Schriftstellers, dass es in Galizien Militärkommissionen waren, die den Juden Namen zudiktierten. Dies wird von Namenforschern und Historikern in Zweifel gezogen. „Einer Lösung wäre man vielleicht näher, wenn man deutlich zwischen Ostgalizien (bei Österreich seit der 1. Teilung Polens 1772) und Westgalizien (österreichisch seit der 3. Teilung 1795) unterschiede", meint der Kölner Sprachwissenschafter Dietz Bering in seinem 1987 bei Klett-Cotta erschienenen Buch *Der Name als Stigma*. „Letzterem Landesteil wurde der Inhalt jenes ersten Patents vom 23. Juli 1787 nicht einfach bekanntgemacht, sondern es gab in diesem Patent vom 21. Februar 1805 kleinere, aber gewichtige Änderungen: Jetzt war nicht mehr von ‚annehmen' die Rede, vielmehr davon, dass die Juden den Namen ‚bei dem Kreisamte oder dem von demselben hiezu bestellten Commissär zu empfangen hätten'." (Bering, Anm. S. 409–410) Ob darunter die von Karl Emil Franzos als berüchtigt dargestellten Militärpersonen zu verstehen sind, ist unklar. Außerdem ist es rätselhaft, wie Franzos zu dem Schluss kommt, dass den Juden „während kurzer zwei Jahre, 1782 und 1783 in den östlichen Provinzen Österreichs" neue Namen zugewiesen wurden.

Bering fasst den Forschungsstand so zusammen: „Ob es bei der Durchführung der Namensannahmen dann in Galizien jene Militärkommissionen gab, die den Juden ihre Namen zudiktierten – ‚gute' für viel Geld, scheußliche wie ‚Schweißloch', ‚Kanalgeruch' usw. für die armen Schlucker – ist umstritten." Und ein wenig süffisant fügt er hinzu: „In der Welt der jüdischen Namenswitze gilt es freilich als ausgemachte Sache." (Bering, S. 53)

Ich sehe die Sachlage mit den Augen der Witzesammler. Dass Juden mit Ekelnamen gedemütigt wurden, ist nicht bestreitbar. Es gibt Belege. Wer sucht sich freiwillig Namen wie Rindskopf, Letztergroschen oder Aftergut aus? Aber die Hämenamen dürften nur in geringer Zahl und vor allem in Galizien einzelnen Juden oktroyiert worden sein, wobei hin und wieder auch Bestechung im Spiel war. Wenn wir bei einer geschichtlichen Betrachtung nur das gelten ließen, was Historiker belegen können, wäre unser Geschichtsbild lückenhaft und voller Fragezeichen. Andererseits kann ich nicht das Argument von der Hand weisen, dass die Beiträge von Franzos oft zwischen Journalismus und Belletristik oszillieren. Seine *Namensstudien* werden mit Witzen eingeleitet, und man fragt sich, wo endet die Fiktion und wo beginnen die Fakten.

Jedenfalls spielten Hämenamen in den jüdischen Witzen, die rund um die Wende zum 20. Jahrhundert in gedruckter Form erschienen, eine große Rolle. In dem Sammelband *500 Lozelech ... für ünsere Leut'*, bestehend aus *Gut Schabbes* und *Gut Jontev*, finden sich diskriminierende Familiennamen in Dutzenden Witzen. Die Juden heißen Mosche Gurkensaft (Eisenbach, II, S. 3), Avrom Kälberfuß (I, S. 11), Moni Mandlkraut (I, S. 30–31) oder Mordechai Zizesbeißer (II, S. 68). Bei manchen Namen soll offensichtlich der Eindruck entstehen, dass das Austauschen eines Buchstabens nicht viel gebracht hat: Büném Dümmkopf (I, S. 56), Josel Schmutzfing (II, S. 24) etc.

Heinrich Eisenbach verwendete in seinen Witzebüchern, die er noch als „Anekdoten" etikettierte, diskriminierende Namen wie Ephraim Kotspritzer (I, S. 14). Manchmal ist ein Bezug zwischen dem Namen der Witzfigur und ihrem Beruf erkennbar. Ein Versicherungsagent heißt Perzentsprung (I, S. 9), ein Jäger Schießloch (VIII, S. 10) – und ein Gast in einem Restaurant hört auf den Namen Magenkrach (I, S. 6) – somit wird klar, dass in diesem Lokal das Essen nicht bekömmlich war. Andere Namen sind offensichtlich der Komik wegen gebildet, sie tauchen immer wieder auf und haben bei den Vorträgen sicherlich für Gelächter im Publikum gesorgt: Moritz Kanalgitterbestandteil (III, S. 13; VII, S. 5; XI, S. 3) oder Abraham Automobilkrepetzer (VI, 8; VII, 9; XVII, S. 10).

Weil Salcia Landmann in der Erstausgabe von *Der jüdische Witz* zahlreiche diskriminierende Namen brachte, wurde sie von Friedrich Torberg in der bereits erwähnten Polemik „Wai geschrien!" heftig kritisiert. Torberg rühmt in einer Fußnote frühere Autoren wie Immanuel Olsvanger, weil sie sich damit begnügten, nur von „einem Juden" zu sprechen. „Nur in äußersten Notfällen führen sie erfundene Namen an, und selbstverständlich keine geschmacklosen." (Torberg, Wai, S. 58) Salcia Landmann rechtfertigte sich später so: Der Witz profitiere von derartigen Namen, das Buch werde dadurch lebendiger. In der Neuausgabe 1988 sind weniger diskriminierende Namen zu finden, aber Hämenamen wie Sauerteig (Landmann, 1988, S. 280), Grünschwantz

(1988, S. 286), Fleckseif (1988, S. 327), Rojtfleck (1988, S. 345), Wassergeruch (1988, S. 384) blieben im Buch.

Der häufigste Weg zu einem neuen Namen – sieht man vom Namenspatent unter Joseph II. einmal ab – führte über eine Nobilitierung oder über eine Taufe. Bis zum Jahr 1848 konnten Juden ihren Namen ändern, wenn sie zum Christentum konvertierten. Der neue Name hatte oft etwas mit ihrer Herkunft zu tun, mit dem Ort und dem Zeitpunkt der Taufe oder mit dem Taufpaten.

> *Im Eisenbahncoupé gegenseitige Vorstellung. – „Mein Name ist Weiss." – „So! Ich heiße ebenfalls Weiss." – Es erhebt sich ein dritter Reisender. „Wenn Sie erlauben, meine Herren, ich heiße ebenfalls Weiss." – „Welch ein Zufall. Sie sind doch Geschäftsreisender?" – „Natürlich!" – „Auch ich meine Herren! Welche Branche?" – „Ich reise in Seidenwaren." – „Ich ebenfalls." – „Aber meine Herren, das ist schon zu viel des Zufalls, ich vertrete ebenfalls Seidenware. Sie sind doch Jude?" – „Ich, ich – ich war es nur." – „So! Sie sind getauft?" – „Nun zu Ihrer Beruhigung kann ich Ihnen sagen, ich bin ebenfalls getauft." – „Aber meine Herren, das ist ja kolossal! Denn ich bin auch getauft." – „Warum haben Sie sich getauft?" – „Geschäftsinteressen halber; man hat heutzutage ein besseres Fortkommen als Nichtjude." – „Und warum tauften Sie sich?" – „Ich aus Liebe zu einem Mädchen, das ich auch heiratete. Und Sie mein Herr?" – „Ich aus Überzeugung." Beide auf einmal: „Dos glab iach schon nix, dos kennen Se e Gojen sogen, nix mir!"* (Reitzer, Gut Jontev, S. 111)

„Was immer die getauften Juden nachher taten, immer galt es als Heuchelei", schreibt Meyerowitz. „Nahmen sie ihre neue Religion ernst, lachte man ihrer; blieben sie heimlich im Herzen Juden, wurde ihre Existenz ganz haltlos, sie wurden geistig und gesellschaftlich heimatlos." (Meyerowitz, S. 57)

> *Zwei Juden gehen mitanand spazieren. Da geh'n sie vorbei bei e Kirchen, und der eine sagt: „Über uns Juden is so e schlechte Zeit 'ereingebrochen durch den Antisemitismus, ich mecht mich sofort taufen lassen." Drauf sagt der andere: „Wenn du dich taufen lasst, lass ich mich auch taufen." – „Nu", sagt der andere, „weißt du was? Ich geh sofort 'erein und lass mich taufen. Wart da auf mich, ich wer der dann sagen, wie es war." Er geht herein, der andere wartet draußen, in einer*

Stunde kommt er bereits getauft aus der Kirche. Der andere empfängt ihn mit den Worten: „Nu, wie war's?" Sagt der Getaufte: „Schmecks, du Saujud!" (Eisenbach, XXI, S. 3)

Das ist ein mehr als hundert Jahre alter Witz, der bis heute erzählt wird, mit unterschiedlichen Pointen. Diese Version stammt aus dem Repertoire von Heinrich Eisenbach, dem Direktor des Budapester Orpheums, in dem auch die *Klabriaspartie* gespielt wurde.

Genauso alt dürfte eine Variante des Witzes sein, die Josef Joffe erzählt: Die zwei Juden lassen sich nicht wegen des Antisemitismus taufen, sondern weil sie Geld brauchen. Finanzielle Anreize für eine Taufe gab es übrigens wirklich.

Zwei völlig abgebrannte Juden kommen an einer Kirche vorbei, wo ein Plakat jedem Juden für den Übertritt hundert Gulden verspricht. Der eine zum anderen: „Du gehst hinein, lässt dich bespritzen, und hinterher machen wir halbe-halbe." Als der frischgebackene Katholik zurückkommt, pocht der andere ungeduldig auf seinen Anteil. Der reckt seine Nase in die Luft: „Siehst du, das mögen wir an euch nicht."

Version 2

„Typisch. Ihr Juden denkt doch immer nur ans Geld."

Version 3

„Kaum kommt ein Christ zu Geld, wollt ihr Juden es ihm aus der Tasche ziehen." (Joffe, S. 32–33)

Für Josef Joffe ist die eigentliche Pointe so traurig wie gewitzt: „Selbst den Antisemitismus können wir besser als ihr."

Version 4

Am Missionszelt einer christlichen Sekte in Amerika kommen zwei Juden vorbei. Steht da ein großes Schild: Wer sich taufen lässt, bekommt zehn Dollar! (…) Da blickt der Getaufte den anderen traurig an und sagt: „Siehst du, das ist genau, was uns Christen an euch nicht gefällt." (Bemmann, 1970, S. 171; 1974 S. 215)

Das ist der Versuch, die Geschichte in die heutige Zeit zu übertragen. Es sind nun nicht zwei „arme Juden", die sich bei der Aufteilung des Geldes streiten, sondern „Juden" ganz allgemein. Die Aussage des Witzes ist klar antisemitisch: Juden verkaufen ihren Glauben um zehn Dollar, sie halten sich nicht an getroffene Vereinbarungen und sie zanken sich um lächerliche Geldbeträge wie fünf Dollar.

Zurück in die Vergangenheit! Die meisten Juden, die sich dem Christentum zuwenden wollten, entschieden sich für den katholischen und nicht für den evangelischen Glauben.

Schmule hat sich taufen lassen. Drauf fragt ihn Itzig: „Warum bist du Protestant geworden und nix Katholik?" Darauf sagt der Schmule: „Weil bei dö Katholiken sind m'r scho' zu viele Juden!" (Eisenbach, IV, S. 8, vgl. Landmann, 1960, S. 431)

◊

Ein Jude wird Protestant und dann Katholik. Sein Freund fragt: „Warum bist du nicht gleich Katholik geworden?" Sagt der andere: „Damit, wenn man mich fragt, was waren Sie früher, ich sagen kann: Protestant." (Eisenbach, III, S. 16, vgl. Landmann, 1960, S. 431)

Laut Anna L. Staudacher traten in der Zeit von 1748 bis 1868 in Wien rund dreitausenddreihundert Juden zum Christentum über. In vielen Fällen änderten sie nur ihren Vornamen – oft nahmen sie den Vornamen des Taufpaten an und entledigten sich auf diese Weise ihres jüdischen Vornamens.

„Sag mal Schmerel, warum geben die Christen ihren Kindern jetzt so vielfach biblische Vornamen?" – „Einfache Sach', Berel. Man soll nicht denken, sie seien Juden." (Das Jüdische Echo, München, Nr. 36/37, 10. 9. 1920, S. 376–377)

Der Witz spielt auf die Bestrebungen an, die traditionellen jüdischen Vornamen verschwinden zu lassen. Juden musste bei der Geburt eines Kindes den Namen aus einer amtlich festgelegten Liste auswählen, wobei typisch jüdische oder biblische Vornamen nicht erlaubt waren. (Bering, S. 53) Das erklärt den Berel-Schmerel-Witz. Er geht von der Annahme aus: Weil Juden auf biblische Vornamen verzichten müssen, lassen Christen ihre Kinder auf Namen aus dem Alten Testament taufen, damit diese nicht für Juden gehalten werden. Das wird nur des **Umkehrwitzes** wegen behauptet. Gleichzeitig ist der Witz eine subtile Kritik an den Vorgaben der Autoritäten, die überdies schwer umzusetzen waren. Viele Vornamen haben sowohl christliche als auch jüdische Wurzeln, und was ist mit Adam und Eva? Namen wie Levi oder Nathan wurden auf zweierlei Art verwendet: als Vorname und als Familienname.

Der bekannte Bankier Nathan hatte sich in Habel umtaufen lassen. Er verbot seiner Dienerschaft strengstens, den Namen Nathan noch einmal zu nennen. Eines Abends schickt er seinen Diener zur Litfaßsäule nachzusehen, was am Abend im Schauspielhaus gegeben wird. Der Diener kommt herauf und meldet: „Habel der Weise." (Landmann, 1988, S. 431)

◊

„Gestatten, mein Name ist Krohn." – „Angenehm. Asch. Sind Sie auch Jude?" – „Nein, katholisch." – „Dann möchte ich wissen, Herr Krohn: Woher haben Sie das r?" Krohn: „Ganz einfach, Herr Asch. Aus Ihrem Namen." (Landmann, 1962, S. 261, Köhler, S. 122)

Mit der Überschrift *Praktisch* ist ein Witz in Olsvangers Sammlung versehen.

Ein Jude aus Berlin kam zum Pastor und sagt, er wolle sich taufen lassen, zugleich aber seinen Namen ändern. „Wie wollen Sie heißen?" – „Martin Luther." – „Aber lieber Freund", entgegnet der Pastor verwundert, wie kommen Sie darauf, gerade den Namen unseres großen religiösen Reformators zu wählen?" – „Das ist nun mal so, Herr Pastor, ich heiße Markus Levy; nun möchte ich es mir ersparen, das Monogramm zu ändern." (Olsvanger, S. 220, vgl. Landmann, 1960, S. 439)

In dem Nachtragsband von Salcia Landmann trägt ein Kapitel die Überschrift *Getauft*. Dort findet sich auch der „Ornstein"-Witz, den Sie schon kennen (siehe S. 29). Maxi Böhm hat den Witz seines historischen und jüdischen Gewandes entkleidet und aus dem Herrn Ornstein einen Herrn Stadler gemacht. Durch seine langjährige Zusammenarbeit mit Karl Farkas kannte er sicherlich auch die Originalfassung.

"Guten Abend, Herr Stadler!", begrüßt Graf Bobby einen Herrn, den er auf der Straße trifft. "Nein, haben Sie sich verändert!" – "Entschuldigen Sie, ich heiße gar nicht Stadler!" – "Was, Ihren Namen haben Sie auch geändert?" (Böhm, S. 9)

Auch die folgenden zwei Witze haben eine historische Grundlage. Bis 1848 entschied der Kaiser über Namensänderungen, bis 1866 das Innenministerium. Dann fiel diese Angelegenheit in die Kompetenz der jeweiligen Länderstelle – in Wien war dies die Statthalterei. Wer abgewiesen wurde, konnte ab 1848 Rekurs in der nächsten Instanz einlegen, von 1848 bis 1866 war dies der Kaiser. Anschließend war für einen Rekurs das Innenministerium zuständig, wurde man dort abgewiesen, blieb noch die Möglichkeit, ein Majestätsgesuch zu stellen.

Chaim Weizenkorn hat sich bereits taufen lassen. Da er für Wallenstein schwärmt, hat er sich bei der Taufe Wallensteins sämtliche Vornamen zugelegt: Albrecht, Wenzel, Eusebius. Nun reicht er beim Kaiser Franz Joseph ein Gesuch ein, weist dabei auf seine Vorliebe für Wallenstein hin, erwähnt auch, dass er dessen Vornamen bereits trägt, und bittet, ob ihm nicht gestattet werden kann, auch den Familiennamen Wallenstein zu tragen. Die gnädige Antwort lautet: "‚Wallenstein' kann nicht gestattet werden, wohl aber – was doch auf dasselbe herauskommt – ‚Friedländer'". (Landmann, 1972, S. 149–150)

Wallenstein war Herzog von Friedland, Friedländer ist ein häufiger jüdischer Familienname. Derartige Ablehnungen gab es nicht nur im Witz. Bering dokumentiert das Gesuch eines Markus Lilie aus der Hansestadt Gardelegen vom 17. August 1816. Der „israelitische Kaufmann" wollte die Namen des Königs annehmen: Friedrich Wilhelm. Schon am 29. August ließ der Herrscher seinen Minister des Inneren wissen, „dass ich meinen Namen keinem Judenkinde beilegen lassen kann, welches nicht getauft wird; auch bestimme ich bei dieser Veranlassung im Allgemeinen, dass den Judenkindern überhaupt ohne Taufe keine bloß christlichen Taufnamen beigelegt werden sollen". (Bering, S. 66 ff.)

Peckeles hat sich taufen lassen und beantragt beim zuständigen Minister eine Namensänderung. "Was haben Sie gegen den Namen Peckeles einzuwenden?", fragt der Minister. "Namen mit der Endung -eles klingen so jüdisch", erklärt Peckeles. "Jüdisch?", wundert sich der

Minister, "wieso denn? Denken Sie doch an Aristoteles, Praxiteles! Was haben Sie bloß gegen Peckeles?" (Landmann, 1972, S. 171)

In der ungarischen Reichshälfte gab es vor dem Ersten Weltkrieg eine große Magyarisierungswelle und viele Juden legten sich wohlklingende magyarische Namen zu.

Der alte Kornblum kommt nach Budapest auf Besuch zu seinem Sohn, der sich inzwischen aus einem Feiwel Kornblum in einen Ferenc Kertesz verwandelt hat. Der Sohn stellt ihm seine Freunde vor – alles Juden, und alle haben sie eine ähnliche Namensmetamorphose durchgemacht. Dann zeigt er dem alten Herrn die Stadt und führt ihn vor das Denkmal des ungarischen Nationaldichters. "Das ist Alexander Petöfy", erklärt er. "Petöfy ... Petöfy ...", murmelt der alte Kornblum. "Und wie hat er früher geheißen?" (Landmann, 1972, S. 170)

Viele Juden konnten einen attraktiven Familiennamen auswählen, Salcia Landmann hat eine scherzhafte Kategorisierung in ihre Sammlung aufgenommen.

Wilde Juden (Wolf, Bär, Löw, Fuchs). Teure Juden (Diamant, Rubin, Saphir). Harte Juden (Gold, Silber, Eisen, Kupfer). Elementare Juden (Wassermann, Erdemann, Feuermann, Luft). Süße Juden (Honig, Zuckermann). Naturjuden (Kornfeld, Birnbaum, Grünfeld). Duftende Juden (Rosenzweig, Veilchenfeld). Bunte Juden (Grün, Blau, Schwarz, Weiß). (Landmann, 2010, S. 839)

Diese Namen mögen früher einmal signifikant gewesen sein, heute sollte man sich hüten, jemanden aufgrund seines Familiennamens für einen Juden zu halten. Schon allein die Namensänderungen infolge Heirat würden zu zahlreichen Fehlinterpretationen führen. Einige dieser Namen sind überdies unter Christen in gleicher Weise häufig vertreten, weil sie beispielsweise auf ein Wesensmerkmal jener Person hinweisen, die als erste mit diesem Namen versehen wurde. Wer „wild wie ein Wolf" oder „schlau wie ein Fuchs" war, der erhielt den Beinamen Wolf beziehungsweise Fuchs, wobei der Beiname dann später als Familienname auch auf die nächste Generation überging.

> *In New York kommt ein junger Pfarrer zu einem Geschäftsportal mit der Aufschrift „Blumenthal & O'Grady". Er betritt das Lokal und wird von einem bärtigen Mann empfangen, der eine Kippa trägt. Er sagt zu ihm: „Ich freue mich, dass die Freundschaft zwischen unseren beiden Religionen so weit geht, dass sogar Geschäfte gemeinsam geführt werden. Das ist eine angenehme Überraschung für mich." – „Ich habe eine noch angenehmere Überraschung für Sie", antwortet ihm der Bärtige, „**ich** bin O'Grady!"* (Klatzmann, S. 50, vgl. Landmann 2010, S. 648 mit „Kohn & O'Toole")

In den Kabarettprogrammen der Zwischenkriegszeit galten allerdings einige der von Salcia Landmann genannten Namen als typisch jüdisch und waren eine Art Identitätsmarker.

> „Wie geht's Ihnen, Herr Fröhlich?" / „Wie geht's Ihnen, Herr Schön?"
> „Na, ich danke, so allmählich." / „Na, mir könnt's besser geh'n …"

Das ist der Refrain der Kabarettnummer *Dichterschlacht am Mikrofon*, vorgetragen von Franz Engel und Fritz Wiesenthal, aufgenommen 1937. Jede Strophe war gleich aufgebaut: Zu Beginn ein „Wie geht's Ihnen …", dann ein kurzer Witz.

> „Wie geht's der Frau Gemahlin?" / „Ich dank' der Nachfrag', gut. / Sie ist mit meiner Tochter / gegangen zur Redoute." / „Was hat sie für Kostüme?" / „Sie geht als Columbin.'" / „Und was das Fräulein Tochter?" / „Die geht als Würschtl hin." / „Warum denn grad als Würschtl?" / „Sie sucht sich einen Kren." / Auf Wiederseh'n, Herr Fröhlich!" / „Auf Wiederseh'n, Herr Schön!"

Der „Kren" ist im Wienerischen nicht nur der Meerrettich, sondern auch jemand, der finanziell ausgenommen wird.

Wenn Juden den Namen Lenz oder Frühling trugen, entstanden Wörter mit Doppelsinn.

> FARKAS *(singt): Die Finken schlagen, der Lenz ist da …*
> ENGEL: *Wo is' er?*
> FARKAS: *Wer?*
> ENGEL: *Der Lenz! Ich bekomm' nämlich fünf Schillinge von ihm. Am Rennplatz hab' ich ihm fünf Schillinge geborgt und ihn seither nicht*

mehr gesehen. Der kleine Lenz aus der Lerchenfelder Straße, der das Wäschegeschäft hat.
FARKAS: Aber ich mein doch den Frühling!
ENGEL: Ah, das ist der Cousin! Den brauch' ich nicht! Den Lenz brauch' ich!
(Dichterschlacht am Mikrofon)

Mit schönen jüdischen Namen Witze zu machen, stand später in krassem Gegensatz zur Realität. Die jüdischen Namen dienten der Stigmatisierung.

Kohn will ein Kartenspiel aufnehmen, wird aber genau in diesem Moment von einem Kiebitz gewarnt: „Moritz will ich heißen, wenn sie so die Partie gewinnen können." Kohn hält ein, die Karten schon fast in der Luft, und fragt: „Wie heißen Sie jetzt?" – „Isidor." Mit dem Urteil „Auch ein Risiko!" nimmt Kohn die Karten auf und spielt.

Hier werde eine graduelle Relation vorausgesetzt, schreibt Dietz Bering. „‚Moritz' war ein Risiko, freilich im Verhältnis zu ‚Isidor' doch eines, das sich schließlich einzugehen lohnte." (Bering, S. 20)

Ein Theaterdirektor will einen jüdischen Schauspieler namens Schmul engagieren. Er rät jedoch zu einem Pseudonym. Darauf sagt der Schauspieler: „Aber Schmul ist doch schon mein Pseudonym!"

„Lachen kann nur, wer ein System kennt, in dem der Name ‚Schmul' irgendwie eine schwer zu überbietende Extremposition hat." (Bering, S. 20)
Bei der Namenswahl gingen viele Juden mit Kreativität ans Werk. Beim Namen Kohn wurde oft nur der Vokal gewechselt, ein leichtes Spiel nach altem Vorbild, denn in der Urform des Hebräischen wurden ohnedies nur die Konsonanten geschrieben. Dass durch **Buchstabentausch** der Name Kohn zu Kahn wird, lag also auf der Hand. Varianten sind Kahen, Kahan und Kahane. Der Name Katz ist gebildet aus *kohen tsedek* – Priester der Gerechtigkeit. Da die Behörden nicht zu viele Personen mit gleichen Namen haben wollten, wurden auch Komposita wie Katzmann, Katzberg(er), Katzbach(er) etc. forciert. Der jüdische Name Baron wiederum hat nichts mit dem Adelstitel zu tun und ist hebräischen Ursprungs. Baron wird in diesem Fall immer auf der ersten Silbe betont.

*Zu Julius Baron, dem ersten Direktor des Berliner Varietés Wintergarten, sagte der bekannte Geldmann Ehrlich spöttisch: „Apropos – **sind** Sie Baron oder **heißen** Sie bloß so?" Darauf Baron: „Ich bin ebenso Baron, wie Sie sind ehrlich."* (Landmann, S. 309)

Manche Juden wählten einen Namen mit Bezug zu einem der zwölf Stämme, und zwar über den Umweg der Fahnenfarben: Roth (für Stamm Ruben), Schwarz (für Joseph und Benjamin), Grün (für Simeon), Weiß (für Zebulon) etc. Auch daraus entstanden Sprachwitze.

Drei Juden spielen Klabrias. Einer der Kartenspieler weiß nicht, was er ausspielen soll. Da deutet ihm gegenüber der Kiebitz auf seine eigene Brust, worauf der Mann Herz ausspielt – und verliert. Sagt der Kartenspieler zum Kiebitz: „Das habe ich von Ihren dummen Ratschlägen!" Der Kiebitz: „Heiße ich Herz oder heiße ich Grün?"

Die Kartenfarbe Grün wird auch Laub oder Blatt genannt, sie entspricht im französischen Kartenbild der Farbe Pik. Dieser Sprachwitz würde gut in das Jargonstück *Die Klabriaspartie* passen, denn dort heißt der Kiebitz Dowidl Grün. Salcia Landmann verwendet statt Grün den gängigen jüdischen Familiennamen Karo. Somit lautet die Pointe: „Heiße ich denn Herz? Ich heiße Karo!" (Landmann, 1960, S. 355)

Karl Farkas greift den Witz in der *Klabriaspartie 1961* auf und verbessert ihn.

H<small>LAWEK</small> *(teilt die Karten; alle singen, während sie ihre Karten ordnen)*
S<small>CHIGERL</small> *(schaut verstohlen in Reis' Blatt): Ich hab' zu Hause einen Laubfrosch ...*
R<small>EIS</small>: *Wehe, Hlawek, wenn Sie jetzt Grün ausspielen!*

Viele Jude wählten Namen, die auf -berg, -bach, -feld oder -baum endeten.

Zwei Juden streiten sich heftig vor einem Gemälde, ob es ein Portrait oder eine Landschaft sei. „Das ist ein Portrait", sagt der eine. „Nein, das ist eine Landschaft", meint der andere. Schließlich kaufen sie sich einen Katalog und schauen bei der Nummer des Gemäldes nach: „Kornfeld". Sie sehen sich ratlos an. „Da soll mer wissen."

Dieser Witz ist vielfach belegt, ich habe ihn hier in etwa so wiedergegeben, wie ihn Meyerowitz in seinem Buch *Der richtige jüdische Witz* bringt und anschließend so erklärt: „(Paul) Kornfeld war ein Literat des Expressionismus; der Name ist typisch jüdisch; er gehörte zu jenen Namen, die man spaßeshalber in den Telefonbüchern zählte." Aber die Geschichte sei vielen „zu konzentriert" gewesen. Und so wurde aus der Bezeichnung des Gemäldes *Mandelbaum an der Riviera*. (Meyerowitz, S. 19)

So in etwa bringt ihn auch Karl Farkas – mit dem Namen „Rosenberg". Köhler verpatzt die Pointe: „Na bitte, doch ein Portrait." (Köhler, S. 106) Die Frage, was auf dem Bild zu sehen ist, sollte ungeklärt bleiben. Hans Weigel ersetzt „Kornfeld" durch „Rosenfeld" und lässt die Frage offen – so muss es wohl sein. Er macht den Ausdruck, der sowohl für eine Landschaft als auch für eine Person stehen kann, zur Pointe.

„Jetzt wissen wir's erst nicht." – „Wieso?" – „Da steht Rosenfeld!"
(Weigel, 1987, S. 114)

Bis dahin waren die Regelungen für Namensänderungen von der Idee getragen, dass Juden nicht durch ihren Namen identifizierbar sein sollen, um ihnen die Integration zu erleichtern. Außerdem erhielten Juden mit der von Joseph II. verfügten Namensänderung das Staatsbürgerrecht. Den Nationalsozialisten ging es später um das genaue Gegenteil: Juden sollen aufgrund des Namens erkennbar sein, um sie zu entrechten. Aufgrund der „Namensänderungsverordnung" aus dem Jahr 1939 waren Juden verpflichtet, einen zusätzlichen Vornamen anzunehmen – damit sie als Juden erkennbar waren. Frauen und Mädchen mussten sich den Vornamen Sara eintragen lassen, Männer und Knaben den Vornamen Israel. Nur wer einen Vornamen besaß, der bereits eindeutig als jüdisch identifizierbar war, durfte auf den Zusatznamen Sara beziehungsweise Israel verzichten.

Aber auch schon vor der „Namensänderungsverordnung" waren Juden allein aufgrund ihrer typisch jüdischen Familiennamen, wie beispielsweise Kohn oder Levi, die Zielscheibe von Schikanen und Gewaltangriffen. In der in München erscheinenden Wochenschrift *Das jüdische Echo* findet sich 1920 ein Witz, der den Straßenterror gegenüber Juden als Hintergrund hat.

Vor der Haustür haben die beiden Knaben Cohn und Kornblum einen Streit, der schließlich dahin führt, dass der kleine Cohn seinen Gegner am Kragen packt und zu verwichsen beginnt. In seiner Angst schreit der kleine Kornblum: „Lass mich los! Oder ich schrei ganz laut auf der Straße deinen Namen!" (Das jüdische Echo, Nr. 36/37, 10. 9. 1920, S. 377)

Jene Juden, denen es endlich gelang, unter Verzicht auf den Großteil ihres Vermögens eine Ausreisegenehmigung zu erhalten, waren in ihrem Exil erneut dem Druck ausgesetzt, ihren Namen zu ändern. So wurde beispielsweise der später berühmte Autor Fritz Mandelbaum in den Vereinigten Staaten zu Frederic Morton. Aufgrund antisemitischer Strömungen, in diesem Fall in den Gewerkschaften, wurde den Mandelbaums empfohlen, den Namen zu wechseln, damit sie nicht sofort als Juden identifizierbar sind. Oft ging es auch darum, den Namen so zu ändern, dass er von Amerikanern leichter ausgesprochen werden konnte.

New York. „Sind Sie Herr Kish? Wenn ja, dann soll ich Ihnen einen Gruß von Herrn Sherry ausrichten. Er hat Sie gekannt, wie Sie noch Kischinewer geheißen haben." „Sherry? Sherry? Ist das so ein kleiner, schiefer, dicker Kerl?" – „Ja." – „Dann meinen Sie ohne Zweifel Schereschewski?" (Landmann, 1972, S. 236)

◊

In San Francisco, mitten in Chinatown, gibt es eine Wäscherei, die „Eli Cohen's Chinese Laundry" heißt. Mr. Cohen entpuppt sich als waschechter Chinese, dessen Englisch sehr holprig ist. Wieso er einen jüdischen Namen trage, will ein Kunde wissen. „Als ich vor dem Einwanderungsbeamten in Ellis Island stand, fragte der den Einwanderer vor mir nach dessen Namen. Der antwortete: ‚Eli Cohen.' Dann fragte er mich, und ich erwiderte wahrheitsgemäß: ‚Sam Ting.'" (Joffe, S. 30)

Der Beamte verstand also *same thing* und gab dem Chinesen Sam Ting denselben Namen wie jenem Mann, der zuvor an der Reihe war: Eli Cohen.

Der folgende **Dreizahlwitz** spielt offensichtlich in den 1960er oder 1970er Jahren, als Juden im kommunistischen Osteuropa unter antisemitischen Repressionen zu leiden hatten. In diesem Witz begegnen wir wieder den Figuren Berel und Schmerel, dieses Mal begleitet von einem Mann namens Tscherel.

Three Eastern European Jews named Berel, Cherel, and Shmerel were talking about moving to the United States.

Berel says, „When I move to America, I'm going to have to change my name. They won't call me Berel anymore; they'll call me Buck."
Cherel says, „When I move to America, I'll also have to change my name. They'll call me Chuck."
So Shmerel says, „I'm not moving."

Man kann sich die Pointe unschwer zusammenreimen. Das obszöne und tabuisierte Wort, das ungenannt bleibt und assoziiert werden muss, lautet *shmuck*. Es bedeutete im Ostjiddischen so viel wie Penis. Vermutlich stammt der Ausdruck aus Polen, ursprünglich war damit eine Schlange gemeint. „Wie immer im Jiddischen gibt es natürlich mehr als eine Bedeutung", schreibt Erwin Javor im Buch *Ich bin ein Zebra*, in dem er seine Lebensgeschichte mit Witzen kombiniert. „Je nach Mimik, Gestik, Lautstärke und Betonung kann man mit nur einem Wort verschiedene Aussagen zum Ausdruck bringen. Ein Schmock ist auch ein langsamer Denker, ein ungeschickter Mensch, ein Dodl. In einer weiteren Variante ist ein Schmock jemand, der eitel und arrogant ist." (Javor, S. 158) In New York wird das Wort *shmuck* geschrieben und *shmock* gesprochen.

Ein in die Türkei ausgewanderter Jude, der in einem Harem die Stelle eines Eunuchen versah, kam zurück nach Ungarn. An der Grenze wurde er zur Legitimation aufgefordert. Er gab an, dass er I. M. heiße. Befragt, warum er I. M. als Name angab, während er in seinen Papieren als Isak Mayer geführt werde, antwortete er: „Ich war Isak Mayer als ich in die Türkei kam. Aber jetzt bin ich nur der I. M., weil man mir den Sack und die Ayer abgenommen hat." (Reitzer, Solem Alechem, S. 37)

Das schmerzt beim Lesen. Der Witz mit **Buchstabenspiel** ist in einem „Lozelech-Büchlein" abgedruckt, das um die Jahrhundertwende erschienen ist. Ab 1891 war die Haremswirtschaft auch ein Thema in den Büchern des Reiseschriftstellers Karl May. Jahre später bekam der Witz eine zusätzliche Aktualität. Am 24. April 1909 hatten Truppen der Jungtürken den Harem des abgesetzten Sultans Abdülhamid II. gestürmt und die Eunuchen und Sklavinnen befreit. Wer keine Familie hatte, stand plötzlich mittellos auf der Straße. Für viele von ihnen blieb nur der Ausweg, sich für Geld im Abendland bestaunen zu lassen. Eine derartige Völkerschau, auch anthropologische Ausstellung genannt, fand kurz vor dem Ersten Weltkrieg in Wien unter Beteiligung von Eunuchen statt. Eine Zurschaustellung von Angehörigen fremder Völker war in der zweiten Hälfte des 19. Jahrhunderts und in den Jahren danach üblich und lockte viele Schaulustige an.

Jüdische Namenwitze stehen manchmal auf einem Grat zwischen Selbstverspottung und Antisemitismus. Oft ist entscheidend, wer den Witz erzählt und wer die Zuhörer sind. Wenn es fäkal wird, kippt ein Witz schnell ins Antisemitische.

Dowidl Schiessloch, ein passionierter Jäger, hat einen Jagdhund, der heißt Caro, und er erzählt seinem Freund: „Der hat einen starken Geruchssinn, dass er neulich einen alten Juden beim Kragen gepackt hat, weil er Wolf geheißen hat." Sein Freund sagt: „Das is noch gor nichts. Ich hab einen Prokuristen, der heißt Eckstein, der hat sich müssen wegen meinem Hund den Namen ändern lassen." (Eisenbach, VIII, S. 10–11)

◊

Mit meinem Hund hab' ich einen Zustand in meinem Geschäft. Erst hatte ich einen Kommis (Gehilfen) *namens Katz, da hat der Hund den Katz gebissen. Ich hab' schließlich den Katz entlassen müssen. Der neue Kommis heißt Eckstein – und nun ist es noch viel schlimmer!"* (Landmann, 1962, S. 59–60)

Die erste Version hat Heinrich Eisenbach in den ersten Jahren des 20. Jahrhunderts erzählt. Die zweite findet man bei Salcia Landmann und bei Hirsch im *Witzableiter* (Hirsch, S. 128). Urteilen Sie selbst! Es ist übrigens ein früher surrealistischer Hundewitz. Das Tier kann den Namen einer Person erschnüffeln.

Drei Juden stehen in Paris auf der Straße und unterhalten sich. Da sagt der eine: „Is' da drüben nicht der Maurice LaFontaine?" Sie schauen auf die andere Straßenseite und der zweite sagt: „Ah! Der hat doch früher geheißen Moritz Wasserstrahl? – „Weiß ich nicht", sagt der Dritte. „Ich hab' ihn immer nur gekannt als Moische Pischer." (vgl. Joffe, S. 180, vgl. Landmann, 1960, S. 504)

◊

Auf der Behörde: „Ich möchte meinen Namen ändern lassen." Darauf der Beamte: „Das geht nicht so einfach. Wie heißen Sie denn?" – „Adolf Ficker." – „Wie wollen Sie in Zukunft heißen?" – „Paul Ficker."

Version 2

(...) „Wie heißen Sie denn?" – „Adolf Stinker." – „Wie wollen Sie heißen?" – „Paul Stinker."

Dieser Witz wird von verschiedenen Erzählern in verschiedenen Perioden angesiedelt: vor der Machtergreifung Hitlers, während der Nazizeit oder danach. Außerdem ist die Verwendung des Namens Ficker umstritten. Ficker ist in Österreich und auch in Deutschland ein alter Familienname, der keinen diskriminierenden Hintergrund hat. Berühmte Namensträger in Österreich waren der Historiker Julius von Ficker und sein Sohn Ludwig von Ficker, Begründer der Zeitschrift *Der Brenner*.

Hans Weigel bestand darauf, dass der Witz nicht mit „Adolf Ficker" zu erzählen ist, sondern mit „Adolf Stinker". „Friedrich Torberg war ein großer und profunder Kenner der Gattung ‚Witz'. Über diesen habe ich mit ihm lange gestritten."

Namenwitze sind auch außerhalb des jüdischen Milieus entstanden.

Der berühmte Maler Carl Spitzweg sollte eigentlich auf den Namen Erich getauft werden. In letzter Minute kam man davon ab, da man nicht wollte, dass der Arme sein Leben lang als Spitzwegerich herumlaufen muss.

◊

Der Chef zu seiner neuen Sekretärin: „Komisch, Fräulein Sonja, Sie heißen Groß und sind klein!" Meint die Sekretärin: „Na und? Sie heißen Weber und sind ein Spinner."

Auch die bildhafte Namensgebung bei den Native Americans ist Thema von Witzen.

*Der Indianersohn fragt seinen Vater: „Warum heißt meine ältere Schwester **Aufgehende Sonne**?" Der Vater: „Weil sie früh am Morgen gezeugt wurde." – „Und warum heißt meine jüngere Schwester **Blaue Blume**?" – „Als wir sie gezeugt haben, lagen deine Mutter und ich auf einem Feld voll blauer Blumen. Aber was soll die ganze Fragerei, **Geplatzter Gummi**?"*

Das erinnert inhaltlich an einen Witz, auf den ich später zurückkommen werde: „Du hättest nicht geboren worden sein sollen ..." (siehe S. 297)

Einen eher schwachen Namenwitz mit zerlegten Berufsbezeichnungen bringt Röhrich in seinem 1977 erschienenen Buch *Der Witz*. Wir haben es in diesem Fall mit einem **Akronym** zu tun, das ist ein Sonderfall der Abkürzung. Ein Akronym entsteht dadurch, dass Wörter oder Wortgruppen auf ihre Anfangsbestandteile gekürzt werden.

Ein junges Mädchen lässt ihr Kind auf den Namen Kolibri taufen. Der Pfarrer fragt: „Wieso Kolibri?" – „Weil ich nicht weiß, ob es der Kohlenmann, der Lichtmann oder der Briefträger war." (Röhrich, S. 164)

Das Prinzip wird oft bei Firmennamen angewandt. So ist beispielsweise Haribo eine Abkürzung für **Ha**ns **Ri**egel **Bo**nn, der Name des Firmengründers und seiner Heimatstadt. Auch in Adidas steckt der Name des Gründers: **Adi** (= Adolf) **Das**sler.

In der Schule fragt der Lehrer die Kinder nach ihrem Namen. „Hans." – „Du heißt eigentlich Johannes." – „Seppl." – „Du heißt eigentlich Joseph." Als Kurt drankommt, sagt er gleich: „Ich weiß schon, eigentlich müsste ich Jokurt heißen." (Röhrich, S. 46; Gauger, 2014, S. 49)

◊

Zur Sommerfrische in das Landgasthaus kommt ein Vater mit seinen drei Söhnen. Der Wirt begrüßt die Gäste und fragt nach den Namen, um den Meldezettel auszufüllen. „Ich heiße Konstantinopel", sagt der erste. „Und ich Philippopel", sagt der zweite. „Und ich Adrianopel", sagt der dritte. „Verdammt, wollt ihr mich verarschen?", sagt der Wirt. „Jetzt möchte ich nur wissen, wie euer Vater heißt!" Da sagt der Älteste: „Unser Vater heißt Karl Opel."

Einer der am meisten erzählten Namenwitze existiert in vielen verschiedenen Versionen.

Im Flugzeug von New York nach Berlin sitzt ein Mann neben einer bildhübschen jungen Frau. „Entschuldigen Sie, sind Sie Amerikanerin oder Deutsche?" „Ich bin Deutsche", antwortet sie. – „Darf man fragen, was Sie in Amerika gemacht haben?" – „Ich war auf einem Kongress von Sexualforschern." – „Interessant. Was wurde da so besprochen?" – „Unter anderem wurden Studien vorgestellt, welche Männer die besten im Bett sind." – „Zu welchen Erkenntnissen sind

Sie da gekommen?" – „Zum Beispiel, dass die Indianer die Längsten haben und die Juden am längsten können." – „Darf ich mich Ihnen vorstellen? Mein Name ist Winnetou Morgenstern."

Version 2

Im Flugzeug von New York nach Paris kommt ein jüdischer Geschäftsreisender neben einer wunderschönen Frau zu sitzen. (…) „Wissen Sie, ich komme von einem Kongress der Nymphomaninnen. Aber ich liebe Männer, besonders Ärzte. Und natürlich bin ich verrückt nach Indianern. (…) Aber am aufregendsten finde ich die Juden: Dieses fehlende kleine Ding gibt ihnen das gewisse Etwas." – „Ich habe mich noch gar nicht vorgestellt: Doktor Geronimo Cohen."
(Ouaknin, S. 236–237)

Der **sexprahlerische Witz** basiert auf der stereotypen Vorstellung, dass Juden einen ausschweifenden und unmoralischen Lebenswandel führen. Im Nationalsozialismus wurde jüdischen Männern unterstellt, sie würden Sexualkontakte zu nicht-jüdischen Frauen suchen, „um arisches Blut zu verunreinigen". Deshalb waren ihnen Kontakte mit „Arierinnen" untersagt. Um antisemitische Tendenzen zu vermeiden, wird der Witz heute oft in abgewandelter Form erzählt.

Version 3

Im Flugzeug von New York nach Rom (…) „Mein Name ist Luigi Winnetou."

Version 4

Sie: „Dieses Mal haben wir festgestellt, dass die Indianer am ausdauerndsten sind und die Schwaben die Längsten haben." Er: „Darf ich mich vorstellen: Winnetou Häberle."

Schwaben gelten im **Ethnowitz** als nicht besonders heißblütig, sondern als besonders sparsam. Dies ist ein zusätzliches witziges Element.

Die folgenden zwei Witze verdienen es hier zitiert zu werden, weil sie die gesellschaftliche Realität unserer Zeit widerspiegeln.

Durchsage im Kaufhaus: „Achtung, Achtung! Der kleine **Fick-dich-du-Schlampe-mein-Name-geht-dich-gar nichts-an** *möchte aus dem Kinderparadies abgeholt werden."*

◊

Erster Schultag in Wien-Favoriten. Der Direktor ruft die Schüler auf: „Mustapha El Ekhzeri?" – „Hier!"
„Achmed El Cabul?" – „Hier!"
„Kadir Sel Ohlmi?" – „Hier!"
„Mohammed Endahrha" – „Hier!"
„Mel Ani El Sner?" – Stille im Klassenzimmer.
„Mel Ani El Sner?" – Stille im Klassenzimmer.
Ein letztes Mal: „Mel Ani El Sner?"
Jetzt steht ein Mädchen in der letzten Reihe auf und sagt: „Das bin wahrscheinlich ich. Aber mein Name wird ‚Melanie Elsner' ausgesprochen."

Wenn Witze in verschiedenen Varianten auftauchen, hat oft eine kleine Veränderung eine große Wirkung.

Version 1

Der kleine Franzi am Feuerwehrfest. Er hört einen Mann rufen: „Heiße Würstel! Heiße Würstel!" Er denkt kurz nach, dann rennt er zu ihm hin und sagt: „Heiße Franzi!"

Version 2

„Heiße Würstel! Heiße Würstel!", schallt es aus dem Verkaufsstand. Ein Mann, der gerade vorbeigeht, sagt: „Was geht mich das an, wie Sie heißen?"

Beim kleinen Franzi gehen wir von einem **unabsichtlichen Missverständnis** aus. Er hat in seiner kindlichen Naivität den Kaufruf falsch interpretiert. Es ist ein **skeptischer Witz**, denn eine für Erwachsene selbstverständliche Erkenntnis gilt für den Buben nicht.

Der erwachsene Mann hingegen weiß, was gemeint ist. Weil es sich hier um ein **absichtliches Missverständnis** handelt, haben wir es mit einem **zynischen Witz** zu tun.

In Italien. Ein Mann klopft an die Haustür, eine alte Frau öffnet. Der Mann: „Wohnt hier ein Claudio Rossi?" Die Frau: „Nein." Sie will schon die Türe schließen, da hört sie den Mann im Weggehen fluchen: „Porca miseria!" Wie die alte Frau das hört, ruft sie ihm nach: „Der wohnt im ersten Stock!"

In der Gedankenwelt der Frau ist das Fluchwort mit der Bedeutung „Verdammt!" (eigentlich: elendiges Schwein) an die Stelle des Namens getreten. Sie hört den Fluch des Mannes als Zitat und assoziiert damit den unangenehmen Hausbewohner, dessen Namen sie verdrängt hat. Auch Tiere haben Namen, der Mensch kategorisiert sie nach Ordnung, Familie, Gattung und Art.

Eine Frau steht vor einem hochumzäunten Gehege in einem Zoo und sagt zu ihrem Begleiter: „Was würden diese Tiger wohl sagen, wenn sie reden könnten?" Ein anderer Besucher mischt sich ein. „Als erstes wohl: ‚Wir sind Leoparden, gnädige Frau!'" (Gauger, 2006, S. 38)

Der Tiger (*Panthera tigris*) gehört zu den Eigentlichen Großkatzen (*Panthera*), genauso der Leopard (*Panthera pardus*). Aber dennoch sollte man einen Leoparden nicht mit einem Tiger verwechseln. Der Witz schöpft seine Lachkraft allerdings nicht nur aus der Namenverwechslung, sondern auch aus der Annahme, dass der Leopard, wenn er sprechen könnte, die Zoobesucherin mit „Gnädige Frau!" anreden würde.

„O Greta, nun a tergo!" – Palindrome

Auch der folgende Witz ist ein **Namenwitz** – und zugleich auch ein **Unbildungswitz**. Der Blöde ist ein Mann, die Frau ist die Gescheite.

„Ich habe meine Frau gefragt, was ein Palindrom ist. Sie hatte auch keine Ahnung. Ich soll Anna oder Otto fragen."

Als **Palindrom** (altgriechisch *palíndromos* = rückwärtslaufend) werden in der Sprachwissenschaft Wörter oder Sätze bezeichnet, die rückwärts gelesen genau denselben Text ergeben wie normal gelesen – von links nach rechts. Außerdem gibt es auch Zahlenpalindrome, zum Beispiel 1991, und Palindrome in der Musik.

Bekannte Wortpalindrome sind Rotor und Reittier. Als die längsten Palindrome in der deutschen Sprache gelten Reliefpfeiler (13 Buchstaben) und Retsinakanister (15 Buchstaben). Letzteres wird oft Arthur Schopenhauer zugeschrieben, eine Behauptung, die der Überprüfung nicht standhält. Da im Deutschen das Wortbildungssuffix -er so häufig ist, werden oft Wörter verwendet, die mit Re- beginnen: Renner und Rentner.

Zu den Palindromen in einem weiteren Sinn zählen Wörter, die rückwärts gelesen zwar nicht denselben Text ergeben, aber immerhin ein anderes sinnvolles Wort: Lager und Regal. Als Kompositum wird daraus ein echtes Palindrom: Lagerregal. Ein Wort wie Regalnebenlager gilt nicht als Palindrom, weil es im normalen Sprachgebrauch nicht vorkommt.

Schnell noch einmal Nutella rückwärts schreiben, ehe es alle tun!

Auch ganze Sätze lassen sich von hinten her lesen. Die Klein- und Großschreibung sowie die Satzzeichen werden dabei außer Acht gelassen, auch der Beginn oder das Ende eines Wortes darf im Rückwärtslesen verschoben werden. Auf Wikipedia findet man eine Liste mit Dutzenden Beispielen, allerdings sind viele davon keine sinnvollen Äußerungen.

In meiner Schulzeit war ein Satzpalindrom beliebt, das heute noch viele kennen und oft zitiert wird.

Ein Neger mit Gazelle zagt im Regen nie. (Röhrich, S. 49; Gauger, 2006, S. 100)

Ob der Satz im normalen Sprachgebrauch vorkommt, ist fraglich. Meinem kindlichen Gemüt war das egal. Heute spricht gegen dieses Palindrom, dass das Wort Neger nicht mehr verwendet werden darf. Das folgende Palindrom ist politisch korrekt und ein sinnvoller Satz:

Trug Tim eine so helle Hose nie mit Gurt?

Das älteste bisher aufgefundene Palindrom stammt aus dem Jahr 55 n. Chr. Es handelt sich um die Inschrift auf einer Säule in Pompeji. Ein weiterer Beleg stammt aus dem Jahr 79 n. Chr, und zwar aus Herculaneum. Es war jenes Jahr, in dem die Stadt am Golf von Neapel durch den Ausbruch des Vesuvs untergegangen ist. Das Sator-Quadrat, so wird es genannt, ist nicht nur in Italien nachgewiesen, auch in England, Frankreich, Portugal und Schweden.

S A T O R
A R E P O
T E N E T
O P E R A
R O T A S

Der lateinische Satz *Sator Arepo Tenet Opera Rotas* (= Der Sämann Arepo hält mit Mühe die Räder) kann in vier verschiedenen Richtungen gelesen werden: vorwärts, rückwärts, horizontal und vertikal. Über die Bedeutung wurde viel diskutiert und geforscht, schon allein das Wort Arepo gibt Rätsel auf, es gilt die Annahme, dass es sich um einen Namen handelt, doch selbst das ist nicht sicher. Ist Sator ein Hinweis auf Saturn oder kann der Säer als Gott interpretiert werden? Demnach könnte es sich um ein frühes christliches Symbol handeln. Es wurde auch behauptet, dass das Sator-Quadrat vor Versuchungen des Teufels schütze, weil es den Teufel durch die vielfache Lesart konfus mache. Deshalb geht von der merkwürdigen Buchstabenfolge – und auch von jedem anderen Palindrom – ein magischer Zauber aus. Mich faszinieren Wortpalindrome auch deshalb, weil in ihnen das Prinzip der Symmetrie sichtbar wird, das grafisch noch verstärkt werden kann: **KAJAK.**

Nach demselben Prinzip wie das Sator-Quadrat funktioniert ein hebräisches Palindrom, das dem berühmten Schriftsteller, Gelehrten und Tora-Exegeten Abraham ben Meir ibn Esra zugeschrieben wird.

Inhaltlich geht es in dem mittelalterlichen Palindrom um die Frage, ob der Honig noch als koscher gilt, wenn eine Fliege in den Honigtopf gefallen ist.

In der heutigen Witzelandschaft sind Palindrome eine Seltenheit, manche sind lachhaft, weil sie inhaltlich schräg sind. Es sind eigentlich **Unsinnswitze**, denen man einen Sinn aufzwingen kann.

Erika feuert nur untreue Fakire.

◊

Alle Bananen, Annabella!

Einige fallen in die Kategorie **obszöner Witz** oder sind, wie es früher hieß, „Nix für Kinder":

An Omar liegt geil Ramona.

◊

O Greta, nun a tergo!

Kein Palindrom, sondern eine ungewöhnliche Verwendung des Ausdrucks ist der folgende **Antimännerwitz**:

Wenn ein Mann von vorne und von hinten gleich ausschaut, dann sagt man nicht Palindrom, sondern Arschgesicht.

Im Kabarett kommen Palindrome kaum vor, weil sie schwierig umzusetzen sind. Eine Gruppe deutscher Comedians fand in der Sat.1-Serie *Sechserpack* eine geniale Lösung. Die Schauspieler sprechen das Wort zunächst in der normalen Richtung und deuten mit dem Zeigefinger von links nach rechts, dann wiederholen sie das Wort und deuten dabei mit dem Zeigefinger von rechts nach links, also zurück.

Es ist die Geschichte einer Frau, die in einem Elektromarkt eine Kaffeemaschine kaufen will. Der Verkäufer rät ihr mit energischer Bestimmtheit zu einer roten, denn „Rot ist die einzige Farbe, die rückwärts gelesen auch einen Sinn ergibt: **Rot Tor, Rot Tor!**" Die Frau erkennt sofort, dass der Verkäufer in Palindromen schwelgt.

Verkäufer: *Rotor, das heißt vorwärts und rückwärts sogar dasselbe! Rotor. Rotor.*
Kundin: *Ich weiß, das nennt man ein Palindrom.*

Verkäufer: **Oho! Oho!**
Kundin: *Um ehrlich zu sein, hätte ich die sowieso lieber in Blau. Hätten Sie die auch noch in Blau da?*
Verkäufer: *Vielleicht in unserem* **Lagerregal. Lagerregal.**
Kundin: *Können Sie da vielleicht mal nachgucken?*
Verkäufer: **Nun. Wow.** *Ich eile, schließlich ich bin ja kein* **Rentner.** *Oh, eine* **SMS!** *Von meiner Frau* **Anna.** *Sie besucht gerade unseren* **Neffen.**
Kundin: *Also jetzt reicht's mir aber. Könnte ich bitte mal Ihren Vorgesetzten sprechen?*
Verkäufer: **Aha** *… Chef, können Sie bitte mal kommen?*
Marktleiter: *Hallo, gibt's da ein Problem? Ich bin der Marktleiter.*
Kundin: *Mein Name ist Baumann. Ja, es gibt ein Problem. Herr …?*
Marktleiter: *… Schmidt. Aber nennen Sie mich ruhig* **Otto. Otto.**
(Die Kundin gibt dem Marktleiter und dem Verkäufer eine Ohrfeige.)
Marktleiter und Verkäufer (*die Hand auf die Wange haltend*): Aua!
(Dann mit der üblichen Geste): **Aua!**
(Sechserpack, Staffel 5/15)

Diese kabarettistische Verarbeitung des sprachlichen Phänomens Palindrom mit einer effektvollen Pointe sucht ihresgleichen und wird nicht so schnell überboten werden.

„Kein Problem, Alan!" – Anagramme

Von den Palindromen ist es nur ein kleiner Schritt zu den Anagrammen.

„Papa, warum heißt mein Bruder Soren?" – „Weil deine Mutter Rosen mag und Soren ist ein Anagramm von Rosen." – „Ach so, danke Papa." – „Kein Problem, Alan!"

◊

„Dad, why did you name the new baby Teresa?" – „Well son, Teresa is an anagram. If you rearrange the letters, it spells Easter". – „Oh, so you named her that on account of how much you and mom love Easter." – „Yes, that's right, Alan!"

Als Anagramm werden Wörter oder Wortfolgen bezeichnet, die sich aus sämtlichen Buchstaben eines anderen Wortes oder einer anderen Wortfolge bilden lassen. Als besonders kunstvoll gilt es, wenn dadurch ein neues sinnvolles Wort oder eine neue sinnvolle Wortfolge entsteht. So ist „Zitronensaft" ein Anagramm von „Fronteinsatz" und „Atheismus" eines von „Mietshaus". Die Wörter „Ampel", „Lampe" und „Palme" sind untereinander Anagramme. Die Programmierer von Google haben sich einen netten Scherz ausgedacht: Wer in die Suchmaschine das Wort „Anagramm" eingibt, bekommt ein Anagramm als Frage: „Meintest du: MAMA RANG."

Anagramme gibt es seit der Antike. Der Begriff leitet sich von griechisch *anagraphein* ab, was sich mit „umschreiben" übersetzen lässt. Anagrammisierungen dienten auch dazu, ein Wort oder eine Wortfolge zu verschlüsseln. In diesen Fällen entsteht kein neuer Sinn, sondern eine Buchstabenfolge, die es zu enträtseln gilt.

Ein bekanntes Beispiel für die Verschlüsselung durch Anagrammisierung stammt von Galileo Galilei. Seine Erkenntnisse über den Planeten Saturn und dessen Ringe tat er mit einem Anagramm kund: SMAISMRMILMEPOETALEVMIBVNENVGTTAVIRAS.

Seine Zeitgenossen konnten den Sinn, der dahintersteckt, allerdings nicht entschlüsseln, bis Galileo Galilei den lateinischen Klartext nannte:
Altissimvm planetam tergeminvm observavi.
(Ich beobachtete den höchsten Planeten in dreigestaltiger Form.)
Galilei hielt die Ringe des Saturn fälschlicherweise für Objekte links und rechts des Planeten.

Auch der Autorenname des von mir erwähnten Buches über Schüttelreime, Benno Papentrigk, ist ein Anagramm. (Siehe S. 73) Dahinter verbirgt sich der Name des Verlegers und Goethe-Sammlers Anton Kippenberg. Er leitete von 1905 bis 1950 den Insel-Verlag.

Anagramm-Witze findet man in größerer Zahl im Englischen.

„Can you tell me an anagram of ‚rootworm'?" asked my teacher. I said, „Tomorrow." He said, „Too bad, I want one right now."

◊

„This is shit." Said the winner of world anagram championship.

◊

BBC Breaking News: The inventor of the anagram has died. May he „erect a penis".

„Güllehülle", „Langfingfang" und „Mahatmakindigt!" – Sprachparodiewitze

Einer gewissen Beliebtheit erfreuen sich jene Witze, in denen eine fremde Sprache parodiert wird. Ich halte diese Witze für wenig geistreich, kann sie aber wegen ihrer großen Reichweite nicht außer Acht lassen. Es handelt sich um nicht erratbare **Scherzfragen**.

Wie heißt der chinesische Verkehrsminister? – Um-Lei-Tung.
Und der chinesische Regierungssprecher? – Zei-Tung.
◊
Was heißt Dieb auf Chinesisch? – Lang Fing.
Und Polizist? – Lang Fing Fang.
Und Dienstpistole? – Lang Fing Fang Peng.
Und Polizeihund? – Lang Fing Fang Wau.
◊
Wie nennen Chinesen einen Oberschenkelbruch? – Knacki Knacki nah bei Sacki.
◊
Was wünscht der chinesische Außenminister dem amerikanischen Präsidenten Bill Clinton zu Silvester? – Guten Lutsch!

Im chinesischen Lautinventar gibt es keinen Laut, der unserem r exakt entspricht, aber sehr wohl ein l. Sinologen weisen darauf hin, dass Chinesen mit etwas Übung unser r erlernen können, während Japaner viel größere Probleme haben, r und l auseinanderzuhalten.

Neuerdings kursieren besonders viele **Scherzfragen** mit türkisch klingenden Antworten. Sie basieren auf dem häufigen Vorkommen des Vokals ü in der türkischen Sprache.

Was heißt Windel auf Türkisch? – Güllehülle.
Und was heißt Baby auf Türkisch? – Güllehüllefülle.
Was heißt Onanieren auf Türkisch? – Würg di Gürk.
Wie heißt der türkische Gesundheitsminister? – Izmir Übel.

Die meisten dieser Sprachparodiewitze sind vom Charakter her **Ethnowitze**: „Die Chinesen", „die Türken" etc. werden lächerlich, wenn nicht gar verächtlich gemacht.

Keine Nation wird bei diesen Witzen verschont. Oft klingen dabei typische Namen durch. Ich halte diese Art von **Scherzfragen** für halbwegs erträglich.

Wie heißt ein Schnellkochtopf auf Italienisch? – Garibaldi.

◊

Was sagt ein indischer Arbeitsloser? – Mahatmakindigt.

◊

Wie heißt der berühmteste schwedische Sexualtherapeut? – Lasse Samströhm.

Kehren wir den Scherzfragen den Rücken zu und schließen wir das Kapitel mit einem schönen Dialogwitz ab! Es geht um ein **unabsichtliches Missverständnis**.

Anruf bei der Polizei: „Am Bahndamm liegt ein Gleis!" Sagt der Polizist: „Jawohl, das soll es ja auch." Legt auf. Zehn Minuten später ruft derselbe Mann wieder an: „Jetzt haben Sie ihn übelfahlen, den alten Mann!"

„Gut, dass du das einmal ansprichst!" – Verschiedene Sprachregister

Dieses Mal beginne ich gleich mit einem Witz als Anschauungsmaterial. Es geht um eine Neureiche, die Sie schon gut kennen.

Musikabend bei Pollaks. Der Geigenvirtuose fragt, ob er dem verehrten Publikum die a-Moll- oder die c-Moll-Beethovensonate zu Gehör bringen solle. Darauf entscheidet Frau Pollak: „Erst spielen Sie a Mol, und wenn es den Gästen gefällt, dann können Sie es meinetwegen auch zeh Mol spielen." (Landmann, 1962, S. 203; vgl. Eisenbach, XVI, S. 12)

Frau Pollak ist noch stark in ihrer dialektalen Sprachwelt verfangen, in die sie hineingeboren wurde. Sie beherrscht nicht das Sprachregister jener Gesellschaftsschicht, in die sich ihr Mann emporgearbeitet hat. Dort kommuniziert man anders – auf einer höheren Sprachebene. Da ihre Ausdrucksweise stadtbekannt ist, unterstellt man ihr in einem Witz sogar einen Fäkalausdruck, den sie gar nicht verwendet hat.

Frau von Pollak geht in der Kärntner Straße in ein Geschäft mit modernen Kunstgegenständen. „Gnädigste wünschen?" – „Ich möchte Bronzen." – „Bitte hier, gnädige Frau, die Tür links!" (Landmann 2010, S. 586)

Unter **Sprachebenen** sind Varietäten einer Sprache zu verstehen, die sich durch einen bevorzugten Wortschatz, durch bevorzugte grammatische Konstruktionen und durch Abwandlung der Grammatik von der Standardsprache unterscheiden. So wird es in der Sprachwissenschaft definiert. Damit eng verwandt ist in der Linguistik der Begriff **Register**. Darunter versteht man die für einen bestimmten Kommunikationsbereich charakteristische Rede- und Schreibweise. Im Register werden soziale Beziehungen sprachlich abgebildet. So benützt ein Angestellter im Gespräch mit seinem Vorgesetzten eine andere Sprechweise als unter Freunden. Mit einem Fremden reden wir anders als mit einem Bekannten oder mit einem Freund. Letztlich spielt auch die Stellung in der Gesellschaft eine Rolle: Ein Arbeiter redet anders als ein Großbürger.

In einigen **Mutter-Kind-Witzen** kommt es zu Missverständnissen, weil das Kind in der Jugendsprache kommuniziert, die Mutter aber auf Einhaltung der standardsprachlichen Prinzipien besteht. Den folgenden kennen Sie schon:

„*Mama, ich geh' Ikea!*" – „***Zu** Ikea!*" – „*Dann ich geh' morgen Ikea.*"

Auch Akademiker vergreifen sich manchmal im Register. Im nächsten Beispiel redet ein Sozialpädagoge mit einem Ortsfremden in seinem Berufsjargon – und er duzt ihn.

Ein Sozialpädagoge wird auf der Straße gefragt: „Sagen Sie mir bitte: Wo geht es denn hier zum Bahnhof!" – *„Keine Ahnung ... Aber ich find's gut, dass du das einmal ansprichst!" Einen Tag später fragt ihn jemand, der das Gespräch zufällig mitgehört hat: „Wissen Sie jetzt, wo der Bahnhof ist?"* – *„Nein, aber ich kann damit umgehen."* (vgl. Gauger, 2006, S. 84–85; vgl. Koch, S. 48)

Der Sozialpädagoge kaschiert sein Nichtwissen, indem er den Ortsfremden lobt. So reagiert er als Vortragender, wenn ihm eine Frage gestellt wird. Im zweiten Teil des Witzes bringt er mit einer Floskel zum Ausdruck, dass es für ihn irrelevant ist, den Weg zum Bahnhof zu kennen. Der feine Herr fährt nicht mit der Bahn. Sicherlich verwendet er die Floskel oft auch in der Frageform: „Wie gehst du damit um?"

Der Berufsjargon passt nicht in das Sprachregister der Alltagskommunikation und steht in einem **Kontrast** zum trivialen Inhalt der Frage, nämlich einer Wegauskunft. Zu erwarten wäre die Antwort: „Tut mir leid, ich weiß es nicht." Und im zweiten Teil des Witzes: „Ich weiß es noch immer nicht, es ist für mich nicht von Belang."

Auch Wissenschafter untereinander haben Verständnisprobleme, vor allem dann, wenn sie in verschiedenen Forschungsgebieten arbeiten.

Ein Professor der Sprachwissenschaft hält einen Vortrag. Nach einigen Sätzen unterbricht er sich mit freundlicher Geste zum Mikrofon: „Können Sie mich verstehen?" Ein Philosoph im Auditorium ruft zurück: „Nur akustisch!" (Gauger, S. 41)

Manchmal dienen unterschiedliche Sprachregister auch als Baumaterial für **sexuelle Witze**.

Treffen sich zwei Blondinen. Sagt die eine: „Gestern hatte ich Sex mit einem Akademiker. Der hatte einen Penis." Als die Freundin darauf nichts sagt, erklärt sie: „Das ist das Gleiche wie ein Schwanz, nur kürzer!"

Im ersten Moment scheint es, als würde dieser Witz mit dem Stereotyp operieren, dass Blondinen dumm sind. Die angesprochene Blondine dürfte die lateinische Bezeichnung für das männliche Geschlechtsorgan nicht kennen. Doch dann entpuppt sich die Geschichte als ein **Antimännerwitz** (siehe S. 49 ff.). Die Pointe läuft darauf hinaus, dass der Akademiker nicht gut bestückt ist und beim Sexualakt im Jargon der Mediziner redet. Das klingt für die Blondine merkwürdig und war in der besagten Nacht vermutlich auch lusttötend.

Ein Bursche und ein Mädchen lernen sich in der Disco kennen und verbringen anschließend die Nacht miteinander. Am Morgen fällt dem Mann ein, dass er sie noch gar nicht nach ihrem Namen gefragt hat. „Na, mein Schatz, wie heißt du eigentlich?" Darauf sie: „So wie das zwischen meinen Beinen, aber ohne den Anfangsbuchstaben." – „Was? Ut?"

Das Mädchen Uschi bezeichnet ihr Geschlechtsorgan mit einem Ausdruck, der kaum noch tabuisiert ist und fast genauso wie ihr Vorname klingt. Der Bursche hingegen denkt an den im Süden des deutschen Sprachraums gängigen Dialektausdruck, der einen derben Ton hat.

Version 2

*Darauf sie: „So wie das zwischen meinen Beinen, aber ohne den Anfangsbuchstaben." – „Was? **Otze**?"*

Nur ganz selten ist eine falsche **Sprachebene** hilfreich. Im Witz gibt es auch das.

Sitzt ein Professor der Juridischen Fakultät neben einem Schild „Angeln verboten" und angelt. Kommt ein Polizist vorbei und fragt: „Mit welchem Recht angeln Sie hier?" Der Professor: „Mit dem Recht des überlegenen, menschlichen Intellekts über die unterlegene, animalische Kreatur." Darauf der Polizist: „Entschuldigung, man kann ja nicht alle Gesetze kennen!"

Der Polizist hat sich offensichtlich immer wieder mit schwer verständlichen Gesetztestexten herumschlagen müssen, sodass er alles, was er nicht versteht, für einen Gesetzestext hält.

In den sogenannten **Polizistenwitzen** sind die „Hüter des Gesetzes" immer die Dummen.

Frau Pollak geht mit einem prächtigen Rassehund spazieren. Ein Bekannter bewundert ihn: „Was für ein herrlicher Hund! Er hat doch einen Stammbaum?" – „Nicht, dass ich wüsste. So viel ich merke, pischt er unter einem jeden Baum." (Landmann 1962, S. 202)

In diesem **Frau-Pollak-von-Parnegg-Witz** passt das Tabuwort „pischen" nicht zur Sprachebene, die von dem Mann zu Beginn des Dialogs angeschlagen wird.

Wenn Wörter wie „pischen", „scheißen" oder „furzen" in der Pointe vorkommen, wird auch wegen des **Tabubruchs** gelacht. Ein Wiener Schauspieler soll das Bonmot geprägt haben: „Der Schas ist der beste Komiker." Für mein *Unanständiges Lexikon. Tabuwörter der deutschen Sprache und ihre Herkunft* wollte ich den Urheber eruieren – es ist mir nicht gelungen. In zweiter Linie wird gelacht, weil die tabuisierten Dialektausdrücke nicht zur Sprachebene passen. Sie stehen meist ganz am Ende des Witzes oder finden sich im letzten Satz.

Im Dom wird das Chorgestühl repariert. Der Bischof will sich ansehen, wie die Sache vorangeht und kommt eben dazu, wie sich einer der Zimmerleute fürchterlich auf den Daumen haut. „Himmelkreuzundverdammtnocheinmal!", sagt der Mann ziemlich laut. Da bleibt der Bischof neben ihm stehen und sagt: „Mein Sohn, musst du hier so entsetzlich fluchen? Kannst du nicht wie jeder andere Christenmensch schlicht und einfach ‚Scheiße' sagen?" (Bemmann, 1970, S. 121)

Das ist ein großartiger klerikaler Witz aus der von Hans Bemmann herausgegebenen Sammlung. Der Bischof kritisiert erwartungsgemäß das Fluchen mit heiligen Wörtern als Verstoß gegen das 2. Gebot. Zu erwarten wäre aber auch, dass er das Fluchen mit Kraftausdrücken generell ablehnt – weil es nicht zur christlichen Sprachkultur gehört. Dem ist aber nicht so. In der überraschenden Pointe empfiehlt der Bischof dem Zimmermann, mit dem gängigsten Fäkalausdruck zu fluchen, weil dies unter Christen durchaus üblich sei.

Ein Bus, voll besetzt mit Touristen, setzt sich langsam in Bewegung. Da sehen die Passagiere, dass neben dem Bus ein Mann rennt. Er stolpert, erfängt sich, stolpert wieder, erfängt sich. Einer der Fahrgäste ruft zum Fenster hinaus: „Hören Sie auf! Beim dritten Mal mach' ich in die Hose!" Darauf der Mann, außer Atem: „Sie werden sich gleich anscheißen: Ich bin der Busfahrer!"

Auch dieser Witz ist ein Musterbeispiel für einen **Situationswitz** (siehe S. 11), der in der Verwendung eines fäkalen Ausdrucks kulminiert. Interessant ist auch, dass sich der Fahrgast vorsichtig ausdrückt: „sich (vor Lachen) in die Hose machen". Die Diktion des Busfahrers ist hingegen drastisch: „sich (vor Schreck) anscheißen". So gesehen ist es auch ein **Überbietungswitz**. Anders betrachtet handelt es sich um die **Mehrfachverwendung desselben Materials mit Modifikation**. Der Fahrgast sagt sinngemäß: „Ich werde gleich in ein Lachen ausbrechen." Der Busfahrer antwortet: „Das Lachen, in das Sie ausbrechen werden, wird größer sein, als Sie glauben." Oder anders gesagt: „Das Gegenteil wird eintreten! Ihnen wird das Lachen gleich vergehen!"

Versucht man alle Schichten dieses Witzes herauszuschälen, stößt man noch auf eine weitere Technik, jene der **Auslassung**. Was der hinterherrennende Busfahrer nicht sagt, erschließt sich den Fahrgästen und dem Zuhörer des Witzes durch Assoziation: Der Bus rollt fahrerlos bergab oder wird gerade entführt!

Ich hoffe, ich habe Ihnen mit dieser langen Erklärung nicht den Spaß an diesem herrlichen Witz verdorben. Freud weist darauf hin, dass Witze mehrere Techniken beinhalten können, was die Einordnung erschwere. In Bezug auf den Ausspruch „Der Mann hat eine große Zukunft hinter sich" schreibt Freud: „Die Witztechnik ist durch nichts behindert, sich mehrerer Mittel gleichzeitig zu bedienen, die wir aber nur der Reihe nach kennenlernen können." (Freud, Anm. S. 43)

Bleiben wir noch kurz bei der interessanten Technik **Darstellung durch das Gegenteil**, auch **Antiphrasis** oder **Antiphrase** genannt.

Sigmund Freud bringt als Beispiele vor allem Aphorismen, ich möchte zur Illustration dieser Technik aus der Sammlung „Der politische Witz" von Milo Dor und Reinhard Federmaier zitieren.

Nach der Rückkehr der österreichischen Regierungsdelegation, die 1955 die Staatsvertragsverhandlungen in Moskau erfolgreich zu Ende gebracht hatte, wurde Julius Raab von einem deutschen Journalisten gefragt: „Eine offene Frage, Herr Bundeskanzler: Warum haben die Russen eigentlich wirklich nachgegeben?" Darauf Raab: „Weil wir eine so furchterregende Nation sind." (Dor/Federmaier, S. 192)

„Für meine Gesundheit ist mir nichts zu teuer!" – Verschiebungswitze

In Romanen kann es unterschiedliche Erzählperspektiven geben. Der **Ich-Erzähler** schildert nur das, was er sieht, wissen kann und empfindet. Er erzählt in der ersten Person. Demgegenüber hat der **auktoriale Erzähler** unbegrenzten Zugang zu allen Informationen der erzählten Welt und ist allwissend. Er erzählt in der dritten Person. Eine dritte Variante aus einer anderen Kategorisierung ist der **neutrale Erzähler**. Auch er erzählt in der dritten Person, aber er kommentiert weder das aktuelle Geschehen noch überblickt er Vergangenheit und Zukunft der dargestellten Welt.

Der Erzähler in Witzen ist immer ein neutraler Erzähler, Gleiches gilt übrigens für sachliche Texte und für Texte mit vielen Dialogen. Der Erzähler beschreibt das, was äußerlich sichtbar ist, und er enthält sich jeglicher Wertung.

Obwohl es einen neutralen Erzähler gibt, kann es im Verlauf des Witzes zu einem Wechsel der Perspektive kommen. Freud bezeichnet solche Witze als Verschiebungswitze. Ein Beispiel dafür ist der „Mayonnaise"-Witz, ein Klassiker unter den jüdischen Witzen. Er geht vielleicht auf ein altes jüdisches Sprichwort zurück, das nicht die kulinarischen, sondern die sexuellen Nöte zum Inhalt hat.

Hab' ich a Mädel, hab' ich ka Bett.
Hab' ich a Bett, hab' ich ka Mädel.
(Reik, 1929, Anm. S. 53)

Hier eine sehr alte Version des „Mayonnaise"-Witzes aus dem Schwänke-Buch von Olsvanger. Er hat sie von einem russischen Juden erzählt bekommen.

*Ein Schnorrer kommt zum reichsten Mann der Stadt und klagt, er habe seit zwei Tagen keinen Bissen im Mund gehabt. Der Reiche gibt ihm einen Rubel. Ein paar Stunden später geht der Reiche in ein vornehmes Restaurant und dort sieht er den Schnorrer behaglich am Tisch sitzen und eine Mayonnaise verzehren. Wütend geht er auf ihn zu: „Dazu gehen Sie schnorren, damit Sie Mayonnaise essen können?" – „Das ist wirklich stark", entgegnet der Schnorrer aufgebracht, „wie ich keinen Rubel in der Tasche hatte, **konnte** ich keine Mayon-*

naise essen; jetzt, da Gott mir geholfen hat und ich einen Rubel bekommen habe, **darf** ich keine Mayonnaise essen; sagen Sie mir doch Herr, – **wann** soll ich eigentlich eine Mayonnaise essen?" (Olsvanger, S. 126–127)

Das Produkt Mayonnaise taucht erstmal 1819 in einem französischen Kochbuch auf, es soll aus den Balearen stammen. Zur Herstellung braucht man viel Eidotter und ein gutes Öl. Deshalb galt Mayonnaise lange Zeit als Luxus.

Sigmund Freud greift die ursprüngliche Version auf, verändert die Währung – statt 1 Rubel 25 Gulden – und ergänzt das Gericht auf „Lachs mit Mayonnaise", ehe er den Witz ausführlich analysiert (Freud, S. 65, S. 71 und S. 123–124). Auch bei Salcia Landmann findet sich der Witz (Landmann, 2010, S. 242), Karl Farkas baut ihn in der *Klabriaspartie 1961* in einen Dialog ein.

> REIS *(zu Schigerl): Gestern erzählen Sie mir, wie schlecht es Ihnen geht? Ihre Frau kann die Miete nicht bezahlen? Ihre Kinder haben keine Schuhe? Ich borge Ihnen zwanzig Schilling –*
> STANGL: *Und ich zehn – und Sie gehen damit Mayonnaise essen?*
> SCHIGERL *(ruhig): Ich versteh' Sie nicht, meine Herren! Wenn ich* **kein** *Geld hab',* **kann** *ich keine Mayonnaise essen – wenn ich Geld hab',* **darf** *ich keine essen –* **wann** *soll ich Mayonnaise essen?*
> REIS: *Überhaupt nicht! Ein Mensch wie Sie isst ein paar Würstel!*
> SCHIGERL *(zu Josef): Ein paar Würstel auf Rechnung von Herrn Reis!*
> REIS *(zu Josef): Weh' Ihnen!* (Farkas, Klabriaspartie, 1961, S. 5)

In Anlehnung an die Usancen der **Schnorrerwitze** ist bei Karasek der Spender des Geldes ein Rothschild. In vielen Witzen wird Rothschild zu einem Gattungsnamen für einen unglaublich reichen Mann, und er ist der Hauptadressat des Schnorrers. Aus „Lachs mit Mayonnaise" wird „Kaviar mit Champagner". Der Witz hat einige Metamorphosen hinter sich, aber die Substanz ist immer dieselbe.

Zurück zu Sigmund Freud und seiner Analyse: „Der Mann verteidigt sich dagegen, dass er das ihm geliehene Geld für den Leckerbissen verwendet hat, und fragt mit einem Schein von Recht – **wann** er denn Lachs essen darf. Aber das ist gar nicht die richtige Antwort; der Geldgeber wirft ihm nicht vor, dass er sich den Lachs gerade an dem Tag gegönnt, an dem er sich das Geld geborgt, sondern mahnt ihn daran, dass er in seinen Verhältnissen *überhaupt nicht* das Recht habe, an solche Leckerbissen zu denken. Diesen einzigen möglichen Sinn des Vorwurfes lässt der verarmte Bonvivant unberücksichtigt, antwortet, als ob er den Vorwurf missverstanden hätte." (Freud, S. 65)

Freud bezeichnet „Lachs mit Mayonnaise" als einen typischen Verschiebungswitz (Freud, S. 71). Die Antwort werde vom Standpunkt eines reichen Mannes gegeben, aber der Bittsteller ist verarmt und auf Geborgtes angewiesen. Was wie ein Denkfehler aussieht, sei eine Verschiebung des Gedankengangs.

Freud stellt sich selbst die alles entscheidende Frage: War die Handlung des „verarmten Gourmands" Recht oder Unrecht? (Als Gourmand bezeichnete man damals nicht einen Vielfraß, sondern jemanden, der viel und gut zu essen pflegte.) Er beantwortet die Frage so: „Ja, der Mann hat recht, es gibt nichts Höheres als den Genuss, und es ist ziemlich gleichgültig, auf welche Art man sich ihn verschafft." (Freud, S. 123–124)

Wir haben es hier, wie bereits erwähnt, gleichzeitig mit einem **Schnorrerwitz** zu tun. Der Schnorrer ermöglicht den gläubigen Juden, einer der wichtigeren religiösen Pflichten nachzukommen – der Barmherzigkeit gegenüber Schwächeren und der Almosenspende. „Jede jüdische Gemeinde hatte ehedem mindestens einen Schnorrer und oft eine ganze Kompanie", schreibt Leo Rosten in seinem Buch *Jiddisch. Eine kleine Enzyklopädie*. „Der jüdische Schnorrer war weder kleinlaut noch demütig, er jammerte und schmeichelte nicht, sondern betrachtete sich als Profi und Künstler. Er bat nicht um Almosen, sondern nahm seine berechtigten Ansprüche wahr. Er erwartete, dass man seine Fähigkeiten anerkannte, wenn nicht gar lobte. Die Schnorrer betrachteten sich als Mitglieder einer etablierten Berufsgruppe. Sie waren aufdringlich, dreist, zynisch, rasch beleidigt und schlagfertig. Ihre Chuzpe war legendär. Prospektive Wohltäter wurden rücksichtslos unter Druck gesetzt und aufgezogen. War die Gabe nicht groß genug, musste man damit rechnen, dass sie der Schnorrer zurückwies, mehr verlangte oder den Spender öffentlichem Spott aussetzte." (Rosten, S. 540) So gesehen setzt sich der Gönner ins Unrecht, wenn er dem Schnorrer einen Lachs mit Mayonnaise nicht gönnt.

Ein Schnorrer trägt dem reichen Baron seine Bitte um Gewährung einer Unterstützung für die Reise nach Ostende vor; die Ärzte hätten ihm Seebäder zur Herstellung seiner Gesundheit empfohlen. „Gut, ich will Ihnen etwas dazu geben", meint der Reiche, „aber müssen Sie gerade nach Ostende gehen, dem teuersten aller Seebäder?" – „Herr Baron", lautet die zurechtweisende Antwort, „für meine Gesundheit ist mir nichts zu teuer." (Freud, S. 71, vgl. Landmann, 1960, S. 248–249)

Wir haben zunächst den berechtigten Eindruck, dass der Hergang aus der Perspektive des reichen Barons geschildert wird. „Wenn ich schon so spendabel bin, dann erwarte ich, dass der Schnorrer mit meinem Geld sorgsam umgeht." Die Antwort des Schnorrers bringt einen Perspektivenwechsel: „Für meine Gesundheit ist mir nichts zu teuer." Wir werden aufgefordert, die Sache aus seiner Sicht zu sehen, soll heißen: „Jeder hat das Recht, auf seine Gesundheit zu achten, egal ob mit eigenem oder mit geborgtem Geld." Bleibt man bei der Perspektive des Gönners, so lässt sich die Reaktion des Schnorrers am besten mit dem Wort Chuzpe umschreiben.

Salomon Fichtenbaum tritt in ein Restaurant, wo er einen Gast bemerkt, den er vor einigen Stunden mit zwei Gulden beschenkt hat, und der vor sich eine Portion Rheinlachs sowie eine Flasche Ausbruch-Wein stehen hat. Darüber verärgert tritt er an den Gast heran und sagt: „Vormittags waren Sie bei mir schnorren und jetzt vergönnen Sie sich solch teure Speisen und Getränke?!" – „Warum nicht!", sagt der Schnorrer, „was essen und trinken betrifft, da ist mir nichts zu teuer." (Reitzer, Gut Jontev, S. 43)

Diese Geschichte beginnt wie der „Mayonnaise"-Witz und endet wie der „Ostende"-Witz.

Leo Rosten verbucht einen Witz, der um die Challa kreist, das ist „ein geflochtener, mit Eiweiß glasierter Zopf aus weichem, weißem Hefeteig von delikatem Geschmack". Die Challa wird nur am Schabbat und an Feiertagen serviert. „Ich persönlich halte die Challa für einen der wenigen jüdischen Beiträge zur feinen Küche", schreibt Rosten.

Ein Bettler hat das Mitleid der Hausfrau erweckt. Sie bittet ihn ins Haus und gibt ihm etwas zu essen. Der Brotkorb ist voller Schwarzbrot, und auf einem Teller liegen ein paar Scheiben Challa. Der Bettler stürzt sich prompt auf die Challa. „Wir haben auch Schwarzbrot", sagt die Hausfrau vorsichtig. „Ach, die Challa ess ich eigentlich lieber." – „Aber die Challa ist sehr viel teurer!" – "Aber das ist sie auch wert, gute Frau!" (Rosten, S. 154; Landmann, 1962, S. 121)

Torberg hat in der *Tante Jolesch* eine Anekdote mit ähnlicher Technik gebracht, im Mittelpunkt steht der Rechtsanwalt Dr. Hugo Sperber, ein überzeugter Sozialdemokrat, der in politischen Prozessen Angeklagte gratis verteidigt hat. Wenn die Anekdote schon zuvor in Form eines Witzes kursierte, was anzunehmen ist, klang die Geschichte vermutlich so:

Einem Mann wird vorgeworfen, dass er zwei Einbrüche verübt hat, einen bei Tag und einen bei Nacht. Der Staatsanwalt: „Angeklagter, es ist eine besondere Frechheit, dass Sie Ihr verbrecherisches Handwerk sogar bei Tageslicht ausgeübt haben. Dafür sollen Sie hart bestraft werden!" Und nach einer kurzen Pause: „Nicht weniger verwerflich ist Ihre zweite Tat. Bei dieser haben Sie sich mit besonderer Tücke das Dunkel der Nacht zunutze gemacht …" Da unterbricht ihn der Verteidiger: „Herr Staatsanwalt, wann soll mein Klient eigentlich einbrechen?" (Torberg, Tante Jolesch, S. 192–193)

Auch dieser Witz enthält eine **Verschiebung**. Der Staatsanwalt argumentiert so, wie wenn es entscheidend wäre, *wann* der Angeklagte eingebrochen hat. In der Verhandlung müsste es aber darum gehen, *ob* er eingebrochen hat, und natürlich darf er nach dem Gesetz *überhaupt nicht* einbrechen, weder bei Tag noch bei Nacht. Dass gerade der Verteidiger den Staatsanwalt auf diese Inkonsequenz hinweist, ist das Wesen dieses Witzes.

Auch in dem Buch *Gut Schabbes* sind einige schöne Verschiebungswitze zu finden. Der folgende ist ein Prachtstück, ich habe ihn ein wenig zusammengestutzt, aber er ist noch immer von beträchtlicher Länge.

Ein Kaufmann kommt jedes Mal am späten Nachmittag nach Budapest, um beim Großhändler Tücher einzukaufen. Er bittet immer um Erlaubnis, das Abendgebet in einer Ecke verrichten zu dürfen, und benützt diese Gelegenheit, ein paar Seidentücher in seinem Kaftan mitgehen zu lassen. Ein Kommis (Gehilfe) *bemerkt dies und meldet es seinem Chef. Dieser ist in einer großen Verlegenheit, weil der Kaufmann ein sehr guter Kunde ist. Bei der nächsten Gelegenheit sagt er*

dem Kommis, er solle statt Seidentücher nur wohlfeile Batisttücher hinlegen. Als der Kaufmann wieder sein Abendgebet verrichtet, betastet er während des Gebets die Tücher und bemerkt sofort den Unterschied. Er dreht sich um, sieht in seiner Nähe den Kommis und droht ihm lächelnd mit dem Finger: „Ihr seid doch große Spitzbuben!"
(Reitzer, Gut Schabbes, S. 69)

Bis zum vorletzten Satz verfolgen wir den Witz aus der Perspektive des bestohlenen Großhändlers. Bei uns verfestigt sich der Gedanke: „Der Kaufmann ist ein Spitzbube!" Erst in der abschließenden Reaktion des Kaufmanns kehrt sich die Perspektive um: Der Kaufmann wurde auf spitzbübische Weise des Diebstahls überführt – noch dazu von einem Kommis, einem Gehilfen!

> ROSALIA: *Nü, Awrom, mei schöner Mon! Worst de bei der Audienz?*
> AWROM: *Eb iach wor! Gott, wos for e feiner Mensch der Kaiser ist!*
> ROSALIA: *Nü, wie hat er dich aufgenummen? Wos fer e Impression hat er auf dir gemacht?*
> AWROM: *E Klabrias thet iach gerne mit ihm spielen!*
> (Reitzer, Gut Schabbes, S. 33)

Awroms Aussage lässt sich so auf den Punkt bringen: „Wäre der Kaiser einer von uns, dann könnte ich mit ihm an einem Tisch sitzen und wir würden ein jüdisches Kartenspiel spielen. Aber er ist aus einer anderen Welt, an der er uns nicht teilhaben lassen kann." Damit nähert sich die Pointe dem „famillionär"-Witz von Heinrich Heine (S. 209 ff.).

Das gleiche Thema wird in einer Geschichte angerissen, die Bundeskanzler Bruno Kreisky als Anekdote zugeschrieben wird.

> *Der Kanzler pflegt um Mitternacht mit seinen beiden Boxern in der Heurigengegend des 19. Bezirks in Wien spazierenzugehen. Eines Tages kehrt er nach einem solchen Spaziergang noch kurz in einer Buschenschenke ein, in der ein letzter bezechter Gast den Neuankömmling mit den Worten mustert: „Is' er's oder is' er's net?" – „Er is' net, denn wenn er's wär', tät' er net zum selben Heurigen geh'n wie wir!"* (Kunz, S. 106)

Die Anekdote – oder ist es die Weiterentwicklung eines Witzes? – wurde von dem ORF-Journalisten Johannes Kunz, später Kreiskys langjähriger Pressesekretär, aufgezeichnet und ist in dem Buch „Ich bin der Meinung. Kreisky in Witz und Anekdote" enthalten. Obwohl schon in Kreiskys Elternhaus Religion keine Rolle spielte und Kreisky sich als Agnostiker bezeichnete, war er im Judentum stark verwurzelt. Während er gegenüber Journalisten „Der Mann ohne Eigenschaften" von Robert Musil als sein Lieblingsbuch bezeichnete, pries er gegenüber Freunden und Mitarbeitern den Roman „Nachts unter der steinernen Brücke" von Leo Perutz als sein liebstes Buch an: Im Zentrum des historischen und magischen Romans steht ein Rabbi. Kreisky verwendete auch gerne jüdische Bonmots wie „Mach dich nicht so klein, du bist nicht so groß!".

Schmaje Singer betritt das Zimmer seiner Frau und findet dort einen Zylinderhut auf einem Sessel. „Schma Jisrael", ruft er ganz entrüstet, „hast e Leichtsinn von den Menschen." (Gut Schabbes, S. 51)

Bis zum Entrüstungsschrei „Schma Jisrael" glauben wir, dass nun eine Reaktion auf die weibliche Untreue kommen wird. Aber nichts dergleichen geschieht. Der Mann wundert sich, dass der Liebhaber den Hut hat liegen lassen: Was für ein Leichtsinn! „Schma Jisrael" (Höre Israel!) ist ein jüdisches Glaubensbekenntnis, das aus der Tora stammt und mit diesen zwei Worten beginnt. Hier hat es dieselbe Bedeutung wie der Ausruf „Oh, Gott!".

Sigmund Freud weist darauf hin, dass die Verschiebungstechnik auch bei **Scherzfragen** vorkommt (Freud, Anm. S. 167). Sein **Dreizahlbeispiel** ist einleuchtend und durchaus amüsant.

Was ist ein Kannibale, der seinen Vater und seine Mutter aufgefressen hat? – Waise.
Und wenn er alle seine anderen Verwandten mit dazu aufgefressen hat? – Universalerbe.
Und wo findet solch ein Scheusal noch Sympathie? – Im Konversationslexikon unter S.

Zum Abschlusss einige **Flachwitze**, die sich dieser Technik bedienen:

Bei der Musterung. „Zu welcher Einheit möchten Sie?" – „Zum Generalstab." – „Sind Sie verrückt?" – „Ist das Bedingung?"

„Geben Sie mir doch wenigstens einen Groschen?" – „Einem gesunden Mann wie Ihnen gebe ich nichts." – „Soll ich mir wegen Ihrer paar Groschen extra die Knochen brechen?"

◊

In der Oper schwärmt die Gattin: „Wie himmlisch der Tenor singt." Der Ehemann ungerührt: „Nu – wenn schon. Wenn ich mecht' haben seine Stimme, mecht' ich auch so schön singen." (Hirsch, S. 100–101)

◊

Zwei Männer liegen am Strand, als eine Möwe etwas auf die Glatze des einen fallen lässt. Da bietet der andere Klopapier an und der Glatzkopf sagt: „Die Möwe ist schon zu weit weg." (Hirsch, S. 309)

„Redscht oanfoch so wia r i!" – Dialektwitze

Im einleitenden Witz, der Sie einstimmen soll, geht es um das Selbstverständnis der Dialektsprecher.

Am achten Tag erschuf Gott die Dialekte. Der Vorarlberger ist hoch zufrieden: „Koiner kaa so schwätze wie miar im Ländle!" Der Wiener brüstet sich: „Heast, Weanerisch is leiwand!" Nur der Tiroler steht traurig vor Gottes Thron. Für ihn ist kein Dialekt mehr übrig. Da hat Gott Mitleid und sagt: „Sei nit traurig. Redscht oanfoch so wia r i!"

Treffender könnte man nicht das Faktum illustrieren, dass viele ihren eigenen Dialekt besonders lieben. Der Witz existiert daher in mehreren Varianten, Gott spricht im Witz immer den Dialekt des Witzeerzählers. Man kann auch gleich den ganzen Witz im Dialekt erzählen ...

Wia noch da Easchoffung von da Wöd am ochtn Dog de Dialekte vadäut wuan san, is fian Weana kana iwablibm, und do woa da Weana draurich. Do hod da liawe God gsogt: „Heast, Oida, moch da ned ins Hemd! Dann redst hoid so wia r i!"

Bei den eigentlichen Dialektwitzen geht es um Missverständnisse verschiedenster Art. Manche Witze thematisieren mit ein wenig Häme das Problem, dass deutsche Touristen mit österreichischen Dialektsprechern nicht zurechtkommen.

Ein Tourist aus Berlin macht mit einem Einheimischen eine Bergtour. „Jibts hier Jemsen?" – „Wos host gsogt?" – „Jibts Jemsen da?" – „I vasteh di ned." – „Mann! Ich will wissen, obs hier Jemsen jibt!" – „Glaw i nit. Oba wanns wöchane gibt, hobtsas ihr eingschleppt."

Das ist zweifellos ein absichtliches Missverständnis. Der Österreicher weiß, dass Gemsen gemeint sind. Für ihn ist die Frage unsinnig, und deshalb antwortet er dem Dialektunkundigen mit einem noch gröberen Unsinn (siehe S. 79). Der Unsinn besteht darin, dass man Gemsen erstens nicht wie Ungeziefer einschleppt und dass sie zweitens eh schon da sind. Dem Berliner wird für etwas die Schuld in die Schuhe geschoben, das nicht sein kann.

Witze dieser Art geben ein Bild wieder, das sich die Österreicher von sich selbst machen: Wir sind witzig und schlagfertig – deutsche Touristen führen wir an der Nase herum. Die Sozialwissenschaft bezeichnet dies als **Autostereotype**.

Dialog zwischen einem deutschen Touristen und einem Einheimischen. „Wie heißt der Berg dort drüben?" – „Wöchana?" – „Aha, vielen Dank!"

◊

Ein Schweizer, ein Vorarlberger und ein Norddeutscher sitzen zusammen im Zug. Da fragt der Schweizer den Norddeutschen: „Sind Sie scho mal in Züri gsi?" Der Norddeutsche versteht nicht. Da fragt der Schweizer noch einmal: „Sind Sie scho mal in Züri gsi?" Der Norddeutsche versteht noch immer nicht. Da versucht ihm der Vorarlberger auf die Sprünge zu helfen: „Er moint gwä!"

Die Erklärung des Vorarlbergers ist gut gemeint, aber schlecht gemacht, sie wird nicht weiterhelfen. Im Alemannischen – und damit auch in Vorarlberg – wird „gsi" statt „gewesen" verwendet. Von daher stammt auch der scherzhafte Ausdruck „Gsiberger" für Vorarlberger. Die Erklärung „Er moint gwä!" soll dem Norddeutschen auf die Sprünge helfen, doch dabei verballhornt er das für ihn ungewohnte Wort „gewesen" bis zur Unkenntlichkeit.

Von dem abschließenden Witz, den Sie schon kennen, möchte ich zunächst die Urfassung bringen. Es handelt sich um einen **Moritzl-Witz**, den Heinrich Eisenbach um 1900 erzählt hat und der auch bei Salcia Landmann zu finden ist.

Der kleine Moritz geht mit seinem Vater im Wald spazieren und fragt: „Vater, was sind das für Beeren?" – „Das sind Blaubeeren." Darauf Moritzl: „Die sind doch rot." Sagt der Vater: „Du dummer Kerl, weil sie noch grün sind." (Eisenbach, XII, S. 9; vgl. Landmann, 2010, S. 802)

Daraus wurde später ein schöner Dialektwitz mit vier Farben: Blau, Schwarz, Rot und Grün.

Ein Förster begleitet einen Urlauber aus Hamburg bei einer Bergwanderung. „Sagen Sie mal, Herr Förster, wie sagen Sie denn zu den

Blaubeeren da?" – "Schwarzbeeren." – "Die sind aber doch rot!" – "Ja, weil s' noch grün san."

In diesem Fall sorgt nicht die Aussprache, sondern die Lexik, also der Wortschatz für Verwirrung. Die Heidelbeere *(Vaccinium)* heißt in Osttirol und Südtirol, in Kärnten und in der Steiermark „Schwarzbeere", im Nordwesten Deutschlands „Blaubeere". Unreife Beeren sind rot, grün steht hier als Synonym für unreif.

„Bayerischer Mistwagen" und „Fehler in allen Teilen" – Abkürzungswitze

Eine simple, aber recht beliebte Variante von Sprachwitzen geht so: *Was heißt BMW?* Auf diese **Scherzfrage** zirkulieren im Netz mehrere Antworten. *(1) Bayerischer Mistwagen. (2) Busen müssen wackeln. (3) Bei Mercedes weggeschmissen. (4) Bin mordswichtig.* Zielscheibe sind also Menschen, die einen BMW fahren. Es muss übrigens nicht immer eine Abkürzung sein, derartige Witze kursieren auch bei Firmennamen, deren Bedeutung nicht mehr präsent ist: *Was bedeutet FIAT? Fehler in allen Teilen.* In Wirklichkeit ist es ein **Akronym**: Es steht für *Fabbrica Italiana Automobili Torino* (= Italienische Automobilfabrik Turin).

Weil wir gerade bei den abgekürzten Namen von Automobilherstellern sind, mache ich ein kurzer Schwenk zu einigen gelungenen Witzen über die Typenbezeichnungen von Autos.

> *Henry Ford in einer Privataudienz beim Papst. „Heiliger Vater, könnten Sie die Bibel nicht so ändern, dass da irgendwo das Wörtchen Ford vorkommt?" Der Papst ist entrüstet: „Wo denken Sie hin?" – „Oh, Heiliger Vater, nur ganz unauffällig. Sie können sich denken, ich bin da nicht knausrig." – „Nein, das ist ein Ding der Unmöglichkeit." – „Ich biete Ihnen zehn Millionen Dollar." Der Papst ganz traurig. „Sie betrüben mich, mein Sohn." – „Dann", sagt Ford, „sagen Sie mir wenigstens, was der Agnelli von FIAT für ‚fiat lux' (es werde Licht) bezahlt hat."*
> (Ulrichs, S. 10)

Version 2

> *„Verraten Sie mir wenigstens, was FIAT für ‚fiat voluntas tua' (Dein Wille geschehe) bezahlt hat."* (Bemmann, 1973, S. 267)

◊

> *Fünf Schweizer kommen in einem Audi Quattro an die Grenze nach Italien. Der italienische Grenzer sagt: „Es ist illegal, fünf Leute in einem Quattro mitzunehmen." Fragt der Schweizer: „Äh, was ist daran illegal?" „Quattro bedeutet vier", sagt der Grenzer. „Aber Quattro ist doch nur der Name des Autos! Hier, schauen Sie in die Papiere: Das Fahrzeug ist für fünf Personen zugelassen." Beamter: „Das können Sie mir nicht weismachen, quattro bedeutet vier! Sie haben fünf Leute in*

diesem Auto, also haben Sie das Gesetz gebrochen!" „Holen Sie mir Ihren Vorgesetzten", schreit der Schweizer, „ich möchte mit jemandem sprechen, der nicht so bescheuert ist wie Sie!" „Sorry", sagt der Grenzer, „er hat gerade eine Amtshandlung mit zwei Typen in einem Fiat Uno!"

◊

ER *(zu ihr nach dem Sex): Darf ich dich Eva nennen?*
SIE: *Warum?*
ER: *Weil du die Erste warst!*
SIE: *Dann nenn' ich dich Peugeot!*
ER: *Warum?*
SIE: *Weil du der 308. warst!*

◊

Er ist etwas unordentlich angezogen. Sie bemerkt es und sagt: „Du hast dein Garagentor offen!" – „Na, hast du meinen tollen Mercedes gesehen?" – „Nur einen kleinen Fiat, und der hatte einen Patschen."

Zurück zu den eigentlichen Abkürzungswitzen. Der folgende stammt aus der Zeit des Nationalsozialismus, und er ist besonders raffiniert gestaltet:

Eine Mutter bekommt im Dritten Reich ein Telegramm von ihrer Tochter: „KDF – BDM – NSV." Sie fragt zurück: „Was soll das heißen?" Darauf bekommt sie brieflich die Antwort: „Kannst dich freuen! Bin deutsche Mutter! Nun such Vati!"

Die Kürzel dieses historischen Witzes beziehen sich auf drei Nazi-Organisationen: Kraft durch Freude (KdF) war dazu da, die Freizeit der Bevölkerung zu gestalten, zu überwachen und gleichzuschalten. Im Bund deutscher Mädel (BDM) waren die vierzehn- bis achtzehnjährigen Mädchen organisiert. Die Nationalsozialistische Volkswohlfahrt (NSV) betrieb Kindergärten in Konkurrenz zu vergleichbaren kirchlichen Einrichtungen (Motto: „Händchen falten, Köpfchen senken – immer an den Führer denken. Er gibt euch euer täglich Brot und rettet euch aus aller Not.").

„Und die Lappen? Gscherte im Pelz!" – Vergleiche und Gleichnisse

Den berühmtesten **Vergleichswitz** kennen Sie bereits, er wurde von Sigmund Freud eingehend analysiert. (Siehe S. 46)

Eine Frau ist wie ein Regenschirm – man nimmt sich dann doch einen Komfortabel. (Freud, S. 93 und S. 125)

Freud zitierte in seinem Buch *Der Witz und seine Beziehung zum Unbewussten* auch einige geistreiche Sprüche des Mathematikers, Physikers und Schriftstellers Georg Christoph Lichtenberg, die auf einen Vergleich hinauslaufen (Freud, S. 96 ff.). Lichtenberg gilt als Begründer des deutschsprachigen Aphorismus.

Es ist fast unmöglich, die Fackel der Wahrheit durch ein Gedränge zu tragen, ohne jemandem den Bart zu sengen.

„Das erscheint wohl witzig", meint Freud, „aber bei näherem Hinsehen merkt man, dass die witzige Wirkung nicht vom Vergleich selbst, sondern von einer Nebeneigenschaft desselben ausgeht. Die ‚Fackel der Wahrheit' ist eigentlich kein neuer Vergleich, sondern ein längst gebräuchlicher und zur fixierten Phrase herabgesunken ..." In der Formulierung werde der **verblassten** Redensart „die ursprüngliche Vollkraft wiedergegeben". (Siehe S. 163 ff.)

Auch Karl Kraus hat sich oft der Technik des Vergleiches bedient.

Der Ästhet verhält sich zur Schönheit wie der Pornograph zur Liebe und wie der Politiker zum Leben. (Heft 406–412, 5.10.1915, S. 138)

◊

Das erotische Vergnügen ist ein Hindernisrennen. (Heft 229, 2.7.1907, S. 5)

◊

Ein Feuilleton schreiben heißt auf einer Glatze Locken drehen, aber die Locken gefallen dem Publikum besser als eine Löwenmähne der Gedanken. (Heft 229–230, 31.8.1911, S. 10)

Auf der Suche nach Vergleichen und Gleichnissen habe ich auch die bei Deuticke erschienene *Werkausgabe Carl Merz und Helmut Qualtin-*

ger zur Hand genommen. Im dritten Band sind die Travnicek-Dialoge abgedruckt. Travnicek, der von Helmut Qualtinger dargestellt wird, ist nicht nur dumm, er hat auch dumpfe Geisteshaltungen. Gerhard Bronner als „der Freund" ist Stichwortgeber. In dem Sketch *Travnicek im Urlaub* – mit dem berühmten Stehsatz: „Wenn mich das Reisebüro nicht vermittelt hätt'" – kann Travnicek seinem Urlaubsland, dem damaligen Jugoslawien, nichts abgewinnen. Er wäre lieber in Wien geblieben und ins Gänsehäufel baden gegangen. Fremde Länder und fremde Kulturen interessieren ihn nicht.

> FREUND: *Südliche Nächte, Travnicek!*
> TRAVNICEK: *Her'n S' ma auf mit dem Süden. In der Bahn is's ja noch 'gangen. Da hab' ich kalte Schnitzel mitg'habt von z' Haus. Und an Erdäpfelsalat im Glasl. Aber da herunt' … Diese **Cevapcici** wolln s', dass i essen soll.*
> FREUND: *Was?*
> TRAVNICEK: *Na, **dö Hundstrümmerl** – mit Zwiefel …* (S. 9)

Dann fragt „der Freund", warum sich Travnicek vom Reisebüro nicht in den Norden vermitteln ließ, „ins Land der Mitternachtssonne". Nördlich des Polarkreises ist in der Zeit rund um die Sommersonnenwende vierundzwanzig Stunden lang Tag, die Sonne geht nicht unter. Dieses Schauspiel zieht viele Touristen an.

> TRAVNICEK: *Wollen S' mi pflanzen? Was brauch' i um Mitternacht a Sunn …?*
> FREUND: *Na, und die Fjorde?*
> TRAVNICEK: *Fjorde? Nirgends kann ma baden … So was wie das Gänsehäufel haben di dort net … Und die Lappen? Gscherte im Pelz …*
> (S. 10)

Je verblüffender die Vergleiche sind, desto größer ist ihre Faszination. Im Sketch *Travnicek im Schuhgeschäft* will sich Travnicek „ein neuches Paar Schuh' kaufen", weil die alten „ja schon ganz verhatscht sind". Geredet wird aber so, wie wenn es um den Kauf eines Autos ginge.

> FREUND: *Sehen S', i hab' da noch ein Modell aus dem 52er Jahr, ledergepolstert mit Gummieinlage. Da spürt man das Geh'n überhaupt nicht. Net amal beim höchsten Tempo.*

TRAVNICEK: *Hör'n S' ma auf mit den übertragenen Modellen. Nix wie Scherereien. Außerdem kennt man sein' Vorgänger nicht.* (S. 33)

Dann wird Travnicek gefragt, wie er das Einbiegen anzeigt.

TRAVNICEK: *Ich komm an die Kreuzung, ja? (…) Und dann mit der kleinen Zehe links, kleinen Zehe rechts. Mein rechter Blinker funktioniert momentan nicht.*
FREUND: *Wieso?*
TRAVNICEK: *I hab' a Hühnerauge von einer Karambolage.* (S. 35)

Das waren Vergleiche in Kabarettszenen. Kehren wir zu den eigentlichen Witzen zurück! Oft werden Dinge oder Situationen verglichen, die eigentlich nicht vergleichbar sind. Aus der Unmöglichkeit eines sinnvollen Vergleiches entsteht der Witz.

Ein Rabbi ärgert sich darüber, dass viele der Gläubigen ohne Kippa in die Synagoge kommen. Also schreibt er an den Eingang: „Das Betreten der Synagoge ohne Kopfbedeckung ist ein dem Ehebruch vergleichbares Vergehen." Am nächsten Tag steht darunter: „Hab' ich probiert. Kein Vergleich!"

◊

*Ein Ingenieur kommt in ein galizisches Städtchen, bestellt beim jüdischen Schneider eine Hose. Der liefert sie nicht und der Ingenieur fährt weg. Nach sieben Jahren kommt er wieder – da bringt der Schneider die Hose. Sagt der Ingenieur: „Der liebe Gott hat in sieben Tagen die ganze Welt erschaffen – und Ihr braucht für eine Hose sieben Jahre?" Der Schneider, indem er zärtlich über die Hose streicht: „Ja, aber seht Euch an die Welt, und seht Euch an **die** Hose!"* (Landmann, 1960, S. 627–628, vgl. Ulrichs S. 11)

Die Erschaffung der Welt, wie sie in der Genesis dargestellt wird, mit dem Schneidern einer Hose zu vergleichen, ergibt einen großen **Kontrast**. Landmann meint, in dieser Geschichte sei Schopenhauers Auffassung zu finden, dass das Nichts durchaus besser gewesen wäre als die Welt, so wie sie ist (Landmann, 1960, S. 87–88).

In anderen Versionen des Witzes lautet der Kernsatz „Gott hat die ganze Welt in nur sechs Tagen erschaffen", der Kunde kommt „nach einem Monat" und sagt: „Sie brauchen für eine Hose fünfmal so lang!"

(Goldscheider, S. 4). Welche Version ist besser? Das ist Geschmackssache. Zwar sagen wir, „Gott hat die Welt in sieben Tagen erschaffen", aber am siebenten hat er ja geruht.

Der folgende melancholische Witz stammt aus den 1890er Jahren, als in armen Familien auch Kinder arbeiten mussten.

Ein armer jüdischer Knabe steht auf dem Naschmarkt in Wien mit einer Kiste Holzlöffel, welche er feilbietet. Ein anderer geht vorbei und fragt: „Nun, Haschel, wie geht's?" – „Ich bitt' dich, wie soll's gehen", erwiderte jener, „wie e Kranken: Alle zwa Stund e Esslöffel." (Reitzer, Gut Schabbes, S. 6)

Von diesem historischen Witz einen Sprung in die Gegenwart.

Sex ist wie Bungee-Jumping – reißt der Gummi, bist du gefickt!

Dieser Satz beinhaltet mehrere Witzetechniken. „Sex" mit „Bungee-Jumping" zu vergleichen, ist die eine Sache, hinzu kommt ein zweiter Vergleich: Das Wort „Gummi" steht das eine Mal für jenes Gummiseil, an dem der Jumper hängt, das andere Mal für ein Kondom. Die Pointe „gefickt sein" ist im übertragenen Sinn gemeint. In der Jugendsprache bedeutet die Wendung so viel wie „hereingefallen sein / verschaukelt worden sein". Dass sie auch im wörtlichen Sinn einen Bezug zu Gummi/Kondom aufweist, ist die Abrundung einer komplizierten Witzetechnik.

Als das Corona-Virus unsere Gesundheit, unser Leben und unsere Wirtschaft erstmals bedrohte, kursierten Witze, die der **seelischen Entlastung** dienen sollten.

Was haben Corona-Virus und Pasta gemeinsam? – Die Chinesen haben es erfunden und die Italiener auf die ganze Welt verbreitet.

Was hamstern die Italiener, die Franzosen und die Österreicher in der Coronakrise? Die Italiener Rotwein, die Franzosen Kondome und die Österreicher Klopapier.

Auch das sind verblüffende Vergleiche, wobei der **Dreizahlwitz** zum nächsten Kapitel überleitet.

„Der Pathologe weiß alles, aber zu spät" – Unterschiedswitze

Eine Unterkategorie der **Vergleichswitze** sind Unterschiedswitze. Sie beginnen mit den Worten: „Was ist der Unterschied zwischen ..." Bei Vergleichswitzen geht es darum, das Gemeinsame herauszuarbeiten, bei Unterschiedswitzen das Unterschiedliche. Es sind also zwei Seiten einer Medaille.

Was ist der Unterschied zwischen einem Fußgänger und einem Fußballer? – Der Fußgänger geht bei Grün, der Fußballer geht bei Rot.

◊

Was ist der Unterschied zwischen einem Mann und einem Joghurt? – Die Joghurt hat Kultur.

◊

Was ist der Unterschied zwischen einer Frau und einem Swimmingpool? – Es gibt keinen. Beide sind teuer in der Anschaffung, teuer im Unterhalt und man ist selten drin.

◊

Was ist der Unterschied zwischen einem Sprungbrett? – Je höher, desto Platsch.

◊

Was ist der Unterschied zwischen einem Frosch? – Je grüner, desto quak.

Bei dem „Joghurt"-Witz und auch bei dem „Swimmingpool"-Witz geht es darum, Vorbehalte gegenüber dem anderen Geschlecht verhüllt auszusprechen. Aber die Verhüllung ist so durchsichtig, dass man sich fragt: Wozu das Ganze?

Die folgenden zwei Unterschiedswitze beinhalten die Technik **Mehrfachverwendung desselben Materials mit teilweiser Modifikation**.

Was ist der Unterschied zwischen einem Internisten, einem Chirurgen und einem Pathologen? – Der Internist weiß alles, kann aber nichts. Der Chirurg weiß nichts, kann aber alles. Der Pathologe weiß alles, aber zu spät.

◊

*Was ist der Unterschied zwischen einem Mediziner und einem Kapuziner? – Der Mediziner hat ein **Heilserum** und der Kapuziner ein **Seil herum**.*

Version 2

*Was ist der Unterschied zwischen einem Kapuziner und Penizillin? – Penicillin ist ein **Heilserum** und der Kapuziner hat ein **Seil herum**.* (Bemmann, 1973, S. 125)

„Heilserum" und „Seil herum" – das ist gleichzeitig ein origineller **Zerlegungswitz**. Mir gefällt auch der folgende alte Unterschiedswitz, bei dem der Zuhörer an der Nase herumgeführt wird:

Was ist der Unterschied zwischen einer Schwalbe und einem Rauchfangkehrer? – Die Schwalbe hat eine weiße Brust und einen schwarzen Schwanz. Der Rauchfangkehrer hat eine Leiter und kann nicht fliegen.

Nach dem ersten Teil der Antwort glaubt der Zuhörer an einen Umkehrschluss: „Der Rauchfangkehrer hat eine schwarze Brust und einen weißen Schwanz." Doch zur allgemeinen Überraschung präsentiert der Erzähler eine nicht-sexuelle Pointe: Das ist ein schönes Beispiel für **Skriptopposition**. (Siehe S. 131 ff.)

Was ist der Unterschied zwischen einem erfolgreichen und einem erfolglosen Jäger? – Der erfolgreiche Jäger hat den Hasen im Rucksack, die Büchse geschultert und neben ihm steht der Hund. Der erfolglose Jäger hat den Hasen im Bett, die Hand an der Büchse und der Hund steht nicht!

◊

Was ist der Unterschied zwischen schwedischen, deutschen und polnischen Autos? – Schwedische Autos sind aus Schwedenstahl, deutsche Autos aus Kruppstahl und polnische Autos aus Diebstahl.

Manchmal ist es nicht einfach, die Vergleichswitze und die Unterschiedswitze auseinanderzuhalten.

*Die Österreicher **unterscheiden** sich von den Deutschen durch die **gleiche** Sprache.*

Oft wird diese treffende Aussage – sie ist mehr Aphorismus als Witz – Karl Kraus zugeschrieben. Aber sie stammt nicht aus seiner Feder. Seine Texte sind von der Österreichischen Akademie der Wissenschaften elektronisch erfasst worden, und im Kraus-Korpus ist der Satz nicht zu finden. Die Aussage passt auch nicht zu seinen inhaltlichen Vorstellungen, was die deutsche Sprache betrifft.

Der erste Beleg dieses Zitats stammt aus einer Conférence von Karl Farkas aus der Bilanz des Jahres 1957/58, gesendet am 30. Dezember 1957.

*Ich mache mir ernstliche Sorgen um die Zukunft der österreichischen Literatur. Schauen Sie, Grillparzer ist tot, Nestroy ist tot – und ich bin auch nicht mehr der Jüngste … Mit der deutschen Literatur ist es etwas anderes. Aber wir Österreicher **unterscheiden** uns doch von den Deutschen durch so mancherlei, besonders durch die **gleiche** Sprache. (…)* (Farkas, S. 9)

Hans Veigl war ein gewissenhafter Herausgeber zahlreicher Kabarettbücher und auch des Karl-Farkas-Sammelbandes *Ins eigene Nest*. Aus seinen Recherchen geht hervor, dass Farkas die insgesamt recht lange Conférence – sie enthält übrigens auch den „Kornfeld"-Witz (siehe S. 250 ff.) – immer wieder gebracht hat: in der Monatsbilanz April 1961, in der Monatsbilanz Februar 1963 und in der Bilanz der Saison Winter 1963. (Farkas, Anm. S. 216)

Ob jene Fassung, die sich schließlich durchgesetzt hat, von Farkas so modelliert wurde, lässt sich nicht eruieren. Jedenfalls handelt es sich um eine Lehnübersetzung aus dem Englischen. Vermutlich hat Farkas im New Yorker Exil wahrgenommen, dass das „britische Englisch" und das „amerikanische Englisch" auf diese Weise voneinander unterschieden und miteinander verglichen werden. Experten tippen auf George Bernhard Shaw: *England and America are two countries divided by a common language.* Ich kann für mich in Anspruch nehmen, die Urheberschaft von Karl Farkas erkannt und publiziert zu haben – im Vorwort meines 2004 erschienenen Buches *Das österreichische Deutsch. Wie wir uns von unserem großen Nachbarn unterscheiden.* Zuvor tippte man auch auf Hans Weigel oder Ingeborg Bachmann als Urheber.

Es stellte sich heraus, dass Alexander Lernet-Holenia eine ähnliche Formulierung einige Monate zuvor in einer Zeitschrift verwendet hatte, allerdings mit einer anderen Intention und ohne Breitenwirkung. Ihn als Urheber der deutschen Fassung anzusehen, ist daher nicht gerechtfertigt.

Die Technik dieses Sprachwitzes ist interessant. Wir müssen die Aussage aufsplitten: in eine Vergleichsthese und in eine Unterschiedsthese.

Vergleichsthese

*Die Österreicher und die Deutschen sprechen die **gleiche** Sprache.*

Unterschiedsthese

*Die Österreicher **unterscheiden** sich von den Deutschen durch die Sprache.*

Synthese

*Die Österreicher **unterscheiden** sich von den Deutschen durch die **gleiche** Sprache.*

Die moderne Sprachwissenschaft spricht von **Plurizentrik**. Dies bedeutet, dass die deutsche Sprache mehrere gleichwertige Zentren hat. Wir essen „Knödel" und nicht „Klöße", ruhen uns im „Fauteuil" aus, nicht im „Polstersessel", und freuen uns, wenn ein Fußballer mit der „Ferse" ein Tor schießt – ja nur nicht mit der „Hacke"! Wir haben auch keine Hemmungen, das Wort „heuer" zu verwenden, das die Deutschen nicht kennen: Sie sagen „dieses Jahr". Das Konzept der Plurizentrik konterkariert die Ansicht, dass das deutschländische Deutsch für den gesamten Sprachraum die gültige Norm ist, wobei es um die Unterschiede auf einer hohen Sprachebene geht, nicht um die Unterschiede im Bereich der Umgangssprache oder des Dialekts.

*Warum sind die österreichischen Schüler klüger als die deutschen? – Weil sie **in** die Schule gehen und nicht **zur** Schule.*

Dieser Witz, in dem es um die unterschiedliche Verwendung der Präposition in Verbindung mit „Schule" geht, soll offensichtlich die sprachlichen Minderwertigkeitsgefühle mancher Österreicher kompensieren.

„Was, es gibt keine Kontos mehr?" – Witzige Regelverstöße

Einigen Witzen über Verstöße gegen die Sprachnorm sind Sie schon begegnet. An anderer Stelle dieses Buches habe ich den wunderbaren Witz „Im Döner ist kein Dativ" erwähnt, aber noch nicht sprachwissenschaftlich analysiert. (Siehe S. 107 f.)

*Ein Kunde vor dem Kebabstand: „Einen Döner, bitte!" Der Türke fragt nach: „Mit **alles**?" Der Kunde: „Dativ!!! Dativ!!!" Der Türke: „Haben wir nicht." Der Kunde, heftig insistierend: „Mit **allem**!!!" – „Allem hat heute frei."*

Hier geht es um die Frage, ob „mit alles" oder „mit allem" regelkonform ist – also ob die Präposition „mit" einen Dativ (3. Fall) verlangt oder ob sie auch mit einem Akkusativ (4. Fall) verwendet werden darf.

Das gleiche Thema taucht in einem Witz auf, den der Hannoveraner Uli Stein erfunden oder aufgegriffen und zu einem Cartoon verarbeitet hat.

*Sitzt ein Gast im Restaurant und liest die Speisekarte. Da kommt der Kellner und fragt: „Möchten Sie vorweg ein**em** Aperitif?" Darauf der Gast erregt: „Einen!!! Einen!!! – Akkusativ!!!" Der Kellner bleibt höflich und zuvorkommend: „Ich frag' einmal nach, aber ich glaube nicht, dass wir **dem** haben.*

Der Kellner wird wohl ein Berliner sein. Dort werden Akkusative und Dative wild durcheinandergewürfelt.

*Mir und mich verwechsle ich nicht, / das kommt bei **mich** nicht vor. / Mein Bruder, der steht hinter **mich** / und sagt es **mich** ins Ohr.*

Besonders bei Entlehnungen aus einer fremden Sprache, vor allem aus dem Lateinischen, kommt es zu falschen Pluralbildungen.

*„Wir können auf der Bank ja auch gleich mehrere **Kontos** eröffnen." – „Konten!!! Konten!!!" – „Seit wann können wir das nicht mehr?"*

Die **Homophonie**, also der Gleichklang zwischen dem richtigen Plural von „Konto" (Konten) und dem Präteritum von „können" (konnten) macht den Witz aus. Als zusätzliche Komponente kommt in diesem Fall die Bloßstellung eines Besserwissers hinzu.

Nun zu einigen Witzen, in denen es um die Tempuswahl geht, also um die grammatikalische Zeit.

Er: *Ist jemand gekommen?*
Sie: *Ja.*
Er: *Wer?*
Sie: *Du.*
Er: *Nein, ich meine ob jemand da war?*
Sie: *Ja.*
Er: *Wer?*
Sie: *Ich.*

Hinter dem Dialog steckt eine Geschichte, die der Zuhörer durch Assoziation rekonstruieren kann.

„Er" ist ein eifersüchtiger Ehemann, der eben von der Arbeit heimkommt und seine Frau verdächtigt, dass sie Männerbesuch hatte. „Sie" hänselt ihn, weil er falsch gefragt hat. Der Mann hätte sagen sollen: „War jemand da?" Stattdessen sagt er: „Ist jemand gekommen?" Das eröffnet der Frau die Möglichkeit, mit „Ja" und später mit „Du" zu antworten. Als sich der Mann korrigiert und richtig fragt: „War jemand da?", antwortet die Frau wahrheitsgemäß mit „Ich".

Der Witz verdeutlicht den unterschiedlichen Gebrauch von Perfekt und Präteritum. Das Perfekt („Ist jemand gekommen?") wird verwendet, wenn etwas gerade passiert ist oder bis in die Gegenwart hineinreicht. Das Präteritum („War jemand da?") wird für abgeschlossene Ereignisse in der Vergangenheit gebraucht. Würde die Frau mit „Ja, es ist jemand gekommen" antworten, befände sich der Liebhaber noch in der Wohnung – in Witzen versteckt er sich meist im Kleiderschrank. Der komplizierte Sprachwitz kann so interpretiert werden, dass ein betrogener Ehemann durch die Antwort seiner Frau lächerlich gemacht und damit ein zweites Mal betrogen wird – genauso wie in dem „Bally"-Witz (siehe S. 123).

Herr Friedmann kommt ins Geschäft und fragt den Buchhalter: „Wo ist der Kommis (Gehilfe)*?" – „Er isst!" – „Schön, aber wo ist er?" – „Sie hören doch: Er isst." – „Zum Teufel,* **wo** *ist er denn?" – „Er tut essen." – „Ach so! Warum reden Sie nicht deutsch?"* (Landmann, 1972, S. 156)

Die Kombination „tun + Infinitiv" ist in Österreich und Bayern in der Umgangssprache gebräuchlich, auf einer höheren Sprachebene aber verpönt. Es fällt mir schwer, einen Grund dafür auszumachen, denn wie das Beispiel zeigt, ist es manchmal nützlich, eine **Verlaufsform** zu verwenden: „Ich tu gerade essen." – „Tust du heute Abend kochen?" Mit der Verlaufsform wird zum Ausdruck gebracht, dass etwas, das vermutlich länger dauert, gerade stattfindet oder in Kürze stattfinden wird. Entscheidend ist also die **Aktionsart des Andauerns**, wie es in der Sprachwissenschaft mit einem Fachbegriff benannt wird.

Außerdem kann „tun" auch die Funktion des Hilfsverbs „werden" im Konjunktiv II übernehmen: „Ich **tät** ja gern mit dem Rauchen aufhören, aber ..." statt „Ich **würde** ja gern mit dem Rauchen aufhören, aber ...". In der gehobenen und geschriebenen Standardsprache wird „tun" nur dann verwendet, wenn es nicht anders geht, zum Beispiel wenn das Verb zur Betonung am Anfang steht: „Zuhören tut er wie gewöhnlich nicht."

Um das Thema Tempus geht es auch bei der folgenden nicht erratbaren **Scherzfrage**:

„Du hättest nicht geboren werden sollen." Welche Zeit ist das? – Präservativus defectus.

Geschmunzelt wird, weil es sich um den Bruch eines sexuellen **Tabus** handelt, um einen Sachverhalt, der normalerweise nicht besprochen wird. Es geht, wie jeder sofort erkennt, um ein ungewolltes Kind infolge eines schadhaften Kondoms. Aber welches Tempus ist das wirklich?

Ich muss Sie warnen, jetzt wird es kompliziert. Aufs Erste sieht die Formulierung wie ein Futurum exaktum aus, ein Tempus, das auch vollendetes Futur oder zweites Futur genannt wird. In diesem Fall müsste der Satz allerdings anders lauten: „Du hättest nicht geboren worden sein sollen." In Wirklichkeit handelt es sich um einen Konjunktiv Plusquamperfekt des Modalverbs „sollen", und zwar um die zweite Person Singular. Der Indikativ lautet: „Du hattest sollen." Der Konjunktiv lautet: „Du hättest sollen." Semantisch ist es ein Irrealis der Vergangenheit und vom Charakter her eine Passivkonstruktion. Das alles noch dazu in verneinter Form.

Wenn Sie den Witz weitererzählen und ein Zuhörer wissen will, um welche Zeit es sich handelt, sagen Sie einfach: „Es ist das Plusquamperfekt von ‚sollen'."

„Der ist von der Griminal-Bolizei!" – Knackpunkt Aussprache

Von der Grammatik zur Aussprache. Der folgende Witz kreist um das Phänomen, dass wir kaum zwischen b und p, zwischen g und k sowie zwischen d und t unterscheiden. Die harten Konsonanten werden in vielen Regionen Österreichs „weich" ausgesprochen, dies wird **Lenisierung** genannt.

> *Zwei Polizisten entdecken ein im Halteverbot stehendes Auto.*
> ERSTER POLIZIST: *Das Lenkrad ist rechts!*
> ZWEITER POLIZIST: *Die Nummerntafel ist gelb! (Sie gehen zum Heck des Wagens und sehen das Länderkennzeichen.)*
> ERSTER POLIZIST: *Kumm, gemma weiter!* **G**riminal-**B**olizei.

Da auch die Sachsen p, t und k lenisieren, existiert der Witz auch in einer sächsischen Version.

> *Zwei sächsische Polizisten halten einen englischen Autofahrer an. Sagt der eine Polizist zu dem anderen: „Baul, schreib ma uff: Dor Mann hats Lenkrad uff dor falschen Seide." Darauf der Engländer: „What do you want from me?" Der Polizist zu dem anderen: „Baul, schreib uff: Mann blabbord irre." Der Polizist geht ums Auto des Engländers herum und sieht das Länderkennzeichen. Der Polizist aufgeregt zum anderen: „Baul, streisch alles. Dor Mann ist von dor* **G***riminal-***B***olizei."*

Im Norden des deutschen Sprachraums wird zwischen dem stimmhaften und dem stimmlosen s deutlich unterschieden. Beim Wort „**S**onne" wird also das anlautende S- so richtig summend ausgesprochen. Gleiches gilt für das -s- im Wortinneren, es wird in der Aussprache deutlich unterschieden zwischen „Ha**s**e" und „ich ha**ss**e." Wir sprechen diese s-Laute hingegen annähernd gleich aus.

> LEUBUSCH: *Was heißt casa piccola?*
> STRANSKY: *Wenig Geld.*
> LEUBUSCH: *Kleines Haus! Wie kommen Sie auf „wenig Geld"?*
> STRANSKY: *Na ja, weil Sie gesagt haben: Kassa ... und piccola ...*
> LEUBUSCH: *Ich habe nicht gesagt Kassa, sondern casa, das müssen sie weich aussprechen: casa.*
> (Marecek, S. 43)

Diesen Sprachwitz habe ich in einer **Doppelconférence** mit Karlheinz Hackl und Ernst Marecek im Wiener Burgtheater gehört. Nun das gleiche Thema, aufbereitet von Karl Farkas. Es geht um die US-Weltraummission Gemini 5.

> HERR BERGER: *Der Cooper und der Conrad, die sind doch gar im Weißen Haus empfangen worden.*
> SCHÖBERL: *Ham die kane Eltern mehr? (Großes Gelächter im Publikum)*
> HERR BERGER: *Warum sollen die keine Eltern haben?*
> SCHÖBERL: *Weil Sie gesagt haben … (spontan ins Publikum deutend und schmunzelnd): Die haben es verstanden! … im Waisenhaus.*
> HERR BERGER: *Im Weißen Haus! Bei Präsident Johnson! Im Weißen Haus in Washington!*
> (Die Astronauten, gesendet im ORF-Fernsehen am 17. 10. 1965)

„Tagsüber heißt es ‚der Weizen', abends ‚das Weizen'!" – Die Artikelfalle und andere Tücken der deutschen Sprache

Oft ist die Einschätzung zu hören: Deutsche Sprache, schwere Sprache. Eine große Hürde ist das grammatikalische Geschlecht der Substantive. Warum heißt es „**der** Tisch", „**das** Bett" und „**die** Lampe"? Im Witz wird dieses Problem scherzhaft überhöht.

*Tagsüber heißt es „**der** Weizen" und „**das** Korn".*
*Abends heißt es „**das** Weizen" und „**der** Korn".*

Diesen Genus-Wechsel im Tagesverlauf gibt es natürlich nur im Witz. Zu später Stunden bestellen wir die alkoholischen Endprodukte aus Weizenmalz und aus verschiedenen Getreidesorten. Plötzlich heißt es: „das Weizen(-bier) und „der Korn(-brand)". Der zweite Wortteil bestimmt das grammatikalische Geschlecht (siehe S. 218 ff.).

*Der Praktikant Sami meldet dem Chef: „Ich geh' jetzt auf **der** Post." – „Sami, es heißt nicht ‚auf **der** Post', es heißt, auf **die** Post." Nach einer Viertelstunde kommt Sami zurück: „Herr Chef, ich komme von **die** Post." – „Trottel, es heißt ‚von **der** Post."* „Hasst ä Sproch", seufzt Sami, „aufn Hinweg heißt's ‚**die** Post' und am Rückweg ‚**der** Post."*

◊

*Die Lehrerin zur Klasse: „Wer nennt mir ein Hauptwort, das mit allen drei Artikeln verwendet wird?" Der kleine Franzi zeigt auf: „Teufel!" Die Lehrerin verwundert: „Wieso?" Darauf der kleine Franzi: „**Das, die, der** Teifl hoit!"*

Wäre es kein Kindermundwitz, könnte die richtige Antwort lauten: „Joghurt" wird mit allen drei Artikeln verwendet. Das Wort ist in der Schweiz und in weiten Teilen Österreich ein Neutrum, also „das Joghurt", in Ostösterreich hingegen ein Femininum: „die Joghurt". Davon abweichend wird das Wort in Deutschland als Maskulinum verwendet: „der Joghurt".

Auch Zeitwörter mit Ablaut sind eine Herausforderung für Kinder und für Deutschlernende.

*Der kleine Franzi ist mit seinem Vater im Bahnhofsgebäude. Er sieht eine Personenwaage und sagt: „Du, Papi, da drüben steht eine **Woo-***

ge." – *„Das ist keine **Wooge**, das ist eine **Waage**."* – *„Papi, darf ich mich einmal **waagen**?"* – *„Das heißt nicht **waagen**, das heißt **wiegen**."* – *„Papi, Papi, jetzt habe ich mich **gewiegt**!"* – *„Das heißt nicht **gewiegt**, sondern **gewogen**."* – *„Siehst du, Papi, dann steht da doch eine **Wooge**!"*

Den folgenden Witz habe ich in einem „Lozelech-Buch" gefunden, das den Titel *Rebbach* trägt. Der Witz dürfte aus dem 19. Jahrhundert stammen, heute wird er in abgewandelter Form erzählt, das Element der Volkszählung wird ausgelassen. Diese fanden zu Zeiten der Monarchie alle zehn Jahre statt. Es geht um die Bedeutungsunterschiede bei den Hilfszeitwörtern.

*Volkszählungskommissär (zu dem Bürgermeister eines kleinen Ortes): „Wieviel Leute **mögen** hier jährlich sterben?"* – *Bürgermeister: „Es mag gar keiner!"* – *Kommissär: „Ich meine, wieviel **müssen** jährlich sterben?"* – *Bürgermeister: „Es müssen alle sterben."* – *Kommissär: „Aber nein, ich will wissen, wieviel Leute **können** hier jährlich sterben?"* – *Bürgermeister: „Meinetwegen alle."* (Reitzer, Rebbach, S. 41)

◊

Richter: *Zeuge Chajim Adutil, was sagte der Angeklagte, als Sie ihn beim Diebstahl fassten?*
Zeuge: *Er sagte, er wäre betrunken.*
Richter: *Mir kommt es sehr auf seine eigenen Worte an. Wiederholen Sie dieselben genau: Denn er sagte doch nicht: Er wäre betrunken!*
Zeuge: *Ja, das hat er wahrhaftig gesagt.*
Richter: *Sie verstehen mich nicht, Zeuge! Seine eigenen Worte möchte ich hören! Er sagte gewiss: Ich bin betrunken.*
Zeuge: *Bewahre, Herr Richter, wie wird er das von Ihnen sagen? Ich hätte ihn ja auch gleich …*
Staatsanwalt: *Nicht doch! Sie verstehen noch nicht die Frage, der Herr Richter meint, ob der Angeklagte ausgerufen hat: **„Ich bin betrunken!"***
Zeuge: *Sie kennt er ja gar nicht! Wie soll er denn das von **Ihnen** sagen?*
Verteidiger: *Hören Sie 'mal zu, lieber Zeuge, was ich Sie fragen werde. Der hohe Gerichtshof wünscht die **genauen** Worte des Angeklagten wiedergegeben zu haben. Wenn er von sich redet, wird er doch nicht gesagt haben, **er** oder **wir** oder **sie**. Jetzt werden Sie mich begriffen haben, und ich frage Sie nun auf Ihren Zeugeneid: Sagte mein Klient die Worte: „Ich bin betrunken!"?*

ZEUGE: *Gott bewahr! Sie haben zwar eine* **sehr** *rote Nase, aber von* **Ihnen** *hat er auch nicht gesprochen! Was denken Sie sich denn? Wenn einer einbrechen will, wird er doch wahrhaftig nicht darauf kommen, das ganze löbliche Gericht für schicker* (betrunken) *zu erklären.* (Gut Jontev, S. 23)

Das Thema ist die direkte und die indirekte Rede, und wir haben es wieder einmal mit einem **Überbietungswitz** zu tun.

In einem Klassiker unter den jüdischen Witzen geht es um das Verhältnis zwischen Lautform und Bedeutung.

„Jankel – warum werden die Lokschen eigentlich Lokschn genannt?" – „Nu, das ist einfach: Sie sind lang wie Lokschn, weich wie Lokschn und sehen aus wie Lokschn. Warum soll man sie also nicht Lokschn nennen?

Ich habe jene Variante gewählt, die Leo Rosten in seinem Buch *Jiddisch. Eine kleine Enzyklopädie* bringt, die Version bei Salcia Landmann weicht nur geringfügig davon ab (Landmann, 1988, S. 53). *Lokschn* sind die Nudeln der jiddischen Küche. Häufig haben Muttersprachler das Gefühl, dass eine Ähnlichkeit zwischen Sprachlautung und Wortsinn besteht, dass also ein Wort genauso klingt, wie es einfach klingen *muss*. Das ist ein Irrglaube. Es trifft nur bei lautmalenden Wörtern wie beispielsweise „Kuckuck" oder „knallen", „rauschen", „schnappen" zu.

Sagt der Arzt zum Patienten: „Sie haben **Onomatopöie.*"* *– „Ist das schlimm?" – „Es ist so schlimm wie es klingt."*

Onomatopöie ist der sprachwissenschaftliche Fachausdruck für Lautmalerei, für Klangnachahmung.

„Bitte eine Salzstreuerin!" – Witze über den Sprachwandel

Die Sprache verändert sich laufend. Meist merken wir es gar nicht. So sind wir heute nicht mehr in der Lage, die Luther-Bibel in der Originalfassung zu verstehen. Wobei der Sprachwandel heute unter dem verstärkenden Einfluss der Medien viel schneller als früher vor sich geht. Viele Veränderungen sind Vereinfachungen. Die Älteren unter uns haben noch in der Schule gelernt, dass zwischen „scheinbar" und „anscheinend", zwischen „zeitgleich" und „gleichzeitig" unterschieden werden muss. Heute sind diese Regeln weitgehend in Vergessenheit geraten, und wenn sie nur noch wenige einhalten, sagen irgendwann die Wörterbuchredakteure: „Gut, es ist nicht ganz richtig, aber wir können die alte Norm nicht mehr aufrechterhalten."

Viele stoßen sich daran, dass so viele Entlehnungen aus dem Englischen auf uns hereinprasseln. Auch das ist Teil des Sprachwandels. Es gab Zeiten, da ist das Deutsche mit französischen Ausdrücken überschwemmt worden – das Deutsche hat es ausgehalten. Aber der Anglizismenwahn in manchen Branchen ist schon sehr ärgerlich.

Gespräch in der Filiale einer Parfümeriekette.
KUNDE: *Ich bräuchte ein neues Parfüm.*
VERKÄUFERIN: *For her?*
KUNDE: *Vorher hatte ich eines von Chanel.*
VERKÄUFERIN: *Nein. Englisch: For her!*
KUNDE: *Ach so. Nein! Nicht für die Haare!*

◊

Ein Ehepaar hat Schillers Wallenstein gesehen. Als sie aus dem Theater kommen, fragt die Frau den Mann, wie es ihm gefallen habe. „Das ist schon sehr beindruckend", antwortet der Mann, „drei Stunden Theater und kein einziges englisches Wort!"

Dieser ausgezeichnete Witz basiert auf dem Prinzip **Auslassung**. Der Zuhörer muss einen Gedankengang des Theaterbesuchers ergänzen: „Tagein und tagaus werde ich mit Anglizismen bombardiert – im Fernsehen, in den Zeitungen, in der Werbung. Das geht mir auf die Nerven." Damit bekommt sein abschließender Kommentar einen Sinn.

Die Pointe steht außerdem in **Kontrast** zu dem, was in einem derartigen Gespräch nach drei Stunden Theater ohne Pause zu erwarten wäre. „Das ist schon sehr beeindruckend ..." Wenn ein Satz mit diesen

Worten eingeleitet wird, erwartet man eine Aussage über die Leistungen der Schauspieler, über die Regie, das Bühnenbild oder Ähnliches. Für Diskussionen sorgt auch das Gendern, das im Deutschen nicht problemlos zu realisieren ist. Es wird damit begründet, dass sich Frauen sonst nicht mitgemeint fühlen. Deshalb verwenden Ämter das Binnen-I oder ähnliche Formen, Politiker bedienen sich der Doppelformen: „Liebe Wählerinnen und Wähler!". Bei Stellenausschreibungen wird geschlechtsneutral ausgeschrieben, und das ist gut so. Wir haben es auch hier mit einem Sprachwandel zu tun, aber mit einem, der institutionell verordnet ist. Im allgemeinen Sprachgebrauch wird das Binnen-I allerdings nicht Platz greifen – mündliches Gendern funktioniert nicht. Gleiches gilt für die Sternchen, die mit Rücksicht auf das dritte Geschlecht vor allem im universitären Bereich verwendet werden.

Die Zeitungsleute lehnen das Gendern ab, weil die Lesbarkeit der Texte darunter leiden würde. Es gibt bis dato kein nennenswertes literarisches Werk in gegendertem Deutsch, und das wird vermutlich so bleiben.

Sowohl die Gegner als auch die Verfechter des Genderns haben Witze erfunden, in denen die konträre Position lächerlich gemacht wird.

*Der Großvater und seine erwachsene Enkelin streiten über das Gendern. Sagt der Großvater: „Im Supermarkt finde ich ein **HühnerInnen-Filet** und im Baumarkt **GrobputzInnen**. Alles wird verweiblicht! In der Tankstelle kriegst du eine **AutoInnenreinigung!** Schluss mit dem Genderwahn!!!" Darauf die Enkelin: „Komm runter, Opa! Die meinen Hühner-Innenfilet, Grobputz-Innen und Auto-Innenreinigung."*

◊

*Was verlangt im Restaurant eine Feministin, wenn sie das Essen nachsalzen will? – „Herr Ober! Bitte bringen Sie mir eine **Salzstreuerin**!"*
(Gauger, 2014, S. 45)

Version 2

*Zwei Feministinnen sitzen beim Frühstück. Sagt die eine: „Reichst du mir mal bitte die **Salzstreuerin**."*

*Wenn gendern, dann bitte konsequent! Ich lege jeden Morgen das Frühstücksei in die **Eierkocherin**.*

Nicht weniger heftig wird über die Frage der Political Correctness debattiert. Die einen sind sogar dafür, dass Märchen mit rassistischen oder frauenfeindlichen Inhalten umgeschrieben werden, die anderen meinen, es müsse reichen, über bedenkliche Inhalte aufzuklären. Aber auch in dieser Frage ist es zu einem Sinneswandel gekommen: Rassistische oder frauenfeindliche Elemente werden auf die Waagschale gelegt.

Sitzen zwei Freunde nachdenklich beisammen. Sagt der eine: „Negerbrot, Mohr im Hemd und Zigeunerschnitzel dürfen wir nicht mehr sagen." Darauf der andere: „Komisch. Führerschein ist noch erlaubt."

„Das Passwort Penis ist zu kurz!" – Aus der schönen neuen Computerwelt

Die Kommunikation zwischen Mensch und Maschine wird zunehmend zu einem Thema in der Witzelandschaft. Einige Witze handeln vom Ärger mit der Passwortvergabe.

Ein Mann geht ins Geschäft und kauft sich einen Computer. Beim Einrichten des PCs fragt der Computer: „Bitte wählen Sie ein Passwort!" Der Mann denkt einen Moment lang nach und gibt als Passwort Penis ein. Darauf antwortet der Computer: „Ihr Passwort ist zu kurz!"

◊

Bitte gib Dein Passwort ein.
ananas

Entschuldigung, Dein Passwort ist zu kurz!
geschaelte ANANAS

Entschuldigung, Dein Passwort muss mindestens 1 Ziffer enthalten
1 GESCHAELTE ANANAS

Entschuldigung, Dein Passwort darf keine Leerzeichen enthalten.
50VERFICKTEGESCHAELTEANANAS

Entschuldigung, Dein Passwort muss Großbuchstaben enthalten.
50VERFICKTEGESCHAELTEANANAS

Entschuldigung, Dein Passwort darf nur Großbuchstaben enthalten, die nicht aufeinander folgen.
50VERFICKTEGESCHAELTEANANASDIEICHDIRINDENARSCHSCHIEBE,WENNDUNICHT ENDLICHDASVERFICKTEPASSWORTNIMMST!!!

Entschuldigung, Dein Passwort darf keine Satzzeichen enthalten.
JETZTWERDICHLANGSAMRICHTIGSAUER50VERFICKTEGESCHAELTEANANASDIEICHDIRIN DENARSCHSCHIEBEWENNDUNICHTENDLICHDASVERFICKTEPASSWORTNIMMST

Entschuldigung, das Passwort ist schon vergeben. Wähle ein anderes!

Ich beschäftige mich hier nicht mit **Insiderwitzen**, die nur Programmierer verstehen. Mir war es bei der Auswahl wichtig, dass kein Fachwissen vorausgesetzt wird. Für mein Vorhaben sind daher Witze über Passwörter ideal, vor allem dann, wenn sie auch mit der **Mnemotechnik** etwas zu tun haben. Wie kann man sich ein Passwort merken? Eine Methode läuft darauf hinaus, dass man an ein historisches Ereignis denkt und dessen Datum als Passwort wählt.

„Mist, mein Mailaccount wurde gekapert!" – „Wahrscheinlich hast du ein zu schwaches Passwort!" – „Wirklich nicht! Ich habe es mir so gemerkt: Es ist das Jahr, in dem Papst Gregor IX. die große Dekretalensammlung Liber Extra promulgiert hat." – „Sehr beeindruckend. Welches Jahr war das?" – „1234."

◊

Ein kleines amerikanisches Flugzeug hat sich im dichten Nebel verflogen. Der Pilot kreist um das oberste Stockwerk eines Bürohauses, lehnt sich aus dem Cockpit und brüllt durch ein offenes Fenster: „Wo sind wir?" Ein Mann blickt von seinem PC auf: „In einem Flugzeug!" Der Pilot dreht eine scharfe Kurve und landet fünf Minuten später mit dem letzten Tropfen Treibstoff auf dem Flughafen von Seattle. Die verblüfften Passagiere wollen wissen, wie der Pilot es geschafft habe, sich zu orientieren. „Ganz einfach", sagt der Pilot. „Die Antwort auf meine Frage war kurz, korrekt und völlig nutzlos. Ich hatte also mit der Microsoft-Hotline gesprochen. Das Microsoft-Gebäude liegt 5 Meilen westlich vom Flughafen Seattle, Kurs 87 Grad."

Das ist ein weit verbreiteter Witz, in dem der Erzähler seinen Ärger über die unbefriedigende Kommunikation mit Hotlines zum Ausdruck bringt. Im Gegensatz zur Realität kann er im Witz die an sich unbrauchbare Auskunft richtig interpretieren – und triumphieren.

Da jede Programmiersprache auf einem binären System basiert, kennen Informatiker nur 1 und 0, für sie gibt es kein Drittes (siehe S. 128). In vielen Witzen wird dieses Zahlensystem auf eine Alltagssituation übertragen.

Warum stellt sich ein Informatiker jeden Abend ein volles und ein leeres Glas Wasser neben sein Bett? – Das volle Glas hat er, falls er in der Nacht aufwacht und Durst hat. Und das leere Glas, falls er in der Nacht aufwacht und keinen Durst hat.

◊

Ein Informatiker ist Vater geworden. Ein Freund fragt: „Ist es ein Bub oder ein Mädchen?" Informatiker: „Ja."

Sagt ein Programmierer zu einem Philosophen: „Man kann jede Frage mit Ja oder Nein beantworten." „Nicht jede", meint der Philosoph. – „Dann nennen Sie mir eine Frage, die ich nicht mit Ja oder Nein beantworten kann!" – „Gerne. Warum glauben Sie, dass Sie Gott sind?"

Hier handelt es sich nicht um eine Frage im herkömmlichen Sinn. Die Frage beinhaltet eine Behauptung und kann deshalb nicht ohne Weiteres mit Ja oder mit Nein beantwortet werden.

Ein Softwareentwickler und seine Frau. Sie: „Schatz, wir haben kein Brot mehr. Könntest du bitte zur Tankstelle gehen und eins holen? Und wenn sie Eier haben, bring sechs Stück mit." Nach kurzer Zeit kommt er wieder zurück und hat sechs Brote mitgebracht. Sie: „Warum hast du sechs Brote gekauft?" Er: „Sie hatten Eier!"

Die Frau meint „Eier haben" im wörtlichen Sinn, diese gibt es in der Tankstelle im Sechserpack. Der Mann hat hingegen eine Redewendung im Kopf: „Eier (in der Hose) haben", dies bedeutet draufgängerisch sein – im Spanischen *los cojonos*. Von Fußballern haben wir öfter den Satz gehört: „Wir müssen Eier haben!" (Wir müssen mutig sein!)

Es ist ein moderner Witz mit einem **unabsichtlichen Missverständnis**, er soll am Ende dieser Betrachtungen stehen. Während normalerweise im Witz Redewendungen wörtlich genommen werden, tritt hier der umgekehrte Fall ein – eine sachliche Verwendung wird metaphorisch interpretiert. Die Frau denkt an Hühnereier, der Mann an eine Redewendung mit Hoden. Dieser Witz hätte gut von Sigmund Freud analysiert werden können.

Nachwort und Zusammenfassung

Damit möchte ich meine Betrachtungen über Sprachwitze beenden. Vielleicht haben Sie es bemerkt: Ich bin ein aufmerksamer Witzezuhörer und ein eifriger Witzesammler. Ich interessiere mich für die Kulturgeschichte der Witze, und wenn es von einem Witz mehrere Versionen gibt, was oft der Fall ist, dann möchte ich jene, die ich für die beste halte, propagieren. Ich habe auch eine klare Meinung, wie man mit alten Witzen umgehen soll. So mancher funktioniert nur in seinem historischen Rahmen, und in den meisten Fällen ist es sinnvoll, ihn in diesem zu belassen. Wird er aus seinem Rahmen herausgebrochen, verliert er an Glanz.

Der Anstoß für die Beschäftigung mit Witzen kam vor vielen Jahren. Ich las 1984 im Farbmagazin der Hamburger Wochenzeitung *Die Zeit* die Serie *Der Witzableiter* von Eike Christian Hirsch, riss jede einzelne Folge aus dem Heft heraus und steckte sie in eine Sammelmappe. Später merkte ich, dass der Autor daraus ein Buch gemacht hatte – ich legte es mir sofort zu und begann, Witze zu sammeln.

Da ich mich in einigen meiner Bücher mit der Sprache beschäftigt hatte, besonders mit der österreichischen Ausformung des Deutschen, lag es nahe, diese zwei Themen einmal unter einen Hut zu bringen. Die Idee, ein Buch über Sprachwitze zu schreiben, war geboren. Nützlich war auch meine Beschäftigung mit den Tabuwörtern der deutschen Sprache, das *Unanständige Lexikon* war ein Gemeinschaftswerk mit dem *Standard*-Journalisten und Buchautoren Christoph Winder. Es ist so wie dieses Buch bei *Haymon* erschienen. Viele Witze entfalten ihre Lachkraft durch einen Tabubruch.

Eines Tages bin ich von *Amalthea* gefragt worden, ob ich eine Serie kleiner, liebevoll illustrierter Wörterbücher machen würde: *Österreichisch für Anfänger, Österreichisch für Fortgeschrittene* usw. Als Illustrator konnte ich Martin Czapka gewinnen, er hat einzelne Stichwörter in eine Bildsprache umgesetzt. Es waren, so könnte man sagen, visualisierte Sprachwitze, und oft haben wir uns Gedanken gemacht, wie diese Witze funktionieren und warum sie zum Schmunzeln oder Lachen anregen.

So ist schließlich aufgrund alter und neuer Erfahrungen jenes Buch entstanden, das Sie jetzt in Händen halten. Ob ich das schwierige Thema Sprachwitze halbwegs umfassend und verständlich abgehandelt habe, müssen Sie als Leser und Kritiker beurteilen.

Im Zuge der Arbeit fand ich heraus, dass sich heutzutage die sogenannten Flachwitze großer Beliebtheit erfreuen. Ist das ein neues Genre oder nur die Fortsetzung der Kalauer? Unsere schnelllebige Zeit verlangt offensichtlich die ganz kurze Form. Flachwitze sind äußerst beliebt und breiten sich über die sozialen Medien schneeballartig aus.

Meine Beschäftigung mit dem *Philogelos*, mit der ältesten erhaltenen Witzesammlung der Welt, brachte erwartungsgemäß die Erkenntnis, dass Menschen seit alters her über Witze lachen, die auf den Doppelsinn eines Wortes zurückgreifen. Genauso alt ist die Tradition der Ethnowitze – ein Ausdruck unserer Zeit, der auch rückwirkend passt. So spielten beispielsweise die Abderiten in der Antike jene Rolle, die später die Ostfriesen und Burgenländer einnehmen sollten.

Als ich wieder einmal das umstrittene Buch von Salcia Landmann mit dem Titel *Der jüdische Witz* zur Hand nahm und durchblätterte, fand ich darin jede Menge Witze, die man heutzutage in eine Schublade zu den Flachwitzen legen könnte. Der jüdische Einfluss auf die Entwicklung von kurzen Sprachwitzen war offensichtlich recht groß, und in der umfangreichen Sekundärliteratur über den Witz findet man in Ansätzen die Gründe dafür.

Sprachspiele und Sprachwitze haben im Judentum Tradition, weil in der uralten Sprache der Juden keine Vokale geschrieben wurden und auch fast zur Gänze die Satzeichen fehlten. Das regte dazu an, Witze mit Lautaustausch und Betonungswechsel zu erfinden. Außerdem spielen jene religiösen Schriften der Juden eine Rolle, die im Christentum kein Pendant haben. Neben dem Tanach – der jüdischen oder hebräischen Bibel – und dem Talmud – er zeigt auf, wie die religiösen Vorschriften in der Praxis und im Alltag von den Rabbinern verstanden und ausgelegt wurden – gibt es auch den Midrasch – eine Auslegung religiöser Texte im rabbinischen Judentum. Dieser weist einen stärkeren erzählerischen Charakter auf als die Bibel. Parallel dazu wird in der mystischen Tradition des Judentums, in der Kabbala, versucht, durch Austauschen von Buchstaben, durch Zerlegen und Zusammensetzen von Wörtern oder Sätzen einen zusätzlichen Erkenntnisgewinn zu erzielen.

Nicht zuletzt kommen manche Sprachwitze aus der Beschaffenheit der Sprache selbst. Das Jiddische ist aus dem Mittelhochdeutschen hervorgegangen und stark mit hebräischen, aramäischen, romanischen und slawischen Elementen angereichert worden. Es ist mit dem Deutschen so eng verwandt, dass dies zu Verwechslungen und Missverständnissen führen kann – auch das ist ein Quell für Sprachwitze.

Anhand zahlreicher Beispiele lässt sich eine Entwicklungslinie zurückverfolgen: von den Doppelconférencen der 1950er und 1960er Jahre über die großen Kabarettisten der Zwischenkriegszeit bis zur *Klabriaspartie* aus dem vorvergangenen Jahrhundert. Dieses jüdische Jargonstück wurde vermutlich in den 1880er Jahren in Ungarn verfasst und einige Jahre später ins Deutsche übertragen. Zu dieser Zeit entstanden aus den Schwänken, Anekdoten und Aphorismen jene Witze mit prononcierten Pointen, über die wir heute lachen. Das ausgehende 19. Jahrhundert markiert also den Beginn unserer Witzekultur. Auch die heutige Bedeutung des Wortes „Witz" ist erst rund 150 Jahre alt: ein kurzer Dialog oder eine kurze Geschichte, die am Ende mit einer unerwarteten Wendung zum Lachen reizt.

Bei genauem Hinsehen merkt man, dass *Die Klabriaspartie* eine Art Baukasten für Witzeerfinder war. Jüdische Witze, die wir heute als Klassiker bezeichnen würden, sind genauso vertreten wie einfache Sprachwitze mit **Buchstabenspielen**, **Paronymen** und **Polysemen**. Außerdem werden metaphorische Wendungen wörtlich genommen, wodurch **absichtliche und unabsichtliche Missverständnisse** entstehen. Die Sprache der Figuren ist eine Mischung aus dem Wienerischen, dem Jiddischen und dem Tschechischen – die jüdischen Klabriasspieler jüdeln, der tschechische Tarockspieler, der in die jüdische Kaffeehauswelt eindringt, böhmakelt. Nur in dieser Melange verschiedener Spracheinflüsse ist eine große Zahl der dargebotenen Sprachspiele realisierbar.

Dies bedeutet auch, dass die Originalfassung der *Klabriaspartie* heute nicht mehr aufgeführt werden kann – der Jargon und das Aufeinanderprallen verschiedener Welten würde nicht mehr verstanden werden. Die Wiener Theatergruppe „Tinte und Kaffee" hat eine Lösung gefunden: Sie bringt im Rahmen des Sommertheaters im Café Landtmann einzelne Szenen aus der alten Posse – verbunden mit ergänzenden Erläuterungen.

Die „gespielten Witze" in der *Klabriaspartie* lassen sich gut nach jener Terminologie rubrizieren, die Sigmund Freud im ersten Teil des Buches *Der Witz und seine Beziehung zum Unbewussten* verwendet hat. Freuds Aussagen zur Technik des Witzes sind auch heute noch für jeden Witzforscher von großem Wert.

Dass Karl Farkas *Die Klabriaspartie* im New Yorker Exil und nach dem Krieg in Wien im Simpl spielte, ferner zu Beginn der 1960er Jahre eine Neufassung schrieb und mit einer hochkarätigen Besetzung aufführte, beweist, wie groß der Einfluss dieses Stücks auf sein kabarettistisches Schaffen war. Dabei soll nicht übersehen werden, dass die inzwischen rund eineinhalb Jahrhunderte alte *Klabriaspartie* nur Populärkultur war – geschrieben und gespielt mit dem Ziel, ein möglichst breites jüdisches Publikum anzulocken, eines, das schlicht und einfach unterhalten werden wollte. An Herrschaftskritisches oder Politisches war angesichts der strengen Theaterzensur ohnedies nicht zu denken. Außerdem wurde alles, was auch nur in Ansätzen als Verstoß gegen die guten Sitten ausgelegt werden konnte, im Rahmen der Vorzensur gestrichen, auch harmlose Witze, wenn sie einen sexuellen Hintergrund hatten. „Ich möchte die Hochzeitsnacht am Nordpol verbringen." – „Warum? – „Weil dort die Nacht sechs Monate dauert." Sogar das ist dem Stift des Zensors zum Opfer gefallen, der Witz durfte nicht auf der Bühne erzählt werden. Unsere heutige Witzekultur konnte sich erst nach dem Untergang der Monarchie voll entfalten, als jede Form der Zensur aufgehoben wurde.

Sprachwitze gehören zu den intelligentesten Exemplaren in der vielfältigen Welt der Witze. Viele klassische Sprachwitze haben all das, was einen guten Witz ausmacht, aber sie sind mit einer zusätzlichen Komponente versehen – sie rekurrieren auf die Sprache – auf eine Fähigkeit, die dem Menschen vorbehalten ist. Der Sprachwitz schöpft also seine Lachkraft nicht nur, wie alle anderen Witze, **mit** der Sprache, sondern zusätzlich auch **aus** der Sprache.

Quellen und Anmerkungen

Zu **Die Herkunft des Begriffs Meme ...** (S. 13): Oft wird argumentiert, dass der Ausdruck auf den britischen Zoologen und Evolutionsbiologen Clinton Richard Dawkins zurückgeht. Aber es gibt einen viel älteren Beleg, und zwar des Österreichers Heinz von Foerster. Im Jahr 1948 erschien im Wiener Verlag Franz Deuticke auf Empfehlung Viktor Frankls dessen Buch *Das Gedächtnis. Eine quantenphysikalische Untersuchung.* Foerster ging es vereinfacht gesagt darum, mathematisch-physikalische Methoden beim Studium der Funktion des Gedächtnisses anzuwenden. Gleich auf der ersten Seite heißt es: „In Analogie zu der (...) Auffassung, das GEN, den Träger der Erbmerkmale, als Quantenzustand eines Großmoleküls zu deuten, wird hier das MEM, der Träger der Erinnerungsmerkmale, als ein verschiedener Quantenzustände fähiger Mikrokomplex aufgefasst." Für den Hinweis auf Foerster danke ich Albert Höhenwarter, Innsbruck.

Zu **Ö3-Callboy: Könnts ös ma zwanzig Rubbellose auf die Seit'n leg'n?** (S. 15): Dieselbe Technik ist auch in Witzen zu finden: *Ein Kind bekommt von seinen Eltern ein Los für eine Kinderlotterie geschenkt. Kurze Zeit danach sehen sie den Kleinen eifrig im Gebetbuch lesen. Und was hat er aufgeschlagen? Ein „Gebet für Kinderlose."* (Bemmann, 1970, S. 217)

Zu **Lässt sich nennen den Wallenstein ...** (S. 17): Sigmund Freud zitiert daraus zwei Mal in seinem Buch *Der Witz und seine Beziehung zum Unbewussten* (S. 46 und S. 61), genauso Arthur Koestler in *Der göttliche Funke. Der schöpferische Akt in Kunst und Wissenschaft* (S. 58). Freud nimmt den Text als Beispiel für Kalauer: Es genügt, „dass die zwei Worte für die beiden Bedeutungen durch irgendeine, aber unübersehbare Ähnlichkeit aneinander erinnern, sei es durch eine allgemeine Ähnlichkeit ihrer Struktur, einem reimartigen Gleichklang, die Gemeinsamkeit einiger anlautender Buchstaben u. dgl." (Freud, S. 60–61)

Zu **Den ältesten belegten Witz verdanken wir der sumerischen Kultur Mesopotamiens ...** (S. 18): Siehe en.wikipedia, Stichwort „joke", und „World's oldest joke traced back to 1900 BC", reuters.com, 31. Juli 2008; im deutschen Sprachraum: express.de, 1. August 2008, Hamburger Abendblatt, 2. August 2008; Berliner Morgenpost, 2. August 2008, wissenschaft.de, 16. August 2011.

Zu **Die älteste erhaltene Witzesammlung ist der Philogelos ...** (S. 18): Siehe Thierfelder, Andreas (Hg.): Der Lachfreund: von Hierokles und Philagrios. Heimeran, München 1968, und Weber, Karl-Wilhelm: Humor in der Antike, Reclam. Ditzingen, ²2018, S. 45–52. Ich habe die Texte dem in heutigen Witzen gängigen Sprachgebrauch angepasst und als Tempus das Präsens verwendet. Eine englische Übersetzung von 45 Witzen aus dem *Philogelos* findet sich in: Diotima. Materials für the Study of Women and Gender in the Ancient World, abrufbar unter diotima-doctafemina.org.

Zu **Ich habe einen Hipster ins Bein geschossen ...** (S. 25): Die Merkmale eines Hipsters stammen aus dem Stichwort „Hipster", Wikipedia, abgerufen am 3. November 2019.

Zu **Ihr Titel: „Wai geschrien!"** ... (S. 27): Meyerowitz schreibt, dass er die Wendung „Wai geschrien" vor allem in Witzen gehört habe. Manche würden sogar meinen, „ai waih" und „oi weh" seien antisemitische Erfindungen, er hält sie jedoch für authentisch – auch der Talmud ergehe sich in langen Weherufspassagen dieser Art. (Meyerowitz, S. 55) Berühmt ist ein Witz, den Sigmund Freud analysiert hat. *Der Arzt, der gebeten worden ist, der Frau Baronin bei ihrer Entbindung beizustehen, erklärt den Moment für noch nicht gekommen und schlägt dem Baron unterdes eine Kartenpartie im Nebenzimmer vor. Nach einer Weile dringt der Wehruf der Frau Baronin an das Ohr der beiden Männer. „Ah mon Dieu, que je souffre!" Der Gemahl springt auf, aber der Arzt wehrt ab: „Es ist nichts, spielen wir weiter." Eine Weile später hört man die Kreißende wieder: „Mein Gott, mein Gott, was für Schmerzen!" – „Wollen Sie nicht hineingehen, Herr Professor?", fragt der Baron. – „Nein, nein, es ist noch nicht Zeit." Endlich hört man aus dem Nebenzimmer ein unverkennbares: „Ai, waih, waih" geschrien; da wirft der Arzt die Karten weg und sagt: „Es ist Zeit."* Freuds Kommentar: „Wie der Schmerz durch alle Schichtungen der Erziehung die ursprüngliche Natur durchbrechen läßt, und wie eine wichtige Entscheidung mit Recht von einer scheinbar belanglosen Äußerung abhängig gemacht wird, das zeigt beides dieser gute Witz an dem Beispiel der schrittweisen Veränderung der Klagerufe bei der gebärenden vornehmen Frau." (Freud, S. 95–96)

Zu **Torberg kritisiert außerdem Fehler in Landmanns Buch, „über die sich nicht streiten lässt"** … (S. 30): „Arthur Schnitzler ist nicht 1921 gestorben, sondern 1931, Henri Bergson nicht 1928, sondern 1941. Sigmund Freud, der – man fasst es nicht (und nicht einmal Alfred Adler wird sich darüber freuen) – auf S. 34 als ‚Individualpsychologe Freud' auftritt, ist nicht 1876, sondern 1856 geboren. Das Busch-Zitat auf S. 24 ist falsch, das Kempner-Zitat auf S. 30 ist falsch, das Schwejk-Zitat auf S. 65 ist falsch (ganz abgesehen davon, dass Hašek seinen Vornamen ‚Jaroslav' schrieb, nicht ‚Jaroslaw', da das Tschechische den Buchstaben w nicht kennt)." (Torberg, Wai, S. 52–53)

Zu **Meyerowitz teilte Torbergs Kritik, ja er verschärfte sie sogar** … (S. 31): Meyerowitz schreibt zur ersten Ausgabe der Landmann'schen Sammlung: „Wir bedauern, dass wir im Interesse der Sache noch einiges aus Frau Landmanns Buch zitieren müssen, aber seine Fragwürdigkeit als Quelle muss hier demonstriert werden. (…) Sicher liegt ein gewisser Nutzen in einem Vergleich der von ihr wiedergegebenen entseelten Versionen mit einem Versuch, nach bestem Wissen und Gewissen und Erinnern die klassischen Fassungen annähernd wiederherzustellen." (Meyerowitz, S. 16)

Zu **Für mein Buch *Die Tante Jolesch* und ihre Zeit** … (S. 32): Der erwähnte Leserbriefschreiber war der Publizist und Historiker Johann Wolfgang Brügel. Eine weitere umfangreiche Fehlerliste stammt von Kommerzialrat Direktor Dr. Max Rieger; siehe das Kapitel: Wie viele Fehler darf ein Anekdoteles machen? In: Sedlaczek/Mayr: Die Tante Jolesch und ihre Zeit, Haymon, Innsbruck, ²2014, S. 155–163.

Zu **Gewissenhafte Leser seines Anekdotenbandes wiesen ihn auf zahlreiche Irrtümer hin** (S. 32): „Urzidil ist 1970 gestorben, nicht 1972, das Attentat auf Ministerpräsident Stürgkh geschah am 21. Oktober 1916, nicht irgendwann im September jenes Jahres, Franz Elbogen schreibt man nicht mit zwei ‚l" und einen Ort namens Mährisch-Gmünd hat es nie gegeben, dieser wurde nur von Armin Berg des Reimes wegen erfunden." (Sedlaczek/Mayr, S. 161)

Zu **Nicht weniger wichtig waren für mich Heinrich Eisenbach's Anekdoten** … (S. 35): Heinrich Eisenbach (1870–1923) war einer der bedeutendsten Kabarettisten und Groteskkomiker Wiens zur Jahrhundertwende und Star des Kabarettensembles Budapester Orpheum. Er wurde am 10. August 1870 in Wien II., Novaragasse 30, als Sohn des Krakauer Großkaufmanns Julius Eisenbach und dessen Frau Pauline geb. Feller geboren.

Die Geburt wurde in die Geburtsmatrik der Israelitischen Kultusgemeinde in Wien eingetragen, der oft genannte Geburtsort Krakau ist unrichtig. Seine ersten öffentlichen Auftritte absolvierte er ab 16 als „Negerclown" in Zirkussen. Bald übersiedelte er nach Budapest, wo er in Konzertcafés als Gesangskomiker auftrat. So lernte er auch seine spätere Ehefrau Anna kennen, mit der er häufig von Couplets begleitete Grotesktänze vorführte. Diese Tanzcouplets bildeten anfänglich auch ihr Repertoire bei der Budapester Orpheumgesellschaft. Diesem Kabarettensemble gehörten zahlreiche jüdische Komiker, Coupletsänger und Kabarettisten an, und somit einige der bedeutendsten Wiener Unterhaltungskünstler der Jahrhundertwende und darüber hinaus, wie etwa Armin Berg oder Hans Moser. Heinrich Eisenbach prägte das Budapester Orpheum während seiner zwanzigjährigen Mitgliedschaft von 1894 bis 1914 bedeutend mit. Die dortigen Hausautoren Louis Taufstein, Josef Armin und Adolf Glinger schrieben ihm Soloszenen auf den Leib. 1907 gründete Eisenbach seine eigene Gesellschaft, die er „Eisenbach – Budapester Varieté" nannte und im Hotel Stephanie spielte (heute Hotel Stefanie, Wien 2, Taborstraße 12), trat jedoch auch weiterhin für die Budapester Orpheumgesellschaft auf. Dort lernte er auch seine zweite Ehefrau, die Sängerin Mitzi Telmont, kennen. Aufgrund von Meinungsverschiedenheiten zwischen Eisenbach und den Direktoren der Budapester Orpheumgesellschaft, die patriotische bis kriegsverherrlichende Vorträge im Programm haben wollten, verließ Eisenbach gemeinsam mit Armin Berg, Max Rott, Paula Walden und dem jungen Hans Moser die Gesellschaft, und sie spielten fortan unter verschiedenen Namen wie Eisenbachs Original Budapester oder Eisenbachs Possen Ensemble in verschiedenen Etablissements. 1915 zogen sie schließlich in eine feste Spielstätte in der Annagasse: das Max und Moritz im St. Annahof. Dort blieben sie bis zu Eisenbachs Tod 1923. Daneben wirkte Eisenbach in zahlreichen Stummfilmen mit. Der 1916 uraufgeführte Film *Sami, der Seefahrer* wies nicht nur Komiker wie Eisenbach und Armin Berg als Schauspieler auf, sondern basierte auch auf einem von Eisenbach verfassten Lustspiel. In *Charly der Wunderaffe*, ebenfalls 1916 uraufgeführt, spielte er unter der Regie von Joe May den Affen. *Das Nachtlager von Mischli-Mischloch* ist eine 1917 in Österreich gedrehte, österreich-ungarisch-deutsche Stummfilm-Kriegssatire. In dieser verkörperte Eisenbach den Regisseur Koberl, den „Bombenwerfer". (Quellen: Georg Wacks, Eva Krivanec und Wikipedia, abgerufen am 30. November 2019)

Zu **Die kleinen Bücher (von Heinrich Eisenbach) fanden reißenden Absatz ...** (S. 35 f.): Natürlich erfand Eisenbach nicht alle Witze selbst. Es handelt sich häufig um Geschichten oder Anekdoten, die ihm von Zuträgern verkauft wurden. Nicht selten lebten diese Personen davon, die große Zahl von Komikern in Wien und Budapest mit Material zu versorgen. Georg Wacks zitiert in seinem Buch *Die Budapester Orpheumgesellschaft* aus einem Brief an Eisenbach, in dem ihm folgender Witz angeboten wird: *Ein Freund sagt zum anderen: „Denke dir, mein Bruder ist heute plötzlich meschugge geworden!" – „Das ist aber sehr unangenehm", sagt der andere. „Ich soll morgen bei ihm einen Wechsel einkassieren! Glaubst, wird er bezahlen?" – „Na, so meschugge ist er nicht!"* Der Briefschreiber bittet Eisenbach, ihm das Honorar „nach Gutdünken entweder persönlich oder mittels Postanweisung gef. zukommen zu lassen" und überlässt Eisenbach „die bessere Stilisierung obiger Ideen". (Wacks, S. 94)

Zu **Ein Österreicher bei McDonald's. „Ich hätte gern was vom Huhn."** (S. 41): Vielleicht handelt es sich hierbei um die Abwandlung eines jüdischen Witzes. *Bernstein, ein kürzlich in New York eingetroffener deutscher Emigrant, bestellt in einem Schnellrestaurant ein Hühnchen. Der Kellner fragt: „Chicken?" Darauf Bernstein: „Nein, zum* **hier Essen.**" (Wust, S. 21)

Zu **Die Türken sind in diesem Fall die Outgroup, der Witzeerzähler und seine, nennen wir es: Lachgemeinschaft sind die Ingroup** (S. 42): Unter Outgroup (Fremdgruppe) versteht man in den Sozialwissenschaften diejenigen Gruppen, die als verschieden oder getrennt von der eigenen Gruppe (Ingroup oder Eigengruppe) wahrgenommen werden. Unterscheidungsmerkmale, selbst wenn sie willkürlich sein sollten, führen zu Vorurteilen, Stereotypen und Diskriminierung gegenüber einer Outgroup. Werner Herkner wies darauf hin, dass das Selbstwertgefühl gesteigert wird, wenn positive Eigenschaften der Eigengruppe überbetont und negative heruntergespielt werden und ebenso Fremdgruppen als solche bezeichnet und abgewertet werden. Die Zugehörigkeit zur Eigengruppe führt zu einem „Wir-Gefühl", also Vertrautheit, Sympathie und Kooperationsbereitschaft der einzelnen Gruppenmitglieder. Fremdgruppen werden oft als Sündenböcke für Probleme der Gesellschaft missbraucht, zum Beispiel bei Verteilungsfragen.

Zu **Manche Türkenwitze sind Nachahmungen der bösesten antisemitischen Judenwitze oder mit diesen gedanklich verknüpft** (S. 42): Ich möchte hier zwei dieser entsetzlichen Witze, die im Internet abrufbar sind, abdrucken und analysieren. Vielleicht trägt dies dazu bei, dass die Zivilgesellschaft wirksame Gesetze gegen die Verbreitung derartiger Witze fordert: *Was kommt heraus, wenn man eine Ratte mit einer Kuh kreuzt? – Muhrat.* Murat ist ein türkischer, kurdischer, albanischer und bosnischer Vorname arabischer Herkunft mit der Bedeutung „Wunsch", „Sehnsucht", im übertragenen Sinn „der Erwünschte". Im Nationalsozialismus wurden Menschen zu Ratten erklärt, um deren Ermordung zu rechtfertigen. *Ein paar Türken sitzen im Bus und feiern, dass es jetzt schon vier Millionen Türken in Deutschland gibt. Da dreht sich eine alte Frau um und sagt: „Es gab auch einmal sechs Millionen Juden in Deutschland."* Auch dieser Witz ist eine Aufforderung, die in Deutschland lebenden Türken zu ermorden. Durch eine Toleranz gegenüber derartigen „Türkenwitzen" wird auch die Hemmschwelle für „Judenwitze" gesenkt. Der Sozialpsychologe Univ.-Doz. Dr. Karl Fallend hat im Rahmen eines Forschungsprojekts Interviews mit Personen durchgeführt, die antisemitische Witze erzählen. Ich zitiere aus seinem Beitrag, der im Studienverlag erschienen ist: „So war auch etwas Alkohol im Spiel, als eine gut zwanzigjährige Beamtin aus Salzburg einer Seminarteilnehmerin lustvoll einen Witz präsentierte, der – so scheint es – am häufigsten im Umlauf ist. *Wie kriegt man 100 Juden in einen VW-Käfer rein? – Zwei vorn, drei hinten und den Rest im Aschenbecher.* Diese junge Frau erweist sich im Interview bar jeder Einsicht und vermag in assoziativen Gedanken zu diesem Witz (...) gleich direkt die Quelle zu nennen: ‚Ja, eigentlich ist es ja tragisch, dass die Juden ver... veräschert worden sind. Aber wenn man es so erzählt, macht man einen Witz daraus. Was soll ich sagen. – 100 Juden, äh, äh, eine einfache Zahl ja. Nichts Besonderes. Wie mein Vater sagen würde, verdient haben sie es. (...)' Und sie reproduziert im weiteren Gesprächsverlauf unverhohlen jene antisemitischen Stereotypisierungen, die über Generationen tradiert werden: Juden – ‚Geldschäffler, Pharisäer, Jesusmörder, äh ... Lügner, du bist ein Jud oder nicht?'" (Fallend, Karl: (Un)Verschämt, S. 111)

Zu **Eine Frau ist wie ein Regenschirm** ... (S. 46): Freud nennt seine Quelle: „Nach einem Künstlerfest in Wien wurde ein Scherzbuch herausgegeben, in welchem unter anderem folgender, höchst merkwürdiger Sinnspruch verzeichnet stand: ..." (Freud, S. 93)

Zu **Frank Zappa nahm mit seiner Tochter das Lied *Valley girl* auf** (S. 48): Hier ein Auszug aus dem Text: *I, like / Love going into, like, / clothing stores and stuff / I, like / Buy the neatest mini-skirts and stuff / It's, like, so bitchin' / Cause, like, everybody's like / Super-super nice / It's, like, so bitchin' / Like ...*

Zu **Eine Frau kommt euphorisiert vom Gynäkologen** (S. 49): Auch die Universitätsprofessorin und Linguistin Helga Kotthoff bringt diesen Witz, und zwar in einem wissenschaftlichen Beitrag über Sigmund Freuds Witzekultur (Freud und sein weiblicher Witz, S. 176–177). In diesem Witz kehrt die Frau vom Besuch einer Gynäkologin, nicht eines Gynäkologen, heim.

Zu **Ein Ehepaar hat zwei wunderschöne Töchter** (S. 50): Vgl. eine frühe Variante in *Gut Schabbes: Herr Pontev hat zwei schwarzköpfige und einen rotköpfigen Leibeserben. Diese seltsame Zusammenstellung lässt ihn nicht zur Ruhe kommen und er zieht die Treue seiner Gattin in Zweifel. Der Rotschädel passe nicht in seine Familie. Die Frau ist anfangs überrascht, fasst sich aber rasch und sagt: „Geh, sei ka Narr – grod der Rotköpfige ist von dir!"* (Reitzer, Gut Schabbes, S. 87) Später bei Landmann: *Der Gatte, Vater von vier Kindern, äußert einen schrecklichen Verdacht: „Hör, Sara, mir scheint, der Dovidl ist nicht von mir!" – „Wie kannst du so etwas behaupten?",* entrüstet sich die Frau, *„gerade der Dovidl ist von dir."* (Landmann, 2007, S. 249)

Zu **Graf Bobby steigt in Salzburg in den Zug ...** (S. 52): Die Geschichte erinnert an einen alten jüdischen Witz: *Gespräch im Coupé: „Wo fahren Sie hin?" – „Von Warschau nach Kowno." – „Was sagen Sie! Also was die Technik heute alles zusammenbringt! Sie fahren von Warschau nach Kowno, und ich fahre von Kowno nach Warschau – und beide sitzen wir im selben Zug, nur jeder in einer anderen Richtung."* (Landmann, 1960, S. 269)

Zu **In dem Film *Die Abenteuer des Grafen Bobby* (1961) spielte Peter Alexander die Hauptrolle, Gunther Philipp stellte den Grafen Mucki dar** (S. 52): Auch die anderen Rollen waren gut besetzt: mit Vivi Bach, Susi Nicoletti, Oskar Sima, Hubert von Meyerinck, Adrienne Gessner, Fritz Muliar, Boy Gobert und Alma Seidler. Regisseur und Drehbuchautor war Géza von Cziffra. Bill Ramsey spielte einen Kellner und sang das Lied *Pigalle (Die große Mausefalle)*. Wenn man heute die Gesangseinlagen sieht, entsteht der Eindruck, dass es sich um frühe Formen von Videoclips handelt.

Zu **Mikosch rückt ein war der Titel eines Kinofilms ...** (S. 56): Neben Oskar Sima in der Hauptrolle spielten Georg Thomalla, Willy Fritsch, Paul Hörbiger, Paul Klinger und Wolfgang Neuss.

Zu **Während die „Tante Jolesch" eine von Friedrich Torberg erfundene literarische Figur ist ...** (S. 59): Zwar gab es in Iglau eine Industriellenfamilie Jolesch, in deren Haus Torberg auf Einladung von Franz Jolesch einige Male zu Gast war, aber der „Neffe Franzl" hatte keine Tante, die als Vorbild für die Tante Jolesch hätte dienen können. Anekdoten setzen voraus, dass die darin vorkommenden Personen „wirklich gelebt haben". Deshalb hat Torberg mit der „Tante Jolesch" eine literarische Figur geschaffen, und er stellt sie uns als real existierende Person vor, um ihr gängige Zitate aus dem jüdischen Milieu in den Mund zu legen. Diese Sprüche sind später unter dem Motto „Die Tante Jolesch hat gesagt ..." sprichwörtlich geworden: „Was ein Mann schöner ist, wie ein Aff, is ein Luxus." (S. 24) Oder: „Gott soll einen hüten vor allem, was noch ein Glück ist." (S. 15) Franz Jolesch hat hingegen „wirklich gelebt". Sein ereignisreiches Leben liest sich wie ein Roman. Weitere Details dazu in: Sedlaczek, Robert (gemeinsam mit Melita Sedlaczek und Wolfgang Mayr): Die Tante Jolesch und ihre Zeit. Eine Recherche. [2]2014, Innsbruck. Torberg schreibt in der *Tante Jolesch*: Franz Jolesch hielt sich nach seiner Befreiung aus dem KZ Buchenwald eine Zeitlang in Wien auf und übersiedelte schließlich nach Chile, „wo er bald darauf an den Folgen seiner

KZ-Haft gestorben ist." Wie aus einem Blog des Jüdischen Museums entnommen werden kann, befindet sich das Grab von Franz Jolesch am jüdischen Friedhof von Santiago de Chile. Er starb am 25. Juli 1961. Torberg kondolierte der Witwe, die Biografie von Franz Jolesch hat er in der *Tante Jolesch* wohl deshalb ein wenig umgeschrieben, um darauf hinzuweisen, dass Überlebende der Konzentrationslager oft recht bald an den erlittenen physischen und psychischen Wunden starben. Auch sie sind Opfer der Schoah. Siehe dazu: Johannes Reiss im Blog des Jüdischen Museums, 23. 10. 2018; www.ojm.at/blog/2018/10/23/franz-jolesch/

Zu **1905 gab es ja noch eine strenge Theaterzensur ...** (S. 64 f.): Georg Wacks hat sich die Akten der Zensurbehörde im Niederösterreichischen Landesarchiv angesehen. Alles, was unter dem Verdacht stand, „unsittlich" zu sein, wurde in den eingereichten Texten gestrichen. In einer Parodie auf die Nordpolexpedition von Frederick Albert Cook, datiert 1909, wollte Eisenbach in einem Solovortrag erzählen, wie er eine Grönländerin kennenlernte. Der von mir unterstrichene Teil des Textes erhielt den Vermerk „zum Vortrage nicht zugelassen", ist also der Zensur zum Opfer gefallen: „Sie war gleich entschlossen, mich zu heiraten, mit mir zum Nordpol zu reisen und dort die Hochzeitsnacht zu feiern. „Was is das für e meschuggene Idee", sag ich, „warum die Hochzeitsnacht grad am Nordpol?" Verschämt erwidert sie darauf: „Weil dort die Nacht 6 Monate dauert." Geheirat' hab ich se nix, aber die Hochzeitsnacht hab ich gefeiert und bin am andern Tag ohne ihr abgereist." (Wacks, S. 88) Abfällige Äußerungen über das Aussehen der Grönländerinnen wurden hingegen nicht gestrichen: „Der Schönbrunner Affenkäfig is dagegen e Schönheitskonkurrenz." (Wacks, S. 87) Der Vorzensur im Habsburgerreich fielen nicht nur Werke von Nikolaus Lenau, Franz Grillparzer oder Johann Nestroy zum Opfer, auch jedes importierte Buch wurde überprüft – insgesamt waren etwa 40.000 Bücher auf den Verbotslisten, und zwar Werke aus allen Lebens- und Wissensbereichen. Im Jahr 1903 hatte Ministerpräsident Dr. v. Koerber die Theaterzensur per Erlass neu strukturiert, um „die übelsten Missstände" zu beseitigen. In jedem Bundesland war ein Zensurbeirat zu errichten, bestehend aus einem Verwaltungsbeamten, einem richterlichen Beamten und einem Bühnenschriftsteller, Theaterkritiker oder Angehörigen des Lehrstandes. Bühnenwerke, die bereits zur Aufführung auf einer Bühne einer Landeshauptstadt zugelassen waren, durften nun erstmals ohne weitere Bewilligung auf anderen Bühnen des Verwaltungsgebiets aufgeführt werden. Wörtlich heißt es in dem Erlass: „... Ich halte es für eine ernste Pflicht der Zensur, darüber zu wachen, dass leichtfertige, meist der inneren Begründung ermangelnde Provokationen von der Bühne herab vermieden werden. ... Es ist selbstverständlich, dass die behördliche Kontrolle der Bühne nichts, was das Strafgesetz verpönt, vor allem keine Beleidigung der Mitglieder des Allerhöchsten Kaiserhauses oder der Religion zulassen darf, dass sie weiter die internationalen Rücksichten zu wahren hat, und dass endlich schwere, den allgemeinen Unwillen ausfordernde Verletzungen der guten Sitte zu verhindern sind. Die Bühne soll der Erörterung keines Konfliktes prinzipiell verschlossen sein, wenn nur die ethische Grundlage des Problems erkennbar ist; allein die pure krasse Sinnlichkeit muss sich die Fernhaltung von der Bühne ebenso gefallen lassen, wie sie vom gesellschaftlichen Verkehr seit jeher ausgeschlossen ist. In der Diskussion sozialer Fragen hat sich die Zensur dem Wandel der Zeiten vor Augen zu halten ..."

Erst in der Republik wurde die Zensur aufgehoben: mit Beschluss der Provisorischen Nationalversammlung vom 30. Oktober 1918. Sofort erschienen kleine Bücher mit zotigen Witzen, zum Beispiel das in meiner Literaturliste erwähnte Buch *Hundert Paprika-Lozelech für Herren. Erste Serie und Zweite Serie*.

Zu **Nicht weniger erfolgreich waren Juden in den letzten Jahrzehnten der Habsburgermonarchie im Bereich der Baumwollspinnerei und Weberei** (S. 67): Siehe die ausführliche Darstellung der Industriellenfamilie Jolesch in: Sedlaczek/Mayr: Die Tante Jolesch und ihre Zeit. Eine Recherche, S. 174–178, S. 182–194 und S. 217–229.

Zu **Korngelb, reich geworden, lässt seinem Sohn Klavierunterricht geben** ... (S. 69): Ich habe hier die alte Schreibung „As" belassen. Seit der letzten Rechtschreibreform wird zwischen „As" (die Musiknote) und „Ass" (die Spielkarte) unterschieden. Es ist ein Gleichklangwitz, der früher auch orthografisch funktioniert hat.

Zu **Der bedeutendste Schüttelreimer** ... (S. 76): Miguel Herz-Kestranek hat eine Website für Schüttelreime mit Abo-Funktion eingerichtet: schüttelreime.at.

Zu **Eine ganze CD mit Schüttelreimen** (S. 77): Die CD von Trio Lepschi (Stefan Slupetzky, Tomas Slupetzky, Martin Zrost) trägt den Titel *Warz und Schweiß. Schüttelreimlieder*, Hoanzl, Wien 2013.

Zu **Der Judenstern und der Sheriffstern haben mehrere gemeinsame Merkmale** (S. 81): Im Mittelalter war in vielen Ländern jüdischen Bürgern ein gelber Ring oder Fleck als diskriminierendes Kennzeichen vorgeschrieben. Diese Symbolik wurde von den Nationalsozialisten für den Judenstern aufgegriffen. Mit dem Gelben Stern wurden Juden gekennzeichnet, um sie zu terrorisieren, zu deportieren und zu ermorden.

Zu **Als Verfasser der *Klabriaspartie* gilt** ... (S. 84): Das in vielen Auflagen erschienene Textheft der Posse *Die Klabriaspartie* ist im Buchhandel und in Antiquariaten nicht erhältlich. Ich zitiere aus: Veigl, Hans (Hg.): Luftmenschen spielen Theater. Jüdisches Kabarett in Wien 1890–1938, Kremayr & Scheriau, Wien 1992.

Der Schauspieler Otto Taussig, der lange Zeit in der *Klabriaspartie* spielte, berichtete gegenüber der Zeitschrift *Die Bühne* (Heft 16/1925, S. 15), Bergmann habe ein einmaliges Honorar von 5 Gulden bekommen, damit gingen die gesamten Rechte an die Direktion des Budapester Orpheums in der Taborstraße über. Nach der 200. ausverkauften Vorstellung habe man dem Autor ein „freiwilliges Geschenk" in Höhe von 30 Gulden gemacht.

Zu **500 Lozelech. Maisses. Koschere Schmonzes, pickfeine Schmüs für unsere Leut'** (S. 84): Der Titel des Sammelbandes ist interessant: **Lozelach** ist Teil einer Wortfamilie, zu der auch *lez* (= Spötter, Verächter von Religion und Sitte) gehört. *Lozzele* ist ein Bonmot, ein harmloser kleiner Witz. **Maisse** geht auf jiddisch *maase, meise* zurück, das im 19. Jahrhundert „Tat, Werk, Arbeit" bedeutet hat, dann aber im Sinne von „Geschichte, Erzählung" verwendet wurde. Die genaue Herkunft von **Schmonzes** ist strittig. Gemeint ist „Unsinn, närrische, unwichtige Geschichten, dumme Ausreden". Immerhin sind sie koscher, also rituell zulässig, richtig und gut. **Schmues** bedeutet „Erzählung, leeres Gerede", im Rotwelschen auch „Unterhaltung, Plauderei, Geschwätz".

Zu **Klabrias ist eine Verballhornung von Klaberjassen** (S. 85): David Parlett, ein englischer Spieleentwickler („Hase und Igel") und Autor einiger Kartenspielebücher, zitiert den Kartenspieleforscher Robin Goodfellow wie folgt: „Klaberjass ... is currently in almost every capital where European cards are used. Its spread is undoubtedly due to the emigration of Jewish people into the cities of the Western world. Every properly brought-up Jewish boy of at least the last generation would know someything about Klobiosh, even if he did not actively indulge in it. It is also widely played by East Londoners of gentile origin. It has a distinct air of Mitteleuropa about it, and I am inclined to believe (...) that its birthplace was probably Budapest." (Parlett, David: The Oxford Guide to Card Games, Oxford, New York, Toronto 1990, S. 297). Die zwei Kartenspielszenen im Stück sind für Kenner der Jass-Spiele kein Problem, wer damit nicht vertraut ist, wird Probleme haben, den Spielverlauf nachzuvollziehen. Das beginnt schon bei den Dialogen zu Beginn des Spiels. Zunächst wird darüber diskutiert, wie hoch der Einsatz sein soll und ob kontrieren erlaubt ist. Dann fragt ein jüdischer Spieler „den Behm", ob er mit einem Pot spielen will. Der Pot wurde im Kartenspielerjargon als „der Jud'" bezeichnet. *Dalles: Mit'n Jud'n? Reis: Herr Janitscheck, spiel'n Se mit'n Jud'n? Janitscheck: Ich spiel' doch mit zwei Juden!* Das ist ein absichtliches Missverständnis, denn unter Tarockierern war der Ausdruck ebenfalls in Gebrauch. Die Spielregeln der originalen niederländischen Variante dieses Spiels sind auf John McLeods Kartenspiele-Website pagat.com unter „Klaverjassen" abrufbar – in deutscher und in englischer Sprache.

Zu **Die Berliner Version der Posse wurde sogar verfilmt** (S. 85): *Die Klabriaspartie*, 1916, Regie: Danny Kaden, basierend auf der Bühnenversion des Berliner Herrnfeld-Theaters, mit Leonhard Haskel, Joe Konradi, Max Horowitz, Siegfried Berisch und Erich Schönfelder.

Zu **Sie ist eine orthodoxe Jüdin, was daraus hervorgeht, dass sie eine Perücke trägt** (S. 85 f.): Verheiratete orthodoxe jüdische Frauen hatten ihr Haar zu bedecken, z. B. durch eine Haube, eine Mütze, einen Hut, einen Schal oder ein Kopftuch (genannt „Tichel" oder „Mitpachat"). Als Perücken in Europa erstmals modern wurden, griffen jüdische Frauen diese Mode auf. Es entstand eine rabbinische Diskussion darüber, ob mit einer Perücke, genannt „Sheitel", die religiösen Vorschriften erfüllt seien oder nicht. Vor diesem Hintergrund ist ein Dialog in der *Klabriaspartie* zu verstehen: *Dalles (über die Frau Reis): Ganz e betamtes* (charmantes) *Weiberl, seh'n Se an, wie sie lacht und die schöne Haar, was sie hat. Reis: Se gebt sich aber auch Acht auf die Haar. Alle Nacht sperrt sie se in Nachtkastl ein. Frau Reis: Zu was erzählste das? Reis: Se soll'n wissen, mir ham e Nachtkastl.* Als orthodoxe Jüdin verurteilt sie auch das Kartenspielen ihres Mannes.

Zu **Dies scheint auch eine Rache für die frauenfeindlichen Witze zu sein, die permanent über sie gemacht werden** (S. 86): Die Männer machen sich ungeniert über die Frau Reis lustig. Es heißt, dass sie „wie ein alter Stellwagen" aussieht (S. 35) – das war ein klobiges Pferdefuhrwerk zur Personenbeförderung, das durch Winken angehalten werden konnte. Aber es geht nicht nur um ihr Aussehen. Im Grunde wird die Frau selbst mit einem öffentlichen Fuhrwerk verglichen, soll heißen: Sie ist für jedermann zu haben. Aber sie ist kein Komfortabel, sondern eben nur ein Stellwagen.

Zu **Letzterer (Felix Salten) veröffentliche nach Eisenbachs Tod im Jahr 1923 einen hymnischen Nachruf** (S. 87): „Er bot auf seinem Brettl diese zynischen Scherze, die so durchleuchtet sind von unerbitterlicher Menschenkenntnis, diese gesalzenen Späße, die laugenscharf sind von unbarmherziger Selbstironie, diese überwältigenden Anekdoten, die erst nachträglich, erst nachdem sie von der allgemeinen Heiterkeit bebrüllt wurden, sich aufschließen und den Kern von Lebensweisheit, den sie bergen, enthüllen. (...) Seine Kunst war von der Art, aus der sich die Anfänge des Theaters entwickelten. Er war Improvisator, Rhapsode, Stegreifdichter und Darsteller seiner selbst. Diese

Art gedeiht heute nur in seltenen Exemplaren, nur da und dort, in Singspielhallen und ähnlichen Lokalen. Er war, in unserer Zeit, das vollendetste Exemplar dieser Gattung." (Salten, Felix: Geister der Zeit. Erlebnisse, Wien/Berlin/Leipzig, Zsolnay, Wien 1924)

Zu **Das Lob war ernst gemeint** (S. 87): Hier und in der Folge sinngemäß zitiert aus einem Mail von Sigurd Paul Scheichl vom 12. November 2019 an den Autor.

Zu **Der Scholet, auch Schalet, Tscholent, Tschulent etc.** (S. 91): „Ein zentrales Gebot des jüdischen Glaubens ist die Schabbatruhe. (…) Ein Feuer zu entzünden ist zum Beispiel nicht erlaubt, wohl aber die Nutzung eines bereits entfachten Feuers. Dieses Verbot hat die jüdische Küche stark beeinflusst. Das beste Beispiel dafür ist der Tscholent. Dieser traditionelle Schabbateintopf wird am Freitag zubereitet und vor Schabbatbeginn in den Ofen gestellt. Dort schmort er dann über Nacht ganz langsam. Zum feierlichen Schabbatmahl am Samstag ist der herzhafte Eintopf schließlich fertig. Viele fühlen sich diesem Gericht besonders emotional verbunden, denn sein Duft ruft Kindheitserinnerungen an Schabbatfeiern im Familienkreis hervor. Joan Nathan, die Autorin des bekannten Kochbuchs ‚Jewish cooking in America', nennt den reichhaltigen Auflauf ‚Jewish soul food' – Essen für die Seele." (https://www.jmberlin.de/koscher/alacarte/rezepte/tscholent.pdf) Heinrich Heine erwähnt die Schabbatspeise mehrmals und besingt sie im Gedicht *Prinzessin Sabbat* von 1851 unter anderem mit den Worten: „Schalet, schöner Götterfunken, Tochter aus Elysium!"

Zu **… wär' Not, ich gebet noch e jeden e Sechserl d'rauf für'n Hausmaster auf Sperrgeld** (S. 93): Die Klabriasspieler brauchen ein Sperrsechserl, weil sie üblicherweise bis Mitternacht spielen. Als Sperrsechserl bezeichnete man in der österreichisch-ungarischen Doppelmonarchie ein Entgelt, das man an den Hausbesorger entrichten musste, damit dieser einem zwischen 22 Uhr und 6 Uhr das Haustor öffnete. Zu dieser Zeit hatten die Bewohner einer Wohnung kein Anrecht auf einen Haustorschlüssel. Die Abhängigkeit vom Hausmeister war im Kaiserreich als ordnungspolitische Maßnahme angelegt, da rechtschaffene Bürger nach 22 Uhr zuhause sein sollten. Der Name Sechserl rührt von dem üblichen Entgelt, das 20 Heller ausmachte und ursprünglich 6 Kreuzer entsprach. Erst 1922 wurde das Recht auf einen eigenen Hausschlüssel in der Hausbesorgerordnung als Bundesgesetz geregelt.

Zu **Eines Tages machte ich auf Hinweis eines Freundes in einem „Teilnachlass Karl Farkas" einen bemerkenswerten Fund** (S. 95): Das zwölfseitige Manuskript im DIN-A4-Format wurde auf einer Schreibmaschine verfasst; in der Niederösterreichischen Landesbibliothek/Literaturdokumentation Niederösterreich wird ein mit blauem Kohlepapier angefertigter Durchschlag aufbewahrt. Der Text trägt die Überschrift: „Reminiszenz: Klabriaspartie 1961". Für den Hinweis danke ich Hans-Joachim Alscher.

Zu **Der Witz (…) stammt aus einer Zeit, als Juden Witze entwickelten, in denen sie ihre Geschäftstüchtigkeit persiflierten …** (S. 100): Joseph Klatzmann schreibt in der Einleitung des Abschnitts über den „Zwei-Tafel"-Witz, dass derartige Witze über Geld Teil eines antisemitischen Gedankenguts sein können. „Aber wenn es sich um Witze handelt, die von den Juden selbst erfunden wurden, ist ihnen im Allgemeinen eine besondere Würze eigen." (Klatzmann, S. 94)

Zu **PaRDes** (S. 101): Siehe die Erläuterungen des amerikanischen Reformrabbis Lawrence Kushner (hagalil.com) in deutscher Sprache.

Zu **Erst der allerletzte Witz**, mit dem er (Röhrich) das Kapitel abschließt, ist ein Situationswitz, und noch dazu ein schlechter ... (S. 104): *Eine alte Jungfer kehrt in einem Waldgasthof ein und wird vom Chef freundlich bewirtet. Als sich die Dame zum Aufbruch rüstet, warnt sie der Wirt davor, den Weg durch den Wald zu nehmen, denn darin hause ein mitleidloser Räuber, der einsamen Spaziergängerinnen Schmuck, Geld und Kleider raube und sie sogar vergewaltige.* „*Mir wird schon nichts geschehen*", *lacht die alte Jungfer und macht sich auf den Weg. Sie ist noch nicht weit gegangen, da steht plötzlich vor ihr ein wilder, riesengroßer Kerl, schmutzig, unrasiert und in Lumpen gehüllt. Er stürzt sich auf sein Opfer, reißt die Handtasche an sich, zieht der Frau den Ring vom Finger und fetzt ihr die Kleider vom Leib. Ehe sie sich von ihrem Schrecken erholen kann, lässt er sie splitternackt stehen und rennt davon. Da erst beginnt sie laut zu weinen und schreit ihm nach:* „*Huhu, böser Mann! Wo bleibt die Vergewaltigung?*" Warum muss die Frau eine alte Jungfer sein? Damit es am Ende zu einer überraschenden Wendung kommt, wenn „der mitleidlose Räuber" kein Interesse zeigt, sie zu vergewaltigen? Die peinliche Reaktion der Frau könnte aus einem Blondinenwitz stammen.

Es geht auch anders. Theodor Reik analysiert einen Cartoon aus dem *New Yorker*, in dem dasselbe Thema angeschlagen wird. Ich mache aus dem Cartoon einen Witz: *Zwei Frauen und zwei Männer sind auf Safari im Dschungel. Plötzlich kommt ein Orang-Utan, schnappt sich eine Frau und schleppt sie in den Urwald. Die Männer nippen weiterhin gelassen an ihrem Whisky, während die andere Frau sagt:* „*Ich persönlich kann mir nicht vorstellen, was er an ihr findet.*" Der Orang-Utan steht symbolisch für den hemmungslosen, wilden Mann vom Typ des Höhlenmenschen – genauso wie der Mann im Wald, vor dem der Wirt warnt. Die Szene mit dem Orang-Utan, also mit dem wilden Mann, spielt sich am Rande der Zivilisation ab, rundum ist der Urwald – auch der Gasthof steht inmitten eines großen Waldes. Nachdem der Orang-Utang-Mann die Frau verschleppt hat, erwartet der Zuhörer, dass die drei anderen Personen in Panik geraten. „Aber nichts dergleichen geschieht. Der Gegensatz zwischen dem, was passiert, und der unerschütterten Haltung der Zuschauer verdeckt seinen geheimen Sinn", schreibt Reik. „Die Dame reagiert auf eine typisch weibliche Weise. Sie überlegt sich, was es gerade an dieser Frau gewesen sein mag, das eine solche Leidenschaft in einem Mann entfacht hat. (...) Die beiden männlichen Begleiter der Dame wundern sich gar nicht, sie verstehen viel besser, was den Mann zu der Entführung veranlasst hat." Es war „ein blinder sexueller Impuls". (Reik, 1965, S. 152)

Zu **Frau Schöberl: Meine Älteste hat ein süßes Baby, aber der betreffende Herr ist verreist ...** (S. 109): Farkas greift einen alten Witz auf, der bei Eisenbach zu finden ist: *In der Schule fragt der Lehrer den kleinen Huber:* „*Wie viele Elemente gibt es?*" *Huber:* „*Das weiß ich nicht, Herr Lehrer.*" *Lehrer:* „*Setz dich, du Strohkopf! Moritz! Wie viele Elemente gibt es?*" – „*Ich bitte Herr Lehrer, fünfzig Elemente.*" – „*Wieso denn fünfzig?*" – „*Mei' Schwester kriegt alle Monat' fünfzig Kronen Elemente.*" (Eisenbach, XVIII, S. 9–10)

Zu **Drei Herren im Zug nach Marienbad** (S. 117): Salcia Landmann erzählt diesen Witz im Ergänzungsband 1972 perfekt (S. 163). Für die erweiterte Ausgabe 1988 versucht sie, den Witz zu modernisieren: Sie ersetzt Marienbad, das nun in der Tschechischen Republik liegt, durch Bad Gastein: *Kurhaus Bad Gastein. Lebhafte politische Unterhaltung zwischen drei Herren.* „*Ich bin Antisemit. Und Sie?*" – „*Ich bin Semit.*" – „*Aha. Und Sie?*" – „*Ich bin mied.*" – „*Ich hab' nicht gefragt, was Sie sind, sondern wie Sie gesinnt sind.*" – „*Auch eine Frage. Wenn ich wär' gesünd, wär' ich nicht in Bad Gastein!*" (Landmann, 1972, S. 498–499) Der Vokalwechsel (geschriebenes ü in „müde" wird zu gesprochenem i in „mied") wird hier umgekehrt (geschriebenes u in „gesund" wird zu „gesünd").

Zu **In einem Geschäftshaus war ein Buchhalter drei Jahre engagiert ...** (S. 132): Eisenbach hat einige Beschneidungswitze in seine kleinen Bücher aufgenommen. *In Karlsbad ins Kaffeehaus kommt ein Rabbiner, am Tisch sitzt ein Kapuziner. Der Rabbiner sagt zum Kellner: „Brengen Sie mir e Kapuziner mit Haut." Der Kapuziner sieht das als Frotzelei an und sagt: „Bringen Sie mir einen Rabbiner ohne Haut."* (Eisenbach, XII, S. 5) Siehe auch die Variante 2 des Witzes „Juden sind die besten Liebhaber" auf Seite 257!

Zu **Ich zitiere aus der „Werkausgabe Helmut Qualtinger"** (S. 133): Carl Merz und Helmut Qualtinger: Tracniceks gesammelte Werke und andere Texte für die Bühne, hg. von Traugott Krischke, Bd. 3, Deuticke, Wien 1996.

Zu **Drei Männer protzen mit ihren Heldentaten im Krieg ...** (S. 134): Reiner Foerst bringt diesen Witz in seinem E-Book *Wie der Lachreiz entsteht* (S. 117–118).

Zum Witz **„Verstehst du die Gregor?"** (S. 139): Dieser Witz wurde von Marcel Prawy häufig erzählt.

Zu **Version 3: ... wenn der Hund tot ist und die Kinder aus dem Haus sind** (S. 145 f.): Juden haben ein zwiespältiges Verhältnis zu Hunden. Hunde galten lange Zeit als unrein, man sollte sie nicht im Haus haben. Im Mittelalter wurden Juden immer wieder mit Hunden verglichen, die Juden litten unter diesem Vergleich und distanzierten sich über Jahrhunderte von Hunden. Es gibt in der jüdischen Tradition viele Geschichten, wonach Hunde auf Juden gehetzt wurden, nicht nur in der Schoah. Weil Juden selbst keine Hunde hatten, dachten sie, wenn sie jemanden mit einem Hund sahen: Es wäre möglich, dass der Besitzer zu seinem Hund sagt: „Fass den Juden!" Als sich Juden mehr und mehr assimilierten, nahmen sie Hunde als Haustiere, auch um zu zeigen, dass sie integriert sind. (Siehe: Ackerman-Lieberman, Phillip (editor) and Rakefet Zalashik (editor): A Jew's Best Friend? The Image of the Dog Throughout Jewish History, Sussex Academic Press, Brighton, Chicago, Toronto 2013; darauf basierend: „Juden mit Hund", Deutschlandfunk, 26. Februar 2016; abrufbar unter deutschlandfunk.de/haustiere-juden-mit-hund.886.de.html?dram:article_id=346700.)

Zu **Moritzl steht zur Strafe vor der Klassentür** (S. 150): In *Gut Jontev* klingt der Witz so: *In der Schule fragt der Lehrer den kleinen Itzig: „Sag mir, wie viel macht zwei Mal zwei." – „Zwei mal zwei macht fünf", sagt Itzig. „Marsch vor die Tür", sagt der Lehrer. Wie der kleine Itzig so draußen steht, kommt der kleine Moritz ...* (Reitzer, Gut Jontev, S. 30)

Zu **„Nichtschwimmer"-Witz und „Betrüger"-Witz** (S. 161 f.): Die zwei Beispiele stammen aus dem im Literaturverzeichnis angeführten Beitrag *Nicht-/Wörtliche Bedeutung als Ästhetik von Alltagskommunikation* des Literaturwissenschafters und Psychologen Norbert Groeben (S. 260–261). Der Ansatz meines Buches ist primär ein linguistischer, auch das von Freud erkannte Verhältnis zwischen Witz und Traum sowie die Beziehung des Witzes zum Unbewussten sind bei mir nur Randthemen. Groeben und einige andere Wissenschafter befassen sich zurzeit mit der Frage, warum nicht-wörtliche Bedeutungen im Verhältnis zu wörtlichen Bedeutungen ästhetisch besser wirken, gleiches gilt für übliche Verwendungen im Vergleich zu nicht-üblichen Verwendungen. Gefallensreaktionen durch Messung des Galvanischen Hautreflexes festzustellen, hält Groeben für überholt. Er plädiert für Methoden der Inhaltsanalyse mit komplexen Interviewfragen. Hier zwei Aussagen in Diktion der Alltagskommunikation: Version 1 (nicht-wörtlich): *Treffen sich zwei Ziegen. Ricki: „Kommst du mit in die Disco?"* Zicki: „Nein, ich hab keinen Bock". Version 2 (wörtlich): *Treffen sich zwei Ziegen. Ricki: „Kommst du mit in die Disco?" Zicki: „Nein, das macht mich nicht an."* (S. 260–261) Obwohl die Antwort in Version 2 ebenfalls eine idiomatische ist („macht mich nicht an" statt „darauf habe ich keine Lust"), ist sie ästhetisch nicht so attraktiv wie Version 1. Der Reiz von Version 1 liegt in der gedanklichen Verbindung zwischen „Bock" und „Ziege". Das Thema ist auch für die Werbewirkungsforschung interessant, wo nicht-wörtliche Formulierungen beliebt sind: *Davon können Sie sich mehr als eine Scheibe abschneiden* (Werbung für Dauerwurst), *Und plötzlich läuft alles viel besser* (Schuhwerbung), *Wer hoch hinaus will, braucht gute Verbindungen* (Werbung einer Fluglinie) etc. (S. 271).

Zu „**Levkoje**" wurde von Juden, so schreibt Althaus, als Geheimausdruck verwendet ... (S. 163): Eine interessante Eintragung findet sich im *Südhessischen Wörterbuch*, begründet von Friedrich Maurer. Dort ist Levkoje mit verschiedenen Varianten registriert: Levgoje, Lavkoje etc. Bedeutung: „1. die Gartenblume Matthiola, 2. weibliches Glied, Aufforderung zum Koitus." Das Wörterbuch dokumentiert den Mundartwortschatz in Südhessen am Ende des 19. Jahrhunderts und in den ersten Jahrzehnten des 20. Jahrhunderts. Als Glied wurden früher die Geschlechtsteile allgemein bezeichnet, wodurch eine Spezifizierung in männliches und weibliches Glied entstand. Das Wörterbuch ist auf woerterbuchnetz.de abrufbar.

Der „**Backbord/Backnbort-Witz**" (S. 173) findet sich auch bei Salcia Landmann: *„Ist Backbord auf der linken oder auf der rechten Seite?" – „Was für ein Quatsch. Ein Backbort* (Backenbort) *ist doch selbstverständlich immer auf beiden Seiten."* (Landmann, 2007, S. 258)

Zu „**Kkkommt gggleich**" – Stottererwitze (S. 179): Witze über Gebrechen anderer sind vermutlich so alt wie die Menschheit selbst. Auch in den Sammlungen Heinrich Eisenbachs sind Witze über das sprachliche Gebrechen des Stotterns zu finden: *Ein Herr fragt am Stephansplatz einen Stotterer: „Ich bitte schön, wo ist der Graben?" Der Stotterer sagt: „Grod mi-mi-mi-mich ho-ho-ho-ho-hoben S-S-S-S-Sie ausgesucht? W-w-w-wenn Sie än andern ge-fr-fr-fr-fragt hätten, wär'n Se schon dorten gewesen."* (Eisenbach, I, 13) Der Graben, eine Straße im Zentrum Wiens, beginnt direkt beim Stephansplatz. *Zwei Stotterer gehen spazieren, da bleibt der eine stehen und sagt zum anderen: „Da sch-schau hin, dort do-do-dort fli-fliegt ein V-V-..., do-dort fli-fliegt ein V-... I-i sch-scho we-weg." Darauf der andere: „Pa-pa-pass auf, du-du stei-steigst da rein in Sch-sch..., du steigst da rein ... I-i-i scho drin."* (Eisenbach, XIII, S. 3) *In der Schule sagt der Lehrer: „Wer von euch kann mir einen Satz bilden, wo das Wort ‚Gelegenheit' vorkommt?" Der eine sagt: „Gelegenheit macht Diebe." Der andere sagt: „Ich ergreife die Gelegenheit, um auszugehen." Drauf steht der kleine Kohn, ein Stotterer, auf und sagt: „Mei-mei-mein Vater, ist Gelegenheit ist ge-gelegen heit auf-auf der Mama-M-Mama-Matratze."* (Eisenbach, XIII, S. 13)

Zu **Elefant und Maus kommen auf das Standesamt** ... (S. 183): Vielleicht handelt es sich um die verkürzte Variante eines ausgezeichneten jüdischen Witzes, eines Dreizahlwitzes mit Überbietung: *Levy kommt Freitagnachmittag in ein Assekuranzbüro, um eine Lebensversicherung abzuschließen. Der Beamte: „Sie sind doch schon ziemlich alt für so etwas?" – „Achtzig Jahre." – „Und da wollen Sie eine Lebensversicherung abschließen?! Na, jetzt schließen wir ja gleich, kommen Sie morgen wieder." – „Morgen kann ich nicht: Schabbes!" – „Dann kommen Sie am Montag." – „Am Montag hat mein Vater Geburtstag." – „Sie haben noch einen Vater? Wie alt ist der?" – „Hundert Jahre." – „Was? Gratuliere! Kommen Sie halt Dienstag." – „Geht auch nicht, da heiratet mein Großvater." – „Einen Großvater* *haben Sie auch noch? Wie alt ist denn der?"* – *"Hundertzwanzig Jahre."* – *"Und will noch heiraten?"* – *"Was heißt will? Er muss!"* (Landmann, 2010, S. 785, Habres, S. 97–98)

Zu **Deshalb schlage ich den Terminus Assoziationswitz vor** (S. 193): Ich weiche hier bewusst von Freuds Terminologie ab. Bei der Analyse von Witzen verwendet er zwar einige Mal das Wort „assoziieren", aber zur Kategorisierung von Witztechniken gebraucht er andere Termini wie **Auslassung** und **Anspielung**. Assoziation kommt von lateinisch *associare* „vereinigen, verbinden, verknüpfen, vernetzen", passt also sehr gut für den Denkvorgang, der sich im Kopf des Zuhörers abspielt, wenn er die Pointe entschlüsselt. Bei Anspielungen wäre natürlich – genauso wie bei Missverständnissen – zwischen solchen zu unterscheiden, die absichtlich gemacht werden („Madame, wer kriegt die andere?"), und solchen, die unabsichtlich passieren („Darf ich Ihnen mein Liebstöckel zeigen?"). Bei dem Witz „Zwei Fahrkarten nach Tuttlingen" ist die Kernfrage – absichtlich oder nicht – schwer zu beantworten. Es hängt von der Art des Erzählens und von Kleinigkeiten bei der Formulierung ab, wie der Zuhörer das Verhalten des Mannes einschätzt.

Assoziationswitz ist ein gängiger Ausdruck sowohl in der Literaturkritik (siehe Adornos *Aufzeichnungen zu Kafka* aus dem Jahr 1953) als auch in der Theater- und Filmkritik. Hier ein Beispiel aus dem berühmten Film, *Viva Maria* von Louis Malle: „Reiner Blödsinn (...) hält die Handlung ebenso lang an wie subtiler Assoziationswitz: Maria-Bardot (gemeint ist Brigitte Bardot als Darstellerin der Maria) hat kaum gesagt, dass sie Irin sei, da zieht sie die Ballonmütze vom Kopf – und statt des erwarteten irisch-roten Haars fällt ihr blondes auf die Schulter." (Der Spiegel, 7/1966)

Zu **Torberg hat in seinem Buch *Die Tante Jolesch* Witze zu Anekdoten gemacht** (S. 201): Hier einige Beispiele: Dr. Sperber wird im Café Herrenhof durch einen zufällig hereingeschneiten Gast gestört. Er will „nur rasch eine Kleinigkeit essen", weist aber alle Vorschläge des Kellners zurück. Das angebotene Schinkenbrot übersteige seinen Appetit, das weich gekochte Ei auch. Da aber jaulte Sperber auf: *„Franz! Fangen Sie dem Herrn eine Fliege, damit endlich eine Ruh' ist."* (Torberg, Tante Jolesch, S. 190–191) *Egon Kisch wurde in einem übel beleumdeten Kaffeehaus von Falschspielern hochgenommen. Natürlich musste er das seiner Mutter gestehen, und natürlich erwartete er ein Donnerwetter. (...) Die alte Kisch jedoch nahm seine Beichte gelassen auf: „Was setzt du dich hin Karten spielen mit Leuten, was sich hinsetzen Karten spielen mit dir?"* (Torberg, Tante Jolesch, S. 7) Auch hier hat Torberg einen Witz in eine Anekdote umgewandelt und sich Kisch als Hauptfigur des Witzes auserkoren. Ohne personelle Zuordnung und ohne jiddische Färbung geht der Witz so: *Grün kommt schlecht gelaunt nach Hause. Er hat beim Kartenspiel wieder einmal viel Geld verloren. Seine Frau macht ihm bittere Vorwürfe: „Warum spielst du auch mit Leuten Karten, die bereit sind, mit dir Karten zu spielen?"* (Wust, S. 21) Eine Übersetzung aus dem Französischen klingt so: *Albert und Mosche spielen täglich in einem Café Karten. Als sie wieder einmal zusammensitzen, ruft Mosche plötzlich: „Was musst du für ein Typ sein, wenn du jeden Tag mit einem Typen Karten spielst, der mit einem Typen wie dir Karten spielt!"* (Ouaknin, S. 104) Torbergs Pointe ist wohl die beste.

Das *Ortsnamenlied* findet sich auf der CD von Trio Lepschi (Stefan Slupetzky, Tomas Slupetzky, Martin Zrost) und trägt den Titel *mit links*, Hoanzl, Wien 2010.

Zu **Was heißt konsequent?** ... (S. 225): Auch in diesem Fall hat eine frühe Version aus *Gut Jontev* keinen Betonungswechsel: *Goldfarb: Weißt du vielleicht, Veitel, was das ist, konsequent? Veitel: Was soll es sein? Konsequent heißt, wenn du nicht emol eso bist und emol eso, sondern immer eso.* (Reitzer, Gut Jontev, S. 47)

Zu **Rebbe, nu bin ich 80 Jahr ...** (S. 225): In *Gut Schabbes* findet sich eine frühe Variante ohne Betonungswechsel: *Ein sehr alter Jude,* **namens Wunder***, heiratet ein junges Mädchen, das ihm einen Knaben zur Welt bringt. Darauf machte man folgende Glosse: „Is er e Wunder, is es e Wunder. Is er ka Wunder, is es ka Wunder."* (Reitzer, Gut Schabbes, S. 35–36)

Zu **Der galizische Schriftsteller Karl Emil Franzos ...** (S. 239): Der Text mit dem Titel *Namensstudien* ist im Projekt Gutenberg enthalten und abrufbar: Kapitel 7 in dem Sammelband: Aus der großen Ebene, Adolf Bonz & Comp., 1888. https://gutenberg.spiegel.de/buch/aus-der-grossen-ebene-5605/7

Namensstudien ist erstmalig in einer Zeitschrift erschienen, und zwar in zwei Folgen in der wöchentlich erscheinenden Publikation: Über Land und Meer. Allgemeine Illustrirte Zeitung, 11. Heft, Nr. 21 und Nr. 22 (enthalten in Bd. 43, Oktober 1879–1880), rezensiert in: Die Hausfrau, Blätter für Haus und Wirtschaft, 9. März 1880. *Namensstudien* war Teil einer Serie von Feuilletons des galizischen Schriftstellers mit dem Obertitel *Streitfragen und Historien.*

Der Text beginnt mit einem Witz, den ich hier gekürzt wiedergebe, aber er ist noch immer von beträchtlicher Länge. *Auf einem Ball zu Tarnopol in Ostgalizien wird ein fremder Student einer jungen reizenden Dame vorgestellt, überhört jedoch ihren Namen. Während der Quadrille erlaubt er sich, danach zu fragen. Errötend flüstert sie ihm zu: „Küsse mich!" – „Sie ... Sie meinen?" stottert der Jüngling. – „Nannette Küssemich, ich bin die Tochter des Kaufmanns Abraham Küssemich!" Der Student schleicht nach der Quadrille in einen Winkel. Nicht weit entfernt sitzt ein jüdisches Mädchen, offenbar nicht gerade den gebildeten Ständen angehörig, aber so hübsch und rund, dass er beim nächsten Walzer vor sie hintritt und sich mit tiefer Verbeugung vorstellt. Sie schnellt in die Höhe und sagt: „Grober Klotz!" – „Wie ...?", stammelt er. „Grober Klotz! Ich heiße Sarah Groberklotz und bin die Tochter vom Glasermeister Rüben Groberklotz!" Darauf beschließt der junge Mann, die nächste Tanzpartnerin nicht mehr um ihren Namen zu fragen. Aber die Dame erweist sich als so geistreich und gebildet, dass er auch nach dem Tanz an ihrer Seite bleibt und ihr von seinen beiden Abenteuern erzählt. Da verfinstert sich ihre Miene: „Es ist ein billiges Vergnügen, jemanden seines Namens wegen zu verhöhnen. Ich hätte Sie, mein Herr, für taktvoller gehalten!" Sie dreht ihm den Rücken zu und geht weg. Er eilt betroffen zu einem Freund, der ihn in die Gesellschaft eingeführt hatte. „Ja", lacht dieser, „man darf eben im Hause des Gehenkten nicht vom Stricke reden! Die Dame heißt Auguste Mist, geborene Wohlgeruch, Tochter des Gutsbesitzers Adolph Wohlgeruch."*

Zu **Bis 1848 entschied der Kaiser über Namensänderungen ...** (S. 246): Die Angaben stammen aus einem Mail von Anna L. Staudacher vom 6. November 2019 an den Autor.

Zu **Drei Juden spielen Klabrias ...** (S. 250): Eine andere Fassung des Witzes bringt Peter Köhler in dem Buch *Das Leben ist ein Hering an der Wand: Drei Juden spielen Karten. Süß überlegt lange, was er ausspielen soll. Ihm gegenüber kiebitzt ein Freund, schaut den anderen in die Karten und deutet auf sein Herz. Süß spielt Herz aus und verliert. Erbost wendet er sich an den Freund: „Du hast mich reingelegt! Warum hast du mit der Hand auf dein Herz gedeutet?" „Na, wie macht das Herz? Pik-pik-pik ..."* (Köhler, S. 10) Genau genommen ist diese Variante kein jüdischer Witz. Der Spieler und sein kiebitzender Ratgeber könnten Meier oder Müller heißen. Einziger Vorteil dieser Version: Der Zuhörer muss nicht wissen, dass Grün einerseits der Name des Kiebitzes andererseits eine Kartenfarbe im deutschen Blatt ist. Der Witz ist also für jene, die nur ein französisches Blatt mit den Farben Treff, Pik, Karo und Herz kennen.

Zu **Karl Farkas greift den Witz in der *Klabriaspartie 1961* auf und verbessert ihn** (S. 250): Klabrias wird in dieser Szene zu dritt gespielt. Reis ist in diesem Fall der Alleinspieler, Schigerl und Hlawek sind seine Gegner. Schigerl schaut dem Alleinspieler Reis in die Karten und gibt seinem Partner Hlawek den versteckten Hinweis, er solle eine Karte der Farbe Grün, auch Laub genannt, ausspielen. Wenn sich nur zwei Spieler zusammenfanden, spielten sie meist Tartel. Das Spiel gehört ebenfalls zur Jass-Familie.

Zu **Zwei Juden streiten sich heftig vor einem Gemälde, ob es ein Portrait oder eine Landschaft sei ...** (S. 250): Salcia Landmann bringt den Witz in der Taschenbuchausgabe weder mit Kornfeld noch mit Rosenfeld, sondern mit – man höre und staune: Picasso. (Landmann, 2007, S. 277)

Zu **Zwei Juden streiten sich heftig vor einem Gemälde ...** (S. 250): Als Freud um die Jahrhundertwende sein Buch über den Witz schrieb, war er zwar bereits mit antisemitischen Witzen konfrontiert, aber die mörderische Konsequenz, die Schoah, wurde nicht vorhergesehen. „Ein für den tendenziösen Witz besonders günstiger Fall wird hergestellt, wenn die beabsichtigte Kritik der Auflehnung sich gegen die eigene Person richtet, vorsichtiger ausgedrückt, eine Person, an der die eigene Anteil hat, eine Sammelperson also, das eigene Volk zum Beispiel. Diese Bedingung der Selbstkritik mag uns erklären, dass gerade auf dem Boden des jüdischen Volkslebens eine Anzahl der trefflichsten Witze erwachsen sind (...). Es sind Geschichten, die von Juden geschaffen und gegen jüdische Eigentümlichkeiten gerichtet sind. Die Witze, die von Fremden über Juden gemacht werden, sind zu allermeist brutale Schwänke, in denen der Witz durch die Tatsache erspart wird, dass der Jude den Fremden als komische Figur gilt. Auch die Judenwitze, die von Juden herrühren, geben dies zu, aber sie kennen ihre wirklichen Fehler wie deren Zusammenhang mit ihren Vorzügen, und der Anteil der eigenen Person an dem zu Tadelnden schafft die sonst schwierig herzustellende subjektive Bedingung der Witzarbeit. Ich weiß übrigens nicht, ob es sonst noch häufig vorkommt, dass sich ein Volk in solchem Ausmaß über sein eigenes Wesen lustig macht." (Freud, S. 126)

Zu **Ficker ist in Österreich und auch in Deutschland ein alter Familienname ...** (S. 255): Die Etymologie ist strittig, es gibt mehrere Erklärungsversuche. Der Name könnte auf das mittelhochdeutsche Wort *vicke* (= Tasche an Kleidern, Beutel) zurückgehen, dann wäre Ficker die Berufsbezeichnung für einen Taschenmacher. Auch eine Ableitung von dem Vornamen Viktor (früher ausgesprochen Fiktor) ist denkbar. Wenn der Name vom Verbum ficken abzuleiten wäre, dann nicht von der Bedeutung „koitieren", sondern von einer älteren im Sinn von „unruhig sein, hin und her fahren". Ficker wäre also der Name für einen fahrigen Menschen. Ich danke Heinz-Dieter Pohl für diese Informationen.

Zu **Außerdem gibt es auch (...) Palindrome in der Musik ...** (S. 260): Beispiele für musikalische Palindrome sind: Spiegelkanon in G-Dur von Wolfgang Amadeus Mozart, Canon a 2 aus dem Musikalischen Opfer von Johann Sebastian Bach; in der Sinfonie Nr. 47 von Joseph Haydn gibt es ein Menuett al roverso, dessen zweiter Teil sowie das Trio nicht ausnotiert sind, die Musik ergibt sich hier durch den Zusatz al roverso. Auch die Musik Anton Weberns ist reich an Palindromen, etwa seine Sinfonie op. 21.

Zu **Eine Gruppe deutscher Comedians fand in der Sat.1-Serie *Sechserpack* eine geniale Lösung ...** (S. 262): „Gibt's ein Problem?", Episode 15 aus der 5. Staffel der Comedyserie „Sechserpack", erstmalig gesendet auf Sat.1 am 11.2.2012. Abrufbar unter: https://www.sat1.at/tv/sechserpack/video/515-gibts-hier-ein-problem-clip

Zu **„Kein Problem Alan!"** – Anagramme (S. 264): Längere Anagramme können als Buchstabenspiel oder als Rätsel aufgefasst werden. Bei Visitenkartenrätseln muss beispielsweise aus einem Namen ein Beruf erraten werden: *Fr. Inge C. Sonst, Rheine.* Antwort: *Schornsteinfegerin.*

Zu **Einer gewissen Beliebtheit erfreuen sich jene Witze, in denen eine fremde Sprache parodiert wird** (S. 266): Etwas anders funktionieren die Wortspielereien des Dr. Hugo Sperber – Friedrich Torberg hat sie in seine Anekdotensammlung *Die Tante Jolesch* aufgenommen. Beim Ausspielen einer Karte pflegte der Rechtsanwalt einige Worte zu murmeln, die auf Lautvertauschung und Verfremdung hinausliefen, wobei wieder die jiddische beziehungsweise mundartliche Aussprache für das Funktionieren des Witzes sorgt. Aus „Da hast du einen Zehner" wurde *Dahastazéna* – mit der nachgereichten Erklärung *das indische Volksmärchen*; aus „Ich habe einen Achter" wurde *Chabanachter – der phönikische Unterfeldherr*; aus „Karo-Bube" wurde *Caró-Bua – die brasilianische Heilpflanze.* (S. 186)

Einige dieser Sprüche fielen beim Kartenspiel Tartel, ein Spiel zu zweit aus der Jass-Familie. Dort versucht man anfangs, die niedrigen Farbkarten, also die Siebener und Achter abzustoßen – da weder Farb- noch Stichzwang besteht, kann jeder Spieler frei agieren. Der Zehner ist eine hohe Wertkarte, manchmal wirft man sie dem Gegner aus taktischen Überlegungen zum Fraß vor und sagt: „Da hast du einen Zehner!"

Hugo Sperber konnte sich nicht entschließen, seine Heimat rechtzeitig zu verlassen. Er wurde so wie Fritz Grünbaum in einem Konzentrationslager ermordet.

Zu **Ein Sozialpädagoge wird auf der Straße gefragt ...** (S. 269): Hans Werner Wust erzählt denselben Witz als Dialog zwischen zwei Psychiatern: *„Bitte entschuldigen Sie, Herr Kollege, können Sie mir vielleicht sagen, wie spät es ist?" – „Leider nein, aber gut, dass wir einmal darüber gesprochen haben."* Nach einer Woche treffen sich die beiden zufällig wieder: *„Können Sie mir jetzt vielleicht sagen, wie spät es ist?" – „Nein, leider nicht, aber ich kann jetzt schon viel besser damit umgehen."* (Wust, S. 298)

Zu **Ein Bursche und ein Mädchen lernen sich in der Disco kennen und verbringen anschließend die Nacht miteinander** (S. 270): „Muschi" bedeutet in der Kindersprache Katze und ist mit Bezug auf die Schambehaarung in die Sexualsprache übertragen worden, offensichtlich in Anlehnung an Musche, Mutze (= Vagina, Vulva). Es gibt in der Jugendsprache viele scherzhafte Komposita: Muschiinspektor (= Frauenarzt), Muschikorken (= Tampon), Muschitoaster (= Sitzheizung). „Fut" hat früher offensichtlich auch Gesäß bedeutet, vgl. alemannisch Füdle, Füdla. „Fotze" war ursprünglich nur norddeutsch, hat sich aber in den Süden ausgebreitet. Der Zusammenhang mit „der Fotz" (= der Mund) und mit „die Fotzen" (= die Ohrfeige) ist nicht geklärt. (Sedlaczek, Winder: Das unanständige Lexikon. Tabuwörter der deutschen Sprache und ihre Herkunft, Haymon, Innsbruck 2014; S. 85–86, S. 88, S. 90–91, S. 149–150.)

Zu **Was ist ein Kannibale ...** (S. 280): Während Sigmund Freud den Kalauern etwas abgewinnen kann, weil sie in die Kindheit zurückführen, bezeichnet er Scherzfragen als „keine vollen Witze". Die ausgezeichnete Scherzfrage mit Verschiebungstechnik „Was ist ein Kannibale" führt er nur in einer Anmerkung an und schreibt: „Die Scherzfragen sind darum keine vollen Witze, weil die geforderten witzigen Antworten nicht wie in Anspielungen, Auslassungen usw. des Witzes erraten werden." (Freud, Witz, Anm. S. 167)

Zu **Die Sozialwissenschaft bezeichnet dies als Autostereotype ...** (S. 283): Autostereotyp ist das Selbstbild eines Menschen oder einer Gruppe. Dabei handelt es sich überwiegend um positive Vorstellungen. Im Gegensatz dazu ist Heterostereotyp das Bild, das sich andere von einem Menschen oder einer Gruppe machen. Die Begriffe sind eng verwandt mit dem Konzept Ingroup/Outgroup (siehe S. 42).

Zu **Die Österreicher unterscheiden sich von den Deutschen durch die gleiche Sprache** (S. 292): Hermann Möcker hat in der Zeitschrift *Österreich in Geschichte und Literatur* eine Umfrage zur Herkunft des angeblichen Kraus-Zitats gestartet (1966, Heft 4–5a sowie 1998, Heft 1). Dies führte zu der Vermutung, dass ein österreichischer Emigrant das Wilde-Zitat in England wahrgenommen und nach Österreich gebracht hatte. Als Barbara Rett in einer Moderation der Radiosendung *Von Tag zu Tag* meinte, das Zitat stamme von Hans Weigel, startete Herbert Hufnagl im *Kurier* in seiner Glosse *Kopfstücke* ebenfalls eine Umfrage (14.9.2002, 18.9.2002). Diese brachte keine neuen Erkenntnisse. In den USA haben Journalisten seit den frühen 1940er Jahren das Zitat fälschlich George Bernhard Shaw zugeschrieben. Es existiert im Englischen in mehreren Varianten: Britain and America are two *nations* divided by a *common* language. (b) Great Britain and the United States are two *countries* separated by the *same* language. (c) The English and Americans are two *peoples* divided by the *same* language.

Die englische Fassung war vermutlich bei uns zu Beginn der Zweiten Republik unter Intellektuellen bereits im Umlauf. Wie in ähnlich gelagerten Fällen auch, geht es bei der Herkunftsfrage nicht darum, wer den Gedanken als Erster ins Deutsche übertragen hat, sondern wer eine prägnant formulierte deutsche Fassung so wirksam propagierte, dass sie sich durchsetzen konnte. Da Farkas den Unterschiedswitz mehrere Male im Rundfunk, also vor großem Publikum brachte, ist ihm dieser Verdienst zuzuschreiben. Er hat die von mir als Variante (c) gekennzeichnete Version gewählt: *Die Österreicher unterscheiden sich von den Deutschen durch die gleiche Sprache* (nicht: gemeinsame Sprache, nicht: zwei Länder). Der Lacheffekt haftet an dem Gegensatz von zwei Wörtern, die unvereinbar erscheinen: Das „Gleiche" ist es, das „unterscheidet". Alexander Lernet-Holenia hat übrigens in *Der Monat*, Heft 101, 1957, Seite 33–34, ähnliche Worte wie Farkas verwendet, allerdings nicht gerade blendend formuliert und mit einer anderen Intention: „Der Österreicher, der die gleiche Sprache spricht wie der Deutsche, unterscheidet sich vom Deutschen vor allem durch die Sprache." Lernet-Holenia kritisierte damit, dass am Burgtheater unter der Direktion von Adolf Rott – er war ein Wuppertaler – viele Schauspieler österreichisch gefärbtes, wenn nicht gar dialektales Deutsch sprachen. Dass der Unterschiedswitz gerade in den 1950er Jahren populär wurde, ist übrigens kein Zufall. Viele lehnten vor dem Hintergrund der eigenen Erfahrungen im Krieg oder im Konzentrationslager alles Deutsche ab und versuchten eine eigenständige kulturelle und sprachliche Identität Österreichs zu fördern. Im Jahr 1951 erschien zum ersten Mal das *Österreichische Wörterbuch*, das seitdem im offiziellen Sprachgebrauch die österreichische Standardvarietät der deutschen Sprache definiert.

Zu **Die moderne Sprachwissenschaft spricht von Plurizentrik ...** (S. 294): Das Konzept der Plurizentrik (österreichisches Deutsch, schweizerisches Deutsch, deutschländisches Deutsch als gleichwertige Zentren), das heute in der Sprachwissenschaft mehrheitlich vertreten wird, ist 1995 vom Duisburger Universitätsprofessor Ulrich Ammon ausformuliert worden, ebenfalls in Anlehnung an die Situation im Englischen (Ammon, Ulrich: Die deutsche Sprache in Deutschland, Österreich und der Schweiz. Das Problem der nationalen Varietäten, Berlin/New York 1995). Karl Farkas war also seiner Zeit weit voraus.

Zu **Ein Ehepaar hat Schillers Wallenstein gesehen ...** (S. 303): Gauger schreibt, dass er diesen Witz in einer Talkshow von Harald Schmidt gehört habe. (Gauger, 2014, S. 50)

Literaturverzeichnis

A) Bücher

Althaus, Hans Peter: Chuzpe, Schmus & Tacheles. Jiddische Wortgeschichten, C. H. Beck, München ²2006.

Althaus, Hans Peter: Kleines Lexikon deutscher Wörter jiddischer Herkunft, C. H. Beck, München ³2010.

Althaus, Hans Peter: Zucker, Zoff & Zores. Jiddische Wörter im Deutschen, C. H. Beck, München ³2010.

Arnheim, J. C.: Mikosch-Anekdoten. Amüsante Witze, Humoresken und Anekdoten von Baron Mikosch, dem ungarischen Witzbold und seinem bedienten Janosch, gesammelt von J. C. Arnheim, Reform-Verlagshaus, Berlin 1913.

Baur, Alexander und Nikola Wiegeler: Humor in der Rhetorik; Online-Zeitschrift für Rhetorik, rheton.sbg-ac.at, 7. November 2011.

Bemmann, Hans (Hg.): Der klerikale Witz. Mit Cartoons von Dietmar Schubert und einer Einführung von Friedrich Heer, Walter Verlag, Olten/Freiburg im Breisgau 1970, ⁵1973.

Berg, Armin: Das neue Armin Berg Repertoire. Gedichte, Szenen und Witze, gesammelt und vorgetragen von Armin Berg, Stern Verlag, Wien o. J.

Berg, Armin: Sie müssen lachen. Das lustige Armin Berg-Repertoire. Selbsterlebtes, Szenen, heitere Gedichte, Witze, gesammelt und vorgetragen von Armin Berg, Stern Verlag, Wien o. J.

Berg, Armin: Zum Zerspringen!! Neue Anekdoten von Armin Berg, Selbstverlag, Wien 1920.

Berg, Armin: Trommelverse, vorgetragen von Armin Berg, Selbstverlag, Wien ²1922.

Bergmann, Adolf: Die Klabriaspartie. In: Veigl, Hans (Hg.): Luftmenschen spielen Theater. Jüdisches Kabarett in Wien 1890–1938, Kremayr & Scheriau, Wien 1992, S. 21–39, Veigl zitiert aus der 7. Auflage, Wien o. J.

Bering, Dietz: Der Name als Stigma. Antisemitismus im deutschen Alltag 1812–1933, Klett Cotta, Stuttgart 1987.

Böhm, Maxi: Böhm's Lachendes Lexikon. Die besten Witze von A bis Z aus der größten Sammlung Europas, hg. v. Hans Veigl, mit einem Vorwort von Hugo Wiener, Kremayr & Scheriau, Wien 1983.

Campenhausen, Hans von: Theologenspieß und -spaß. Hamburg 1973.

Chiaro, Delia: Communication and Humor. In: Raskin, Viktor: The Primer of Humor Research, S. 157–182.

Davies, Christie: Undertaking the comparative study of humor. In: Raskin, Viktor: The Primer of Humor Research, S. 157–182.

Dor, Milo und Reinhard Federmann: Der politische Witz, Desch, München/Wien 1964.

Eisenbach, Heinrich: Heinrich Eisenbach's Anekdoten, gesammelt und vorgetragen in der Budapester Orpheumgesellschaft in Wien, Heft 1 bis Heft 21, K. k. Universitätsbuchhandlung Georg Szelinski, Wien 1905 ff.

Eisenberg, Paul Chaim: Auf das Leben! Christian Brandstätter Verlag, Wien 2017.

Eisenberg, Paul Chaim: Wenn der Rebbe lacht – Gedanken eines Rabbiners über ernste Talmudvorträge und jüdischen Witz. In: Patka, Markus G. und Alfred Stalzer (Hg): Alle meschugge? Jüdischer Witz und Humor, Jüdisches Museum Wien, Amalthea, Wien 2013, S. 10–11.

Eisenberg, Paul Chaim: Das ABC vom Glück. Jüdische Lebensweisheit für jede Lebenslage, Christian Brandstätter Verlag, Wien, 2019.
Fallend, Karl (Hg.): Witz und Psychoanalyse. Internationale Sichtweisen, Sigmund Freud revisited, Psychoanalyse und qualitative Sozialforschung, Bd. 5, Studienverlag, Innsbruck/Wien/Bozen 2006.
Fallend, Karl: (Un)Verschämt – Ersparter Hemmungsaufwand. Nationalsozialismus, Antisemitismus im Witz von heute in Österreich. In: Fallend, Karl (Hg.): Witz und Psychoanalyse. Internationale Sichtweisen, Sigmund Freud revisited, Psychoanalyse und qualitative Sozialforschung, Bd. 5, Innsbruck/Wien/Bozen 2006), S. 103–118.
Farkas, Karl: Klabriaspartie, maschingeschriebenes Manuskript, 12 Seiten, 1961 (Teilnachlass von Karl Farkas in der Niederösterreichischen Landesbibliothek/Literaturdokumentation Niederösterreich).
Farkas, Karl: Ins eigene Nest. Also Sprach Karl Farkas, hg. von Hans Veigl, Kremayr & Scheriau, Wien 1988.
Fink, Iris und Hans Veigl: „... und Lachen hat seine Zeit". Kabarett zwischen Wiederaufbau und Wirtschaftswunder. Kleinkunst in Österreich 1945 bis 1970, Österreichisches Kabarettarchiv, Graz 2016.
Freud, Sigmund: Der Witz und seine Beziehung zum Unbewussten (1905) und Der Humor (1927), dtv, 4. korrigierte Auflage, Frankfurt am Main 1998.
Fritsch, Sybille: Wenn Frauen herzhaft lachen. Die besten Witze über Männer, mit Illustrationen von Reinhilde Becker, Perlenreihe im Deuticke Verlag, o. J.
Gauger, Hans-Martin: Das ist bei uns nicht Ouzo. Sprachwitze, C. H. Beck, München 2006.
Gauger, Hans-Martin: Na also, sprach Zarathustra. Neue Sprachwitze, C. H. Beck, München 2014.
Goldscheider, Filipp: Warum hat Kain Abel erschlagen? Weil Abel ihm alte jüdische Witze erzählt hat. Jüdische Witze. Mit Illustrationen von Madariaga, Eichborn, Fankfurt am Main 1996. (Das Buch ist nicht paginiert. Ich zitiere nach der von mir händisch vorgenommenen Seitenzählung beginnend mit dem ersten Blatt.)
Groeben, Norbert: Nicht-/Wörtliche Bedeutung als Ästhetik von Alltagskommunikation. SPIEL – Siegener Periodikum zur Internationalen empirischen Literaturwissenschaft, Heft 12/2, 1993, S. 252–275.
Grotjahn, Martin: Vom Sinn des Lachens. Psychoanalytische Betrachtungen über den Witz, den Humor und das Komische (engl. Original: Beyond Laughter, McGraw-Hill Book Company, New York 1957), Kindler, München 1971.
Grünbaum, Fritz: Die Schöpfung und andere Kabarettstücke. Mit einer kabarettistischen Vorrede von Georg Kreisler und einem biografischen Nachwort von Pierre Genée und Hans Veigl, Wien/München 1984.
Habres, Christof (Hg.): Moische, wohin fährst du? Wien und der Jüdische Witz, Metroverlag, Wien ³2013.
Hakel, Hermann (Hg.): Oj, bin ich gescheit! Ostjüdischer Humor, Löcker, Wien 1996.
Herz-Kestranek, Miguel (Hg.): Gereimte Sammelschüttler. Mit Wortspenden geistreicher Schüttelgenossen, Brandstätter, Wien 1995.
Herz-Kestranek, Miguel: Mit Éjzes bin ich versehen: Erlebtes, Erdachtes und Erlachtes, Ibera, Wien 1998.
Herz-Kestranek, Miguel (Hg. und Mitschüttler): Mir zugeschüttelt. Neueste und allerneueste Schüttelreime aus österreichischem Volksmund von Apetlon bis Zürs, Brandstätter, Wien 1999.
Herz-Kestranek, Miguel: Die Frau von Pollak oder Wie mein Vater jüdische Witze erzählte, Ibera, Wien 2011.

Herz-Kestranek, Miguel: Lachertorten – mit Schlag! Das Beste aus 40 Jahren Lachprogrammen, Ibera, Wien 2019.

Hessing, Jakob: Wie klingt ein jüdischer Witz auf Deutsch? Zwischen Sigmund Freund und Salcia Landmann. In: Horch, Hans Otto und Vivian Liska, Malgorzata Maksymiak, Stefan Vogt (Hg.): Wegweiser und Grenzgänger, Studien zur deutschjüdischen Kultur- und Literaturgeschichte, Wien 2018, S. 31–44.

Hirsch, Eike Christian: Der Witzableiter oder Schule des Lachens, C. H. Beck, München 2001, erweiterte Neuauflage der von 1985 bis 1987 bei Hoffmann und Campe erschienenen ersten drei Auflagen.

Javor, Erwin: Ich bin ein Zebra. Eine jüdische Odyssee, Amalthea, Wien 2017.

Joffe, Josef: Mach dich nicht so klein, du bist nicht so groß. Der jüdische Humor als Weisheit, Witz und Waffe, Siedler Verlag, München 2015.

Karasek, Hellmuth: Soll das ein Witz sein? Humor ist wenn man trotzdem lacht, Quadriga, Berlin 2011.

Kippe, Hugo: Das Witzfigurenkabinett. Witze, Anekdoten und Geschichten von Bobby, Mikosch, Klein-Erna, Rudolph'sche Verlagsbuchhandlung, 1960.

Klatzmann, Joseph: Jüdischer Witz und Humor, aus dem Französischen von Thomas Schultz, C. H. Beck, München 2011.

Koch, Peter und Thomas Krefeld, Wulf Oesterreicher: Neues aus Sankt Eiermark. Das kleine Buch der Sprachwitze, C. H. Beck, München 1997.

Koestler, Arthur: Der göttliche Funke. Der schöpferische Akt in Kunst und Wissenschaft, Scherz Verlag, Bern/München/Wien 1966.

Köhler, Peter (Hg.): Das Leben ist ein Hering an der Wand. Jüdische Witze, Leipzig 2003, 2009.

Korbel, Susanne: Die Austrian Refugee Groups am Central Park: Identifikationen mit und (Raum-)Wahrnehmungen von ‚Ur-Wiener-Gemütlichkeit' im New York der 1930er und 1940er Jahre. In: Geschichte und Region/Storia e regione, 27/1 (1918), Innsbruck 2018, S. 76–96.

Kotthoff, Helga: Freud und seine weiblicher Witz. In: Fallend, Kurt: Witz und Psychoanalyse, S. 176–177.

Krivanec, Eva: Kriegsbühnen: Theater im Ersten Weltkrieg. Berlin, Lissabon, Paris und Wien, transcript Verlag, Bielefeld 2012.

Kunz, Johannes: Ich bin der Meinung. Kreisky in Witz und Anekdote, Molden, ³1974 Wien

Landmann, Salcia: Der jüdische Witz. Soziologie und Sammlung, Walter Verlag, Olten 1960, erweitert 1983.

Landmann, Salcia: Jüdische Witze. Ausgewählt und eingeleitet von Salcia Landmann, dtv, München 1962. (Eine abgespeckte Taschenbuchausgabe der Hardcoversion, ein Kapitel mit Frau-Pollak-Witzen wurde eingefügt.)

Landmann, Salcia: Neues von Salcia Landmann. Jüdischer Witz, Herbig, München/Berlin 1972. (Dieses Hardcover ist de facto ein Ergänzungsband; er enthält Witze, die zwischenzeitlich der Autorin zugesandt wurden.)

Landmann, Salcia: Der jüdische Witz. Soziologie und Sammlung. Herausgegeben und eingeleitet von Salcia Landmann. Vollständig neu bearbeitete und wesentlich ergänzte Ausgabe, Patmos, Düsseldorf 1988.

Landmann, Salcia: Jüdische Witze. Ausgewählt und eingeleitet von Salcia Landmann, dtv, München 2007. (Das ist die aktuelle Taschenbuchausgabe.)

Landmann, Salcia: Der jüdische Witz. Soziologie und Sammlung. Vollständig neu bearbeitete und wesentlich ergänzte Ausgabe. Herausgegeben und eingeleitet von Salcia Landmann. Mit einem Vorwort von Valentin Landmann, Patmos, Ostfildern 2010. (Das ist die aktuelle Hardcoverausgabe.)

Langer, Christopher: Das Jüdische an der Budapester Orpheumgesellschaft, Diplomarbeit. Universität Graz, Graz 2015.

Leitner, Ulrike (Hg.): Schau'n Sie sich das an! Höhepunkte des österreichischen Kabaretts, Amalthea, Wien 2009.

Liede, Alfred: Dichtung als Spiel, Studien zur Unsinnspoesie an den Grenzen der Sprache, Band 2, De Gruyter, Berlin 1963; neu herausgegeben von Walter Pape; De Gruyter, Berlin 1992 (Repr. d. Ausg. Berlin 1963).

Marecek, Heinz (Hg.): Hackl & Marecek. Was lachen Sie? Mit Texten von Karl Farkas & Fritz Grünbaum. Zusammengestellt und bearbeitet von Heinz Marecek, Georg Hoanzl, Wien 2005; auch als CD.

Markus, Georg: Das große Karl Farkas Buch, mit einem Vorwort von Fritz Muliar, Amalthea, Wien 1993.

Markus, Georg: Wenn man trotzdem lacht. Geschichten und Geschichte des österreichischen Humors, Amalthea, Wien 2012.

Meyerowitz, Jan: Der echte jüdische Witz, Colloquium, Berlin 1971.

Mittler, Franz: Gesammelte Schüttelreime, herausgegeben und mit einem Vorwort versehen von Friedrich Torberg, Neuauflage des 1969 erschienenen Buches, Brandstätter, Wien 1991; Piper, München ²1998.

Morcinek, Bettina und Veronika Opletalová, Helmut Glück und Karsten Rinas: Deutschlernen „von unten": Böhmakeln und Kuchldeutsch, (Fremdsprachen in Geschichte und Gegenwart, Band 16), Harrassowitz, Wiesbaden 2016.

Muliar, Fritz: Das Beste aus meiner jüdischen Witze- und Anekdotensammlung, Heyne, München ²1974.

Muliar, Fritz: Das große Buch des jüdischen Humors, hg. von Moshe Waldoks und William Novak (Original: The big Book of Jewish Humor), Athenäum, Königstein 1982.

N. N.: Hundert Paprika Lozelech für Herren, Erste Serie, Bratislava 1919.

Olsvanger, Immanuel: Jüdische Schwänke, übersetzt und bearbeitet von Max Präger und Siegfried Schmitz (basierend auf Immanuel Olsvanger: Rosinkes mit Mandeln. Aus der Volksliteratur der Ostjuden, Schweizerische Gesellschaft für Volkskunde, Basel, 1920), R. Löwit Verlag, Wien/Leipzig 1927.

Oring, Elliot: The Jokes of Sigmund Freud. A Study in Humor and Jewish Identity, 3rd edition by Rowman & Littelfield Publishing, Lanham 2007.

Ott, Elfriede: Auch Lachen kann man lernen. Meine jüdischen und andere Witze, Amalthea, Wien 2015.

Ouaknin, Marc-Alain und Dory Rotnemer: Die große Welt des jüdischen Humors, aus dem Französischen von Enrico Heinemann und Reinhard Tiffert, Quell, Stuttgart 1998.

Papentrigk, Benno (d. i. Anton Kippenberg): Schüttelreime, Insel Verlag, Leipzig 1939 (1942: Insel-Bücherei Nr. 219/3).

Patka, Markus G.: Wege des Lachens. Jüdischer Witz und Humor aus Wien; Enzyklopädie des Wiener Wissens, Band XIII, Bibliothek der Provinz, Weitra 2010.

Patka, Markus G.: Die Budapester Orpheumgesellschaft – eine Bühne für den Jargon. In: Patka, Markus G. und Alfred Stalzer (Hg): Alle meschugge? Jüdischer Witz und Humor, Jüdisches Museum Wien, Amalthea, Wien 2013, S. 84–89.

Patka, Markus G. und Alfred Stalzer (Hg): Alle meschugge? Jüdischer Witz und Humor, Jüdisches Museum Wien, Amalthea, Wien 2013.

Raskin, Viktor (Hg.): The Primer of Humor Research; Humor Research 8, Mouton de Gruyter, Berlin/New York 2008.

Reik, Theodor: Lust und Leid im Witz. Sechs psychologische Studien, Internationaler Psychoanalytischer Verlag, Wien 1929.

Reik, Theodor: Geschlecht und Liebe, Kindler Verlag, München 1965.
Reitzer, Avrom: 500 Lozelech. Maisses. Koschere Schmonzes. Pickfeine Schmüs für ünsere Leut'. Gesammelt und bearbeitet von Avrom Reitzer, Wien, Verlag von J. Deubler, o. J.; (Gut Schabbes und Gut Jontev in einem Sammelband).
Reitzer, Avrom: Gut Jontev: Rituelle Scherze und koschere Schmonzes für ünsere Leut. Gesammelt von Avrom Reitzer, J. Deubler's Verlag, Wien/Leipzig o. J.
Reitzer, Avrom: Gut Schabbes. Eine Sammlung von Lozelech, Schmonzes und Meisses für ünsere Leut. Zusammengetragen und bearbeitet von Avrom Reitzer, J. Deubler's Verlag, Wien o. J.
Reitzer, Avrom: Masel-Tov. Nix für Kinder. E Ladung feiner saftiger Schmonzes, pickfeiner Schmüs und takev bechovedter Lozelech. Gesammelt und bearbeitet von Avrom Reitzer, J. Deubler's Verlag, Wien/Leipzig o. J.
Reitzer, Avrom: Rebbach. Rituelle Scherze, Lozelech, Maisses und koschere Schmonzes für ünsere Leut. Zusammengetragen und bearbeitet von Avrom Reitzer, Adolf Alkalay und Sohn, Preßburg o. J.
Reitzer, Avrom: Solem Alechem. Nix für Kinder. E Waggon feiner, rescher, saftiger Lozelech, Schmozes takef pickfeiner Schmüs für ünsere Leit, gesammelt und bearbeitet von Avrom Reitzer, J. Deubler's Verlag, Wien/Leipzig o. J.
Röhrich, Lutz: Der Witz. Seine Formen und Funktionen. Mit tausend Beispielen in Wort und Bild, dtv, München, 1980.
Rosten, Leo: Jiddisch. Eine kleine Enzyklopädie, übersetzt aus dem Amerikanischen und deutsche Bearbeitung von Lutz-W. Wolff, dtv, München 2002.
Scheichl, Sigurd Paul: Der Stilbruch als Stilmittel bei Karl Kraus. In: Scheichl, Sigurd Paul und Edward Timms (Hg.): Karl Kraus in neuer Sicht, Londoner Kraus-Symposium, edition text + kritik, München 1986, S. 128–141.
Schubert, Gabriella: Ungarnbilder. Hintergründe, Mythen. In: Zeitschrift für Balkanologie, Vol. 47, No. 2, Harrassowitz Verlag, Wiesbaden 2011, S. 202–217 (www.jstor.org/stable/10.13173/zeitbalk.47.2.0202).
Sedlaczek, Robert und Melita Sedlaczek, Wolfgang Mayr: Die Tante Jolesch und ihre Zeit. Eine Recherche, Haymon, Innsbruck ²2014.
Sedlaczek Robert und Christoph Winder: Das unanständige Lexikon. Tabuwörter der deutschen Sprache und ihre Herkunft, Haymon, Innsbruck 2014.
Sedlaczek, Robert: Die Kulturgeschichte des Tarockspiels. Geschichten über Tarock und seine berühmten Spieler (mit Wolfgang Mayr), Edition Atelier, Wien 2015.
Sedlaczek, Robert: Österreichisch fia Fuaßboifäns. Ein heiteres Lexikon in Zusammenarbeit mit Melita Sedlaczek. Illustriert von Martin Czapka, Amalthea, Wien 2016.
Sedlaczek, Robert: Österreichisch für Anfänger. Ein heiteres Lexikon in Zusammenarbeit mit Melita Sedlaczek. Illustriert von Martin Czapka, Amalthea, Wien 2017.
Sedlaczek, Robert: Österreichisch für Fortgeschrittene. Ein heiteres Lexikon in Zusammenarbeit mit Melita Sedlaczek. Illustriert von Martin Czapka, Amalthea, Wien 2018.
Sigmar von der öden Burg (Hg.): Baron Mikosch, der ungarische Witzbold, Berlin 1889.
Sobieszek, Julia: Zum Lachen in den Keller. Der Simpl von 1912 bis heute, Wien 2007.
Soxberger, Thomas: „Lakhn aftselokhes" oder Haben Juden eigentlich Humor? – Jiddischer Witz und ostjüdische Lebenswelt. In: Patka, Markus G. und Alfred Stalzer (Hg): Alle meschugge? Jüdischer Witz und Humor, Jüdisches Museum Wien, Amalthea, Wien 2013, S. 28–34.
Staudacher, Anna L.: Jüdische Namen und Namensänderungen vom Ende des 18. Jahrhunderts bis Anfang des 20. Jahrhunderts in Österreich. In: Jüdische

Archivalien. Die Wiege des österreichischen und europäischen Judentums. Festschrift zum 200-jährigen Jubiläum des Archivs der Israelitischen Kultusgemeinde, Wien 2016, S. 115–128.

Torberg, Friedrich: Wai geschrien! Oder: Salcia Landmann ermordet den jüdischen Witz. Anmerkungen zu einem beunruhigenden Bestseller. In: Der Monat 14/157, 1961, S. 48–65.

Torberg, Friedrich: Die Tante Jolesch oder Der Untergang des Abendlandes in Anekdoten, dtv, München ^{27}2004.

Ulrichs, Karl Friedrich: Luja! Witze und Anekdoten zur Bibel, Vandenhoeck und Ruprecht, ^{3}2010.

Veigl, Hans: Armin Berg: Der Mann mit dem Überzieher, Kremayr & Scheriau, Wien 1990.

Veigl, Hans (Hg.): Luftmenschen spielen Theater. Jüdisches Kabarett in Wien 1890–1938, Kremayr & Scheriau, Wien 1992.

Veigl, Hans: Gscheite und Blöde. Doppelconférencen, Wien 1993.

Veigl, Hans: Fritz Grünbaum und das Wiener Kabarett. Biographie & Lesebuch, Österreichisches Kabarettarchiv, Graz 2019.

Wacks, Georg: Die Budapester Orpheumgesellschaft. Ein Varieté in Wien 1889–1919. Vorwort von Gerhard Bronner. Holzhausen, Wien 2002 (zugleich Diplomarbeit unter dem Titel Die Budapester Orpheum Gesellschaft. Eine Institutionsgeschichte, Universität für Musik und Darstellende Kunst, Wien 1999).

Weeber, Karl-Wilhelm (Hg.): Humor in der Antike, Reclam, Ditzingen, ^{2}2018.

Weigel, Hans und Paul Fora: Blödeln für Anfänger. Aussichtsloser Versuch der Bewältigung eines in dieser Form nicht zu bewältigenden Gegenstandes, Diogenes, Zürich 1963.

Weigel, Hans: Man darf schon. Kaleidoskop jüdischer und anderer Witze, Graz/Wien/Köln 1987.

Weigel, Hans: Imperativstapelei. In: Sachen zum Lachen. Ein Lesebuch herausgegeben von Otto Schenk, Piper, München/Zürich 1995, S. 86–89.

Wiener, Hugo: Der Blöde und der Gscheite. Die besten Doppelconférencen, Amalthea, Wien ^{10}2012.

Wolf, Sigmund A.: Jiddisches Wörterbuch, Hamburg 1993.

Wust, Hans Werner: ... wenn wir nur alle gesund sind ... Jüdische Witze und andere philosophische Abhandlungen, ClassicConcerts Verlag, (Erstausgabe 2001) 2010. (Eine überarbeitete Ausgabe ist 2012 und 2017 bei Reclam, Stuttgart, erschienen.)

Zimmermann, Eva: Die Festlegung jüdischer Familiennamen in Wien in Folge des Josephinischen Gesetzbuches von 1787, Diplomarbeit. Universität Wien. Philologisch-Kulturwissenschaftliche Fakultät, Wien 2013.

B) DVDs und CDs

Altmeister des Humors: Fritz Grünbaum Karl Farkas u. a. CD, Preiser/Hoanzl, Wien 2013; zitiert wird aus folgenden Titeln:
- Track 09: Karl Farkas und Franz Engel: Dichterschlacht am Mikrofon, Text: Karl Farkas/Franz Engel, aufgenommen 1934, Columbia DV 958.
- Track 12: Karl Farkas: Urlaubssorgen, Text: Karl Farkas/D.A., aufgenommen 1931, HMV, AM 3484.
- Track 15: Franz Engel/Fritz Wiesenthal: Wie geht's Ihnen, Herr Fröhlich, Text: Karl Inwald/Bruno Uher/Fritz Grünbaum/Artur Kaps, aufgenommen 1937, Columbia DV 1153.

- Track 16: Franz Engel und Fritz Wiesenthal: Etwas über Botanik, Text: F. Gerold/Franz Engel/Fritz Wiesenthal, aufgenommen 1937, Columbia DV 1153.

Der G'scheite und der Blöde, (Kabarett aus Wien). LP, Preiser, Wien 1960, CD, Preiser, Wien 1990; enthält „Doppelconférence I" von Hugo Wiener.

Die Abenteuer des Grafen Bobby. Mit Peter Alexander und Vivi Bach, Samstag Nachmittag Kinoh!, Hoanzl, Wien 2011.

Farkas, Karl/Waldbrunn, Ernst: Schau'n Sie sich das an! 1957–1965, Kurier-Edition Best of Kabarett, Folge 12, Hoanzl 2008.

Farkas, Karl/Waldbrunn, Ernst: Schau'n Sie sich das an! 1965–1971, Kurier-Edition Best of Kabarett, Folge 13, Hoanzl 2008.

Farkas, Karl/Waldbrunn, Ernst: G'scheites und Blödes. Conférencen und Doppelconférencen. 1958–1971, Hoanzl 2002.

Kulis, Gernot: Ö3-Callboy, Vol. 18, Hitradio Ö3/Hoanzl, Wien 2018: Track 10: Wiener Stehtische.

Schenk, Otto: Sachen zum Lachen, Fechter, aufgenommen im August 1992 und 1993, Burgruine Finkenstein.

Trio Lepschi (Stefan Slupetzky, Tomas Slupetzky, Martin Zrost): Warz und Schweiß. Schüttelreimlieder, Hoanzl, Wien 2013.

Trio Lepschi (Stefan Slupetzky, Tomas Slupetzky, Martin Zrost): mit links, Hoanzl, Wien 2010.

Sachregister

aggressiver Witz 24, 104, 142–143
Akronym 101, 256, 285
Aktionsart des Andauerns 297
aktives Wissen 72
Allusion 192
Anlautaustausch 200, 203
Anspielung 45, 48, 101, 136, 155, 159, 192–194, 329
Antimännerwitz 40, 49 f., 136, 262, 270
Antiphrase 197, 272
Archetyp 49, 52
Assoziation 104, 169, 172, 192–202, 205, 272, 296, 329
assoziieren 116, 172, 177, 199, 208, 329
Aufsitzer 24, 90, 187 f.
auktorialer Erzähler 274
Auslassung 104, 196, 199, 272, 303, 329, 334
Autostereotyp 283, 334

Baronin Parchenek 63 f.
Baronin Parcheweg 63 f.
Baron-Mikosch-Witz 41, 54–57
Beichtstuhlwitz 112 f.
Bestimmungswort 219
Betonungswitz/Betonungswechsel 138, 221–226, 228, 310, 330
binäres System/Zweizahl 307
Bisoziation 200–202
Bisoziation in gehobener Form mit trivialem Inhalt 219
blasphemischer Witz 24, 144, 148, 215, 216
Blondinenwitz 34, 37, 44–51, 71, 148, 325
Buchstabenaustausch 102, 249
Buchstabenspiel 203–209, 253, 311, 333
Burgenländerwitz 34, 37–41, 51

Chelm 22
Coronavirus-Witz 290

Daleth 101
Darstellung durch das Gegenteil 197, 272
diachrone Sprachwissenschaft 124
Diskursmarker 48, 80

Doppelconférence 75 f., 105, 107 f., 125, 130, 163, 170, 174, 198, 227 f., 232, 299, 311
Doppelexistenz 183
Doppelsinn 13, 21, 49, 67, 88, 101, 103, 107, 116, 130 f., 134
Dreizahl 127–129, 198, 234 f., 280, 290
Dreizahlwitz 68, 115, 127–130, 134, 136, 139, 145, 186, 252, 328

eidetische Reduktion 79
Einzeiler 8, 11–13, 171
Entladungstheorie 24
Entlastung, seelische 290
Essex-Girl-Witz 48
Ethnowitz 38, 40, 108, 127, 257, 266, 310
Euphemismus 149, 192
explizite Botschaft 140

falsche Abtrennung 227 f., 236
Fiktionalität 177, 186, 210
Flachwitz 7–25, 72, 141, 152, 158, 172, 177, 180, 185, 190 f., 206 f., 212 f., 216, 219, 280, 290, 310
Frage-Antwort-Spiel 39
Fremdwort 60, 124
Freud'scher Versprecher 196

Galgenhumor 12
Galimathias 126
Gattenmord 198
Gegensatz zwischen Lebendigem und Mechanischem 142
Gematria 102
Gleichklangwitz 170, 236, 321
Graf-Bobby-Witz 34, 37, 52–58, 110, 124
Grundwort 218 f.

Häschenwitz 148
Homophonie 170, 202, 295

Ich-Erzähler 274
implizite Botschaft 140
Inkongruenztheorie 143
Insiderwitz 168, 199, 306

Kalauer 7–25, 32, 310, 313, 334
Kindermundwitz 67, 104, 147–152
Klabrias, Kartenspiel 85 f., 96, 125, 250, 279, 322, 331
Klabriaspartie 1961, Farkas 96, 250, 275, 324
Klabriaspartie, die 53, 65, 84–97, 125, 139, 155 f., 188, 196, 206, 243, 250, 311 f., 321 f.
Klangähnlichkeit 172–178, 195, 201, 210, 216
Klangwitz 17, 111, 149, 184, 200
Kontrast 81, 176, 185 f., 198, 202, 269, 289, 303
Kunstwort 12, 206

Lehnwort 65, 124–126, 175
Lehrer-Kind-Witz 114
leichte Modifikation 228, 233
Lenisierung 298
Lozelach 321
Lustgewinn aus erspartem psychischem Aufwand 24

Maisse 321
Mehrfachverwendung desselben Materials 234, 272, 291
Mem, Meme 12 f., 313
Metawitz 28, 40, 48, 51
Mischwort 209 f., 212
Missverständnis, absichtliches 103, 106, 108, 112, 122 f., 157, 199, 258, 282, 311, 322
Missverständnis, unabsichtliches 103, 112–122, 174, 360, 258, 267, 308, 311
Mnemotechnikwitz 55, 66, 164, 306
Modifikation 24, 73, 139, 205, 210, 216, 234, 272, 291
Moritzl-Witz 283
Mutter-Kind-Witz 114, 269

Nachrichtenwitz 101
Namenwitz 71, 135, 254–256, 260
Neureichenwitz 59 ff., 69 ff.
neutraler Erzähler 274
Notarikon 102

obszöner Witz 24, 45, 76 f., 262
Omawitz 120
Onomatopöie 302

Ortsnamenwitz 235–237
Ösi-Witz 41
Ostfriesenwitz 38 f., 41, 51
Outgroup 42 f., 316 f., 334

Palindrom 102, 260–263, 332
PaRDeS 101, 324
Paronyme 71, 196, 311
passives Wissen 72
Passwörterwitz 306 ff.
Periphrase 192
Personennamenwitz 198, 238–259
phänomenologische Reduktion 79
Plurizentrik 294, 335
Polackenwitz 39
Polenwitz 41
Polizistenwitz 28, 53, 128 f., 162, 267, 270 f., 298
Pollak-von-Parnegg-Witz 34, 37, 59–72, 110, 124, 230, 271
Polysemie 130, 132 f., 136, 185, 311
Programmiersprache 307
Pschat 101

Raffke, Frau 69 ff.
Reduktion 83
Register 268 f.
Regression 11, 215 f.
Resch 101
Retourkutsche 108, 157

Samech 101
Schadenfreude 57, 64, 119
Scherzfrage 7, 51, 158, 266 f., 280, 285, 297, 334
Schilda 22
Schlusspointe 72, 108, 216,
Schmonzes 322
Schmues 322
Schnorrerwitz 275 f.
Schwerhörigenwitz 112
Selbstentlarvung 72, 112
Selbstmörderwitz 21, 198
sexprahlerischer Witz 257
sexueller Witz 136, 166, 178, 211
Shaggy Dog Stories 186 ff.
Situationswitz 11, 23, 27, 84, 88, 104, 119, 181, 197, 272, 324
skeptischer Witz 24, 150, 183, 258
Skriptopposition 131, 133 f., 143, 292,

Sprachebene 112, 133, 268, 270 f., 294, 297
Sprachwandel 303 f.
sprechender Name 70, 93
surrealistischer Witz 60, 186, 213
synchrone Sprachwissenschaft 124

Tabu/Tabubruch 211, 271, 297, 309
Temura 102
Tendenz 8, 24 f., 40, 110, 134, 140, 148, 187, 207
Tertium comparationis 136
Tierwitz 24, 104, 183–191
Türkenwitz 41–43, 110, 317

Überbietung 92, 134, 153, 216, 272, 302, 328
Überlegenheitstheorie 119
Umkehrwitz 45, 182, 186, 245
Unbildungswitz 116, 195, 260
unfreiwilliger Witz/Humor 160, 196 f., 211 f., 219

Unifizierung 24, 81
Unsinnswitz 11, 80, 83, 199, 262
Unterschiedswitz 233, 291 f., 335

Valley-Girl-Witz 47 f., 71
verblasste Bedeutung 163–169, 192, 287
Verdichtung 210
Verdichtung mit Ersatzbildung 209
Vergleichswitz 46, 287–292
verkehrte Welt 216
Verkürzung 209
Verlaufsform 152, 297
Verschiebung 24, 274–281

Wortmischung 7, 12, 24, 209–213

Zerlegungswitz 56, 200, 214–217, 234, 292
Zote 45, 194
Zweizahl 186, 307
Zwischenpointe 12, 53, 108, 111, 216
zynischer Witz 24, 46, 148, 258

Personenregister

Alexander, Peter 52
Althaus, Hans Peter 163
Arnheim, J. C. 54
Baur, Alexander 42
Bemmann, Hans 271
Berg, Armin 32, 67, 85, 95, 139, 152 ff., 172, 189
Bergmann, Adolf 84
Bergson, Henri 30, 142
Bering, Dietz 240
Böhm, Maxi 137, 157
Böll, Heinrich 17
Bronner, Gerhard 75, 133, 288
Dor, Milo 193, 273
Dreyschock, Alexander 55
Eisenbach, Heinrich 35 f., 63 ff., 87, 90
Eisenberg, Paul Chaim 99, 232
Engel, Franz 163 f., 248
Farkas, Karl 74 f., 95 f., 105 f., 137, 173, 225, 227, 251
Federmann, Reinhard 193
Fischer, Kuno 84
Foerster, Heinz von 13, 313
Freud, Sigmund 11 f., 22 ff., 37, 45 f., 49, 73, 81 ff., 92, 98, 136 ff., 153, 157 ff., 163, 177, 187, 192 f., 197, 205 f., 209 ff., 221 ff., 231, 233, 235, 272, 274 ff., 280, 287
Fritsch, Sibylle 49, 51
Gauger, Hans-Martin 126, 153, 169, 177, 220, 236
Gaugusch, Georg 59, 63, 65
Gerold, F. 165
Girardi, Alexander 87
Grünbaum, Fritz 105, 139, 190, 333, 76
Gyimes, Wilhelm 105
Hackl, Karlheinz 165, 197, 299
Hannak, Jacques 84, 88
Hawn, Goldie 47
Heer, Friedrich 36
Heine, Heinrich 209, 212, 279
Heller, Fritz 105
Herz-Kestranek, Miguel 76 f.
Hierokles 18
Hirsch, Eike Christian 161, 190, 197, 202, 213, 309
Hobbes, Thomas 119
Hofer, Sigi 85

Husserl, Edmund 79
Imhoff, Fritz 106
Javor, Erwin 173, 253
Joffe, Josef 12, 232, 243
Jolesch, Franz 67, 319
Jolesch, Julius 67
Karasek, Hellmuth 26, 81 f., 181, 184, 215
Kayi, Murat 43
Kelling, George 104
Kippenberg, Anton 265
Klatzmann, Joseph 100
Klein, Ruud 14
Koch, Peter 236
Koestler, Arthur 24, 200 ff., 208
Köhler, Peter 251, 331
Kolowrat, Alexander Graf 87
Kotthoff, Helga 51
Kraus, Karl 74, 85, 87, 119, 151, 287, 292 f.
Kreisky, Bruno 279 f.
Kuh, Anton 87
Kulis, Gernot 14 f.
Kunz, Johannes 279 f.
Landmann, Michael 27
Landmann, Salcia 27 ff., 46, 59, 63, 71, 79, 81, 89 f., 114, 118, 144, 149 f., 157, 167 f., 221, 224, 241 f. 245.
Leopoldi, Hermann 95, 189 f., 206
Lernet-Holenia, Alexander 230, 335
Lohner, Helmuth 165
Lueger, Karl 61, 86
Marecek, Heinz 76, 165, 197, 298 f.
Mautner, Isidor 67
McDonald, Paul 18
Merz, Karl 133, 287
Meyerowitz, Jan 31, 35, 55, 118, 149, 166, 204 ff., 223
Mittler Felix 73 ff.
Moser, Hans 315 f., 85, 90, 190
Muliar, Fritz 33, 166, 187, 225
Nestroy, Johann 218
Olsvanger, Immanuel 241
Orozzi, Antal 84
Papentrigk, Benno 265, 73
Patka, Markus P. 86, 98
Philagrios 18 ff.
Philipp, Gunther 52
Polgar, Alfred 87

341

Pollack, Leopold 59 ff.
Pollack, Mathilde 59 ff.
Qualtinger, Helmut 128 f., 133 f., 287 f.
Raskin, Victor 131
Reik, Theodor 46, 273, 325
Reitzer, Avrom 35 f., 85
Röhrich, Lutz 38, 69 f., 79, 104, 113, 123, 126, 159, 178, 180, 186, 211, 213, 256
Rosten, Leo 276 f., 302
Rott, Max 87
Salten, Felix 87, 323
Schenk, Otto 165, 229
Schopenhauer, Arthur 260, 143, 201 f.
Schubert, Gabriella 41
Schulenburg, Ulrich 107
Seidel, Heinrich 73
Shakespeare, William 16 f.
Slupetzky, Stefan, 77 f., 199 f., 236
Soxberger, Thomas 98 f.

Spitzer, Daniel 231
Spitzer, Sigmund 95
Staudacher, Anna L. 239 f., 244
Stein, Uli 295
Sternberg, Adalbert 57 f.
Torberg, Friedrich 27 ff., 59, 74, 118, 144, 151, 168, 176, 201, 241, 255, 278, 314, 255, 278, 314, 319, 329, 333
Ulrichs, Karl Friedrich 145
Vadnay, László 105
Veigl, Hans 293
Wacks, Georg 316, 319 f.
Waldbrunn, Ernst 105, 108 f., 125, 170, 175, 198 f., 227 f., 232
Weigel, Hans 57, 78, 125, 157, 226, 228, 229, 239, 251, 255
Wiegeler, Nikola 42
Wiener, Hugo 66, 157, 165, 198
Wiesenthal, Fritz 163 f., 189 f.

Dank

Für wertvolle Hinweise danke ich
Martin Bruny, Mag. Martin Czapka, Oberrabbiner Paul Chaim Eisenberg, Univ.-Doz. Dr. Karl Fallend, Dr. Iris Fink, Dipl.-Ing. Georg Gaugusch, Univ.-Prof. Dr. Hans Moser, Mag. Johannes Mutz, Univ.-Prof. Dr. Heinz-Dieter Pohl, Mag. Birgit Rezny, Univ.-Prof. Dr. Sigurd Paul Scheichl, Prof. Ulrich Schulenburg, Dr. Thomas Soxberger, Univ.-Doz. Dr. Anna L. Staudacher und Hon.-Univ.-Prof. Ludwig Zehetner.
Meiner Tochter Mag. Roberta Baron danke ich dafür, dass sie mir immer wieder Witze erzählt.
Meiner Frau Melita danke ich dafür, dass sie sich immer wieder jene Witze geduldig anhört, die mir gut gefallen.
Der Autor und der Verlag danken dem Thomas Sessler Verlag, Wien, für die Einräumung der Abdruckrechte der Doppelconférencen Grünbaum/Farkas, Engel/Wiesenthal und Farkas/Waldbrunn sowie der Texte von Helmut Qualtinger/Carl Merz/Gerhard Bronner. www.sesslerverlag.at
Für die Abdruckrechte von Armin Bergs Witzen in Reimform bedanken sich Autor und Verlag beim Kaiser Verlag, für die freundliche Genehmigung zum Abdruck der Schüttelreime von Felix Mittler und von Herz Kestranek beim Christian Brandstätter Verlag.

Nicht in allen Fällen war es möglich, Rechteinhaber kabarettistischer Texte ausfindig zu machen. Berechtigte Ansprüche werden selbstverständlich im Rahmen der üblichen Vereinbarungen abgegolten.

 Robert Sedlaczek, geboren 1952 in Wien, Studium der Publizistik, Germanistik und Anglistik an der Universität Wien, Sprachkolumnist der *Wiener Zeitung*, Autor zahlreicher Bücher über die Sprache und über kulturgeschichtliche Themen. Bei Haymon erschienen u. a. „Wörterbuch der Alltagssprache Österreichs" (HAYMONtb, 2011), „Wörterbuch des Wienerischen" (HAYMONtb, 2011), „Das unanständige Lexikon. Tabuwörter der deutschen Sprache und ihre Herkunft" (2014, gemeinsam mit Christoph Winder) und „Die Tante Jolesch und ihre Zeit. Eine Recherche" (2013).